فن الإتيكيت
للجميع

فن الإتيـكيت للجميـع

تأليف: د. ريـاض نوفـل

الرسـوم الداخليـة: كرم ورور

الطبعـة الأولى: 2026

الناشر: دار الخيّـاط

ISBN: 978-1-96142-050-2

KHAYAT
PUBLISHING HOUSE

Washington, DC
United States
+17712221001
info@khayatpublishing.com
www.khayapublishing.com

د. رياض نوفل

فن الإتيكيت للجميع

الدليل الشامل حول الإتيكيت

والبروتوكول ومهارات التواصل الاجتماعي

شكر وعرفان

لا بـد لـي من التنويه بأنَّ الكتاب صـدر في البداية باللغة الإنكليزية عن دار نشـر الخيـاط (Khayat Publishing House) في العاصمة الأمريكية واشـنطن، ثم صدر أيضاً باللغـة البرتغاليـة -لغـة البرازيل- وقد كرَّسـت هاتيـن النسـختين للبرازيل كردّ جميـل بسـيط تجاه هـذه الدولة التـي فتحت أبوابها الواسـعة ورحبت بي وبأسـرتي واحتضنتنا، كما فعلتْ عبر تاريخها مع الملايين غيرنا، لتصبح وطناً ثانياً ومسـتقراً لنا. وهـا أنـا أكرّر مجـدداً تقديم هذا الكتاب بنسـخته العربيـة أيضاً للبرازيـل، هذا البلد الجميـل الذي لا ينتبه إلى عظمتـه حتى الكثير من أبنائه.

في هـذا الصـدد، إضافة إلى شـكري العميـق لأسـرتي التي آزرتنـي علـى مدى خمـس سـنوات لأكمـل هـذا الكتـاب، لا يفوتنـي الإعـراب عـن امتنانـي للصديقيـن العزيزين القيّمين على دار النشـر، السـيدة شيري سـميث والفنان المبدع نصر ورور لمسـاهمتهما فـي طباعـة الكتاب وإصداره باللغـات الثلاث في وقت قياسـي؛ حيث صدرت النسـخة الإنكليزية مطلـع عام 2025، ثم البرتغالية بعد حوالي أربعة أشـهر، وها هي النسـخة العربية بين أيديكم.

كلمات في هذا الكتاب

السفير قيس شقير

رئيس بعثة جامعة الدول العربية في البرازيل

يلفـت عنوان الكتاب «فن الإتيكيـت للجميع» الانتباه منذ الوهلة الأولى، إذ جرى العـرف علـى ربـط الإتيكيـت والبروتوكول بفئات محددة في المجتمـع، ذات طابع رسـمي أو نخبوي، سـواء في سـياق المراسـم الدبلوماسـية أو ضمن أعراف اجتماعية تبنّتها بعض الطبقات لتمييز نفسـها.

غيـر أن هـذا العمل يتجـاوز هذا التصور، ليقدّم الإتيكيت بوصفه سـلوكاً إنسانياً عامـاً، يتجلّـى في أبـسـط صور التعامل اليومي. وهو ما ينسجم مع الفطرة التي تدفع الإنسـان إلـى حسـن التعامـل مـع الآخـر، وإدراك هـذا السـلوك في بناء علاقات متوازنة ومستقرة.

ويتميّـز الكتاب بشمول موضوعاته، التي تغطي مختلف جوانب التفاعل الإنساني، مسـتنداً إلى خبرة عملية وأكاديمية ممتدة لأكثر من ثلاثة عقود. كما يتّسـم بأسلوب واضح وميسّـر، يسـهم في تبسيط مفاهيم ظلّت، لفترة طويلة، حبيسة أطر محدودة، ويجعلها في متناول القارئ العام، لا سيما مع صدوره بثلاث لغات.

وانطلاقـاً من حرصي على الأمانة العلمية، أجد أن المؤلف الدكتور رياض نوفل قد نجح في نقل خلاصة تجربته المهنية والأكاديمية بكفاءة عالية، مقدّماً عملاً يمكن أن يشـكّل مرجعاً مفيداً للمتخصصين في أعمالهم، كما لعامة القراء في حياتهم اليومية، وللباحثين والدارسـين في هذا المجال.

...

الدكتورة باتريسيا غوارنييري

أستاذة وباحثة – جامعة برازيليا

في عالم يزداد ترابطاً وتداخلاً بين الثقافات، لم يعد الإتيكيت مقتصراً على كونه مجموعة من الشكليات، بل أصبح عنصراً أساسياً في بناء علاقات قائمة على الاحترام المتبادل والتفاهم. ومن هذا المنطلق، يقدّم كتاب «فن الإتيكيت للجميع» دعوة للتأمل في أثر السلوكيات اليومية البسيطة، وما يمكن أن تحققه من تعزيز للانسجام وتجنب لسوء الفهم في التفاعل الإنساني.

يتجاوز هذا العمل التصور التقليدي للإتيكيت بوصفه إطاراً نخبوياً، ليطرحه كأداة عملية لفهم الآخر والتواصل معه، في سياقات ثقافية واجتماعية متعددة. فالممارسات اليومية، مثل التحية أو الاعتذار أو احترام عادات المجتمعات المختلفة، تُسهم في بناء جسور التقارب وتُظهر وعياً حقيقياً بالتنوع الإنساني.

ويعرض المؤلف، بأسلوب واضح ومنهجي، مبادئ الإتيكيت وآداب السلوك في مجالات متعددة، مستنداً إلى خبرته الدبلوماسية والأكاديمية، ومبرزاً أن تطبيق هذه المبادئ لا يقتصر على المظاهر، بل يشكّل أساساً للتوازن والاحترام داخل المجتمعات متعددة الثقافات. كما يضفي المسار الشخصي للمؤلف بُعداً إنسانياً خاصاً على هذا العمل، إذ تعكس تجربته في الانتقال إلى بيئة جديدة، وما رافقها من انفتاح وتقدير متبادل، فهماً عميقاً لقيمة الاندماج واحترام الثقافات المختلفة.

إن هذا الكتاب لا يقدّم إرشادات سلوكية فحسب، بل يفتح مجالاً للتفكير في أثر تصرفاتنا على الآخرين، وفي أهمية الوعي الثقافي في بناء علاقات أكثر أصالة وانسجاماً.

. . .

فابيانا جايهان

صحفية

انطلاقاً من اهتمامي بمجال الإتيكيت واطلاعي على عدد من الكتب والمقالات المتخصصة فيه، وجدت في هذا العمل طرحاً يتميّز بعمقه واهتمامه بالتفاصيل، إلى جانب اعتماده على أمثلة توضيحية ورسومات داعمة تسهم في تعزيز الفهم. كما يبرز التزام المؤلف بالمنهجية العلمية من خلال الحواشي والمراجع التي تعكس دقة في التوثيق وحرصاً على المصداقية.

ورغـم أن كتـب الإتيكيت تتنـاول عـادة موضوعـات معروفـة، مثـل آداب الطعام واللبـاس والتعامـل الاجتماعـي، فـإن مـا يميّـز هـذا الكتاب هو اتسـاع نطاقه ليشـمل موضوعـات أقـل تنـاولاً، مثـل آداب التعامـل مـع ذوي الاحتياجـات الخاصة، والسـفر والمـواصلات، والتعامـل مـع المرضى، إضافة إلى موضوعـات تتصل بالحيـاة اليومية بتفاصيلها الدقيقة، وهو ما يمنحـه طابعاً مرجعياً متكاملاً.

يقدّم المؤلـف مـن خلال هذا العمل خلاصة خبرة دبلوماسـية وأكاديمية ممتدة، فـي صياغـة تجمع بين العمق والوضوح، مما يجعله في متناول القارئ العام دون أن يفقد قيمته العلمية.

ورغم معرفتي الشخصية بالمؤلف، فإن ما تقدّم لا يستند إلى هذا العامل، بل إلى تقديري الموضوعي لقيمة هذا العمل، الذي حظي كذلك باعتراف مؤسسات معرفية مرموقـة، من بينها إدراجه ضمن مقتنيـات مكتبة الكونغرس الأمريكية.

. . .

محمد مراد

الأمين العام لغرفـة التجارة العربية البرازيلية

يبـرز هـذا الكتـاب منـذ قراءتـه الأولى بوصفه عملاً يجمع بين الخبرة العملية والمعرفـة الأكاديميـة، حيـث اسـتطاع الدكتـور رياض نوفـل أن يوظّـف تجربتـه الدبلوماسـية ومسـيرته العلميـة الممتـدة ليقـدّم طرحاً متكاملاً في مجال الإتيكيت والبروتـوكول.

ولا يقتصر تميّز هذا العمل على عمق الخبرة التي يستند إليها، بل يتجلّى أيضاً في شـموليته، إذ يعالج مجموعة واسـعة من الموضوعات، ويقدّم إجابات واضحة لأسئلة كثيـرة تبرز في سـياق التعاملات اليومية، وهي جوانب قلّما تجتمع بهذا الاتساع في كتاب واحـد.

كمـا ينجح المؤلف في تقديـم الإتيكيت بوصفه ممارسـة حياتيـة واقعية، تتجاوز الإطار النخبوي الضيّـق، لتصبح جزءاً مـن الثقافة اليوميـة لمختلف فئـات المجتمع، وهو ما ينسـجم مع عنوان الكتاب ورسالته الأساسية.

وقد لفتنـي كذلك مـا عبّر عنـه المؤلـف في مسـتهل الكتاب مـن تقدير وامتنان للبرازيـل، فـي إشـارة إنسـانية تعكس جانبـاً مـن شـخصيته، وتعبّر عـن روح الانفتاح والعرفـان التي ترافق هذا العمل.

مقدمة

لا يـزال السـؤال حـول الكتابة وماهيتها وجدواهـا، مطروحـاً منذ أمد بعيد. ورغم التشـكيك الذي يقبع في كنه هذا السـؤال، فإنَّ الكتابة مسـتمرة، ولا ينفكّ الكتّاب، فقراء القلم، ماضين في شقائهم الممتـع. لمـاذا نكتب؟ هو سـؤال يحتمل إجابات متعددة تختلف مع اختلاف رؤية كل شـخص إزاء الكتابـة، فهنـاك من يرى فيها تعبيراً عن الـذات أو تحقيقاً لها، بينما هي لدى آخرين، وعبر ما تنزفه أقلامهم من مشـاعر وأفكار، تمثّل ملاذاً ورئة يتنفسـون من خلالها.

ورغم ذلك، فإنَّ الكتابة بالنسـبة إليّ هي فعل مقرون بالمسـؤولية وتعكس الحياة الأكثر كثافة. وإن كنـت متردداً في السـبب الـذي دفعني إلى الكتابة، فإنني متيقّن مـن أنَّ لديّ الرغبة في ذلك، "والرغبة نصف الحياة، خلافاً لعدم الاكتراث فهو نصف الموت" على حدّ تعبير جبران خليل جبران.[1] إنها الرغبة، وهي في الوقت ذاته "مشـاغل تعتمر في النفس، وحاجـة تقتضيها الكتابة نُخرج بها طاقة مكنونة تلتمس من تجد عنده الصدى..."[2] .

وفـي الأحـوال كلهـا، ربما كنـت سأشـعر بالإثم إن لم أجهد لأقدم للقارئ خلاصـة ما لديّ، بعد أن توفّرت لي إمكانية الدمج ما بين مسـارين غنيين، الأول: المهني والوظيفي؛ حيث عملت لأكثر من ثلاثة عقود متنقلاً بالعمل الإداري والاستشاري والدبلوماسـي في إدارات العلاقات العامة والمراسم وغيرهـا فـي البرلمان والحكومة ووزارة الخارجية، والثاني: الأكاديمي الذي لم أنقطع عنه طيلة تلك الفتـرة، حيث عملتُ محاضراً ومحاضراً زائراً في عدد من الجامعات والمعاهد الدبلوماسية ومراكز التدريـب في عدة دول عربية وأجنبية.

كلُّ ذلك جعلني محظوظاً حيث علّمت وتعلّمت، وقُيّضت لي إمكانية زيارة أكثر من ثلث بلدان العالم، عايشتُ فيها وعاينت، ولو لفترات قصيرة، الكثير من الثقافات والعادات والتقاليد وأساليب

---

1. جبران خليل جبران (1883 - 1931) شاعر، وكاتب، ورسّام، من أدباء وشعراء المهجر. ولد في بلدة بشرّي في شمال لبنان، وهاجر صبياً مع عائلته إلى الولايات المتحدة الأمريكية، ليدرس الأدب ويبدأ مسيرته الأدبية الثرّة، والكتابة باللغتين العربية والإنجليزية. امتاز أسلوبه بالرومانسية.

2. اقتباس أستمده من مقال كتبه لوكالة سرايا نيوز الأردنية الصديق العزيز سعادة السفير قيس شقير سفير الجامعة العربية في البرازيل بعنوان «لِمَ نكتب؟».

التصرّف. وطالما كنت مسكوناً بهاجس الإتيكيت، فقد سعيت إلى البحث المفصّل في هذا الجانب الـذي قليلاً ما نجد له مراجع موثوقة يُعتـد بها ويمكن اللجوء اليها.

رغـم أننـي لا أدعي الريادة في الكتابة في هذا المجال، فقد دأبت على تبسيط مفاهيم وأصول الإتيكيت، التي مـا انفكّ كثيرون يقرنونها بالنخبة والخاصة مـن الناس لمآرب ذاتية ليست بريئة، على الأغلب، وتكريساً لتمايز طبقي يعطيهـم أفضليات باتت واهية ووهمية.

ببساطة آمـل أنني تمكنت، في هذا الكتاب، من إنزال هـذا الطوطم المسمى بالإتيكيت من برجـه العالي وجعله شـعبياً وعاماً في متناول كل شـرائح الناس في حياتهـم العادية بكل جوانبها، وليسـت رفاهية منوطة بسـاكني القصور وأصحاب المناصب العليا والدبلوماسيين وذوي الياقات البيضـاء ممـن أسـبغوا عليـه هـالات من الأناقـة والدقة، ولا بـأس في ذلـك، ولكن المقرونـة أيضاً بالتعقيـد، وهـو مـا لا أحبـذه. فالحياة ثـرّة وجميلـة إن كانـت بسـيطة، وثقيلة الكاهـل إن كانت معقدة. هـذا هو أملي الذي أتنشـاطره مع الكثيرين، و"عندمـا يغيب الأمل تتوقّف الحياة"، كما يقول دوستويفسكي .(3)

رياض نوفل

<hr>

3. فيودور ميخايلوفيتش دوستويفسكي (1821-1881)، روائي وكاتب قصص قصيرة روسي. وهو واحدٌ من أشهر الكُتاب والمؤلفين حول العالم. رواياته تحوي فهماً عميقاً للنفس البشرية، كما تقدم تحليلاً ثاقباً للحالة السياسية والاجتماعية والروحية لروسيا في القرن التاسع عشر، وتتعامل مع مجموعة متنوعة من المواضيع الفلسفية وغيرها.

الفهرس

الفصل الأول

التواصل والسلوك

"السلوك الإنساني هو نتاج الرغبة، والعاطفة، والمعرفة"[1]

يشير مفهوما التواصل والسلوك إلى دراسة كيفية تفاعل البشر مع بعضهم البعض من خلال اللغة، الإشارات، المشاعر، والمواقف، وكيف تنعكس هذه التفاعلات على أنماط السلوك والتصرفات في الحياة اليومية والمجتمعات. ومن هنا تأتي أهمية معرفة هذا الجانب في أيّ بحث يتعلّق بالإتيكيت (آداب السلوك/ التصرف).

من خلال التواصل يتمّ تبادل المعلومات والأفكار والمشاعر بين الأفراد أو الجماعات، سواء كان ذلك بالكلام أو الكتابة أو حتى من خلال الإشارات غير اللفظية مثل الإيحاء[2]، تعابير الوجه، نبرة الصوت. ويعتبر التواصل جزءاً مهماً من الحياة البشرية، بل وغير البشرية أيضاً، كما نرى لدى الكثير من جماعات الحيوان. ومن دون هذا التواصل يصبح الإنسان كائناً غير طبيعي أو مريضاً، أو على الأقل انطوائياً يعيش في عالمه الخاص، كما يفقد المجتمع كنه وجوده ومعناه الذي تشكّل وأُثري عبر العصور وتعاقب الحضارات. ومن خلال التواصل والتمازج ترسَّخت مختلف العادات والتقاليد التي تحكم العلاقات لدى مجموعات الناس، وانتظمت طريقة تعاطيهم وتعاملهم مع بعضهم البعض كأفراد وكمجموعات، وبما يميّز هذه المجموعة البشرية أو تلك من سلوك وممارسات قد تصل أحياناً إلى حدّ التناقض إذا ما أُخِذت خارج سياقها وبيئتها.

---

1. أفلاطون (427-347 قبل الميلاد)، فيلسوف يوناني، كان تلميذاً لسقراط ومعلماً لأرسطو. أسس في أثينا "الأكاديمية" التي كانت أول مؤسسة للتعليم العالي في العالم الغربي.

2. درج الكثير منا على استخدام عبارة "لغة الجسد"، وهذا خطأ شائع مردّه الركون إلى الترجمة الحرفية المأخوذة عن اللغة الإنكليزية "Body language". في الواقع لا توجد لغة للجسد، بل يمكن استخدام بعض ما فيه للتعبير إيحائياً بدلاً من استخدام اللغة المنطوقة. وبالتالي استعمال لفظة "الإيحاء" هو الأصح.

• أشكال التواصل:

- **تواصل لفظي:** بالكلام المباشر أو الكتابة.
- **تواصل إيحائي:** مثل تعابير الوجه، حركات الجسد، نبرة الصوت.
- **تواصل بصري:** استخدام الصور، الرموز، الألوان.
- **تواصل إلكتروني:** عبر وسائل التواصل الاجتماعي، البريد الإلكتروني، وغيرها.

فيما يتعلق بالسلوك، يمكننا القول إنه مجموعة الأفعال والتصرّفات التي يقوم بها الفرد في مختلف المواقف والحالات.

• أنواع السلوك:

- **سلوك فطري:** مثل البكاء عند الجوع.
- **سلوك مكتسب:** يتمّ تعلّمه من خلال التجربة أو التفاعل مع الآخرين.
- **سلوك اجتماعي:** مثل التعاون، الاحترام، التفاعل مع الجماعة.
- **سلوك غير سوي:** مثل العدوانية أو الانعزال، وقد يحتاج تعديل هذا الأمر إلى تدخّل وتصحيح.

في الواقع، يتغيّر السلوك عند الفرد بتغيّر الظروف التي يعيش فيها، فهو يتأثر ويؤثّر وفق مبدأ الفعل وردّ الفعل. والسلوك، وفقاً لعلماء التربية وعلم النفس، ليس شيئاً ثابتاً يتمّ في الفراغ، بل يتغيّر حسب الوسط والمحيط الذي يعيش فيه الإنسان، وبالتالي فإنّ السلوك هو علاقة متبادلة باتجاهين من وإلى وليس باتجاه واحد. لهذا يقال:

"إن نوعية السلوك وطريقة التعبير عنه، هما نتاج عوامل داخلية تتعلّق بالقيم والمعتقدات والدوافع، أو خارجية تتعلق بالبيئة الاجتماعية والثقافية المحيطة بالإنسان."

كما ويمكن التأكيد على أن السلوك هو تعبير عن أخلاق وقِيم (منها الإخلاص، الوفاء، الأمانة، الصدق، التواضع، العدل، الشجاعة، الولاء، القدوة الحسنة، احترام الآخرين، البشاشة، الرضى... إلخ) يتصرّف الفرد تبعاً لها، وتتكرّس أثناء ممارسته لها في العلاقة مع الآخرين والتواصل معهم.

من هنا كانت أهمية ما يُعرف بآداب السلوك ومكارم الأخلاق (التي أتى الأنبياء والرسل والفلاسفة والمصلحون لإتمامها وتطويرها)، والإتيكيت جزء لا يتجزأ منها.

• العلاقة بين التواصل والسلوك:

ـ التواصل يؤثر في السلوك:
على سبيل المثال، يمكن أن تحفّز كلمات التشجيع سلوكاً إيجابياً.

ـ السلوك يؤثر في التواصل:
كأن يُظهر الشخص النزَقَ أو العنف في ردّة فعله، فيؤثر ذلك في الطريقة التي يتواصل بها الآخرون معه.

إذاً العلاقة بين التواصل والسلوك هي علاقة تبادلية؛ حيث يمكن للتواصل أن يساعد في تعديل السلوك لدى الصغار والكبار (كما لدى الأطفال أو الموظفين، على سبيل المثال) من جهة، كما يمكن للسلوك (الإيجابي أو السلبي) أن يؤثر في نجاعة التواصل أو وهنه من جهة أخرى.

البروتوكول

رغـم أنَّ كلَّ اللغات زاخـرة بكنوزها، وهي "بحر في أعماقه الدرُّ كامـن"، فإننا نسـتخدم الكثير مـن الكلمـات ومنها البروتوكول والإتيكيت كمـا هـي، ونكررهـا فـي حياتنـا اليوميـة دون أن يعرف بعضنـا مدلولاتها الحقيقية. ومـن هنـا، يسـتخدم العامـة والخاصـة منا الكلمتين المذكورتيـن، أحيانـاً بشـكل صحيـح ووفـق ما ترميـان إليـه، وفـي أحيـان أخرى بشـكل خاطئ وخـارج إطارهمـا. وتبريـر الوقـوع فـي الخطأ وارد، إلـى حـد مـا، طالمـا أنَّ هاتيـن الكلمتين سـيقتا مـن لغتيـن أجنبيتيـن مختلفتيـن هما اليونانية واللاتينية على التوالي.

• أصل كلمة بروتوكول:

كلمـة بروتوكـول مشـتقة مـن الكلمـة اليونانية "Protcollon"، ومسـتمدّة مـن لفظتيـن همـا "Protos" وتعنـي الأول، و "Kolla" التي تعنـي لصـق أو إرفـاق. وكانـت تطلـق علـى الورقـة الأولـى المرفقة أو الملصقـة على وثيقة أو مجلد ما.

هنـاك مـن يقول إن كلمة "Protcollon" تشـير، لـدى الإغريق، إلـى نـوع من الأشجار التـي كانـت توضع بعـض أوراقها بيـن دفات مجلـد مـا (أكان مـن الرق أو الجلـد أو البردي) للدلالـة علـى مكان الوثيقـة أو العهـد المتفق عليـه بيـن طرفين، ولا سـيما في التجارة (تقريباً كمـا نفعل اليوم باسـتخدام شـريط نسـيجي فـي المفكـرات للتذكير ببعض المواعيد أو المواضيـع الهامة). بعد ذلك درجت العـادة علـى إطلاق كلمة "Protocollon" للإشارة إلى نـوع مـن الوثائـق أو الاتفاقات، والتـي تحولت لاحقـاً لتصبح كلمة "Protocol".

---

3. روبرت أنسون هينلين (1907-1988)، كاتب أميركي، يدعوه البعض بـ "عميد كتّاب الخيال العلمي".

■ **مدلول كلمة بروتوكول:**

مـع مـرور الوقـت، باتـت هـذه الكلمـة تأخـذ عدة مدلولات:

- الصك أو الوثيقة:

أي إنّ ما تتضمّنه من اتفاق يسمى "protocol" وهـو يختلـف عـن الاتفاقيـة "Agreement" أو المعاهـدة Treaty، ويعتبـر أقـلّ شـأناً منهمـا، رغـم أنه يخضع للإجراءات نفسـها فـي التوقيع، والتصديق، والإبرام، والنشر.

- إدارة البروتوكول:

بمعنـى "المراسـم أو التشـريفات"، وهـي إحـدى إدارات البـلاطـات الملكيـة أو السـلطانية أو الأميريـة أو القصـور الجمهوريـة أو رئاسـات الـوزارات أو وزارات الخارجيـة أو البرلمانـات... إلخ. وهي الإدارة المختصة بالسـهر على حسـن تنفيـذ قواعـد المجاملـة وتنظيـم اللقـاءات والزيارات، ورعايـة الامتيـازات والحصانـات الدبلوماسـية، وتنظيم إجراءات توقيع الاتفاقات وترتيبات الأوسـمة والهدايا والأعلام... إلخ. ومن دون تطبيـق البروتوكـول تَعمّ الفوضى والبلبلة في أي نشاط رسمي.

كمـا ويسـتمدّ البروتوكـول أهميـة كبـرى فـي علاقـة الدولـة المباشـرة مـع الـدول الأخـرى وممثليهـا، وصلـة ذلـك بكرامـة الدولـة وسـيادتها، لأنَّ إغفـال أي قاعـدة مـن قواعـد البروتوكـول أو التهـاون بشـأنها، قـد يعتبـر إهانـة مقصـودة، أو تصرفـاً مغايـراً لمبـادئ اللياقـة أو المجاملة.

- المفهوم الدبلوماسي:

يقصـد بكلمة بروتوكول أكثر من معنى:
- مجموعـة الإجـراءات والنظـم والأسـاليب وقواعـد الأسـبقية والأعـراف والتقاليـد الواجـب مراعاتهـا والتقيـد بهـا فـي العلاقـات الدوليـة والدبلوماسـية، وفـي المناسـبات الرسـمية كالاجتماعـات والزيارات والبرامـج والمآدب الرسـمية، والأسـبقيات، والأوسـمة... إلخ.
- المراسـلات الرسـمية والوثائـق الخطيـة، وإجراءات عقد المؤتمرات... إلخ.
- المحاضـر التـي تتضمَّـن خلاصـة المناقشـات والمباحثـات التـي تجـري فـي اجتماع دولي أو إقليمي... إلخ.

■ **معنى كلمة "مراسم":**

كانـت الكلمـة معروفـة عنـد العـرب باسـم (رسـوم) المشـتقة من كلمة (رسم) ومعناها الأمر المكتـوب. وكان يقصـد بـ (الرسـوم) فـي عهـد الخلفـاء الراشـدين، مجموعة القواعـد والأنظمة المتعلّقة بالأمور التالية:

- مقابلة الملوك والشخصيات المرموقة.
- الاحتفاء برجال السياسة (العرب والأجانب).
- أصول مقابلة الناس ومعاملتهم.

ومن كلمة (الرسـوم) اشتقَّ الأتراك العثمانيون كلمـة (مراسـم)، للدلالـة على معنى قريب من المفهوم الحديث لكلمة (البروتوكول)، كمـا اشـتقوا مـن (الرسـم) كلمـة (رسـمي)، وكلمـة (مرسـوم) وهو القرار الصادر عن أعلى سـلطة حاكمـة (ويقابلهـا اليـوم مرسـوم جمهـوري، أو إرادة ملكية وما شابه).

الإتيكيت

"وحدهـم الحمقى يعتقدون أن لا فائدة من البروتوكول والإتيكيت"[4]

• أصل كلمة إتيكيت ومدلولها:

أصـل كلمة إتيكيت هـو لاتيني، وتعني الملصقة. اسـتخدمها الفرنسيون للدلالة علـى الأوراق التي كانـت تُلصق على منتج مـا، لتوضيح الكمية والمحتوى، ومـا شـابه مـن معلومـات يتطّلبها التعريف. بدأ الفرنسـيون باستخدام هذا الإجراء مع النبيذ بشكل خاص، بحيث كانت تُلصق أوراق تعريفيـة علـى زجاجات النبيذ، مدوَّن عليها اسـم المنتَج وتوضّح مـن هـو المصنّع وتاريخ الصنع ومكانه، وما إلى ذلك من معلومات مهمة للذّواقة والمستهلكين.

اسـتخدمت هذه الكلمة، لاحقـاً، للدلالة على البطاقـات التـي كانـت قـد أصبحت متداولة في البلاطات الملكيـة، بحيث توزّع على الأشخاص الذين لديهم لقاءات مع الملوك والأمراء والوزراء وكبـار الحاشـية، وتـدوَّن عليهـا تعليمـات توضح كيفية التصـرّف بحضورهـم، بـدءاً مـن اللبـاس

(نوعـه، تصميمـه، لونه... إلخ) وكيفية الدخول والتحيـة والانصراف وغير ذلك من أمـور. وبهذا أصبحـت كلمـة إتيكيت مرتبطة بآداب السـلوك وكيفية التصرّف، أو ما يذهب البعض إلى تسميته بالسـلوك الحسن أو السـلوك الراقي. وأنا شخصياً أميـل إلى المقاربـة الأولـى "آداب السـلوك" أو "آداب التعامل"، تجنّبـاً للدخـول في مناقشات قـد لا تنتهـي حـول تحديد ما هـو المقصـود بـ: "الحسـن" أو "الراقـي"، وهو جدل شـائك يقودنا إلى الخوض في تعريف مفاهيم مجردة لكل منا رأيه ورؤيته تجاهها.

تاريخيـاً، لا يوجد فعلياً توثيق حول من تحدّث أولاً عن آداب السلوك، أو متى وأين تمَّ ذلك، لكن ينحو البعض إلى اعتبار أنَّ أقدم ما دوِّن عن آداب السـلوك كان عام 2560 قبل الميلاد؛ حيث سجّل رجل مصريّ بعض الإرشادات لولده حول أصول التصرّف مع الآخرين.

---

4. شارل موريس تاليران (1754-1838): سياسي ودبلوماسي وقائد عسكري فرنسي.

أمّا حديثاً، فالمتعارف عليه إلى حدٍ ما، هو أنه في عهد الملك الفرنسي لويس الرابع عشـر (louis XIV 1638-1715) قـام مدير حدائـق قصـر فيرسـاي (Versailles) بوضع بطاقات (Etiquettes) في بعض جنبـات الحدائق تتضمّن طلباً بعدم المرور فوق البساط العشبي الأخضر، لكنَّ النبلاء وغيرهم لم يكونوا ليلتزموا بذلك، فلجأ إلى الملك نفسـه الـذي أصدر قراراً ملكياً يمنعهـم مـن ذلك، وأصبحت البطاقات ملزمة. اعتاد البستانيون أن يقولوا لمن يتجاهل البطاقات: "مـن فضلك، التزم بما فـي البطاقة/ الإتيكيت "etiquette. منذ ذلك الحين، أصبحت كلمة "الإتيكيت" مرادفة للالتزام بسلوك معين، أو التصرف وفق معايير محددة.

• بدايات الإتيكيت:

1. الإتيكيت الإسباني:

بـدأ التطور الجوهري لأسس ومعاييـر الإتيكيت فعلياً في أوروبـا. وبغـضّ النظر عن اعتداد البعض بالإتيكيت الفرنسـي والإنكليزي، **فإنَّ الإتيكيت الحقيقي نشأ عملياً في إسبانيا،** وتحديداً فـي عهد الملك تشارلز الخامس (1558-1500)، حيث بُدء بتطبيـق العديد من الإجراءات الصارمة(5) التي توحي بالسلطة والعظَمة، بما فيها تحديـد من يحقّ لـه ارتداء بعض الثياب وألوانها والحلي على سـبيل المثال. وفي عهده أيضاً أصبح تنظيـم رحلات الصيد والتنقلات والزيارات الملكية، يخضع لترتيبات وإتيكيت خاص ملزم.

2. الإتيكيت الفرنسي:

تعود إجراءات الإتيكيت الفرنسي الأساسية إلى سلالة آل بوربون (Bourbon)(6)، أكثر مما تسـتند إلى الإتيكيت الإسباني الذي يعتبر أقدم، وقد كانت تلك الإجراءات صارمة أيضاً(7)، ولكنها كانت قد بدأت تفقد زخمها ورونقها.

عمليـاً، تكرّس الإتيكيت الفرنسي جلياً، كما ذكرنا آنفاً، في عهد الملك لويس الرابع عشـر، لكنه لم يسـتمر كممارسـة تقتصر على البلاط، خاصة بعد الثورة الفرنسية التي اندلعت عام 1789 وزعزعـت الكثيـر مـن القيم التي كانـت

---

5. فيما يلي مثال لموقف مأساوي ومضحك في آن، يوضح إلى أي مدى كان الإتيكيت الإسباني صارماً. فقد نصّت التعليمات على أنه لا ينبغي أبداً الاقتراب أو لمس الملكة إلا من قبل الأمراء من العائلة المالكة. ذات مرة، سقطت الملكة عن حصانها، لكنَّ قدمها كانت عالقة في الركِاب. وبينما كان الحصان يركض، لم يجرؤ أحد على الاقتراب من الملكة لإنقاذها، خوفاً من ارتكاب جريمة لمسها التي تستوجب العقاب. لحسن حظها، كان هناك أحد الامراء الذي سارع لنجدتها.

6. آل بوربون (Bourbon)، عائلة ملكية أوروبية مهمة، وهي فرع من سلالة الكابيتيون، ويرجع نسبها إلى لويس الأول. حكمت عائلة بوربون أولاً مملكة نافارا وفرنسا في القرن السادس عشر. بحلول القرن الثامن عشر، حكم أعضاء من سلالة بوربون أيضا عروشاً في إسبانيا، ونابولي وصقلية وبارما. ملكا إسبانيا ولوكسمبورغ الآن هما من سلالة بوربون.

7. قديماً، كما في إسبانيا، كانت قواعد الإتيكيت في فرنسا صارمة جداً، فبينما كان الملك لويس الثالث عشر يعود الكاردينال روشيللو المريض والراقد في سريره، اقتضت الأصول أن يستلقي الملك نفسه على سرير مجاور، ذلك أنه لم يكن وارداً أن يبقى الملك واقفاً وغيره جالس أو مضطجع لأي سبب كان.

سائدة بما فيها تلك المتعلقة بالإتيكيت، حيث اضمحلت بعض الممارسات، ونشأت ممارسات جديدة أخرى، وعلى مستويات عدة، كان الحدث الأبرز فيها، على سبيل المثال، هو ما جرى أثناء تتويج نابليون بونابرت ملكاً، وتجاوزه لأعراف كانت سائدة لألف عام خلت[8].

3. الإتيكيت الإنكليزي:

لعب الإتيكيت الإنكليزي دوراً محورياً في تطوُّر الإتيكيت عموماً، بعد أن دمج ما بين الإتيكيت الإسباني والفرنسي ثم قدَّمهما بأسلوبه الخاص. يمكن اعتبار أن **الإتيكيت الإنكليزي هو الأكثر صرامة، وقد بدأ يفرض نفسه، إلى حدّ كبير، على كل الطبقات البورجوازية الأوروبية**، وأخذ تعبير "جنتلمان Gentleman"، وما يرمي إليه من مزايا وسلوك يتغلغل شيئاً فشيئاً في اللاشعور العام، بحيث أصبح الإتيكيت الإنكليزي هو الأكثر اعتماداً حتى الآن في الحياة الدبلوماسية وعالم الأعمال في معظم مناطق العالم، ولا سيما تلك التي تُعتبَر أنغلو- سكسونية (Anglo-Saxon).

4. الإتيكيت الروسي:

كان للإتيكيت الروسي طابعه الخاص المتأثِّر بالثقافة السلافية من جهة، وبإرث الإمبراطورية البيزنطية من جهة ثانية. واستمر الإتيكيت، المترعرع في أحضان الكنيسة الأرثوذكسية، ماثلاً في البلاطات القيصرية إلى أن حلَّت فترة حكم بطرس الأكبر[9]، حيث بدأ الإتيكيت الروسي يتأثر أكثر فأكثر بالإتيكيت الفرنسي.

5. الإتيكيت الأمريكي:

وبما أنَّ الإتيكيت في دول أوروبا، غربها وشرقها، كان محكوماً بموروثات ملكية وكنسية وثقافية، فإنَّ **الإتيكيت في أمريكا ظلَّ مرتبطاً، بما يمارسه في هذا المجال، برجال الأعمال وذوي النفوذ المالي عموماً**، فكان الإتيكيت خليطاً مما كان سائداً في الإتيكيت الأوروبي، وليس إتيكيتاً أمريكياً خاصاً، وهذا هو الحال حتى اليوم.

---

8. على مدى ألف سنة، وتحديداً منذ المناسبة الأولى التي بدأ فيها البابوات ملوك أوروبا في كنيسة القديس بطرس في الفاتيكان، أي منذ تتويج الملك تشارلز العظيم (Charles the Great) عام 800 م، كان هناك إجراء خاص بهذا الأمر. وعلى ذات الخُطى كان سيتوِّج البابا بيوس السابع (Pius VII) نابليون عام 1804 م، ولكن (خلافاً للعرف) في كنيسة نوتردام بباريس وليس في الفاتيكان بروما. في مراسم التتويج، وفي اللحظة التي رفع فيها البابا التاج على ارتفاع رأسه ليضعه على رأس نابليون، تلقف الأخير التاج ووضعه بنفسه على رأسه، في خرق صارخ للإتيكيت والبروتوكول السائد آنذاك في مثل هذه المناسبات. (البعض يعتبر هذا التوقيت هو بداية نشوء مفهوم الدولة المدنية وفصل الدين عن الدولة).

9. بطرس الأكبر (1672-1725)، الإمبراطور الروسي الذي حكم من عام 1682 حتى وفاته. من خلال عدد من الحروب الناجحة، وسَّع الإمبراطورية القيصرية إلى إمبراطورية أكبر بكثير. قاد ثورة ثقافية غيّرت بعض الأنظمة الاجتماعية والسياسية التقليدية التي كانت سائدة في العصور الوسطى إلى أنظمة حديثة وعلمية مستمدة من عصر التنوير. كان لإصلاحاته تأثير دائم على روسيا، وتعود العديد من مؤسسات الحكومة الروسية في أصولها إلى عهده. كما اشتهر بتأسيس وتطوير مدينة سانت بطرسبرغ، التي ظلت عاصمة روسيا حتى عام 1917.

العلاقة بين الإتيكيت والتهذيب

"يمكن تعلُّم آداب السلوك من أولئك الذين يفتقدونها"(10)

البعض يصف التهذيب بأنه نوع من الطباع المكتسبة، في حين أجدني ميالاً لأقول إن الطباع الجيدة هي أدب متأصل يقودنا إلى التصرف بما يرضي الآخرين، ويبعدنا ما أمكن عن إزعاجهم. ويمكنني القول أكثر من ذلك إنَّ الإتيكيت هو أن تتصرف بحصافة وروية وتستوعب حتى سوء تصرف الآخرين. كما يمكن الجزم بأنَّ هناك ترابطاً وثيقاً ما بين التهذيب والإتيكيت، ولا يمكن فصم عراهما دون الوقوع في المحظور. كلاهما يشكلان رافداً إلى حدٍ كبير للقانون ويكملانه، ويمكن لهما أيضاً تناول بعض الأمور المتعلقة بآداب السلوك في مسائل لم يتطرق لها القانون نفسه. على سبيل المثال، لا يعاقب القانون شخصاً ينظر أو يحدّق في الأخرين شزراً أو حتى بازدراء، في حين أن الإتيكيت يقود ويعلم الناس

أن هذا السلوك غير صحيح ويستحق صاحبه أن يوسم من قبل الآخرين بالمخطئ. ولهذا أقول إنَّ الإتيكيت مكمِّل للقانون ويتدخَّل في المساحة الرمادية التي ليس للقانون فيها دور واضح.

لا شك في أنَّ المجتمعات والأمم تمجِّد التهذيب وتحثُّ الناس على اللياقة وحسن التصرف على أساسه. قال جان جاك روسو(11): "**لا توجد حكمة تعلو على التهذيب**"، مع ملاحظة أن هناك فوارق جمَّة في سبل التعاطي أو ممارسة هذا السلوك أو ذاك، انسجاماً مع التباينات في الموروثات الثقافية والاجتماعية والعادات والتقاليد... ولا نستغرب في هذا المجال إنْ وجدنا أن سلوكاً طبيعياً وعادياً في مجتمع ما قد يبدو مستهجناً في مجتمع آخر. "التجشؤ"، مثلاً، سلوك غير مستحبّ ومحرج لدى معظم شعوب

10. ‫‫مثل فارسي

11. جان جاك روسو (1712-1778)، فيلسوف وكاتب سويسري ناطق بالفرنسية، أثرت أفكاره وفلسفته السياسية بشكل كبير على الثورة الفرنسية.

العالم، ويتطلب ممن بدر منه هذا الأمر الاعتذار، في حين أنه أمر طبيعي جداً ومقبول في الصين وعدد من مناطق جنوب شرق آسيا، ولا يوجد فيه ما يستدعي أية ملاحظة.

إذاً، ما هو السلوك الأمثل، إذا ما حصل في موقف ما، تضارب ما بين متطلبات الإتيكيت والتهذيب؟ إلى أي جانب ننحاز؟ سؤال وجيه، ربما يمكن الإجابة عليه من خلال القصة المتخيَّلة التالية:

"انتهت إجازته وركب الطائرة عائداً إلى بلده، فتصادف أن كانت بجانبه سيدة مسنّة يبدو من مظهرها أنها بسيطة. في الطائرة قاموا بتقديم وجبات الطعام التي اشتملت على عدة أصناف بما فيها قطعة حلوى بيضاء. تناولت المرأة قطعة الحلوى وبدأت تأكلها بقطعة خبز ظناً منها أنها قطعة جبنة بسبب لونها الأبيض. وعندما اكتشفت أنها حلوى شعرت بحرج شديد، ونظرت إلى الرجل بجانبها، فتظاهر بأنه لم يلاحظ خطأها. بعد ثوانٍ أخذ الرجل قطعة حلواه وتناولها بقطعة خبز كما فعلت تلك السيدة التي ضحكت على ما حصل معه. قال لها لماذا لم تخبريني أنها حلوى؟ فقالت له: وأنا كذلك كنت أظنها جبنة."

لقد كان يعرف أنّ ما قُدّم ضمن الوجبة هو حلوى وليس قطعة جبن، لكنّ ذوقه الرفيع قاده إلى تقديم التهذيب على الإتيكيت. فهو لم يتقيَّد بحذافير الإتيكيت وقواعده لعدم إحراج تلك السيدة.

مثال آخر زيادة في التوضيح:

"يُحكى أنّ نادلاً تقدّم من ضيف الشرف وهو يحمل صينية عليها فناجين الشاي وصحونها الكبيرة نسبياً وفناجين القهوة وصحونها الصغيرة، تناول ضيف الشرف فنجان القهوة ومعه صحن فنجان الشاي، وليس الصحن المخصص لفنجان القهوة، ذلك لأنه لاحظ أنّ سيدة بالقرب منه فعلت ذلك عن جهل. لقد جاملها وخالف الإتيكيت الذي يتقنه، وتصرّف وفق متطلبات الأدب والتهذيب. تصرف كرجل محترم، يراعي مشاعر الآخرين ويداري بعض أخطائهم البسيطة التي يمكن تجاوزها".

إذاً، حسن التصرف والتهذيب يستوجبان أحياناً خرق بعض القواعد الصارمة في الإتيكيت. ويجدر بنا أن نكيّف سلوكنا قدر المستطاع مع الوسط الذي نكون فيه، فبعض القواعد في الإتيكيت تحتاج إلى بعض الوقت لتسود. فهي ليست قواعدَ تصدر بقوانين ومراسيم، بل تزحف ببطء، لتتغلغل في لاوعينا رويداً رويداً، قبل أن تصبح نهجاً عاماً تقّر به وتطبقه الغالبية العظمى من الناس في مجتمع ما.

لهذا نقول إنّ التهذيب يتقدم الإتيكيت ويُراعى أولاً، إلى أن تأتي الفرصة لمراعاة كلا الأمرين. فإذا ما قاد المرء حظه العاثر مرة ليكون بصحبة أُناس سُذّج يمرحون بصخب، من الأفضل له أن يُظهر سروراً على أن يتأفف من بعض تصرفاتهم، ولن تفوته الحيلة لينسحب بهدوء دون جرح مشاعرهم. ذكر بسمارك (12) أنه "حتى عند إعلان الحرب، يجب مراعاة قواعد المجاملة".

---

12. ——— أوتو فون بسمارك (1815-1989)، رجل دولة وسياسي بروسي-ألماني، أشرف على توحيد الولايات الألمانية وتأسيس الإمبراطورية أو ما يسمّى بـ "الرايخ الألماني الثاني"، وأصبح أول مستشار لها.

العلاقة بين البروتوكول والإتيكيت

"مراعاة قواعد الإتيكيت والبروتوكول لا تكلِّف شيئاً"(13)

يمكـن القـول إنَّ "البروتوكـول" مرتبـط عمومـاً بالإجـراءات والتنظيـم، فـي حيـن أن "الإتيكيـت" هـو آداب سلـوك مـن جهـة، ويتعلق بتنفيـذ تفاصيل محـددة وكيفيـة الالتـزام بهـا مـن جهـة أخـرى. فإذا كان البروتوكول يقضي بالالتزام باللبـاس الرسـمي فـي مناسـبة رسـمية مـا، علـى سـبيل المثـال، فـإنَّ لـون وطـراز ونوعية ذلـك اللبـاس هـي أمـور وتفاصيـل تدخـل فـي بـاب الإتيكيـت.

إذا كان الشخص مدعـواً إلى عشـاء يقيمـه أحـد مـا، فالبروتوكـول يقضي بالتقيّد بموعد العشـاء وتحية صاحب الدعوة... لكنَّ كيفية أداء التحية، كالتقبيل أو عدمـه أو المصافحـة، وصـولاً إلـى كيفيـة تنـاول الطعام وآداب المائدة وغير ذلك، فينـدرج في مجال الإتيكيت.

إذاً، العلاقـة مـا بيـن البروتوكول والإتيكيت هـي علاقـة وثيقـة، كالعلاقـة مـا بين العام والخاص أو الكل والتفاصيـل.

ـ ممن يُطلب تطبيق قواعد الإتيكيت والبروتوكول؟

ليسـت قواعـد الإتيكيـت والبروتوكول حكـراً علـى جهة أو فئة معينة من الناس، بل هي قواعد تفصيليـة يجـب أن يلتـزم بها الجميـع، في كل الأماكـن والأوقات، أكان شـأنهم عالياً أو متواضعاً، وبغـض النظـر عن أعمارهـم. وبالتالي يمكن، بل يجب تطبيق تلك القواعد في كل الأماكن، وبغض النظـر عن أهميتهـا، أكانت رسـمية أو خاصة، في المنـزل، والشـارع، ووسـائط النقـل... إلـخ. وهي قواعد تنبثق أساسـاً من العادات والتقاليد، ويبدأ الإنسـان بتلقيها وتعلّمها مبكـراً منذ الطفولـة، ويسـتمر في ذلك ليزداد تهذيباً وانضباطاً.

ـ هل قواعد البروتوكول والإتيكيت ثابتة؟

طالمـا أن البروتوكول والإتيكيت همـا ضرب من ضروب العادات والتقاليد المؤطِّرة في أصول وإجـراءات وقواعد سـلوك وتصرفات، وطالما أن

<hr>

13. المؤلف.

ـ أين تُستخدم قواعد الإتيكيت والبروتوكول؟

على امتداد زمـن لا بأس به، تكرّس لـدى الكثيريـن أنّ قواعد الإتيكيـت والبروتوكـول مقصـورة علـى البلاطات الملكية والقصـور الرئاسـية، وعلـى الطبقـات المخمليـة والفئات الميسـورة. لكـنَّ هذا خطـأ طـاب للبعض الترويـج له لغايات اجتماعية وطبقية تمييزية. فبسـهولة يمكـن إثبـات أنَّ قواعد الإتيكـيت والبروتوكول تُسـتخدم عمومـاً فـي كل الأماكن ومـن قِبل كل الناس. فالبدو والرعاة، في حياتهـم البسـيطة في خيامهم المنتشـرة في البـوادي والوهـاد، لديهـم ما يكفي من أسـس البروتوكـول والإتيكيـت التي تحكـم تصرفاتهم وتعاملهـم مـع الآخريـن... فالبروتوكـول يقضـي، مـثلاً، بـأن يرحبوا بالضيف، مـن دون أن يعرفوا من هو، وأن يستضيفوه لثلاثة أيام من دون أن يسـألوه عن غايته أو هدف زيارته. كما يقضي الإتيكيـت أن يقدم الأعرابي القهوة العربيـة (القهـوة المـرة) بيده اليمنى، وأن يتناولها الضيف أيضاً بيده اليمنى.

إذاً، حتـى القهـوة المـرة لهـا طقوسها (التي تنـدرج في بـاب الإتيكيت) التي يجب مراعاتها(15).

العـادات والتقاليـد تتطـور وتتبـدل وفـق الزمان والمـكان والظـروف، فـإنّ البروتوكـول والإتيكيت يتبـدلان ويتطـوران أيضـاً وفقـاً لـذات الاعتبارات، أي الزمان والمكان، أو بمعنى آخر وفقـاً للجغرافيا والتاريـخ. كمـا ويمكننـا القـول إن البروتوكـول والإتيكيت يتبـدّلان مـن زمن إلى آخر حتى في المنطقة ذاتها. ففي حين كان الرجال في الشرق عمومـاً يدخلون من الأبواب قبل السـيدات، فإنّ هذا السـلوك، الذي لا يزال معمولاً به في الكثير من مناطق الأريـاف وغيرها، قد تبدّل في المدن، وأخذت النسـاء تدخل قبل الرجـال، من دون أن يعتبر ذلك انتقاصاً من مكانة أحد.

وفـي الأحـوال كلهـا، فالقاعـدة الوحيـدة الثابتـة في هـذا السـياق، والتي ترسِّـخ مفهـوم التبـدل والتنوع بالأسـاس، هـي مـا يُعبـر عنه بالإنكليزيـة بما يلي "When in Rome, do as the Romans do"(14) أي "تصرَّف في روما كمـا يتصرّف أهلهـا". وروما مجازاً هي أي مكان، وبالتالي مـا يصلح من سـلوك في دمشق قد لا يكـون صحيحـاً في بكـين. لهـذا، وفي إطار ما ذكرنا، فإنَّ العُرف العام (دولياً) أصبح يقتضي بأن نتصرف في أي منطقـة وفق قواعد البروتوكول والإتيكيت السـائدة والمعمـول بها فـي تلـك المنطقـة، بغضّ النظر عن رأينا في تلك القواعد.

---

14. "عندما تكون في روما، افعل كما يفعل الرومان"، هو مثل أو قول مأثور غالباً ما يتم اختصاره إلى "عندما تكون في روما...".

يُحكى أنَّ القديسة مونيكا وابنها القديس أوغسطينوس (من ميلانو) خططا لزيارة روما أحد أيام السبت من عام 1777 ليكتشفا أنه كان يوم صيام في روما على عكس الحال في ميلانو. فاستشارا القديس أمبروزي (Saint Ambrose) فقال لهما: "عندما تكونا في روما، افعلا كما يفعل البابا، فأنا عندما أكون في ميلانو لا أصوم يوم السبت، بينما في روما أصومه". يقال إن هذا الرد هو الذي أدى إلى المثل أو القول المأثور "عندما تكون في روما، افعل كما يفعل الرومان"، بما معناه أنه من الأفضل اتباع تقاليد أو عادات المكان الذي تتم زيارته.

15. يسكب الضيف قليلاً من القهوة ويشرب أولاً، أي قبل الضيف وذلك تحقيقاً لهدفين: تسخين الفنجان (فالمضيف هو من يتناول الرشفات الباردة، وليس الضيف). ثم إشعار الضيف بالأمان، وأن القهوة سليمة

من غير اللائق في العديد من البلاد الشرقية والإسلامية والعربية أن يضع الشخص رجلاً فوق رجل وهو جالس بحضور بعض الشخصيات الرفيعة ورجال الدين، في حين يستطيع، إذا كان في أوروبا وأمريكا، أن يضع رجلاً فوق رجل، بل وأن يكون أسفل الحذاء باتجاه الشخص الآخر (ولو كان رئيس دولة)، دون أن يعتبر ذلك إهانة أو مساً بمقام ذلك الشخص.

• يلمظ الرجل في بلاد الاسكيمو لسانه بعد الأكل، أمام مضيفه، للدلالة على إعجابه بالطعام.

• التزاماً بأصول الإتيكيت، كان الناس في مناطق الشرق الأوسط يتناولون الطعام وهم صامتون تقريباً، تطبيقاً لقاعدة "لا كلام على طعام". امّا الآن فقد تبدّل الحال جذرياً.

• كانت قواعد اللباقة في التيبيت تقضي بأن يمدَّ المضيف لسانه عند توديع ضيوفه، إذا كان مرتاحاً لزيارتهم.

• في حين أنَّ اللون الأسود هو لون الحداد في غالبية مناطق العالم، فإنَّ اللون الأبيض هو لون الحداد في العديد من دول آسيا، كما في سريلانكا على سبيل المثال.

• في حين أن اللون الأبيض هو لون الفرح (كما هو لون فستان العروس) في معظم البلدان، فإنَّ اللون الأصفر هو لون الفرح

والسعادة في دول مثل اليابان والفلبين.

• في الكثير من الدول العربية والإسلامية عندما تسقط قطعة خبز على الأرض، يتمّ التقاطها وتقبيلها (باعتبارها نعمة من الله) قبل أن توضع في مكان مرتفع قليلاً وبعيداً عن دوس الأرجل.

• في الصين، يمكن للمضيف اعتبار أنَّ الضيف استمتع بالطعام إذا ترك بعض الفضلات على الطاولة.

• في الصين، يعتبر ترك القليل من الطعام في الصحن إشارة مستحبة وتشير إلى الشبع. على العكس من ذلك، ليس من اللباقة ترك أي من الأرز في الطبق.

• في الصين، يعتبر التجشّؤ إشارة إلى استمراء الطعام، ولا يعتبر بأي حال من الأحوال سلوكاً مستهجناً أو مثيراً للاشمئزاز.

• في غانا، عند ارتداء الملابس التقليدية (الفضفاضة)، يمكن للرجل أداء التحية بمجرد إزاحة الرداء عن كتفه وإرجاعه.

• في بعض الدول العربية وإثيوبيا يمكن للمضيف إعطاء لقمة إضافية للضيف حتى بعد شبعه مع بعض الإلحاح، على اعتبار أنَّ الضيف، من باب الأدب، غالباً ما يأكل القليل وينهي طعامه دون شبع.

• في جورجيا، يستمر تبادل الأنخاب طويلاً على مائدة الطعام. بالتناوب يقف كل شخص ويمر على كل الحضور ويقرع كأسه بكأس كل

وصالحة. بعد رشف الضيف لفنجان القهوة الأول أو الثاني يقوم بهزّ الفنجان، بحركة نصف دائرية، يميناً ويساراً، ثم يقدمه للمضيف، إشارة إلى الاكتفاء (ومن دون هذه الإشارة يستمر المضيف في سكب القهوة للضيف). إذا تناول الضيف الفنجان ووضعه أمامه دون ارتشاف القهوة، فهذا دليل على أن للضيف طلباً لدى المضيف، وهو طلب يستوجب التنفيذ، وإلاّ فإن خلافاً يُتوقع أن ينشب. وسيخرج الضيف ليشيع أن "قهوة فلان لا تُشرب"، وهذا بحد ذاته عارٌ يوحي بأن مقدم تلك القهوة لا يحظى بالمروءة والشهامة. إذا كان الضيف مميزاً وذا مكانة رفيعة، يقدم له المضيف القهوة العربية، وبعد أن يرتشفها، قد يقوم المضيف بكسر الفنجان، وهي إشارة تبجيل تشير إلى رأي المضيف بالضيف، وأن أحداً آخر لا يستحق أن يشرب من ذاك الفنجان من بعده.

فرد قبل أن يشرب الجميع كل ما في كؤوسهم دفعة واحدة.

• يتبادل الجورجيون أنخاب النبيذ أو الفودكا فقط. أما تبادل أنخاب البيرة فيعتبر فألاً سيئاً.

• في النمسا، لا يتم تبادل أنخاب البيرة إطلاقاً. فهذا يذكّر بمعركة خسرتها النمسا أمام عدو احتفى بانتصاره باحتساء البيرة.

• في إيطاليا، ليس مستحسناً أن تطلب إضافة جبنة البارميزان(16) إلى قطعة بيتزا مقدمة وهي خالية منها.

• في اليابان، شفط الشوربة أو النودلز بصوت مرتفع يعتبر إشارة تقدير للطباخ.

• في كوريا، يجب على الضيف الموافقة دوماً على شرب الكأس الأول، لكن لا يجوز له أن يسكب الشراب لنفسه أولاً.

• في المكسيك، ليس مستحسناً استخدام الشوكة والسكين لتناول فطائر التاكو (taco)(17).

• في بعض مناطق الشرق الأوسط والهند والباكستان وأفريقيا، من الشائع تناول الطعام باليد اليمنى، لكن ليس باليسرى على الإطلاق.

• في روسيا، يتم تقديم وشرب الفودكا دون أي إضافات بما فيها الثلج. إضافة أي شيء آخر يعتبر إفساداً لطعم ونقاء هذا المشروب.

• في روسيا، يعتبر تقديم المشروب لأي شخص بادرة تعبّر عن الودّ والصداقة، أمّا عدم قبوله فيعتبر سلوكاً مستفزاً ومستهجناً.

• في روسيا، حتى لو كنت مدعواً إلى كوب شاي، من الأفضل عدم تناول الطعام قبل الزيارة. فالروس كرماء ولديهم عادة أن

يضعوا أمام الضيف الكثير من المأكولات.

• في بعض مناطق البيرو والأرجنتين وتشيلي وبوليفيا، لا سيما في مناطق سلسلة الأنديز الجبلية، يقوم الضيوف بسكب بضع قطرات من المشروب على الأرض وذلك احتراماً لِ "الباشاما" (Pachamama) إلهة الخصب والحصاد.

• في تايلاند، تستخدم الشوكة لتناول الأطعمة عدا الأرز الذي يتم تناوله بالملعقة، وإذا ما استخدمت الشوكة فإن ذلك يتم لدفع الأرز إلى الملعقة ليس إلّا.

• في تنزانيا، تناول الطعام جلوساً فوق سجادة أو بساط أمر شائع، لكن لا يجوز إظهار نعل الحذاء.

• في فنزويلا، يصل المدعو إلى العشاء متأخراً ربع ساعة على الأقل من الموعد المحدد في الدعوة. الوصول على الموعد أو قبله بقليل يعتبر تصرفاً غير لائق.

• في البرازيل، في الدعوات غير الرسمية، إن كان موعد العشاء الساعة السابعة على سبيل المثال، فمن المتوقّع حضور المدعوين الساعة الثامنة. التأخر ساعة هو المألوف.

• في عدة مناطق من البرازيل، لا يفتح الضيف باب منزل أو شقة المضيف وهو يغادر منهياً زيارته، فهذا يعني أنه لن يعود إلى هذا المكان مجدداً. المضيف أو أي أحد من أصحاب المنزل هو من يفتح الباب مودعاً ضيفه.

• في ألمانيا، يدخل الرجال والنساء إلى غرفة الساونا نفسها وهم عراة، لكن يُفترض التقيّد بشرط عدم النظر إلى الآخرين.

______
16. جبنة البارميزان هي جبنة إيطالية صلبة حبيبية يتم إنتاجها من حليب الأبقار، وتتطلب الحفظ لمدة 12 شهراً كي تنضج.

17. التاكو هو فطيرة أو لفائف تقليدية مكسيكية تصنع من الذرة أو القمح وتحوي عدة مكونات كاللحم والخضار وغيرها.

الألقـــــــاب

"ليست الألقاب هي التي تشرّف الرجال، بل الرجال هم الذين يشرّفون الألقاب"(18)

اللقب هو الاسم الفخري الذي يَخلع على حامله معنى المكانة والاعتبـار والاحتـرام، وهـو امتياز يُمنح لصاحبه بطرق مختلفة ومتنوعة، يحتاج بحثها إلى صفحات كثيرة وعـودة إلـى التاريخ والأحداث في كل دولة أو منطقة.

في بعـض الـدول تستمر الألقاب التقليدية القديمة. فالمملكة المتحدة فيها ألقاب ملكية ووراثيـة مثل الملكة/ الملـك، والأمير/ الأميرة، والـدوق/ الدوقة، والماركيـز/ المارشيونة، والإيرل/ الكونتيسـة، والفيكونت/ الفيكونتيس، واللـورد/ الليدي، والبـارون/ البارونـة. بعـض الـدول، مثل لبنـان، تميِّز بعـض المناصب بألقـاب محـددة، حيـث يطلـق لقـب "فخامـة" علـى رئيس الجمهورية، ولقب "دولة الرئيس" علـى رئيـس الـوزراء ورئيس مجلس النواب، ولقب "معالي" على الوزراء.

لكن ما استقرّت عليه معظم الدول حالياً هو التخفيف والإيجاز في بعض هذه الألقاب. بل وأن

غالبيـة الـدول، ألغـت كل الألقاب، واعتمـدت عبارة "السيد/ السيدة" لكل الأشخاص، وفي كل المراتب والمناصب بما فيها رئيس الجمهورية. وإذا كان من الصعب تحديد الألقاب لكل دولة على حدة، فإننا نوجز بعض الألقاب المتداولة.

ـ للملوك والأمراء:

- يقال للملك "**صاحب الجلالة**"، وفي صيغة المخاطب "**جلالتكم**".

- يُقال للملكة "**صاحبة الجلالة**"، و"**جلالتكم**".

- يقـال للأمير والأميرة من آل الملك "**صاحب السمو الملكي**" و"**صاحبة السمو الملكي**".

- يُقال للأمير والأميرة مـن السـلالة المالكة "**صاحب السمو**" و"**صاحبة السمو**".

ـ للرؤساء:

- في معظـم الـدول يُستعمل لقب "**سيادة**" و"**سيادتكم**".

- في بعضها يُستعمل لقب "**فخامـة**" و"**فخامتكم**".

---

18. نيكولو ماكيافيلّي (1469-1527): سياسي وفيلسوف إيطالي، يعتبر مؤسس العلوم السياسية الحديثة.

- في بعضها يُستعمل لقب "**الموقر** /*The Honorable*" كما في الهند، باكستان، سريلانكا، بنغلاديش، ماليزيا، وغيرها.

ــ لرؤساء المجالس التشريعية:

- معظم دول العالم تستعمل لقب "**السيد**" و"**سيادتكم**".
- في بعض الدول، كما في الهند والباكستان يُستعمل لقب "**الموقر** / *The Honorable*".
- في بعض الدول، يُستعمل لقب "**دولة**" و"**دولتكم**" كما في لبنان.

ــ لأعضاء المجالس التشريعية:

- معظم دول العالم تستعمل لقب "**السيد**"، و"**سيادتكم**" أو "**حضرتكم**".

ــ للوزراء:

- معظم دول العالم تستعمل لقب "**السيد**" و"**سيادتكم**"، بعضها يستخدم لقب "**معالي**" و"**معاليكم**".

ــ لبقية المناصب السياسية والإدارية:

- معظم دول العالم تستعمل لقب "**السيد**".

ــ للسفراء:

- اللقب المُستخدم عالمياً للسفراء هو "**سعادة**" أو "**صاحب السعادة**"، و"**سعادتكم**".
- بالإنكليزية: (His Excellency)، وتختصر H.E
- بالفرنسية: (Son Excellence)، وتختصر S.E
- بالإسبانية: (Su Excelance)، وتختصر S.E
- بالبرتغالية: (Sua Excelência)، وتختصر S.E
- بخصوص زوجات السفراء وباقي أعضاء السلك الدبلوماسي، فلا يستخدم هذا اللقب، بل "**السيد**" و"**السيدة**".

ــ بخصوص العسكريين:

- بخصوص الضباط وصف الضباط/ الرتباء والجنود: الألقاب المستخدمة عالمياً كثيرة ومتنوعة وتختلف من دولة إلى أخرى ولا مجال لذكرها هنا.

ــ ألقاب رجال الدين:

- سنكتفي هنا بذكر ألقاب رجال دين الديانتين الإسلامية والمسيحية:
- يُقال للمفتي "**سماحة المفتي**"، و"**سماحتكم**".
- ويُقال للقاضي الشرعي "**فضيلة القاضي**" أو "**صاحب الفضيلة**".
- وكثيراً ما يُطلق لقب "**فضيلة**" أيضاً على بقية رجال الدين الإسلامي، في معظم الطوائف.
- يُقال "**آية الله**" و"**حجة الإسلام**"، لبعض المراتب الدينية العليا لدى الطائفة الشيعية.
- كما يُقال لإمام الطائفة الإسماعيلية "**سمو الإمام**"، لدى مخاطبته بصفته الدينية، ويُقال له "**سمو الأمير**"، لدى مخاطبيه بصفته الاجتماعية أو السياسية وغيرها.
- أما لدى رجال الدين المسيحي، فالتنوع في الألقاب واسع أيضاً، حيث يحمل رئيس الكنيسة الكاثوليكية، منذ القرن الحادي عشر، لقب البابا[19].
- يُقال للبابا "**قدس الأب الجليل الاحترام** " أو "**صاحب القداسة**" و"**قداستكم**".
- وللكاردينال "**صاحب النيافة**"، و"**نيافتكم**".
- وللبطريرك "**صاحب الغبطة**"، و"**غبطتكم**".
- وللمطران "**سيادة**" أو "**صاحب السيادة**"، و"**سيادتك**" أو "**سيدنا**".
- ولخوري الأبرشية "**حضرة الخوري**" أو "**أبونا**".
- وللراهب "**حضرة الأب**" أو "**أبونا**".

- **ملاحظة:**

ألغت الكنائس البروتستانتية والإنجيلية هذه الألقاب واكتفت بلقب "*Pastor*".

---

19. مرجع لقب البابا هو كلمة "باباز" التي تعني باللغة اليونانية الأب أو الجد، وكانت تطلق على الأساقفة كافة.

الأسبقيات

"يعطي المنصب أسبقية مؤقتة، أما التواضع والمروءة فيعطيان أسبقية دائمة"[20]

إذا كان البروتوكول هو مجموعة القواعد والمبادئ التي تسود تنظيم مختلف الفعاليات والمناسبات والحفلات والمآدب الرسمية والثقافية والاجتماعية، فإن لموضوع الأسبقية (أو حق التقدم على الغير) مركز الصدارة في البروتوكول والإتيكيت على حدّ سواء.

في الواقع لا يمكن تنظيم أية فعالية دون مراعاة حق الأسبقية والتقيد به، وإلّا فإن الفوضى ستعمّ مهما كانت إجراءات تلك الفعالية مكتملة.

من الإنصاف القول إن موضوع الأسبقية، منذ مؤتمر فيينا المعقود في عام 1815، واتفاقية فيينا المبرمة عام 1961 برعاية الأمم المتحدة، ما زال موضوعاً شائكاً ودقيقاً للغاية، للاعتبارات الكثيرة التي ترافق أحياناً صفات الشخصيات أو طبيعة المناسبات، الأمر الذي يلقي على عائق

المشرفين على شؤون المراسم/ التشريفات مهامّ حساسة للغاية، تقضي بوضع الأمور في ميزانها الصحيح، وإعطاء كل ذي حقّ حقه، من دون زيادة أو نقصان، مع المحافظة على كرامة الجميع، من دون الإساءة إلى أحد. وكما قال رسول الله محمد صلى الله عليه وسلَّم: **"أنزلوا الناس منازلهم"**.

وفي هذا الشأن، لا بد من الإشارة إلى ما يلي:

- عملياً، لا يوجد نظام أسبقية دولي موحد، إلّا فيما يتعلق بالسلك الدبلوماسي.
- لكل دولة نظام أسبقيات خاص بها، وقد يكون نظاماً منصوصاً عليه (كما هو الحال في الكثير من الدول)، أو عرفاً يُتبع ويتمّ تناقله.
- يكون نظام الأسبقية وفقاً لـ:

1. تراتبية المناصب (كفئة عامة): كأن نقول وزير أو محافظ أو سفير أو مدير عام...
2. لتراتبية ضمن كل منصب (أي ضمن كل

فئة بذاتها): ضمن منصب الوزير، مثلاً، يوجد العديد من الوزراء، ومن المفترض بأي شخص يعمل في تنظيم أية فعالية، أن يعرف تراتبية الوزراء الحاضرين لتلك الفعالية، والتي تُؤخذ عادة وفقاً لمرسوم أو مراسيم تعيينهم، أي أن أسبقية كل وزير بالنسبة إلى أقرانه تكون وفقاً للتسلسل الوارد في مرسوم أو مراسيم تشكيل الحكومة وتعديلاتها (إن وجدت). وضمن منصب السفير، كمثال آخر، توجد تراتبية للسفراء تستند إلى تواريخ تقديم كتب اعتمادهم لدى الدولة التي يخدمون فيها. وهكذا بخصوص كل المناصب.

ـ قواعد إتيكيت:

- **الأسبقية لا تُجيّر**، فعندما يكلِّف الوزير، مثلاً، أحد معاونيه ليحلَّ محله في اجتماع أو فعالية ما، فإنه لا يأخذ مكان الوزير، بل مكان المعاون، وإلّا فإنه سيتقدّم على بعض الوزراء الآخرين، وهذا لا يجوز.

- **تأخذ الزوجة أسبقية زوجها**، والعكس ليس صحيحاً. وهذا عرف دولي. فزوجة الملك ملكة، وزوجة رئيس الدولة هي السيدة الأولى، وزوجة السفير بمثابة سفيرة، وزوجة المحافظ تعامل على أساس أنها محافظ... وذلك في المناسبات الرسمية والاحتفالات والولائم وغير ذلك.

- على عكس البند السابق، لا يأخذ الزوج أسبقية زوجته، فأزواج ملكات بريطانيا وهولندا والدانمارك، على سبيل المثال، ليسوا ملوكاً. وعلى غرار ذلك أيضاً، لا يعامل زوج الوزيرة على أنه وزير، بل يأخذ الأسبقية التي هو بها كمدير أو رجل أعمال أو غير ذلك. من هنا نجد أن من النادر أن يرافق زوج رئيسة دولة زوجته، أو زوج وزيرة زوجته، إلّا في المناسبات الاجتماعية والثقافية، كحضور حفل في دار الأوبرا أو في المسرح أو أمسية فنية وما شابه، حيث يكون الزوج، في هذه الحالات، بجانب زوجته، وليس في مقعدٍ أو صف آخر.

- عند التساوي في الأسبقية ما بين سيدة ورجل، تعطى الأولوية للسيدة فتكون لها الأسبقية.

- تتقدم السيدات على الآنسات، ما لم يحظين بمركز رسمي.

- لا يستفيد الأبناء والبنات من أسبقية آبائهم.

- تحتفظ الأرامل بأسبقيتهن السابقة، أي قبل وفاة أزواجهن.

- في مناسبات معينة، عندما يكون صاحب الفعالية موجوداً، يتم تقديمه دون مراعاة الأسبقية. فعندما يقوم رئيس وزراء، مثلاً، بحضور فعالية تقوم بها جامعة ما، فإن وزير التعليم العالي يكون على يمينه ورئيس الجامعة المعنية على يساره، ثم يبدأ جلوس الآخرين، من وزراء وغيرهم، حسب نظام الأسبقية المتبع.

- يبدأ نظام الأسبقية في الجلوس بدءاً من يمين الشخص الراعي أو الشخص الأول في الأسبقية (الذي يجلس في الوسط)، ومن ثم يوزع الأشخاص يساراً ويميناً.

- في كل الدول، إلى حدٍ ما، يُعطى رجال الدين نوعاً ما من الأسبقية، بغضّ النظر عن الديانة التي يمثلونها.

الفصل الثاني

إتيكيت التعريف والتقديم

"يتجسـد وجود الكائن الإنساني فقط بتواصله مع الآخرين"(1)

على اعتبـار أنَّ الإنسـان هـو كائـن اجتماعـي بالفطـرة، فمن الطبيعي أن يسـعى إلى التعرف على الآخريـن ومحاولـة كسـب صداقاتهم وبنـاء علاقـات معهـم. لهـذا لا بـد مـن الإلمـام بأصول التعريـف بالذات (عندمـا يعرِّف الشخص عن نفسه)، وبأسـس تقديم الأشخاص (للتعريـف بهم)، إضافة إلى المعرفة الدقيقة بقواعـد الإتيكيت التـي تحكـم هذا الأمر نظراً لحسـاسيته. فهـذا جانـب مهـم، والانطباعـات الأولـى التـي تتأتَّـى مـن التعـارف الأول، ما هو إيجابـي منهـا ومـا هـو سـلبي، تسـتمر طـويلاً وليـس من السـهل تغييرها.

• **قواعد إتيكيت:**

- التواصل البصري:

في كل حـالات التقديـم والتعريـف، يجب المحافظـة على التواصل البصري(2) والنظر إلى من نقدم إليه وذلك تجنباً لتفسير الأمر على أنه ينطوي على قلة اهتمام.

- الاسم والكنية:

أثنـاء التقديـم والتعريـف، لا بد من ذكر اسـم الشـخص مقرونـاً بكنيتـه، مثـلاً: السـيد أحمد ياسـين، رجل أعمال ومهتم بالشأن الثقافي.

---

1. باولو كويلو: (1947....)، روائي وقاص برازيلي ممن تلقوا العديد من الجوائز العالمية، كما أن عدد متابعيه على وسائل التواصل الاجتماعي هو الأكبر بين مختلف الكتاب.

2. قال الشاعر محمود بن حسن الورّاق (ولد نحو منتصف القرن الثاني الهجري - توفي نحو 250هـ / 864م):

إن العيون على القلوب شواهد	فبغيضها لك بيِّن وحبيبها
وإذا تلاحظت العيون تفاوضت	وتحدثت عما تُجِنُّ قلوبها
تنطـق والأفـواه صـامتة فمـا	يخفى عليك بريئها ومريبها

ـ الألقاب والأعمال:

عـادةً، تسبق الألقـاب الدينيـة أو المدنية أو العسكريةُ الأسـماءَ، كأن نقول مثلاً: المطران هيلاريـون كبوجـي، الشيخ حمـد....، والسيدة المدرسة حسناء....، رجلا الأعمال الأخوان بسام وحنا مسّـوح [3]، والأستاذة الجامعيـة د. شـذى جرار، والفنـان نصر ورور، الصحفي والأديب والكاتـب عقبة زيدان، والعقيـد عدنـان... إلخ. فالتنويه بألقاب وأعمال الأشخاص أثناء التعريف، يساعد على إيجاد موضوعات للحديث والحوار.

ـ التعريف اعتماداً على العمر:

يُقـدّم الشخص الأصغر سنّاً إلـى الشخص الأكبر سنّاً.

ـ التعريف اعتماداً على المنزلة/ المكانة/ المنصب:

يُقـدّم الشخص الأقل منزلة إلى الشخص الأعلى منزلة، علماً أنَّ معرفة منزلة الأشـخاص ومواقعهم وتراتبيـة مناصبهـم تتطلّـب درايـة وخبـرة، تلافياً لأي التبـاس أو خطأ قـد يـؤدي إلـى مشكلة ما. مثال: سـعادة السـفير (للفت انتباهـه) أودُّ أن أعرِّفك بالسيد المحامي باسـم... وهو محامٍ مختص بالقضايا المدنيـة. بعد ذلـك نتوجـه للمحامي باسـم، معرّفين بالسفير قائلين: سعادة السـفير أحمـد... سـفير (يتم ذكر كنية السفير واسم الدولة التي يمثلها).

ـ التعريف بالأجنبي:

إضافة إلـى عملـه يتم التنويه باسـم بلـد الشخص الأجنبي أثناء تعريفه، كأن نقول مثلاً عن هؤلاء الأشـخاص عندما يكونون خـارج بلدانهم: "السـيد زياد عامر رجل أعمال والقنصل الفخري لإندونيسيا في سورية"، و"السيد سيباستيان... مدرب رياضي من البرازيـل" و"الدكتور راكان... طبيب أسـنان مـن لبنـان ويعمل بالصناعة في نيجيريا"، و"السـيد إدواردو... دبلوماسـي مـن تشـيلي" و"السـيد عبد الله... وجيـه اجتماعي من السويداء بسورية" و"السيد غسان... رجل أعمال في بلجيكا".

ـ التعريف اعتماداً على الجنس:

يُقـدَّم الرجل إلى المرأة وليس العكس. مثلاً: أخ ممدوح، دعني أعرفك بالسـيدة جاكلين... في بعـض الحـالات الخاصـة، عندما يكون الرجل ذا منزلة رفيعة سياسية أو إدارية أو دينية أو اجتماعيـة أو ثقافيـة وغيـر ذلـك، أو أن يكون متقدمـاً فـي السـن، ففـي هـذه الحـالات تقدم المرأة للرجل.

ـ التعريف بأفراد الأسرة والأهل:

يجب ذكر موقع الشخص ضمـن العائلة (ضمن الأسـرة أو الأقارب) قبل ذكر اسـمه ولقبه وعمله، مثلاً:

"زوجتـي الدكتـورة نوف نوفل، مختصـة بطب الأسرة".

"قريبتي أسيمة عماد، كاتبة وممثلة ومخرجة لمسرحياتها".

" صهـري المهنـدس مـازن سـراي الديـن، ماجستير هندسة جسور وطرق".

"ابن أختـي هشـام نوفـل، محاسـب قانوني للشـركات".

ـ التعريف بالشبان والشابات:

فيمـا يتعلـق بالشبان والشـابات، يجـري التعريف بالاسـم الأول أو الكامـل. مثلاً:

الآنسـة ماجدولين, موظفـة بالمحافظة. (يمكن الاكتفـاء بالاسم الأول فقط).

الشـاب مهند طاهـر، يعمـل نجـاراً. (تم ذكر الاسم الكامل).

الآنسـة لانا، طالبـة صيدلـة. (تـم الاكتفـاء بالاسم الأول).

الشـاب كنـان، صاحـب أكثـر مـن مطعم. (تم الاكتفاء بالاسم الأول).

ـ التعريف السريع:

إذا صـدف وقدَّمـتَ للتعريـف شخصين متماثليـن فـي السـن أو المنزلـة، أو إذا نسـيت اسـم أحدهمـا أو كليهمـا، وهـذا يحـدث أحيانـاً، فعليك اتخاذ الأسـلوب السـريع للتعريف، بحيث لا يشـعر أي منهما بـأي تمييـز. كأن تقول "أظن أنكمـا تعرفـان بعضكمـا البعـض"، أو "لا أعتقد أنني بحاجـة لتعريفكما ببعضكما البعض".

ـ تعريف الشخص بنفسه:

يجـوز عنـد الاقتضاء أن يقدِّم الإنسـان نفسـه إلى شـخصية موازية له أو أعلى منه مقاماً.

ـ الخطأ أثناء التعريف:

إذا حصـل خطـأ فـي التعريـف بالاسـم أو اللقـب أو مجـال العمـل، فيجـب تصحيـح ذلك بطريقة مهذبة ولبقة دون إحـراج مـن قام بالتعريـف، أو ربمـا يمكـن تجاهـل الخطـأ آنياً وتصحيحه لاحقاً.

ـ الإطراء أثناء التقديم:

يستحسـن أن يرافـق التقديم عبارات تقدير أو وصف للكفـاءات أو الأخلاق النبيلة أو الخدمات العلميـة أو الوظيفيـة أو الاجتماعيـة التـي يقوم بها أحدهم (طبعـاً باقتضاب ومن دون مبالغة). مثـلاً: السـيد سـامي الصبـاغ، صاحـب مطعم، ولـه فضل فـي مسـاعدة العديد مـن اللاجئيـن السـوريين في برازيليا.

ـ التعريف في المآدب:

علـى موائـد الطعـام، يُستحسـن أن يعـرّف الشـخص بنفسـه ببسـاطة إلـى الشـخصين الجالسـين بجـواره يمينـاً ويسـاراً، وأن يحاول أن يتجاذب أطراف الحديث معهما بالتساوي.

ـ التعريف في الحفلات والمناسبات:

يجب تعريف المدعوين أو الزائرين ببعضهم البعـض، ويتولى ذلك الداعي أو الداعية مبتدئَين بتقديـم المدعوين إلى ضيف الشرف وزوجته إذا كانـت الحفلة مقامة تكريماً لهما.

عمومـاً، يقدم القـادم إلى الموجوديـن، ما لم يكن يشغل مركزاً رفيعاً.

ـ التعريف في الحفلات:

إذا وصـل أحـد المدعويـن (وزوجتـه ربمـا) متأخـراً إلـى حفل كوكتيل أو اسـتقبال (Reception)، وكان أصحـاب الدعـوة قـد اختلطـوا بالمدعويـن، عليـه محاولـة التعريف بنفسـه (وزوجته) إلـى مـن يصادفهم،

ثم يحاول معرفة مكان وجود المضيف والمضيفة لتحيتهما.

عليه ألّا يحشر نفسه بين شخصين منهمكين في حديث يبدو هاماً أو خاصاً، ليقوم بالتعريف بنفسه.

عندما يتم تعريفه بشخص مشهور وله مكانة ما، لكنه لم يسمع به ولا بمكانته من قبل، عليه ألّا يُظهر أبداً جهله به وبشهرته، فهذا سيجرحه ويسبب له الضيق.

ـ ما يجب تجنبه

إذا صادفتَ شخصاً تعرفه، ومرت فترة طويلة دون لقائه، وشعرت أنه لم يتذكرك، فلا داعي لتقول له: "احزر من أنا". فهذا النوع من التعريف أو المزاح ليس مقبولاً، بل بادر إلى تذكيره باسمك والمكان الذي سبق واجتمعتما فيه.

لا تقلْ لشخص نسيت اسمه أو عمله... "لا أستطيع تذكرك"، بل حاول من خلال الحديث معه أن تتذكره دون إشعاره بذلك، تجنباً لإزعاجه، فقد يظن بأنه لم يكن مهماً بالنسبة إليك.

يترتب على من يتولى التقديم والتعريف، أن يتأكد تماماً من رغبة الطرفين في التعارف، كي لا ينخرط في مبادرة قد ينفر منها أحدهما.

بطاقات التعريف

(visit cards)

"تساهم بطاقتك التعريفية في تشكيل جزء من الانطباع الأول عنك"(4)

باتت بطاقات التعريف جزءاً مهماً من وسائل التعريف والتواصل التي نستخدمها في الكثير من الحالات، ولم تعد أهميتها خافية على أحد.

• **دواعي استخدام بطاقات التعريف:**

تستعمل بطاقات التعريف في المناسبات التالية:

- تقديم الشخص نفسه إلى شخص آخر.
- رداً على بطاقة تعريف مقدمة.
- تُرفق بباقة الورود أو الأزهار المرسلة.
- تُرفق بالهدية المرسلة بمناسبة رسمية أو شخصية.
- للشكر على تهنئة أو تعزية.
- للتوصية بشخص آخر.
- وغيرذلك من الأغراض.

• **بطاقات التعريف الرسمية:**

- يجب أن تكون بطاقة التعريف الرسمية باللون الأبيض أو البني الصحراوي (بيج)، وأن تكون بسيطة ومن دون أية زركشة.
- لا يجوز أن يوضع عليها علم أو شعار الدولة، إلّا إذا كان الشخص من مقام عال، على سبيل المثال وزير أو معاون وزير وما شابه.
- دبلوماسياً، لا يجوز أيضاً أن يوضع عليها علم أو شعار الدولة إلّا إذا كان الشخص سفيراً أو رئيساً لبعثة دبلوماسية.

العبارات التي يمكن أن تسجّل على بطاقات التعريف:

جرى العرف في التعامل الدبلوماسي، على تسجيل الشخص الدبلوماسي إحدى العبارات التالية (حسب الحالة) على البطاقة التي يرسلها إلى آخرين في وزارة خارجية الدولة المعتمد فيها. وتكون الكتابة بالعربية أو بالحروف الرمزية المعادلة لها باللغة الفرنسية وفقاً للمقتضى (مع ملاحظة أن هذه الاختصارات الفرنسية معتمدة كما هي في اللغات الأوروبية الأخرى):

Pour remercier (p.r)، أي **للشكر**

Pour Presenter (p. p)، أي **للتقديم**

Pour fêter (p.f)، أي **للتهنئة بعيد**

——— 4. المؤلف.

للتعارف (p.f.c)، أي Pour faire Connaissance

للتهنئة برأس السنة (p.f.n.a)، أي Pour fêter nouvelle année

للتعزية (p.c)، أي Pour Condoléances

للإعلام بأنه في إجازة (p.p.n)، أي Pour prendre nouvelles

مع تحيات فلان... أي (Avec les compliments ... بالفرنسية)، أو (...With the compliments of بالإنكليزية) وغير ذلك من العبارات.

- **ملاحظة:**

يُستحسن كتابة جميع هذه العبارات بقلم رصاص. على الدبلوماسي، عندما يرسل بطاقته مع هدية، أن يشطب بقلم الرصاص صفته عن بطاقة التعريف. فلكي تكون الهدية مقبولة، يجب أن ترسل على أنها مبادرة شخصية من المرسل، وليس لأنه ممثلاً لدولته أو سفارة بلاده.

• بطاقات تعريف السيدات:

- في الدول العربية، تكتّب السيدة في بطاقتها التعريفية اسمها وكنيتها (وعملها إن وُجد).
- في الكثير من البلدان الأجنبية، تكتب السيدة اسمها مقروناً بكنيتها ثم كنية زوجها.

• بطاقات تعريف السيدات الأرامل:

جرى العرف أن يُكتب في بطاقة السيدة الأرملة اسمها ووضعها الاجتماعي، مع بيان اسم وكنية زوجها، وذلك على الشكل التالي:
فلانة... حرم المرحوم فلان....، من دون ذكر العنوان أو رقم الهاتف.

• بطاقات تعريف السيدات اللواتي انفصلن عن أزواجهن:

يُكتب الاسم مقروناً باسم العائلة الأصلية، دون ذكر العنوان أو رقم الهاتف.

• بطاقات تعريف الآنسات:

من دون ذكر كلمة آنسة، يُكتب في بطاقة الآنسة اسمها مع كنية والدها، ومن دون ذكر العنوان أو رقم الهاتف.

في دول أمريكا اللاتينية (رجالاً ونساءً وآنسات أو أمهات عازبات[5])، يُكتب الاسم في البطاقات التعريفية (كما في الوثائق الرسمية) مقروناً بكنية الأم ثم كنية الأب[6].

- **ملاحظة:**

ليس من اللباقة قيام السيدة أو الآنسة بإرسال بطاقتها إلى موظف أو شخص ما، إلّا إذا كانت موظفة، واقتضت ضرورات العمل ذلك.

ليس من اللباقة أن يطلب الرجل من المرأة بطاقة تعريفها، فهي التي تحدّد وتقرّر ذلك، وليس العكس.

في بعض الدول كالصين واليابان وكوريا وماليزيا ودول أخرى في شرق آسيا، يقدم المرء بطاقته التعريفية إلى الآخرين ويتلقى بطاقاتهم بكلتي اليدين.

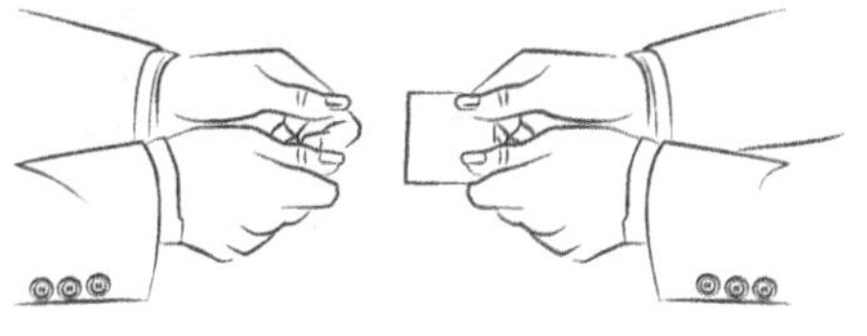

---

5. عبارة أمهات عازبات تطلق في الغرب على المرأة التي ارتبطت بعلاقة مع رجل (دون زواج) وأنجبت طفلاً أو أكثر، ثم انتهت علاقتها بذاك الرجل.

6. في دول أمريكا اللاتينية غالباً، عندما لا يكتب الاسم ثلاثياً، بل الاسم والكنية فقط، فذلك يعني: 1. أن الكنية منسوبة في هذه الحالة إلى الأم. 2. أن الشخص قد لا يرغب في ذكر اسم أبيه أو أنه لا يعرف من هو والده (وهذا لا يعتبر معيباً او محرجاً في ثقافة أمريكا اللاتينية الحديثة والغربية عموماً).

إتيكيت التحية

"لا يمكنك مصافحة قبضة مشـدودة"(7)

المصافحة:

المصافحـة كحركـة متبادلـة بيـن شخصين، يمكـن لهـا أن تكـون عامـلاً إيجابياً أو سـلبياً في عملية التواصل، وفقاً لطريقة تنفيذ هذه الحركة. ولهـذا فهـي ليسـت مجرد حركات أيدٍ، بل هي تأكيد على الصداقة والأمان(10)، وفيها تكمن لغة إيحاء تنضح بالكثير من الرسائل...

بغـض النظـر عـن متـى بـدأ أداء التحيـة بالمصافحـة، فـإن أول مصافحـة مسـجلة في

تعتبـر التحيـة(8) وسـيلة مـن وسـائل اسـتمرار التواصـل بيـن أشـخاص يعرفـون بعضهـم البعض، كمـا أنها مفتـاح لتواصل جديـد بيـن أشـخاص يتعرفـون على بعضهم البعض للمرة الأولى.

وفقـاً لتنـوع الثقافات حول العالم تؤدَّى التحية بعدة أوجه كالمصافحة(9)، الانحناء، رفع القبعة، العنـاق، التقبيـل، تقبيـل اليـد، نماسـتي (التحية الهنديـة Namaste)، وغيـر ذلـك مـن ضـروب الحـركات التي توصل إلى غاية التحية.

---

7. أنديرا غاندي (1917-1984)، سياسية هندية، ابنة جواهر لال نهرو أول رئيس وزراء للهند بعد الاستقلال، وهي أول سيدة تشغل منصب رئيسة وزراء في الهند. استمرت في منصبها لثلاث فترات متتالية إلى أن اغتيلت على يد أحد المتطرفين.

8. رويّ عن الرسول صلى الله عليه وسلم: «يسلّم الماشي على القاعد، والراكب على الراجل، والصغير على الكبير».

9. في أوقات الأوبئة مثل Corona Virus Covid 19 ومتغيراته، من المهم والواجب تجنب المصافحة وكذلك العناق والقبلات، بالإضافة إلى الابتعاد عن الآخرين واستخدام كمامات الأنف والفم... إلخ.

10. يُعتقد أن عادة المصافحة بالأيدي تعود إلى العصر الحجري، عندما كان على الرجل أن يتسلّح بعصى غليظة يحملها بيده اليمنى غالباً لدرء خطر الوحوش الضارية، أو لاستعمالها في صيد بعض الحيوانات البرية تأميناً لطعامه. كان الإنسان عدواً لأخيه الإنسان، ولمّا بدأ يتعلم أو يختبر كيف يصادق جيرانه، توجب عليه استنباط وسيلة تبيّن لمن يصادقهم أنه إنسان مسالم، فكانت الطريقة الأمثل هي أن يرمي بعصاه على الأرض، ويمد يده اليمنى للسلام وهي خالية من أدوات القتال.

التاريخ موثقـة على منحوتة جداريـة تعود لعام 851 قبـل الميلاد، تمثل الملك البابلي "مردوخ زاكر شومي" يصافح الملك الآشـوري "شلمنصر الثالث" تعبيراً عن التحالف بين بابل وآشور[11].

• **إتيكيت المصافحة:**

كي تكون التحية مقبولة، يجب أن تتم المصافحة منسجمة مع قواعد الإتيكيت التالية:

- عـدا في حالات خاصـة جداً، **لا يجـوز** مبدئياً تجاهل يد شخص آخر مدّها للمصافحة.
- يـبدأ الأصغر سناً بتحية الأكبر سـناً شريطة ألّا يكون الأصغر أعلى منزلـة فـي سـلم المراتـب المختلفـة (السياسـية أو الإداريـة أو الدينيـة...)، مـع مراعاة أن بعض الأعراف والتقاليـد فـي بعـض المناطـق، ولا سيما الريفيـة منهـا، تلتـزم بهـذه القاعـدة بـكل الحالات، وبالتالي يجب أن يكون المرء على دراية بتلك الأعـراف والتقاليد.
- إذا توجـه شخص أقل منزلـة لتحية شـخص أعلى منزلـة، فإنه لا يمد يـده للمصافحـة، فالشخص الأعلى هو من يحدد ذلك (يصافح أو لا يصافح).
- طبعاً هـذا لا يعني أنه إذا مدّ الأقل منزلة

يـده للمصافحـة فإن مـن حق الأعلـى منزلة ألّا يصافح، فهذا تصـرف لا يليـق بالكبار وذوي المراتب.
- القـادم إلـى مجموعة من الأشخاص هو من يحيّي ويتقـدّم للمصافحـة (إلّا إذا كان مـن منزلـة عالية جداً).
- إذا قـام القـادم إلـى مجموعة من الأشخاص بمصافحة بعضهم، يكون لزامـاً عليه مصافحة الآخرين، أكان يعرفهم أم لا.
- في أي حال من الأحوال، لا يمكن للرجل أن يصافح وهـو يضـع قفازاً، حتـى لـو كانـت المصافحـة في الخـارج ودرجـة الحرارة متدنية.
- يمكـن للمـرأة أن تصافح وهـي تضع قفازاً، سـيّما وأن القفاز في كثير من الحالات يكون جزءاً من متممات الملابس.
- يصافح الرجل الرجـال والنسـاء، الصغـار والكبار، وهو واقف دوماً.
- يمكن للسيدة أن تصافح الرجل وهي جالسة، إلّا إذا كان الرجل من منزلة عالية، ففي هذه الحالة يتوجب عليها مصافحته وقوفاً.

---

11. "مقدمة في تاريخ الحضارات القديمة" للكاتب طه باقر.

- لتحية رجال الدين، تقف السيدة دوماً.
- إذا ما وقفت السيدة لأي شخص للتعرف والمصافحة، فإن ذلك يجب ألّا يعتبر خللاً بالقواعد بل زيادة في الاحترام.
- تقف السيدة عند مصافحتها سيدة أخرى، في حين أنها تصافح الآنسات وهي جالسة.
- على الآنسة أن تنهض لتحية الآخرين رجالاً ونساءً.
- على السيدة المضيفة (إذا كانت المناسبة في منزلها أو خارجه)، أن تنهض لتحية ضيوفها نساءً ورجالاً.
- لا تحيّ السيدة، عادةً، في الحفلات إلّا الذين يقدّمون إليها، وغالباً بهزة خفيفة من رأسها.
- إذا التقى رجل سيدةً من معارفه في الطريق، لا يحييها إذا لم تلتقِ نظراتهما، وعليه ألّا يحاول لفت انتباهها بأية إشارة أو صوت، فهذا قد يحرجها.
- الرجل هو من يهز يد المرأة عند المصافحة وليس العكس.
- رغم أن المصافحة تتم تكراراً ويومياً بين زملاء العمل والأصدقاء والأقارب في بعض المجتمعات، إلا إنها قليلة في المجتمعات الغربية، وهذا لا يعني قلة الاهتمام، بل هو نتيجة تقاليد وعادات معينة.

• المصافحة الصحيحة:

- عند المصافحة يجب النظر إلى وجه من تصافِح، فلغة الإيحاء مهمة في هذه الحالة.
- يجب خلع النظارات الشمسية أثناء المصافحة، لأن لغة العيون مهمة في التواصل.
- لا تصافح وأنت تتحدث إلى شخص آخر، فهذا السلوك سيُفهم سلباً بالتأكيد، بل انظر باتجاه من تصافح.

- عند المصافحة يجب أن تكون اليد اليمنى خالية من أي شيء.
- ينبغي تجنب وضع الخواتم الكبيرة في اليد اليمنى.
- تتم المصافحة بحيث تُمد اليد وتكون الأصابع مفتوحة والإبهام للأعلى.
- يجب تجنب المصافحة إذا كانت اليد مبتلة أو متعرقة.
- يجب المحافظة على الحيّز أو المجال الشخصي للآخرين، أي المسافة الطبيعية بين المصافح والشخص الآخر، وهي بحدود 50-60 سم.
- يجب تجنب إشارات التنبيه بحركة غير مناسبة لإصبع أو أكثر أثناء المصافحة (ولا سيما مع الجنس الآخر).

- لا تجوز المصافحة فوق يدي شخصين آخرين يتصافحان.
- لا تجوز المصافحة إذا كان أحد الأشخاص يهم بالمرور بين المتصافحين، بحيث تعيق المصافحة مروره.

• أنواع المصافحة:

- المصافحة الطبيعية (المتكافئة): تكون راحتي كلتا يدي الشخصيّن المتصافحين بذات المستوى والوضعية.

- **المصافحة المسيطرة:** تكون راحة يد أحد المتصافحين مائلة فوق راحة الشخص الآخر.

- **المصافحة الساحقة:** يضغط المصافح بشدة على راحة يد الشخص الآخر. مصافحة مزعجة للآخرين ولا سيما النساء.

- **المصافحة المترهلة:** يصافح الشخص وراحته غير مشدودة مما يعطي الانطباع بعدم الاهتمام. البعض يسميها مصافحة السمكة الميّتة.

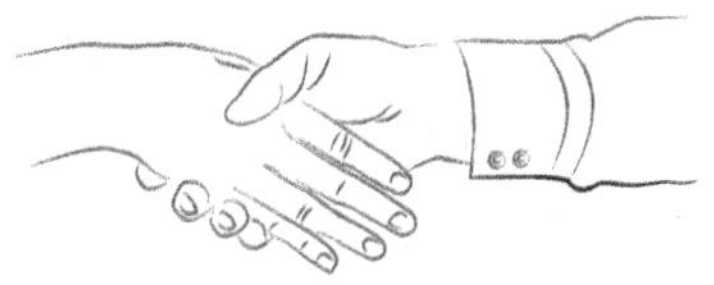

- **المصافحة بأطراف الاصابع:** يصافح الشخص مستخدماً أصابعه فقط وليس كامل راحة يده. مصافحة غالباً ما تستخدمها خطأً بعض النساء، وتظهر قلة الاكتراث.

- **المصافحة بكلتا اليدين:** في هذه المصافحة إظهار لتودد خاص، وهي مصافحة مستحبة مع الأقارب والأصدقاء الحميمين، لكنها مبتذلة عند مصافحة ذوي النفوذ (السياسي، المالي، الإداري....)

حيث تبدو نوعاً من التملق غير المحمود.

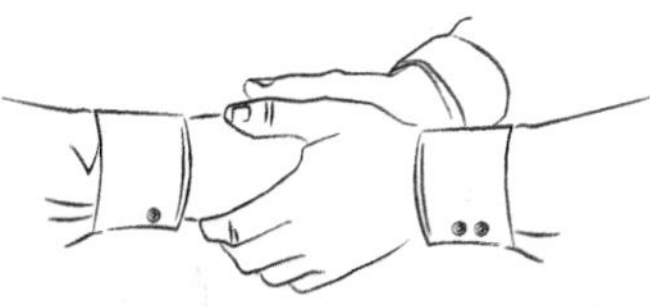

- المصافحة مع وضع اليد الأخرى على ساعد أو حتى كتف الشخص الآخر: مصافحة تظهر لطفاً ومودة إذا ما قام بها شخص كبير السن أو رفيع المكانة مع شخص أصغر سناً أو أدنى مكانة.

• التحية بتقبيل اليد:

- جرت العادة في العديد من مناطق العالم ولا سيما في الدول العربية وبعض الدول الإسلامية أن يقوم الشخص بتقبيل يد أي من الوالدين إظهاراً للاحترام والتقدير.
- في بعض المجتمعات الغربية، يتم أحياناً تقبيل أيدي النساء المتزوجات بدلاً من المصافحة، كإشارة رمزية لمزيد من الاحترام، وذلك بلثمة خفيفة أو رمزية ومن دون صوت.
- لا يجوز تقبيل يد سيدة ترتدي قفازاً.
- لا يتم تقبيل أيدي الفتيات والشابات العازبات لتحيتهن.

• التحية بالانحناء:

- يعتبر الانحناء أحد المظاهر الأنيقة للتحية والاحترام. وهو حركة تؤدى من قبل الأشخاص تجاه بعضهم البعض.

- هـذا هـو النـوع الوحيـد تقريبـاً للتحيـة فـي الكثير من بلدان شـرق وجنوب شرق آسيا.

- تُـؤدّى هـذه التحيـة بالنـزول قليلاً من خلال ثنـي الركبتيـن (كمـا تفعل بعـض النسـاء الأوروبيات).

- أو تُـؤدّى بثني الجذع عند الخصر، كما يفعل اليابانيون، فيبدو الانحناء واضحاً.

- أو تُـؤدّى بحنـي الكتفيـن والرقبـة، كمـا يفعل الصينيون، فيبدو الانحناء بسيطاً.

- هذه التحية غير واردة عموماً في المجتمعات الإسلامية، التي تعتمد الانحناء فقط كجزء من طقـوس العبـادة، ومرتبطة فقـط بالصلاة.

► حالات أداء التحية بالانحناء:

- أثنـاء دروس الرقـص، يعلَّم الأطفـال فـي المدارس الانحناء، وتسـتمر هـذه العادة مع الكبـار، حيث ينحنـي كلُّ لشـريكه في بداية ونهايـة كل رقصـة، تعبيـراً عـن التحيـة من ناحيـة، والسـرور والارتياح لهذا الشـريك من ناحية أخرى...

- عندما يدخـل يافـع أو صبيـة شـابة أو رجـل إلى غرفة أو قاعة ويكون فيها سيدة أو أكثر،

يفضل أن يتم الانحناء والنزول قليلاً، من خلال ثنـي الركبتيـن لتقديـم التحيـة للموجوديـن، حتـى ولـو لـم يتم التفوه بأيـة كلمـة، فهذه الحركة كافية للتحية أو للاعتذار.

- عند لقـاء عدد مـن الأشـخاص، مـن اللباقـة بمكـان أن تحيـي الفتـاة الآخريـن بانحنـاءة طفيفـة مصحوبـة بثني الركبتيـن قليلاً ولمس حافـة الفسـتان أو التنـورة. وهـذا يظهرها جذابة وعارفة بأصول الإتيكيت.

- عنـد دخـول أو مـرور سـيدة يعرفهـا شخص جالس إلى طاولة غداء أو عشـاء في مطعم، ورأيا بعضهما البعض، يمكن للرجل النهوض والانحناء انحنـاءة خفيفـة تعبيـراً عـن تحيتها وإظهاراً للاحترام، ومن ثم الجلوس بعد برهة.

- يمكن للرجل الانحناء قليلاً في الشـارع، لتحية سـيدة عابرة يعرفها، ومن ثم الاستمرار في السير.

- في الحالات الرسـمية، تقوم السـيدة بالانحناء عـادة قبل الرجل لأداء التحية، وليس خطأ أن يتم ذلك بشكل متبادل ومتزامن.

- لا يجوز للرجـل أو المـرأة النظر أو مجرد الابتسام لشخص قدم التحية بطريقة الانحناء، فهذا سلوك لا ينمّ عن دراية بالإتيكيت. الأصح هو رد التحية انحناءً.

• تحية نماستي (Namaste):

تتم هـذه التحيـة بإطباق راحتي كلتا اليدين ورفعهما وصولاً لأعلـى الصـدر، أو قبالة الوجه مع انحنـاءة بسيطة ودون أية ملامسـة مـع الشخص الآخر.

هذه التحيـة هي المعتمدة في الهند ونيبال وسريلانكا ولدى بعض سكان بنغلاديش.

• **خلع القبعة للتحية:**

القبعة، قطعة الملابس هذه بالتحديد، لها طقوس خاصة، ومن المهم معرفة حالات إتيكيت ارتدائها وخلعها. فخلعها بحد ذاته في مواقف محددة هو نوع من التحية وإظهار الاحترام لشخصٍ آخر.

– عندما يدخل الرجل غرفة أو مكتباً أو منزلاً فإنه يخلع قبعته.

– عندما يكون الرجل في مصعد وتدخله سيدة، فإنه يخلع قبعته ويحتفظ بها بيده، ولا يرتديها ثانيةً إلّا بعد خروجه من المصعد.

– في المصاعد المخصصة في الأماكن العامة والمراكز التجارية، لا يُلزم الرجل بخلع قبعته، فهذه المصاعد غالباً ما تكون مزدحمة، وكي لا يُزاد من اكتظاظها، من الأفضل احتفاظ الرجال بقبعاتهم على رؤوسهم. ويمكنهم إظهار الاحترام للنساء من خلال إعطائهن حيزاً مريحاً في المصعد ليس أكثر.

– عندما يلتقي رجل بسيدة يعرفها في الطريق، عليه خلع قبعته عند تحيتها والإمساك بها بيده اليسرى ليصافحها بيده اليمنى. ولا يعيد القبعة إلى رأسه طالما هو مستمر بالحديث معها.

– عندما توقف سيدة رجلاً يرتدي قبعة لتسأله عن عنوان أو ما شابه، على الرجل خلع قبعته أو رفعها قليلاً وإعادتها إلى رأسه، أو على الأقل لمسها بيده كأنه سيخلعها.

– على الرجل خلع قبعته عندما يتعرف على رجل آخر.

– على الرجل خلع قبعته عندما يتحدث مع مسن.

– على الرجل خلع قبعته عندما يقدم الشكر أو الاعتذار لأحدهم.

– **على الرجل خلع قبعته عندما يُعزف النشيد الوطني.**

– على الرجل خلع قبعته في الشارع عند مرور جنازة.

– على الرجل خلع قبعته عند دخوله الأماكن المغلقة بما في ذلك المباني والمنازل والفصول الدراسية والمسارح والمطاعم... إلخ.

◃ **حالات أخرى لأداء التحية:**

• **التحية باحتكاك الأنفين:**

تؤدّى التحية بين شخصين في الأسكيمو بحك أنفيهما ببعضها البعض. وكذلك هو الحال لدى شعب الماوري (indigenous Maori people) وهم سكان نيوزيلندا الأصليون.

في بعض دول الخليج العربي، يمكن لشخصين أثناء المصافحة باليدين الاقتراب أكثر والقيام بملامسة أنفي بعضهما البعض.

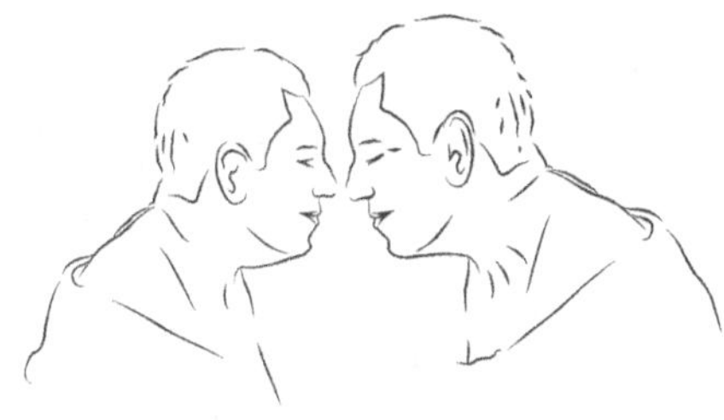

• **التحية بتقبيل الكتفين:**

في بعض البلدان العربية، يمكن لشخصين أثناء المصافحة باليدين الاقتراب أكثر والقيام بتقبيل الكتفين.

• التحية بالتربيت على الكتف:

في بعض البلدان، كالسودان على سبيل المثال، يمكن أداء التحية بين شخصين بمجرد قيام كل منهما بالتربيت على الكتف الأيمن للآخر.

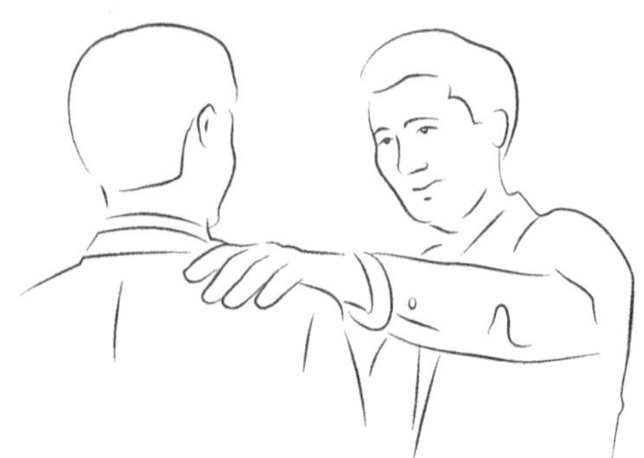

• التحية بتقبيل الرأس:

في بعض الدول العربية والإسلامية، وإظهاراً للاحترام، يمكن أحياناً أن يقوم الابن بتقبيل رأس أحد الوالدين.

كما يمكن أن يقوم بذلك شخص مع أحد أقاربه الأكبر سناً منه.

• التحية بوضع اليد على الصدر:

في البلاد العربية والإسلامية يمكن أن يحيي الشخص شخصاً آخر أو مجموعة أشخاص من خلال وضع يده اليمنى على الجهة اليسرى لصدره.

• التحية بمد اللسان:

كانت تقضي اللياقة في التبييت (بالصين) بأن يمد المُضيف لسانه عند توديع ضيوفه ليظهر لهم أنه كان مرتاحاً لزيارتهم.

• التحية بالعناق والتقبيل:

نظراً للتفاصيل الكثيرة أفردت الفصل اللاحق لهذا الموضوع.

العناق والتقبيل

"العناق هبة رائعة، ويمكن تبادله بسهولة مهما كان طول اليدين"(12)

يمكننا التأكيد على أن لموضوع التقبيل والعناق(13) اعتبارات ثقافية وعادات وتقاليد تختلف من منطقة إلى أخرى.

- رغم أن ممارسة القبلة الاجتماعية والعناق أمر شائع في كل مكان حول العالم إلى حد ما، إلا أنه يجدر بنا أن نعرف ما يجب عن أداء العناق، وإلى أين ومتى يمكن للمرء إدارة خده وكم عدد القبلات المتوقعة.

- باستطاعتنا الحديث عن بعض **أسس الإتيكيت** التي يمكن أخذها بالاعتبار في هذا المجال:

- في البلاد العربية والإسلامية لا يتم العناق أو تبادل القبل إلا بين أفراد الجنس الواحد.

- ليس مألوفاً تقبيل أو عناق الرجل للمرأة أو العكس في الدول الإسلامية والآسيوية، ما لم يكن ذلك ضمن الأسرة الواحدة.

- في أوروبا والأمريكيتين وروسيا وأستراليا وبعض مناطق أفريقيا، تتم التحية عادة بالمصافحة بين أفراد الجنس الواحد، في حين تتم بالعناق والتقبيل بين أفراد الجنسين المختلفين.

- في البلدان العربية من المألوف تكرار العناق والتقبيل بين أفراد الجنس الواحد، بين الرجل وأصدقائه الرجال أو بين السيدة وصديقاتها، حتى لو لم يكونوا قد افترقوا عن بعضهم البعض لأكثر من يومين.

- اعتاد الناس على أن يروا على شاشات التلفزيون صوراً لمشاهد تبادل القبل

12. القائل غير معروف.

13. وفقاً لبعض الروايات، يمكن تتبع أصول تقليد تقبيل الخد في رسالة القديس بولس الرسول لأهل رومية ((Verse Romans 16:16 حيث أوعز إلى أتباعه «بتحية بعضهم البعض بقبلة مقدسة». تطورت هذه «القبلة المقدسة» لتصبح قبلة اجتماعية وتحية مشتركة بين المسيحيين الأوائل وجزءًا أساسيًا من الطقوس الكاثوليكية.

بيـن الرجـال الرسـميين فـي الـدول العربيـة والإسلاميـة، أثنـاء اسـتقبالهم أو وداعهـم فـي الـدول المضيفة، وكيف أن التحيـة تبدأ على الأغلب بالمصافحة وتنتهي بالعناق.

- على العكـس مـن ذلـك، فـإن التحيـة بيـن الرسـميين في الـدول الغربية وأمريكا اللاتينية لا تشـتمل علـى العنـاق والتقبيـل إلا إذا كانـوا من جنسين مختلفين.

- فـي معظـم دول أمريكـا اللاتينيـة، مـن الطبيعـي وضمـن أصـول الإتيكيـت أن يقبّـل الرجـل أي امـرأة يلتقيهـا، حتـى ولـو للمـرة الأولـى، وليـس مصافحتها فقط. وكذلـك الأمر عندما يودعها.

- عمومـاً، يمكننا القول إن الأمريكيين اللاتينيين هـم أكثـر المعانقيـن والمقبّليـن في العالم.

- **يختلف عدد القبل المتبادلة أثناء التحية من دولة إلى أخرى. على سـبيل المثال:**

• قبلة واحدة في تشـيلي، كولومبيا، الأرجنتين، البيرو، الفيليبين.

• قبلتـان في معظـم الـدول العربيـة، البرازيل،

إسـبانيا، إيطاليـا، اليونـان، هنغاريـا، رومانيـا، كرواتيا، البوسنة.

• ثـلاث قُبـل فـي لبنـان، مصـر، بلجيـكا، سـلوفينيا، مقدونيا، الجبل الأسـود، صربيا، هولندا، سويسـرا، روسـيا (في روسيا، يترافق التقبيـل أحيانـاً مع حركة العناق التي تسـمى "عناق الدب"[14]).

- فـي بعض الـدول كفرنسـا على سـبيل المثال، يختلف عدد القبل مـن منطقة إلى أخرى، فهمـا قبلتـان في باريـس وثلاث قُبل في بروفانـس وأربع قُبـل في لوار فالي.

- ليـس مـن اللباقة أن تعانـق أو تقبل شـخصاً أعلى مرتبة منك ما لم يبادر هو إلى ذلك.

- يبـدو مألوفـاً تقبيل الأطفال فـي الكثير من المجتمعـات ومنها العربية والإسلامية.

- مـن غير المألوف تقبيـل الأطفال لـدى المجتمعـات الغربية ودول أمريكا اللاتينية، ولا يُسـتحب فـي بعضها حتـى ملامسـة الأطفـال، وذلـك لأسـباب صحيـة ولدواعي الحرص على الأطفال.

---

14. عناق الدب: عناق بقوة، مع تمايل المتعانقَين يميناً ويساراً، بما يشبه صراعاً مع دب.

إتيكيت الترحيب والاستقبال

«الدار التي لا تعرف الضيف مقبرة لسـاكنيها»(15)

في البداية، لا بد من التنويه إلى أنَّ هذا الفصل يتعلـق بالترحيـب والاستقبـال فـي المنازل تحديـداً، وبأن بعض التفاصيـل المدرجة فيه قد تـرد كشـذرات متناثرة فـي فصولٍ أخرى لتكمل فحواهـا (كما فـي فصل إتيكيت أماكـن العمل، على سبيل المثال).

فـي هذا الشـأن، سـأتطرق إلـى ما هـو مطلوب منا كمضيفين عندما نقـوم باستقبال وضيافة مـن يزورنا فـي المنزل، أو العكـس عندما نقوم نحـن بزيـارة آخريـن فـي منازلهـم. ولا بـد هنا من ذكرأن طُرق الترحيب والاستقبال والضيافة تنـدرج ضمـن أصول الإتيكيت، وتختلف بالتالي من منطقة إلى أخرى تماشـياً مع اختلاف وتنوع الثقافـات والعـادات والتقاليـد المرعية. كما تختلـف أيضاً وفقـاً للصلة والعلاقـة مـع الضيف مـن جهـة، ووفقـاً لمنزلة ومكانة ذلك الضيف،

مـن جهـة أخرى. رغـم ذلك، هناك توافـق لدى غالبية الشـعوب على بعض الأمور الأساسية في هـذا الشأن، ولا سـيما لجهـة أهميـة الترحيب الدافئ والابتسام والتواصل البصري مع الضيوف وتقديم الضيافة اللازمة...إلخ.

يتمثل حسـن الترحيب والاستقبال في إعطاء الآخرين شعوراً بالوفادة والرعايـة، بهدف توفير بيئة مريحة للضيوف ضمن جو من المرح والوئام والتواصـل الاجتماعـي الإيجابي. ويشـتمل ذلك على مجموعة مـن القيم والمبادئ مثل اللطف والمودة وحسن التعامل والاحترام.

▪ أشياء يجب على المضيف/ المضيفة الاهتمام بها:

‑ التأكد من نظافة المنزل وترتيبه.
‑ التأكد من حجز أي حيوان أليف (قط أو كلب)

15. مِيخَائِيل نُعَيْمَة (1889 - 1988م) أديب ومفكّر لبناني، يعتبر من الجيل الّذي قاد النّهضة الفكريّة والثّقافيّة في المشرق العربي.

في المكان المخصص له قبل وصول الضيوف، فقد تكون لدى بعضهم حساسية ما أو خوف من الحيوانات الأليفة.

- استقبال الضيوف بحرارة عند الباب لدى وصولهم وعدم تركهم ينتظرون.

- مجرد ترك الضيوف ينتظرون سيولد لديهم انطباعاً سلبياً.

- استقبالهم بعبارات الترحيب المألوفة مثل أهلاً وسهلاً، وشرفتمونا وغيرها.

- دعوة الضيوف للدخول، وعرض أخذ معاطفهم في حال كان الطقس بارداً أو شتوياً.

- إعطاء الضيوف أفضل أماكن الجلوس ولا سيما للسيدات وإعطاء مكان الصدارة لضيف الشرف، إن وُجد.

- التعبير عن السعادة لرؤية واستقبال كل الضيوف من خلال إظهار البشاشة مصحوبة بالابتسامات ومحاولة جعل الجميع يشعرون بالراحة وكأنهم في منازلهم.

- إذا أحضر الضيوف أو أي منهم هدية ما، فيجب تقديم الشكر والثناء مباشرة. (تفاصيل أوفى تجدونها في فصل الهدايا).

- بوجود الضيوف، لا يُنصح بتشغيل التلفزيون عدا للموسيقى الهادئة، بدون صور وبصوت منخفض، خشية إلهائهم وتشتيت انتباههم.

- التواصل البصري مع جميع الضيوف في الاستقبال وداخل المنزل وأثناء تقديم الضيافة وحتى وداعهم.

- التأكد من أن جميع الضيوف يستمتعون بوقتهم.

- مشاركة الحديث مع جميع الضيوف وعدم إهمال أو استبعاد أيٍّ منهم.

- اختيار مواضيع للحوار يمكن أن تهم الجميع إلى حدٍ ما، وعدم التطرق إلى مواضيع قد تكون خلافية أو حتى مستفزة لأحدٍ ما. بغير ذلك سيتحول الجو ليصبح مشحوناً وبعيداً عن الفرح والألفة.

- يجب مراعاة إتيكيت الحوار والمناقشة، لا سيما فيما يتعلق بتجنب مقاطعة أحاديث الآخرين من جهة، والابتعاد عن الخوض في تفاصيل بعض المواضيع التي ليس لديك إلمام كافٍ بها، من جهة أخرى.

- لا بد للمضيف والمضيفة من وضع هاتفيهما المحمولين جانباً وتركيز اهتمامهما على الضيوف.

- من المفيد للضيوف ضبط هواتفهم المحمولة بوضعية الصمت درءاً لتشتيت انتباههم.

- إذا كان لا بد لأحدهم من الإجابة على مكالمة ضرورية، فلا بد له من التنحي جانباً والتكلم بصوت منخفض بغية عدم زج الآخرين بمواضيع لا تعنيهم بالضرورة.

- في كل أنواع الاستقبالات والمآدب، لا بد من تقديم المشروبات والمرطبات أولاً. أما بالنسبة إلى تقديم المشروبات الكحولية، فهذا يخضع للعادات والتقاليد لكل بلد أو منطقة.

- إذا لم تكن الدعوة إلى مأدبة غداء أو عشاء، يتوقع من المضيفين تقديم بعض المأكولات الخفيفة أو الفواكه أو الحلويات وحتى المثلجات، ناهيك عن القهوة أو الشاي.

- بالنسبة إلى الدعوة إلى مأدبة غداء أو عشاء، هناك تفاصيل كثيرة ووافية في فصل إتيكيت المآدب.

- من غير اللائق أن ينظر المضيف أو المضيفة إلى الساعة من وقت إلى آخر، فهذا السلوك سيوحي بالضجر وأن على الضيوف الاستئذان للمغادرة.
- في ختام الزيارة، عند باب المنزل، يتم شكر الضيوف على زيارتهم مع التمنيات بأن يكونوا قد استمتعوا بزيارتهم. كما يعبر المضيف والمضيفة عن تطلعهما إلى الترحيب بالضيوف مرة أخرى.

■ **أشياء يجب على الضيوف الانتباه إليها:**

- الالتزام نسبياً بالوقت المتفق عليه لبدء الزيارة. وإذا كان التأخر لبضعة دقائق مقبولاً، فمن غير الجائز الوصول أبكر والتسبب ببعض الحرج للمضيفين.
- ارتداء الملابس التي تتناسب مع نوع الزيارة أو الدعوة وتوقيتها. (إذا كان مطلوباً ارتداء الملابس الرسمية، تجدون كل التفاصيل في فصل إتيكيت الملابس).
- يتوقع من الضيوف إحضار هدايا مناسبة أو باقات ورود أو ربما هدايا للأطفال إذا كان لدي المضيفَين أولاداً.
- بعد قرع الجرس، يجب الانتظار للحظات كي يُفتح الباب. من غير اللائق أن يقوم أيّ من الضيوف بفتحه.
- مقابلة ترحيب المضيفين بالتحية والتعبير عن الامتنان على الدعوة.
- خلع المعاطف عند باب المنزل لمن يرتديها وتعليقها أو تسليمها لأحد المضيفين ليضعها في المكان المخصص لذلك.
- التزاماً ببعض العادات في بعض البلدان والمناطق، قد يكون متوجباً على الضيوف خلع أحذيتهم عند باب المنزل قبل دخوله.
- على الضيف احترام خصوصية منزل المضيفين والالتزام بصالون الضيوف. وإذا كان يريد استخدام الحمام، وهذا أمر طبيعي، فعليه طلب الإذن لذلك.
- على الضيف ألّا يكون متطلباً، فمنزل المضيفين ليس مطعماً. فإن كان يعلم المضيف أن أحد الضيوف يتبع حمية غذائية واستطاع تلبة فيما يُقدم من مشروبات أو أنواع ضيافة أخرى، فلا بأس، لكن ليس من حق الضيف بعد وصوله أن يعلن اتباعه حمية ويطلب أشياء محددة تلبي شهيته.
- ليس من اللائق أن يمضي أي من الضيوف جلَّ وقته منشغلاً بهاتفه، إذ إن زيارة الآخرين هي للتواصل الاجتماعي معهم وليس مع غيرهم.
- المشاركة في الحوارات والنقاشات والتفاعل بشكل هادئ ومتّزن، واحترام آراء الآخرين، فصحبة الأصدقاء هي للمتعة والفائدة وليست حلبة للسجالات.
- على الضيوف الانتباه إلى الوقت وإنهاء الزيارة في الوقت المناسب دون إطالة.
- بانتهاء الزيارة، على الضيوف شكر المضيفين مرة ثانية على الدعوة وكرم الضيافة والوقت الممتع الذي قضوه بصحبتهم.
- من اللباقة وأصول الإتيكيت قيام كل ضيف في اليوم التالي، على أبعد تقدير، بإرسال رسالة شكر نصيّة عبر الهاتف تعبر (للمرة الثالثة) عن الامتنان للدعوة وحسن الوفادة...إلخ.

الفصل الثالث

إتيكيت الملابس

"المظاهر خداعة"(1)

تُعتبـر الملابـس عنصـراً هامـاً فـي ثقافـة الأمـم، ومكونـاً أساسيـاً فـي التقاليد والعادات، ناهيك عن أنهـا تلعب دوراً مؤثراً فـي تكوين الصورة الذهنية لأي شعب. ليس ضروريـاً التذكير بأنه على الرغم مـن اعتبار البعض للملابس كشـيء ثانوي، إلا أنها تحظى بأهمية معتبـرة فـي مظهر الإنسـان، وهي إلى حدٍ ما، المؤشر والمقدمة الملتبسة لشخصيته.

وبشـكل لاشعوري يسـتدعي أي شخص أنيق احتراماً أوليـاً بغض النظر أكان محترمـاً فعلاً أم لا. فـي هذا السـياق، يؤكد اللورد تشيسـترفيلد(2) أنـه: "عندمـا أُقـدَّم إلى شخص ما لأتعرف عليه، لا أسـتطيع تجنب أخذ فكـرة أولية مباشـرة عن شخصيته من مجرد النظر إلى ملابسه".

رغـم مـا تقدم، فـإن أناقـة الشـخص يجب أن تكون طبيعية وغير متكلفة أو لافتة للنظر بشكل استثنائي. يجب أن تحظـى أناقتـه بالانطبـاع الإيجابـي من قبـل الآخرين، لكن ليس إلى درجة أن تبقى محـور اهتمامهم على حسـاب الشخص نفسـه، ففـي هـذه الحالة هنـاك مشـكلة وعليه إعادة النظر فيما يرتدي.

لحسـن الحظ، الأناقـة ليسـت مكلفة، كما قد يتصور البعـض، وليسـت الملابس الأغلى ثمنـاً هي الأنسـب دومـاً، ولا هي التي تؤدي بالضرورة إلى ظهورنا كأشـخاص أنيقين. إنَّ سـيدة ترتدي أفضل ما أنتجته الصين من حرير وتتزين كأميرة من الشرق بالجواهـر والذهب والألماس حول عنقها وفـي أذنيها ومعصميها وأصابـع يديها، وتضع على رأسها تاجاً ملكياً، قد تظهر بمنتهى الابتذال، ما لـم يكن ما ترتديه وتتزين به بسـيطاً ومتناسـقاً ومتناغم الألـوان والتصميم ومتوائماً مع المناسبة والمكان.

لا بد من التنويه بأنه حتى عندما تكون قطعة واحدة فقط من مجموع مكونات الملابس أو متمماتها من الزينة وغيرها جاذبةً أكثر من المعقول، وتصبح هي مركز لفت النظر، فإن خللاً مؤثراً يكون قد حصل وأطاح بالأناقة. إذاً يجب أن يكون الانسجام بين مكوّنات كل ما يرتديه أو يتزين به الشخص كلّياً ومنسقاً. **ولتعلم المرأة أن الرجال (وكثير منهم قد لا يقدرون معايير الأناقة لدى المرأة حق قدرها) يلفت نظرهم أي خلل في أناقة المرأة، أكثر مما يلفت نظرهم مجمل ما ترتديه وتتزين به.**

يجب ألّا يغيب عن الذهن أن اختيار الملابس المناسبة مرتبط بالعمر أيضاً، بحيث يبدو ما نرتديه في شبابنا غير مألوف وخارج السياق ونحن في عمر متقدم. وإذا ما تجرأ رجل في السبعين من عمره وارتدى ملابس شاب في مقتبل عمره، فإنه سيبدو حتماً كزير نساء ويثير السخرية. والحال أسوأ إذا ما حاولت سيدة متقدمة في العمر تقليد ابنتها فيما ترتديه، بحيث تظهر متصابية تحاول جاهدة إرجاع عجلة الزمن إلى الوراء.

كي يبدو الشخص أنيقاً، أكان رجلاً أو امرأة، من الضروري أن يتذكر أن شكل جسمه وتكوينه، مهم وأساسي في اختيار ما يناسبه من الثياب. فإذا ما ارتدى رجل طويل ونحيف بدلة مقلّمة بخطوط طولانية واضحة، فإن ذلك سيزيد من طوله ونحافته، كما أنه إذا قامت سيدة قصيرة وسمينة بارتداء فستان بخطوط عرضانية، سوف تظهر بشكل كروي.

مــن نافلــة القول أن ننوه بأن العلاقة ما بين الأناقة والموضة واهية جداً، وغالباً ما تكون آخر ابتكارات الموضة أبعد ما تكون عن الأناقة. بل ويمكننا تشبيه الموضة، إلى حدٍ كبير، بالوباء الذي يظهر على هيئة من الجمال رغم أن الواقع غالباً ما يكون على عكس ذلك. فالموضة تفرض نفسها كل موسم على الناس الذين يواكبونها وكأنهم منومون مغناطيسياً فيندفعون بلا ترو لشراء وارتداء ما يليق وما لا يليق.

إن سيدة تلاحق دائماً أحدث ما وصلت إليه بيوتات الموضة، ليست، بمعايير الأناقة، إلّا "نعجة تسير بلا هوادة ودون إدراك للمسافة التي تقطعها أو الاتجاه الذي تسير فيه"(3). فوفقاً لغريزة القطيع، وفي كل موسم للموضة، تكتسي "الخراف والنعاج" (الرجال والنساء) ما أصدرته لهم بيوتات الموضة تلك، بحيث يصبحون جميعاً تقريباً نسخاً مكررة، يرتدون ما أُريدَ لهم، وليس ما يناسب أجسامهم أو ما يليق بشخصياتهم.

طبعاً لا يستمر الشخص أنيقاً ما لم تكتمل المقومات الشخصية الأخرى لديه، بحسن الكلام والسلوك، وسعة الأفق، والثقافة والتهذيب. فكم مرة غيّرنا رأينا في شخصٍ، أعجبنا في البداية بأناقته، وما إن بدأ الحديث حتى انقلبت الطاولة، وظهر أنّ هناك تناقضاً ما بين أناقته الخارجية واتزانه الداخلي. فالتناغم والانسجام مع البساطة هي أمور مطلوبة أيضاً في مكونات ما بداخلنا، تماماً كما في مكونات ما نرتدي، فعملياً "الحياة بسيطة لكننا نحن من يصرُّ على جعلها معقدة"(4).

---

3. اقتباس عن إميلي بوست (1872-1960)، كاتبة وروائية أمريكية.

4. كونفوشيوس (551-479 ق. م.)، معلم وفيلسوف صيني أثّرت تعاليمه بقوة في شعوب شرق آسيا.

إضافة إلى الملابس التقليدية (أو الفولكلورية) الخاصة بمنطقة أو ثقافة معينة، تنقسم الملابس في معظم دول العالم إلى ملابس رسمية وملابس غير رسمية:

• الملابس الرسمية:

الملابس الرسمية للرجال والأكثر انتشاراً منذ عقود هي، حالياً، البدلة (أو البِزَّة)، بتصاميمها المتنوعة وألوانها المختلفة، والتي تعتبر بنموذجها العادي، الزي الرسمي في معظم دول العالم. وهي خيار عملي من ناحية، وأنيق من ناحية أخرى، الأمر الذي جعلها تلقى رواجاً وانتشاراً.

ينبغي ألّا ننسى أن بعض الدول في مناسبات معينة تكون فيها البدلة من تصميم خاص ولون محدد أيضاً، أو قد تكون بعض متممات اللباس ملزمة. فإلى وقت قريب كانت الصور التذكارية الجماعية الأولى للحكومات اللبنانية المتعاقبة تُظهر رئيس الجمهورية ورئيس الحكومة وكافة الوزراء يرتدون البدلات البيضاء. كما وكانت البدلة البيضاء ملزمة أيضاً للسفراء الذي يقدمون أوراق اعتمادهم لرئيس الجمهورية اللبنانية (ما لم يكونوا يرتدون الزي الوطني الخاص ببلدانهم)، تماماً كما هو الحال مع السفراء الذي يقدمون أوراق اعتمادهم في الكثير من الدول الأوروبية، حيث يكونون ملزمين بارتداء بدلات المساء **"الفراك"** أو بدلات النهار **"البونجور"** (أيضاً ما لم يكونوا يرتدون الزي الوطني الخاص ببلدانهم). وفي سلطنة عُمان يمكن عدم وضع الجنبية (الخنجر العُماني المعروف) في الحزام عند ارتداء

اللباس الوطني ما لم تكن المناسبة رسمية، حيث يصبح وضعها في الحزام ملزماً. كما ويمكن اعتماد القبعة البسيطة في أي وقت، باستثناء المناسبات الرسمية، حيث يصبح اعتماد غطاء الرأس (الخاص بعُمان)، والمؤلف غالباً من أنواع معينة من الأقمشة الملفوفة المزركشة، ملزماً.

- أسُس مهمة تؤخذ في الحسبان:

يعتبر اللباس الوطني أو الشعبي للرجال أو النساء لباساً رسمياً في كل الأوقات والمناسبات والأماكن. وهذا عُرف دولي يُعمل به في الدول كافة.

- يقول المثل الإنكليزي: "يمكن للرجل أن يكون أنيقاً إذا ما كانت لديه بدلة واحدة ودزينة ربطات عنق". أي أنه ليس مطلوباً من الرجل أن ينوّع كثيراً في ملابسه وعدد بدلاته ليكون أنيقاً، ويكفيه إلى حدٍ ما أن يرتدي البدلة نفسها لأكثر من يوم مع تغيير

ربطـة العنـق فقط ليعطـي الانطبـاع بـأن مـا يرتديه مختلف هذا اليوم عما سبقه.

- ينبغـي أن يتحلّـى الرجال والنسـاء بالبسـاطة (كمـا نوّهنا آنفـاً)، فالبـذخ لا يولـد بالضرورة الأناقـة. المهـم هـو حسـن اختيار الملابـس المناسبة، "البسـاطة هـي مفتـاح الأناقة الحقيقية"(5).

- علـى عكس النسـاء، لا يجوز للرجال ارتداء المعاطـف والقبعـات في الداخل (في غرف الاسـتقبال والمطاعـم وصـالات الحفـلات وما شابه)، بل تُخلع وتعلّـق عند البـاب، أو لدى القسم والشخص المعني بذلك.

- تحت الجاكيت، لا يُنصح الرجل بارتداء قميص بأكمـام قصيـرة (نصف كم)، بل يجب أن يبرز طـرف كم القميص تحت كم الجاكيت بحدود واحد ونصف أو سنتمترين تقريباً.

- إضافة إلى خاتم الزواج، لا يجوز للرجل وضع أكثر من خاتم في كل يد.

- لـم يعد المنديل الذي يتماشـى لونه مع لون ربطـة العنق (ليس بالضرورة أن يكون بدرجة اللـون نفسـها)، ويوضع فـي الجيب العلوي الأيسـر للجاكيـت الرجالـي، ضروريـاً، علمـاً أن اسـتخدامه لا يـزال واردأً، ولا يـزال يعطـي انطباعاً بالأناقة.

- لـم يعد شـائعاً اسـتعمال الدبوس الذهبي أو الفضـي، الـذي كان يسـتعمل ليمسـك بربطة العنق ويثبتها عند الوسـط بالقميص، وما عاد ذلك من متطلبات الأناقة.

- لا تـزال أزرار القميص، على شـكل دبـوس معدني بألوانها المختلفـة، تسـتعمل مـع القمصـان ذات سـوار الكُم/ الـرُدن المـزدوج (الذي له كفة إضافية).

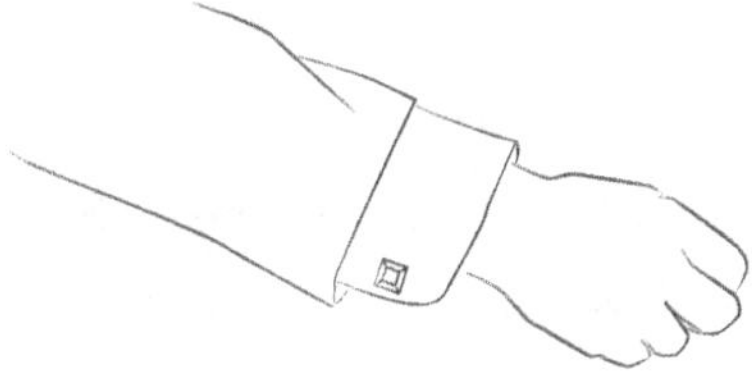

- استعمال الأزرار العادية مع سوار الكم العادي للقميص لا يتناقض مع متطلبات الأناقة أيضاً، وهذا هو الأكثر شيوعاً.

- في البدلات الرجالية، لا توجد قاعدة تحدد عـدد الأزرار التزيينية التـي تثبت طولانياً عنـد نهاية كُم البدلة، مـن جهة باطن اليد، فهي إما اثنان أو ثلاثة أو أربعة أو ربما خمسة(6).

---

5. كوكو شانيل (1883-1971)، مصممة أزياء فرنسية رائدة.

6. تاريخياً، بُدء باستخدام أزرار الكُم في البدلات العسكرية أولاً، وكانت نحاسية كبيرة تثبّت عند نهاية الكم طولانياً ومن جهة ظاهر اليد (وليس باطنها كما هو الحال اليوم). يقال إن نابليون بونابرت، والبعض يقول القيصر الروسي بطرس الأكبر، لاحظ اتساخ نهايات أكمام جنوده، الذين كان بعضهم يمسح أنفه بها، فأمر

- تتحكـم الموضـة الدارجـة فـي عـدد الأزرار الأمامية للجاكيت الرجالـي، فأحياناً تكون زراً واحـداً أو اثنيـن أو ثلاثة وأحياناً أربعة. كما وتكون في بعض الحالات على صفين (المزيد من التفاصيل لاحقاً).
- تقضـي الأناقة أن يبقى غطـاء جيب الجاكيت مغطياً للجيب، وليس في داخله.
- ورغم أن إطار الساعة المعدني كان ذهبياً في المناسـبات المسائية، وفضياً في المناسبات النهاريـة، فلم يعد هذا ملزماً الآن.

- كانـت أحزمة السـاعات سـابقاً جلدياً فقط، لكنها اليوم جلدية ومعدنية وبألوان متعددة.
- رغـم أن معاييـر اسـتخدام السـاعة التـي كانت تطبق سـابقاً قد خفّت وطأتها، إلا أنَّ السـاعات كثيـرة الألـوان، كالتـي يسـتخدمها الشبان اليافعون، لا تزال غير لائقة بالرجال.
- يرتـدي الرجل القفـاز في الخارج اتقاءً للبرد، لكـن لا يجوز له أن يصافح أحـداً وهو يرتديه في أي حال من الأحوال.

أنواع ومكونات بدلات الرجل الرسمية:

بعـد التطرق إلـى جملة من الأُسُس آنفـة الذكر، ننتقل إلى بعـص التفاصيل المهمة بشـأن أنواع ومكونات بدلة الرجل الرسمية ومتمماتها:

1. **البدلـة العادية**، بالإنكليزية (Suit Jacket).
2. **البدلـة النهاريـة / "البونجـور"** (الكلمة مأخوذة من الفرنسـية Bonjour)، وهي بالإنكليزية (Morning Coat).
3. **البدلة المسـائية / "الفراك"** (بالفرنسـية (Frac، وهي بالإنكليزية Frock Coat).
4. **بدلة ربطة العنق السـوداء** (Black tie)، ويُقصد بها:
- **بدلة العشـاء** (Dinner Jacket) أو (Dinner Suit).
- **بدلة السـموكينغ** (Smoking) أو التوكسيدو (Tuxedo).
- **البدلة البيضاء** (White dinner jacket).

بوضع تلك الأزرار على ظاهر الكُم ليمنع هذا التصرف. مع مرور الوقت انتقلت الأزرار أيضاً إلى بدلات الرجال كافة، لكنها أزرار صغيرة على باطن الكم ولأغراض تجميلية ليس إلّا.

1. البدلة العادية (Suit Jacket):

هـي البدلـة المألوفـة والأكثـر شـيوعاً. تكمـن أناقتهـا في أنهـا تعكس شـكلاً جذاباً للجسـم، ولهـا عدة نماذج:

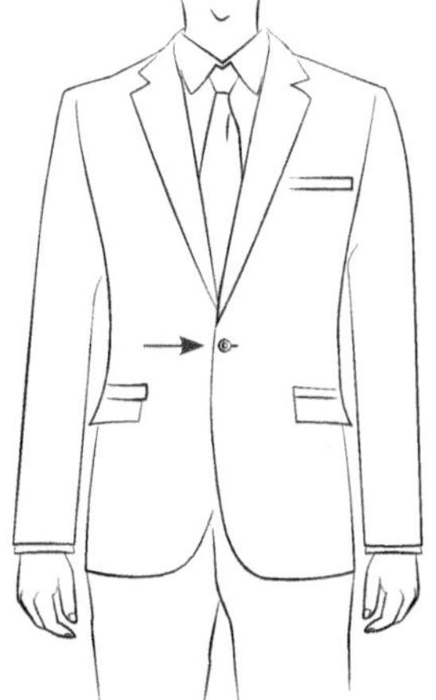

◁ **بدلة بزر واحد (The One Button suit):**

- هـي نوع تقليدي، جاكيت بزر واحد.
- هذه البدلة هي الأكثر شـيوعاً بين الشباب.
- رغم أنها كانت تعتبر خياراً كلاسيكياً محافظاً، إلا أن البعض يعتبرها عصرية وعملية أيضاً.
- تُرتدى هـذه البدلـة في أماكن العمـل وفـي المناسـبات المختلفة، بما فيها الرسمية.

◁ **بدلة بزرين (The Two Button suit):**

- يمكـن اعتبار هذه البدلة خياراً عصرياً.
- تُرتدى هذه البدلة في أماكن العمل اليومية.
- كما تُرتدى في الاجتماعات والمناسـبات الرسمية.
- مقارنةً بالبدلـة ذات الـزر الواحـد، تعتبـر هـذه البدلـة مناسـبة أكثر لذوي القامة الطويلة نسبياً.

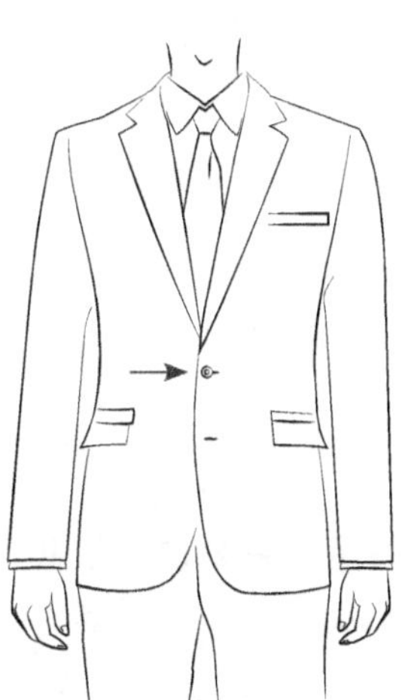

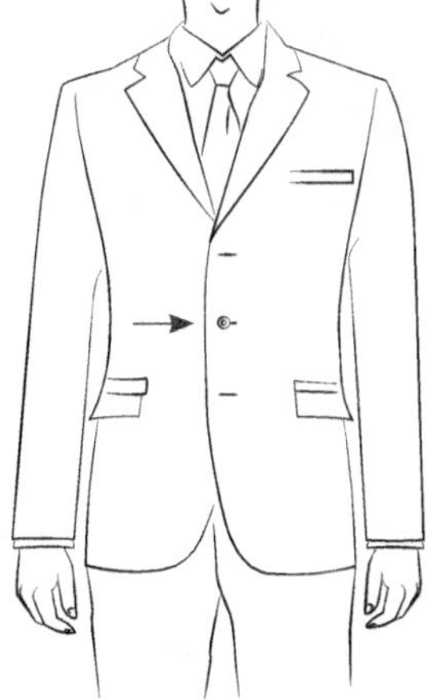

◁ **بدلة بثلاثة أزرار (The Three Button Suit):**

- هـذه البدلـة هـي إحـدى البـدلات الكلاسـيكية الخالـدة، إن صح التعبير.
- يمكن اعتبارها أكثر أناقة من سـابقتيها.
- تعتبـر مثالية للموظفين ورجال الأعمال.
- تعتبـر خيـاراً مناسـباً لمن لديه مناسبة خاصة أو رسمية لا تكون فيها بدلة السـموكنغ أو البونجور أو الفراك مُلزمة.

◁ **بدلة بأربعة أزرار (The Four Button Suit):**

- هي بدلة رسـمية ذات طابع قديم ولم تعد منتشرة اليوم.
- لا ينصـح بارتدائها من قبل ذوي القامة القصيرة.

◁ **البدلة ذات الصدر المزدوج (-The Double
Breasted):**

- انتشـرت هـذه البدلة في الفترة مـا بين عامي 1950
  و 1965 ومـرة أخرى ما بين عامي 1980 و 2000.
- لهذه البدلة صدر مزدوج.
- علــى كل جزء من صدر الجاكيت صفّان من الأزرار.

● **تفاصيـل ومعاييـر ذات صلـة:**

ـ **الجاكيت وقاعدة قفل الأزرار:**

- تكمـن أناقة بدلة الرجل في بعض التفاصيل، والأزرار هي إحداها.
- صُمم جاكيت البدلة ليكون مقفلاً عند الوقوف، وذلك من أجل إظهار البدلة بشـكل أجمل.
- إغلاق أزرار البدلة يعطي انطباعاً حول طول جدع الشـخص واتساع صدره.
- كـي يكون الشـخص مرتاحـاً، وتفاديـاً لظهـور الطيـات التي تفسـد شـكل الجاكيت، تبقـى الأزرار
  مفتوحة عند الجلوس.

بناءً على ما تقدم، لا بد من لفت الانتباه إلى قاعدة عامة مهمة هي:

- قاعـدة "Never, Sometimes, Always" أي "أحياناً، دائماً، أبداً".
- فمع البدلة ذات الأزرار الثلاثة:
- تقضـي القاعـدة بأن الزر الأول (الأعلى) هو اختياري ويُغلق أحياناً (Sometimes).
- ويُغلق الزر الثاني دائماً (Always).
- أمّـا الزر الثالث فلا يُغلق أبداً (Never)[7].
- وعندمـا تكون البدلة بزرين يُغلق الزر الأعلى فقط.

ــ البدلة وفق اللون:

- تقليدياً، كان اللون الأسـود فقط هو لون البدلة الرسـمية السائد عالمياً.
- لاحقـاً أصبـح ارتـداء البدلـة ذات اللـون الكحلـي (dark blue) دارجـاً أيضـاً فـي كل المناسبات المسائية والنهارية.
- بعدئـذٍ، أصبح بالإمكان أيضاً ارتـداء البدلـة ذات اللون الرمـادي الغامـق (dark gray)، لكن نهاراً فقط.
- لا تعتبر الألوان الأخرى مقبولة للبدلات الرسـمية حتى ولو كانت غامقة.

ــ المقاس والشكل الصحيح للبدلة:

- كما أن على البدلة أن تُظهر الشخص بأفضل شكل، فإن على الشخص أن يحافظ عليها بأفضل حال وأن تكون نظيفة ومكويّة.
- يجب أن يتم اختيار البدلة بعناية، لأن أي اختيار خاطئ لقياسـها سـيعطي انطباعاً سـلبياً بالتأكيد.
- يجب أن تكون البدلة متناسـقة من حيث طولها، عرضها، طول الأكمام، عرض الأكتاف، الصدر...

---

7. ظهر هذا التقليد في أوائل عام 1900 من قبل الملك البريطاني إدوارد السابع (1841 – 1910) الذي كان بديناً جداً، ولا يستطيع إغلاق الزر الأخير من الجاكيت أو الصدرية، فكان يتركه مفتوحاً. اقتدت الحاشية بالملك، واستمر هذا التقليد إلى يومنا، حيث باتت قاعدة «أحياناً، دائماً، أبدا» سائدة ومتبعة دولياً.

■ **طول الجاكيت:**

قصير   طويل   مناسب

- يعتمد طول جاكيت البدلة على طول الشخص الذي يرتديها.
- يُقاس طول الجاكيت مقارناً بطول اليد، بحيث تصل نهايته السفلية حتى منتصف الإبهام عند وقوف الشخص.
- في حال كان الجاكيت أقصر من ذلك، فسيبدو قصيراً.
- وفي حال كان أطول من ذلك، فسيبدو كأنه معطف.

■ **طول وعرض كمّ الجاكيت:**

<u>لقياس الطول المناسب للكُمّ،</u>

- يُلبس الجاكيت ويُثنى الساعد نحو الصدر. عندها يجب أن يظهر حوالي 2 سنتمتر من سوار كُم القميص تحته.
- أو أن يظهر ولو شيء بسيط من سوار الكُمّ عندما يكون الشخص واقفاً.

<u>أما بشأن عرض الكُمّ،</u>

- فيجب ألّا يكون الكُمّ ضيقاً كي لا تظهر التجاعيد عليه ويبدو كأن اليد محشورة في داخله.
- كما يجب ألّا يكون واسعاً بحيث تبدو اليد متدلية وكأنها من فراغ.

■ **عرض كتفي الجاكيت:**

- يجب أن يكون خط الخياطة عند اتصال الكُمّ بالبدلة أو ما يسمى خط نهاية الكتف مناسباً.
- في حال كان خط الكتف طويلاً ستظهر التجاعيد عند الصدر والكتف.
- في حال كان خط الكتف قصيراً، سيبدو الشخص محشواً داخل بدلته وكأن كتفيه متيّبسان.

■ **صدر وخصر الجاكيت:**

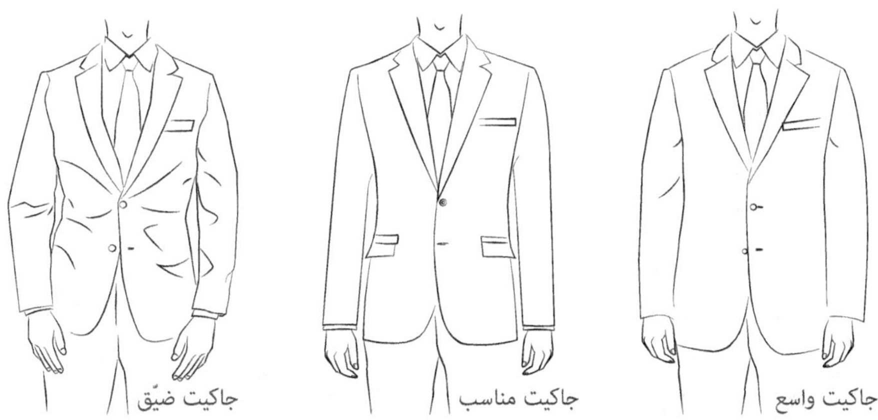

– يجب ألّا تكون البدلة ضاغطة على الخصر، وإلّا لن تنغلق الأزرار دون ظهور تجاعيد.

– يجب ألّا تكون البدلة متسعة جداً بحيث يظهر مرتديها كطفل يلبس معطف والده.

ـ **طول طيّتي صدر الجاكيت أو ما يُعبر عنه بالحرف "V":**

– الحرف اللاتيني V ، يشير هنا إلى الطيّتين الصدريتين للجاكيت المتصلتين بياقته.

– كما يشير هذا الحرف إلى موضع الزر الأعلى الذي يحدد شكل وطول هاتين الطيّتين.

– يعطي مدى طول الحرف V الانطباع حول طول الشخص،

– فعندما يكون الحرف V منخفضاً تظهر طيّتا البدلة طويلتين، وهذا يلائم ذوي القامة الطويلة حيث يظهر اتساع الصدر.

– وعندما يكون هذا الحرف مرتفعاً تظهر طيّتا البدلة قصيرتين ويتبدى طول الجذع، وهذا يناسب ذوي القامة القصيرة.

- **أشكال طية صدر الجاكيت:**

بشكل عام، هناك ثلاثة أشكال لطيّة صدر الجاكيت:

- **طية الصدر ذات الرأس المدبب:** طية الصدر هذه تتصل عند نهايتها العلوية بالياقة وتشكل زاوية تتجه إلى الأعلى.
- **طية الصدر ذات النهاية العلوية المائلة:** يكون أعلاها عند التقائها بالياقة على شكل حرف V مائل.
- **طية الصدر المقوسة التي تأخذ شكل الشال،** وهي غالباً من مادة الساتان أو الحرير ويكثر استخدامها في بدلة التوكسيدو/ السموكينغ.

- **شقوق جاكيت البدلة:**

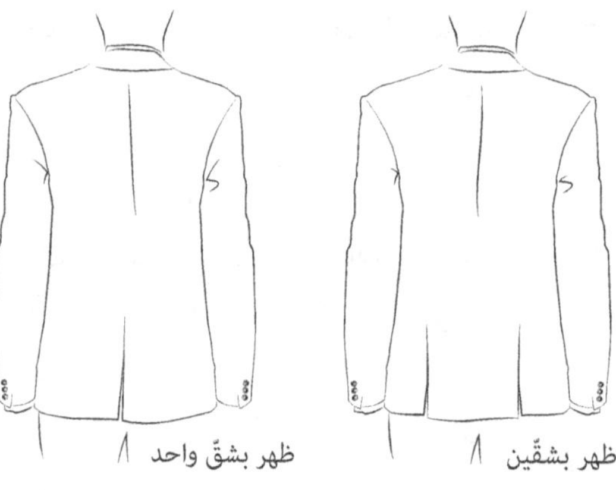
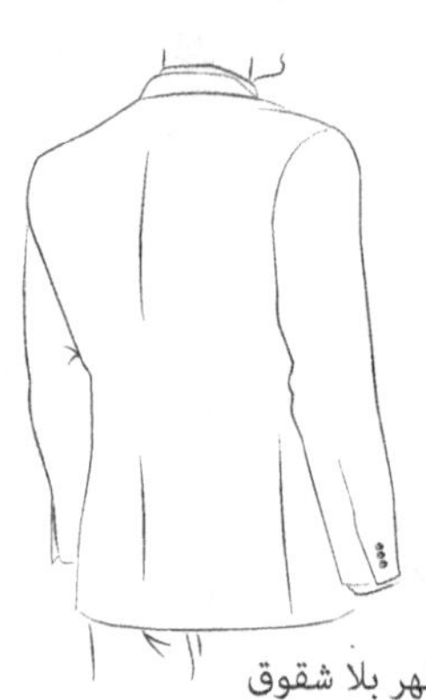

في تصميم الجزء السفلي لظهر جاكيت البدلة، لدينا ثلاثة خيارات تتعلق بشقوقها الخلفية:

- **ظهر جاكيت بلا أي شقّ:** هو بالأساس تصميم إيطالي عموماً. عندما يضع المرء يديه في أي من جيبي البنطال أو يكون جالساً، فإن تجعدات تتشكل على ظهر الجاكيت.
- **ظهر جاكيت بشقّ منصّف واحد:** هو تصميم أمريكي عموماً. عندما يضع المرء يديه في أي من جيبي البنطال أو يكون جالساً، قد يظهر جزء من أسفل ظهر القميص.
- **ظهر جاكيت بشقّين جانبيين:** هو تصميم إنكليزي بالأساس. عندما يضع المرء يديه في أي من جيبي البنطال أو يكون جالساً، لا يظهر أي شيء تحت ظهر الجاكيت ولا تظهر أي تجاعيد فيه.

▪ طول البنطال:

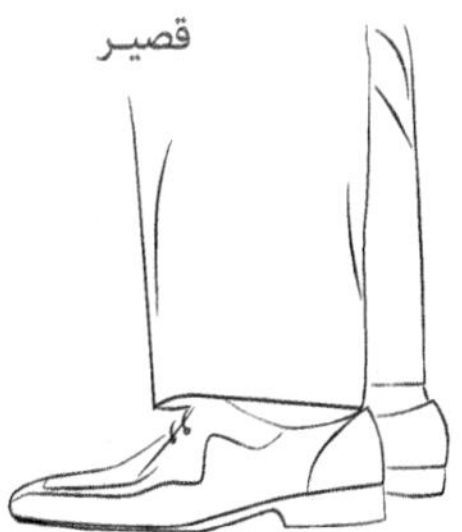

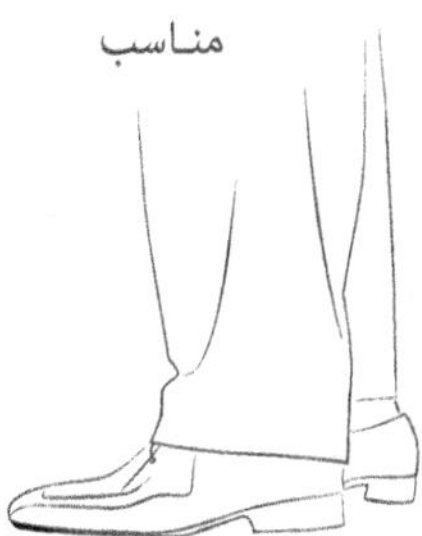

- الطـول الأمثـل للبنطـال هـو عندما تصـل نهايته إلى أعلـى كعب الحـذاء (دون أن تغطيه)، أي أعلـى بحوالي سنتمترين عن الأرض. مع ظهور طيّة خفيفة على النهاية الأمامية للبنطال فوق مقدمة الحذاء.
- إذا كان البنطـال أقصر من ذلك سـتظهر الجوارب والشخص واقف، والأسـوأ هو ظهور السـاق عند الجلوس.
  وإن كان البنطال أطول من ذلك سـتظهر طيّات واضحة فوق مقدمة الحذاء.

▪ خصر البنطال:

- يجب الانتباه إلى أن قماش البنطال الرسـمي لا يتمدد كما هي طبيعة بعض أنواع الأقمشـة.
- إذا كان خصر البنطال واسـعاً، ظهر القماش من الخلف متدلياً ومثنياً كما قماش السـتائر.
- إذا كان الخصر أضيق من اللازم، سـتظهر طيات صغيرة خصوصاً عند درزات الخياطة.

▪ قميص البدلة الرسمية:

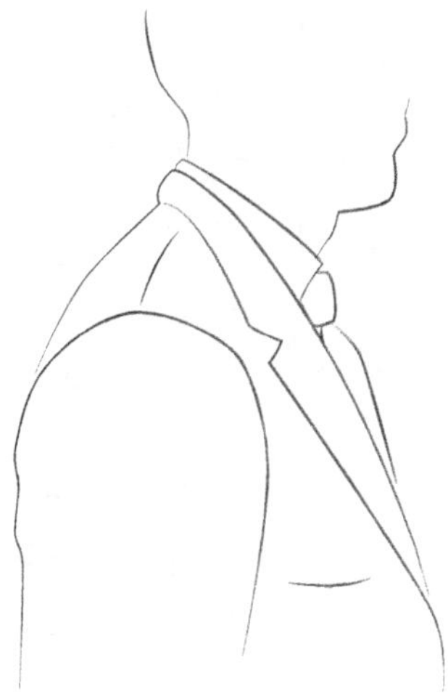

تقليدياً، اللون الرسـمي للقميص هو الأبيض.

بحكـم التطور، صار بالإمكان ارتداء القميص الرمادي الفاتح مع البدلة السوداء أو الرمادية.

كمـا أصبـح بالإمكان ارتـداء القميـص الأزرق الفاتـح مع البدلـة الكحلية.

مـع أن الألوان الفاتحـة الأخرى أكثر حيوية مـن غيرها، لكنها تبقى غير رسمية.

يجب أن تبرز ياقة القميص بحدود سنتمتر أو سنتمّتر ونصف عن ياقة الجاكيت.

.2 البدلة النهارية/ بدلة "البونجور" (8)Bonjour /Morning Coat):

البدلـة النهاريـة (البونجور) هي واحدة من أنماط البـدلات الرجاليـة الأوروبيـة التـي تعتبـر مثاليـة للمناسبات الرسمية النهارية.

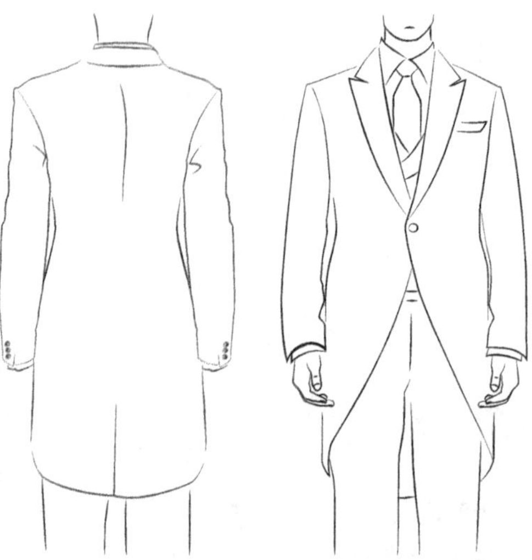

- رغـم أن هـذه البدلـة مسـتعملة فـي الغـرب غالباً (لا سـيما في المناسبات الرسـمية)، فقد أصبحت البدلة العادية أكثر شيوعاً.
- يصل طول جاكيت هـذه البدلة إلى الركبتين، نهايتهـا مسـتقيمة مـن الخلـف، وحافتاهـا الأماميتان مائلتان ومقوستان بدءاً من الخصر حتى نهاية الجاكيت السفلية .
- مكونات هذه البدلة:
- جاكيت أسود أو رمادي.
- قميـص أبيض بياقة مفردة أو مزدوجة.
- ويمكن أن يكون سـوار كُمّ القميص مفرداً أو مزدوجاً.
- ربطـة عنـق، وقـد كانت في السـابق سـوداء منقطـة أو رماديـة مخططة، أمّا الآن فيمكن

استخدام ربطات عنق بألوان متعددة.
- منديـل لجيـب الجاكيت العلويـة، من الحرير أو القطن أو الكتان.

يجب أن يتوافـق لون المنديل مع لون ربطة العنق.

يمكـن وضع المنديـل في الجيـب مطوياً أو بشكل عشوائي.

- صدريـة سـوداء أو رماديـة، كانـت تقليدياً تحاكـي لون الجاكيت، وقد تبدل الأمر حالياً.

يمكـن أن تكون الصدريـة مزدوجـة الصدر، لكن دوماً بدون طيتي صدر.

- بنطـال رمادي أو رمادي مخطط عمودياً بخطوط سوداء.

يمكـن أن يكـون البنطـال بلـون أسـود لكن يجـب أن يكون أفتح من لون الجاكيت.

- جوارب سوداء.
- حذاء أسود لامع من طراز أوكسفورد.

— مكونات اختيارية:

- قبعة متوسـطة الارتفاع سوداء أو رمادية.
- قفازات بيضاء أو بيج أو رمادية.
- ساعة جيب مع سلسلة.
- وردة صغيرة في فتحة الياقة.
- خيزرانة بيضاء أو مظلة مطوية.

• ملاحظة:

يُسـتثنى من ارتداء البدلة النهاريـة (البونجور) رجال الدين والأشخاص الذين يختارون الأزياء الوطنية لبلادهم (كبعض الدبلوماسيين مثلاً).

---

8. كلمة Bonjour تعني بالفرنسية صباح الخير/ نهارك سعيد.

3. البدلة المسائية ("الفراك" Frac أو Frock Coat):

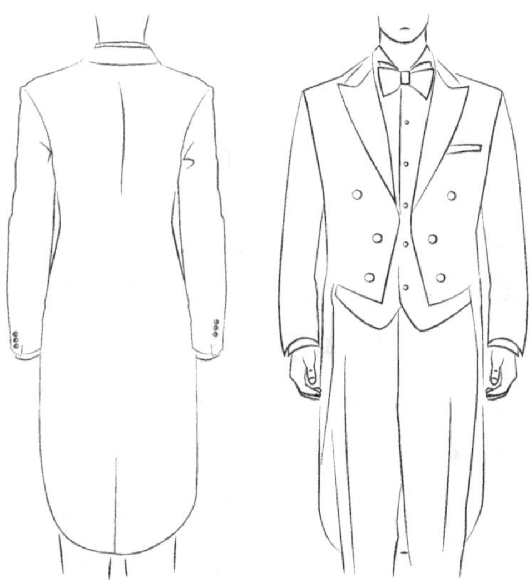

• مكونات هذه البدلة:

تـم ارتـداء البدلـة المسـائية (الفراك) فـي نهاية القرن الثامن عشر في إنجلترا.

– جاكيت طويل يصل إلى الركبتين.

– نهاية الجاكيت الخلفية على شـكل قوس.

– الجانـب الأمامـي للجاكيت قصيـر مع قطع أفقي ومستقيم للحافة الأمامية.

– قميـص أبيـض بياقـة مجنحـة، مفرودة أو مطوية.

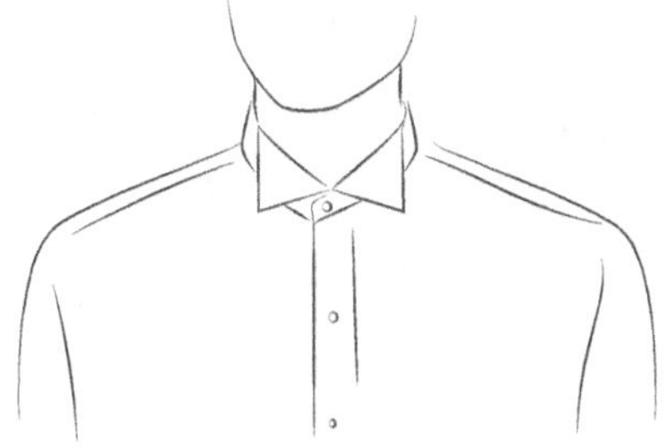

– هي البدلة الأولى في تصنيف اللباس الرسمي.

– تُلبـس هـذه البدلة فـي السـهرات والحفلات والمناسـبات الرسـمية بعد السـاعة السـابعة مساءً.

– ربطـة عنـق مـن طـراز أو علـى شـكل فراشـة (Papillon بالفرنسـية أو Bow tie بالإنكليزية) أو وشـاح أسـكوت (Ascot).

– صدريـة قد تكون أحياناً مزدوجة بصفي أزرار (double-breasted).

– رسـمياً، يمكـن ارتداء هـذه البدلة أيضـاً أثناء النهار، لا سيما في حفلات الزفاف، كبديل عن البدلـة النهاريـة (البونجـور)، شـريطة أن يتم ارتـداء الصدريـة إضافـة إلى وجـوب أن يكون البنطال مخططاً طولانياً.

– بنطـال على جانبيه شـريطان حريريان من السـاتان مـع "بكلتيـن" على كل جانـب لتثبت حمالتي البنطال.

– جوارب سوداء.

– حذاء أسود لامع.

— مكونات اختيارية:

– قبعة عالية.

– قفازات بيضاء أو رمادية.

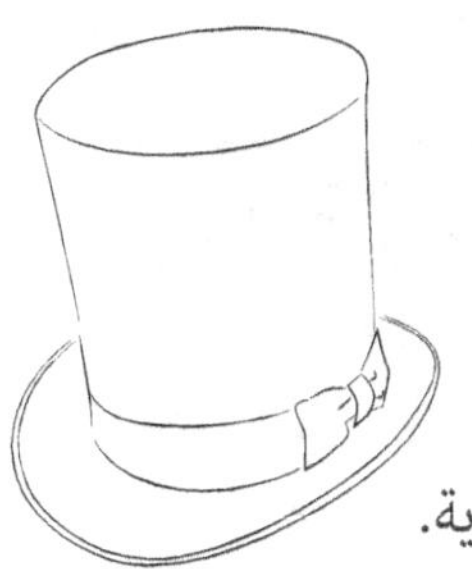

– تقليديـاً، كان لـون جاكيـت البدلة هو الأسـود فقـط. لاحقـاً أصبـح اللـون الرمـادي الفاحـم (charcoal grey) خياراً مقبولاً.

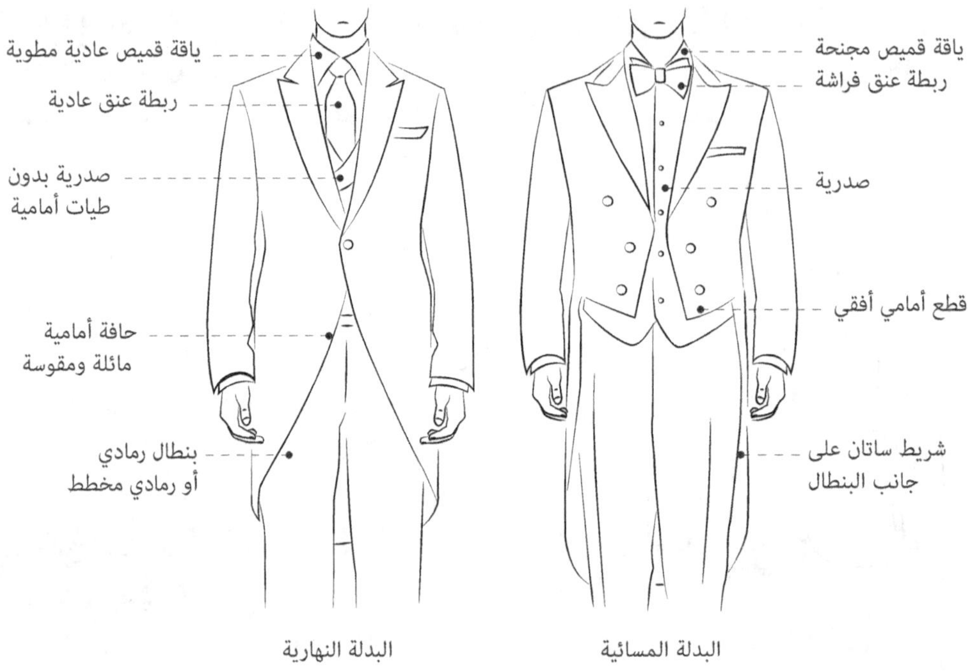

• ملاحظة:

1. تطورت تصاميم البدلة المسائية (الفراك) ولا سـيما في العصر الفيكتوري، وأخذت أشكالاً عديدة مـن الصعب الإحاطة بها كلها، حيـث يحتاج الأمر لصفحات ولصور توضيحية كثيرة، لذلك تم التطرق إلى النموذج الأهم ليس إلّا.

2: لا يرتدي الأولاد بدلتي النهار والمسـاء (البونجور والفراك) قبل بلوغهم الثامنة عشـرة.

4. زي ربطة العنق السوداء/ "زي البلاك تاي" (بالإنكليزية Black tie):

بداية، لا بد من التنويه بأن عبارة (Black tie) أي "ربطة العنق السوداء" لا تشير هنا إلى أن ربطة العنق المستعملة مع هذا الزي هي بالضرورة سوداء، بل تشير العبارة إلى نمط البدلة نفسها التي ينبغي أن تُرتدى لمناسبة معينة.

في حال ارتداء الحزام القماشي أو الكَمر (cummerbund) الذي يلف خصر البنطال، يصبح لزاماً أن تكون ربطة العنق من لونه. لذلك يمكن أن تأخذ ربطة العنق المستخدمة بهذه الحالة أكثر من لون.

يشتمل زي "ربطة العنق السوداء" على ثلاثة أنواع من البدلات:

1. بدلة العشاء

(Dinner Jacket/Dinner Suit) أو

2. بدلة السموكينغ / التوكسيدو

(Tuxedo/Smoking)، أو

3. بدلة العشاء البيضاء

(White Dinner Jacket).

اذاً، حين يُكتب على بطاقة الدعوة أن اللباس الرسمي هو (Black Tie) أي "ربطة عنق سوداء" يكون ارتداء واحدة من هذه البدلات ملزماً، مع أن غالبية الرجال تلتزم ببدلة العشاء أو بدلة السموكينغ.

لا تُرتدى بدلة العشاء البيضاء إلّا أحياناً وفي حال كانت المناسبة مقامة في الهواء الطلق.

ـ 4.1. بدلة العشاء (Dinner jacket/Dinner suit):

- تقليدياً، لا يتوافق لون الجاكيت مع لون البنطال في هذه البدلة.
- تكون حواف طيّة الجاكيت من الساتان.

- ربطة العنق عادية (وليست فراشة).
- يتم ارتداء هذه البدلة مساءً في المناسبات الرسمية والاجتماعية.

من ضمن أفضل الخيارات بخصوص بدلة العشاء:

• جاكيت أسود وبنطال رمادي.
• جاكيت رمادي وبنطال أسود.
• جاكيت خمري داكن وبنطال أسود.

ـ 4.2. السموكينغ (Smoking) أو التوكسيدو (Tuxedo):

- بدلة السموكينغ وتسمى أيضاً توكسيدو، هي البدلة الأشهر في تاريخ الأناقة الرجالية الرسمية.
- ظهرت هذه البدلة في القرن التاسع عشر (تحديداً عام 1887) لدى الطبقات الأرستقراطية في بريطانيا وأمريكا.
- تعتبر البدلة الثانية بعد البدلة المسائية (الفراك Frac) في تصنيف اللباس الرسمي الخاص بالمناسبات.
- بداية، كانت تُلبس في جلسات وحفلات

تدخيـن السـيجار، فارتبـط أسـمها بالتدخيـن (smoking).

- هـذه البدلـة هـي الأقـرب عمليـاً إلـى البدلـة العاديـة حيـث يتوافـق لـون الجاكيت مـع لون البنطـال (كلاهما باللون السـود)، وتعتبر خيـاراً مثاليـاً وأنيقـاً للرجال.

- **هناك من يسميها "بدلة البطريق"، نظراً لأنها تشبه البطريق بجسمه الأسود وصدره الأبيض.**

- يتـم ارتداؤهـا فـي المناسـبات الرسـمية والفعاليـات الاجتماعيـة التـي تحصـل بعـد الساعة السابعة.

- هنـاك نـوع آخر لبـدلات التوكسـيدو بتصميم عصـري يسـمى "*Shawl Collar Tuxedo*"، حيـث تكـون طيـة الجاكيـت حريريـة لامعة، عريضة الحـواف بدون زوايـا مثل شـكل الشال.

- يمكـن ارتـداء جاكيت التوكسـيدو الأبيض بدلاً من الجاكيـت الأسـود، إذا كانت المناسـبة في الهواء الطَلِق.

• **مكونات هذه البدلة:**

تتألف هذه البدلة تقليدياً من:

- جاكيـت أسـود بـزر واحـد أو اثنيـن، وذلـك بحسب طول مرتديها.

- طيّتـا صـدر الجاكيـت وغطـاءا الجيبيـن مـن الساتان الأسود اللامع.

- تكون الطيتان مجنحتين أي بزاويتين حادتين، أو عاديتيـن تشـكلان باتصالهمـا مـع كل طرف من الياقة حرف V مائل أو شـكل شال.

- بنطـال أسـود وعلى جانبيـه شـريط حريري أسود لامع.

- فـي بعض بـدلات التوكسـيدو الحديثة، أصبح متاحاً الإقلال من اسـتخدام السـاتان والاكتفاء

بحواف نحيفة من السـاتان على طيتي الصدر وجيوب الجاكيت.

- قميـص أبيض بياقة مرتفعة ذات زوايا قصيرة.

- سـوار كُم القميـص مـزدوج (كفـة مزدوجة)، والزر عبارة عن دبوس معدني.

- ربطة عنق فراشة سوداء.

- يمكـن إضافـة منديـل أبيـض فـي جيـب الجاكيت العلوية.

- فـي حال ارتداء الصدرية، فهـي غالباً ما تكون بلون الجاكيت.

- يمكن أن تكون الحـواف الأماميـة للصدريـة على شـكل حرف "V" أو حرف "U".

- حـزام الخصر (الكمـر cummerbund) مـن القمـاش الأسـود اللامع بكسـرات صغيرة.

- جوارب حريرية سوداء.

- حـذاء أسـود لامـع بربـاط. كمـا أصبـح بالإمـكان انتعـال حذاء مـن طراز أوكسـفورد عادي أو لامع.

- لا تُرتـدى القبعة أو القفازات مع التوكسـيدو.

• **ملاحظة:**

لا يرتـدي الأولاد بدلة التوكسـيدو قبـل بلوغهم الخامسة عشرة.

■ **الفرق ما بين بدلة التوكسيدو وبدلة العشاء أو البدلة العادية:**

زيادة في التوضيح، وبغض النظر عن بعض الاستثناءات، فإن الفروق الأساس بين البدلة العادية أو المسائية وبدلة التوكسيدو هي:

— مواصفات عامة لبدلة العشاء أو البدلة العادية:

- لا وجود للساتان في أي جزء من البدلة.
- سِوار الكُمّ عادي.
- أزرار القميص عادية.
- ربطة العنق عادية.
- بدلاً من الكمر، يُستخدم حزام جلدي يطوّق خصر البنطال ويحمله.
- حذاء جلد أسود.

— مواصفات عامة لبدلة التوكسيدو:

- وجود ساتان في طيّتي صدر الجاكيت وجيوبه.
- وجود شريط طولاني من الساتان على جانبي البنطال.
- سِوار كُم القميص مزدوج.
- زر سِوار كمّ القميص عبارة عن دبوس.
- ربطة العنق عبارة عن فراشة سوداء.
- وجود كمر (cummerbund) يطوق خصر البنطال.
- حذاء جلد أسود لامع.

ـ 3.4. بدلة العشاء البيضاء (White Dinner Jacket):

ظهرت هذه البدلة في ثلاثينيات القرن الماضي.

- بدأ بارتدائها الأثرياء الذين كانوا يذهبون في رحلات بحرية أو إلى بعض المناطق المدارية والاستوائية لقضاء إجازاتهم ولا يرغبون في التخلي عن أناقتهم، حتى في أوقات العطل.
- يتم ارتداؤها في الحفلات التي تقام في الهواء الطلق، فظهرت هذه البدلة باللون الأبيض والقماش الخفيف تفادياً للحرارة.
- للأسباب المذكورة آنفاً، درج البعض على تسمية هذه البدلة بالبدلة البيضاء المدارية "Tropical Black Tie".
- من حيث الشكل، لا تختلف البدلة البيضاء عن بدلة التوكسيدو التقليدية إلّا باللون الأبيض للجاكيت.
- يمكن أن تكون هذه البدلة بصف أزرار واحد أو بصفين.
- ربطة العنق المستخدمة مع هذه البدلة هي ربطة الفراشة.
- تعتبر البدلة البيضاء أقل رسمية من التوكسيدو، ولا تنوب عنها إلّا في حالات معينة.
- لا تعتبر هذه البدلة نمطاً متفرداً بحد ذاته، بل بديلاً في حالات خاصة، ويرتبط ارتداؤها بالأماكن والمواسم والمناسبات السابق ذكرها، لذلك فهي محدودة الاستخدام.

◄ تفاصيل إضافية وقواعد إتيكيت تؤخذ بالحسبان:

ـ ربطات العنق:

تعتبر ربطة العنق[9]، بعُقدها وأشكالها المتنوعة، من أهم إكسسوارات الموضة الرجالية.

- ربطة العنق هي أول ما تقع عليه الأعين، حيث تتموضع في منتصف البدلة، لتعطيها لمسة جمالية أنيقة.
- يُنصح باختيارها بعناية وفق نوع البدلة أولاً وبما ينسجم مع لون البدلة ثانياً.

---

9. كان أول ظهور لربطة العنق في القرن السابع عشر خلال حرب «الثلاثين سنة»، في أوروبا (1618 و1648 م) حيث استأجر الملك لويس الثالث عشر مرتزقة من كرواتيا، ممن كانوا يرتدون قطعاً من القماش (أوشحة) حول الرقبة، كجزء من زيهم التقليدي، ولها وظيفة مهمة تتمثل في ربط الجزء العلوي من معاطفهم. أعجبت هذه الأقمشة المزركشة الملك الذي أمر بإضافتها إلى الزي الإلزامي في القصور الملكية، وذلك لتكريم الجنود الكروات، وأعطاها اسم « Cravat الكرافات»، ولا يزال هذا الاسم هو الاسم المتعارف عليه لربطة العنق في فرنسا حتى اليوم. ثم تطورت وتعددت أنماط ربطات العنق في أوروبا كثيراً، حتى العقد الأول من القرن العشرين، حيث أصبحت تُعقد بعدة أشكال، وصولاً إلى ربطات الفراشة والأوشحة Ascots. لكن رغم ذلك فإن أشكالها التي نعرفها في يومنا هذا، لم تظهر إلّا بعد عام 1920.

هناك تقييد لنمط ولون ربطة العنق نذكّر به مجدداً:

• مـع البدلـة النهاريـة (البونجور) تكـون ربطة العنق عادية سـوداء منقطة أو رمادية مخططة.

• مـع البدلة المسـائية (الفـراك) تُرتدى غالباً ربطة عنق فراشة بيضاء أو وشاح أسكوت Ascot.

• مـع بدلة التوكسـيدو تكون ربطة العنق عبارة عن فراشة سوداء.

• تُسـتخدم ربطـة العنق العاديـة مع البدلات الأخرى كافة ولا سـيما البدلة العادية.

• على عكس ما كان عليه الحال سابقاً، لا يوجد حالياً لـون محـدد لربطـة العنـق العاديـة، فكل

الألـوان متاحـة، ولكن الألـوان الداكنـة والهادئة هـي الأكثر ملاءمة للمناسـبات الرسـمية وأماكن العمل والمكاتب.

• الألـوان الفاتحة لربطة العنق العادية، أو التي فيها بعض اللمعان ملائمة للشباب، وللمناسبات غير الرسمية.

• الطـول الصحيـح لربطـة العنق العاديـة، هو أن تصل زاوية نهايتها السفلية حتى منتصف الحزام أو تغطيه قليلاً، أقصر من ذلك يُظهر بروز البطن، وأطول من ذلك يُظهرها كمنديل الطعام لطفل.

• يجب الانتباه عند عقد ربطة العنق بحيث لا يظهر الجزء الخلفي منها.

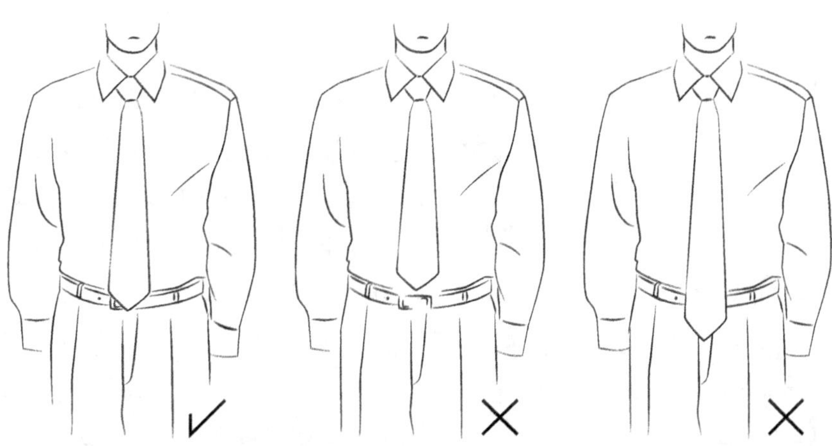

— الأحذية:

- لا تُسـتخدم مـع الملابـس الرسـمية، بألوانهـا كافة، إلَّا الأحذية السوداء.

- الحذاء الأكثر رسمية هو من طراز أوكسفورد، أسود اللون، مع الأربطة.

- لـم يعد الرباط ملزماً فـي الأحذية الرسـمية، كما كان الأمر سابقاً.

- في حيـن يمكن أن توجـد في الأحذيـة غيـر الرسـمية بعض الإضافـات المعدنيـة "الإكسسـوارات"، مثل "البكلات" الذهبية

أو الفضيـة أو البرونزيـة، وقـد تضفي مسـحة مـن الأناقة عليها، إلا أن ذلك غير جائز في الأحذية الرسـمية.

— الجوارب

- يجـب أن يكون طول الجوارب مناسـباً، بحيث لا يظهر شيء من الساق.

- يتوافق لـون الجوارب مع لـون البنطال حكماً (ليس بالضرورة درجة اللون نفسها، بل أقرب ما يمكن إليها).

• ملابس الرجال غير الرسمية:

في العديد من مصفوفات/ نماذج الملابس (Dress codes)، يمكن القول، إلى حدٍ ما، إن ملابس الرجال غير الرسمية هي تلك التي تكون أقل رسمية من البدلة الرسمية المألوفة، لكن في المقابل ليست كالملابس العارضة/ الدارجة (Casual clothes)، التي لا يتم فيها الالتزام بالقواعد إلّا في حدها الأدنى.

يحلو للبعض، ولا بأس في ذلك، تسمية الملابس غير الرسمية بالملابس المهنية (Professional clothes).

لذلك، وبعيداً عن الخيارات التي لا يمكن حصرها للألبسة العارضة، يمكن أن تكون ملابس الرجل غير الرسمية:

- جاكيت من لون وبنطال من لون آخر، على أن يكون الانسجام مدروساً.
- بدلة دون ربطة عنق.
- قمص وبنطال.
- قميص وربطة عنق وبنطال.
- قميص نصف كم تحت الجاكيت، أكانت ربطة العنق موجودة أم لا.
- حذاء أسود أو رمادي أو بني أو خمري، بما يناسب لون البنطال (يصح أن يكون لون الحذاء خمرياً مع بنطال أسود أو أخضر زيتي داكن على سبيل المثال).
- بنطال عادي أو بنطال بكفة إضافية (الكَبك) وهذا يناسب الرجال طوال القامة.

• ملاحظة:

ألوان مكونات ملابس الرجال غير الرسمية ليست محصورة أو مقيدة، ومع ذلك يجب ألّا تكون فاقعة.

لا يجوز ارتداء القميص المقلّم إذا كان الجاكيت مقلماً.

يُنصح ألّا يذهب المرء إلى لقاء أو مقابلة تلفزيونية وهو يرتدي جاكيتاً مقلماً، خوفاً من أن تظهر صورته مشوشة. وعليه أيضاً أن يتعرف على خلفية الأستديو، ليختار لون الجاكيت الذي يُظهر أناقته.

لا يجوز في كل الحالات انتعال الأحذية دون جوارب، على غرار ما يقوم به بعض الشبان اليافعين.

• الملابس الرسمية للسيدات

في الوقت الذي يعرف فيه معظم الناس ما هو اللباس الرسمي للرجال، فإن غالبيتهم لا يعرفون الجواب الصحيح عندما يُسألون عن اللباس الرسمي للسيدات، حيث تتنوع الإجابات حول العديد من التصاميم والمكونات والألوان، دون الوصول إلى عين الحقيقة إلّا ما ندر.

كل ما في الأمر هو أنه لا يوجد لباس رسمي محدد للسيدات، ولا يوجد لون أو ألوان ملزمة لها. ما هو مطلوب من المرأة، هو ارتداء ما تريد شريطة أن يكون محتشماً ومناسباً. والجدل في كلا الشرطين يبدأ ولا ينتهي، لأن مفهوم الاحتشام يخضع للأعراف والتقاليد والإرث الثقافي لكل شعب ومنطقة، وقد تتفاوت الآراء ربما في ذات المدينة بين حي وآخر.

فيما يتعلق بشرط "المناسب" في لباس المرأة، لدينا طيف واسع من التنوع وفقاً للمناسبة ووقتها على الأقل. فما يمكن لسيدة أن ترتديه وهي مدعوة لحفل استقبال كالفستان الطويل المفتوح قليلاً عند أعلى الصدر والظهر مثلاً، يصبح غير مناسب إذا ما ارتدته إلى غداء في مطعم.

قد يتساءل البعض مناصراً الرجل الذي قُيِّد بأنواع محددة من الملابس وبألوان معينة أيضاً، عن سبب هذا التمييز بينه وبين المرأة التي تُرك أمر ملابسها لها وفق تقديرها وذوقها. الجواب على ذلك بسيط. فالرجل، أكان شاباً أو كهلاً، طويلاً أو قصيراً، سميناً أو نحيفاً، ببشرة سمراء أو سوداء أو بيضاء أو صفراء، يمكن له ارتداء البدلة دون أية غرابة أو عدم استحسان من الآخرين. في حين ستبدو ملابس المرأة السبعينية غير مقبولة ربما إذا ارتدت ملابسَ تخص الفتيات. كما أن بعض التصاميم لا تناسب المرأة الطويلة، والعكس صحيح، حيث لا تناسبها تصاميم أخرى إذا كانت قصيرة. وهناك سيدة تستطيع أن ترتدي تنورة، وأخرى لا تستطيع أن ترتدي البنطال... إلخ. إن سن السيدة وشكل جسمها (وحتى قياس خصرها)، ولون بشرتها (وحتى لون شعرها ربما) وغير ذلك يحتِّم على السيدة اختيار هذا الزي أو ذاك، هذا التصميم، أو ذاك، هذا اللون أو ذاك...

ـ قواعد إتيكيت:

(التفاصيل الكاملة حول موضوع أناقة المرأة مدرجة في فصل إتيكيت السيدات، بند: كيف يمكن للمرأة ان تكون سيدة حقيقية).

- كما أسلفنا، نكرر بأن لباس المرأة الوطني التقليدي، يعتبر لباساً رسمياً.
- نظراً لعدم وجود لباس رسمي للمرأة، بأشكال وتصاميم محددة، يمكن لها أن تهتدي بخبرتها حول ما يناسبها كلباس رسمي.
- يجب على المرأة أن تهتم باختيار ما يظهر أناقتها دون مبالغة وما يعكس أنوثتها دون ابتذال، فـ "الناس لا يحبون الكبار الذين يبالغون في لباسهم"[10].
- المبالغة في اللباس واختيار ما هو غالي الثمن فقط لا يعكس الأناقة بالضرورة، لذا يجب اختيار ما يناسب من ملابس بغض النظر عن سعرها. فـ "السيدة المبالغة في ملابسها هي قطة مغطاة بالزعفران".[11]

- لدى المرأة دوماً مجموعة واسعة من الخيارات كالأطقم والفساتين وغيرها.
- يمكنها أن ترتدي البنطال إلى بعض المناسبات، حتى الرسمية منها.
- التنانير والفساتين تعطيها لمسة أنوثة ألطف بالمقارنة مع ارتدائها للبنطال.
- ينبغي أن ترتفع التنانير والفساتين إلى مستوى الركبتين أو أعلى قليلاً ليس أكثر.
- عند ارتدائها لفستان، يجب ألّا يكون كاشفاً للكثير من الصدر[12].
- في المناسبات الرسمية، تكون حقيبة اليد صغيرة عادةً.
- في أماكن العمل وغير ذلك، يمكن أن تكون حقيبة اليد كبيرة أو متوسطة الحجم.

---

10. مثل نيجيري.

11. مثل مصري.

12. يمكن للسيدة ان ترتدي عند حضورها فعالية ما في دار الأوبرا، على سبيل المثال، فستاناً طويلًا بياقة منخفضة نوعاً ما ومكشوفاً نسبياً عند الكتفين.

- الحـذاء الرسـمي تقليدياً هـو الحـذاء المغلق بكعب مدبب[13] (كعب مسـمار بارتفاع لا يزيد عن 7 سنتمترات).

- باتـت الأمـور تتبـدل قليـلاً بحيـث أصبـح انتعـال الحـذاء بكعب عريـض قليـلاً مقبولاً في المناسبات الرسمية.

- يجب أن ينسـجم لون الحذاء مع لوني الحقيبة والحزام (في حال وجوده).

- في جميع المناسبات، الرسمية وغير الرسمية، الجوارب النسائية الشفافة مُلزمة.

- يُفترض أن تكـون ألـوان الجوارب النسـائية الشفافة حيادية.

- القاعدة الذهبيـة فيما يتعلـق بالحلي هـي البسـاطة، فالسـيدة التـي تكثـر مـن الخواتم والأسـاور والأقـراط والعقـود لـن تبـدو أنيقـة بالتأكيد، بل العكس تماماً.

- يجب عـدم اسـتخدام المـرأة للحلي عنـد مشـاركتها في فعاليـات خيريـة، كزيـارة دار أيتام على سبيل المثال.

- الأقراط المتدلية تلائم المناسبات المسائية.

- الحلي التـي تشـتمل على الألماس (الطبيعي أو الصناعي) تلائم المناسبات المسائية حيث تُظهر انعكاسات الإضاءة جمالها.

- يجب توفر الانسجام ما بين كل مكونات الحلي المسـتخدمة مـن حيث الألـوان والأحجام، وتناسق ذلك مع الملابس.

- وجـود البروش على صدر الجاكيت أو الفسـتان يضيف مسـحة مـن الجمال، مـع أن عدم وجوده لا ينفي الأناقة.

- يمكن للنساء ارتداء الفراء والمعاطف في صالات الاسـتقبال والحفلات (مع أن هذا لم يعد مستحباً)، لكـن لا يجـوز الجلـوس بهـا إلى موائـد الطعـام.

- رسـمياً، يمكن للنسـاء ارتداء القبعـات في الداخل كما في الخارج.

- لا يصح أن ترتدي السـيدة قبعتها في حـال كانت هي الداعية إلى مناسـبة في منزلها، حتى لو كانت كل المدعوات ترتدين قبعاتهن.

- فـي المسـارح ودور الأوبـرا والأماكـن العامـة والأماكـن المزدحمة، تُنصح السـيدة بعـدم ارتداء القبعات العالية والواسعة.

- يمكن للمرأة أن تبقى مرتدية للقفاز في الخارج والداخـل، ويجـوز لهـا أن تصافح وهـي ترتديـه.

- أنسـب الألـوان للقفـازات هـي الأبيـض والبيج (الصحراوي) والرمـادي الفاتح، وبأقـل ما يمكن من الزركشة.

- فـي حفلات الاسـتقبال والكوكتيل، يجب نزع القفـاز ووضعـه في حقيبـة اليـد، بحيـث يمكن حمل كأس الشـراب وتناول بعض المأكولات...

---

13. عند مراجعة التطور التاريخي لأحذية الكعب العالي قد يبدو مستغرباً أن أول من انتعل أحذية الكعب العالي هم الرجال وليس النساء كما هو شائع. ففي القرن العاشر كانت أحذية الفرسان تشتمل على كعب عالٍ. وتشير السجلات واللقى الأثرية إلى أن الخيّالة الفُرس على سبيل المثال انتعلوا نوعاً من الأحذية لها كعب يمكنهم من تثبيت أقدامهم بشكل جيد في رِكاب سروج جيادهم. في حين أن أول معلومة مسجلة تشير إلى انتعال النساء لأحذية بكعب عالٍ تعود لكاترين دي ميديشى (أصبحت ملكة فرنسا من 1547 الى 1559 بزواجها من الملك هنري الثاني)، التي كانت بطول 150 سنتمتراً تقريباً فانتعلت حذاءً بكعب عالٍ في يوم زفافها كي تظهر أطول. في القرن السابع عشر انتعل الملك لويس الرابع عشر (1715-1638) حذاءً بكعب عالٍ وكذلك فعل النبلاء لإظهار أنهم من الطبقات العليا. زيادة على ذلك، فقد اتخذت السلطات حينها إجراءات تحدد فيها ارتفاع الكعب وفقاً للتراتبية الاجتماعية لكل شخص من النبلاء والحاشية وغيرهم.

الأوسمة

"مـا دفعني إلـى التطرق لهـذا الموضوع هـو وجود بعض الارتباط مـا بين الملابس الرسـمية والأوسـمة، حيـث يصادف أن نشـاهد فـي بعـض المناسـبات الرسـمية أحد الأشـخاص يعلّق وسـاماً أو ربما أكثر علـى بدلتـه. هنـا تبـرز مجموعـة أسـئلة حول ماهية الأوسـمة، أنواعهـا، درجاتها، أشكالها...إلخ."

مدلول الأوسمة:

في الواقع، تعتبر الأوسمة دليلاً على العرفان لعمل جليل، وكمكافأة يتلقاها بعض الأشخاص إقراراً لهم من أعلى الجهات الرسـمية، بالخدمات الوطنية أو الثقافية أو الفنية أو الاجتماعية أو العسكرية التي قاموا بها وتميّزوا فيها.

أنواع الأوسمة:

هناك عدة أنواع للأوسمة، فهي:
- وطنية أو أجنبية.
- مدنية أو عسكرية.

درجات الأوسمة وامتيازاتها:

درجات وامتيازات الأوسمة متعددة جداً وتختلف مـن دولة إلى أخـرى، بل وتوجد هناك أحياناً أكثر من مرتبة وتصنيف ضمن الوسـام الواحد.

نظام الأوسمة:

- مبدئياً، لا يوجد للأوسمة نظام دولي موحد.
- لـكل دولـة نظامهـا الخاص بـكل مـا يتعلـق بالأوسـمة مـن درجات وامتيـازات وغير ذلك.
- لـكل دولـة قانونهـا وإجراءاتهـا الخاصـة التي تحدد مـن يحـق لـه منـح الأوسـمة، ولمـن، ووفقاً لأي شروط.

---

14. المؤلف.

"

■ **منح الأوسمة:**

- تمنح الأوسمة الوطنية مدى الحياة، وتعطى براءة خاصة (شهادة/ وثيقة) لكل وسام.

- تمنح الأوسمة بموجب مرسوم (رئاسي) أو إرادة ملكية أو غير ذلك، حسب كل دولة وما ينص عليه نظام الأوسمة لديها.

- بمناسبة الزيارات الرسمية، يمكن أن يتم تبادل الأوسمة، إذا كانت الزيارة على مستوى ملك/ ملكة، أو ولي/ ولية عهد، أو رئيس/ رئيسة جمهورية، أو سلطان، أو أمير دولة، أو رئيس/ رئيسة حكومة.

- بهدف تمتين الصداقة وتوطيد العلاقات بين بلدين، يمكن أن تمنح الأوسمة إلى كبار المسؤولين والشخصيات والدبلوماسيين من رعايا دول صديقة، تقديراً لخدماتهم خارج حدود أوطانهم.

- تمنح الأوسمة للأجانب[15] على أساس مبدأ المعاملة بالمثل (Principle of reciprocity).

- يجب أن يتم قبول الوسام الأجنبي وحمله بعد استئذان المرجع الرسمي المعني للدولة التي ينتمي إلى جنسيتها متلقي الوسام، وبعد الحصول على الموافقة اللازمة.

- بعض درجات الأوسمة، كالميداليات مثلاً، يمكن منحها لفرد أو لمجموعة أفراد، كما في حال الفرق الرياضية أو الفنية أو الوحدات العسكرية...إلخ.

• **ملاحظة:**

يمكن للورثة الاحتفاظ بالوسام بعد وفاة حامله، دون أن يكون لهم الحق بحمله أو التمتع بامتيازاته.

► **أشكال الأوسمة وطرق حملها:**

حسب درجاتها، تُحمل الأوسمة على الألبسة الرسمية ولا سيما في الاحتفالات الوطنية والرسمية، ويمكن أن تأخذ شكل:

• قلائد ذهبية، أوشحة، رصائع، وريدات، أو ميداليات.

• الأوسمة على شكل قلادة ذهبية (Necklace)، وعلى شكل وشاح (Scarf) ، هي أعلى درجات الأوسمة ويكون لها قائد جوقة (Grand Master).

---

15. روى لي صديقي المرحوم السفير **د. توفيق سلوم**، الذي كان من أبرز دبلوماسيي ومثقفي وزارة الخارجية السورية، ومرجعاً مشهوداً له في أكثر من مجال، بما فيها المراسم، حيث تقلد، من بين ما تقلده من مناصب أخرى، منصب مدير المراسم، روى لي أن وزارة الخارجية كانت تفكر في منح وسام لأحد سفراء المملكة المتحدة بعد أن أنهى خدمته في دمشق، لكن السفير البريطاني أبلغه اعتذاره عن عدم قبول الوسام، موضحاً بأنه يُمنع على سفراء المملكة المتحدة قبول الأوسمة الأجنبية، وأن ذلك تقليد يعود إلى أيام الملكة فيكتوريا التي لم تسمح بذلك لسفرائها المعتمدين في الخارج، وعقّب مازحاً أنه عندما منعت الملكة ذلك قالت: «*I don't accept my ambassador to bear leashes from other countries*» أي: «لا أقبل لسفرائي أن يُوثقوا بأرسنة تعود لدول أخرى». نقل لي ذلك سعادة السفير سلوم على ذمة ومسؤولية ذاك السفير البريطاني بالطبع.

◁ **وسام القلادة الذهبية (Necklace):**

• يكون على شكل طوق يحيط بالرقبة نزولاً إلى الصدر، وتتدلى منه رصيعة صغيرة.

◁ **وسام الوشاح:**

• يتألف هذا الوسام من وشاح (Scarf) يحيط بالكتف الأيمن والصدر والظهر وصولاً إلى الورك الأيسر وينتهي برصيعة (Stud/Insignia)، إضافة إلى رصيعة تثبّت على صدر الجاكيت:

• في بعض الحالات يمكن أن تحل الرصيعة (وهي عبارة عن تشكيل فني ذهبي، فضي، أو برونزي، تشتمل على رموز ودلالات وطنية معينة) محل الوسام الكامل (الوشاح مع الرصائع)، وبالتالي لا داعي لارتداء الوسام الكامل في كل المناسبات.

• عندما تُثبّت الرصيعة على الجانب الأيسر لصدر الجاكيت (أكان حاملها رجلاً أو امرأة) تكون متدلية من سلسلة مذهبة أو معلقة بشريط قماشي. كما ويمكن أن تثبّت مباشرة دون استخدام أية سلسلة أو شريط قماشي.

• في بعض الحالات أيضاً يمكن استخدام أوسمة مصغرة على شكل وريدات (Rosette) بدلاً من الأوسمة الكبيرة الكاملة بحيث تُثبّت وريدة الوسام في عروة الياقة اليسرى لجاكيت اللباس الرسمي، أو على الملابس في الجهة اليسرى من الصدر.

والوريــدة هـي عبـارة عن تشـكيل فني مصغّر من أنـواع معينــة مـن الأنسـجة، وبألـوان محـددة لها رموزها الوطنية.

◁ **الميدالية:**

• هـي عبـارة عـن قطعـة معدنيـة دائريـة (غالبـاً) باللون الذهبـي أو الفضي أو البرونزي، وتشـتمل على تشـكيل فني مبسط يشتمل على دلالة محددة.

• تتدلّى الميدالية على الصدر، ويحملها شـريط قماشي يلتف حول العنق.

◁ **ترتيب وضع الأوسمة على الصدر:**

• عند وضع الأوسمة على الصدر، يُراعى ترتيب أسبقيتها[16].

• تُثبَّت الأوسـمة بالتسلسـل حسـب درجاتها (الوسـام الأرفـع أولاً)، من اليمين إلى اليسار.

• يتوالـى تثبيت الأوسـمة نزولاً باتجاه الجانب الأيسـر للورك.

• يتقـدم الوسـام الوطنـي على الوسـام الأجنبي في التسلسل (الأسبقية).

• **ملاحظة:**

لا يُحمل أو يثبّت أي من أشكال الأوسمة، حتى الوريدات منها، على المعاطف.

<hr>

16. تسلسل أسبقية الأوسمة منصوص عليه في نظام الأسبقية لكل بلد.

الفصل الرابع

إتيكيت الهاتف

"شركات الاتصالات الكبرى هي نسخ لقوى عظمى جديدة"(1)

لم تكن هناك في الماضي قواعد خاصة بالهاتف، فهو اختراع حديث نسبياً، ومن البديهي أن آداب السلوك القديمة لم تتعرض له، لكن، بالقياس، بوسعنا التطرق إلى جملة قواعد خاصة به مستمدة من المبادئ العامة للإتيكيت.

لقد تطور الهاتف كثيراً وتوسعت سبل الاستفادة منه، ولا سيما الهاتف المحمول أو الجوّال، بعد أن تحسنت الاتصالات الآلية والخليوية وتلك المتعلقة بالشبكة العنكبوتية، وأصبح الاتصال عبر المناطق والقارات أمراً يسيراً، من خلال الألياف الضوئية واللاسلكي والأقمار الصناعية، وبوسائل سكايب (skype)، واتس أب (Whats App)، فايبر (Viber)، وي تشات (We chat)، ماسنجر (Messenger)، تويتر (Twitter)، فيسبوك (Facebook)، تلغرام (Telegram)، إنستغرام (Instagram) وغيرها من وسائل يأتينا العلم والتكنولوجيا بأحدثها في كل يوم. وقلما نجد اليوم شخصاً

لا يمتلك هاتفاً جوالاً، مهما علا أو قلَّ شأنه، ومهما كان وضعه المادي ميسوراً أو فقيراً، فحتى الجالس على أكمة في ريفٍ ناءٍ أو على كثيب رملي في صحراء قصيّة، أصبح من مستخدمي هذا الجهاز. وقد لا يكتفي الشخص بجهاز واحد، بل باثنين أو أكثر حسب متطلبات حاجته وعمله.

رغم شكوى البعض من أن كثرة وسائل الاتصال قد قللت من التواصل بين الناس وباعدت بين الأفراد وضيّقت العلاقات الاجتماعية إلى أبعد الحدود، إلّا أن البعض الآخر يدافع عنها معتبراً أنها قاربت بين الأمكنة والشعوب عبر العالم.

على أية حال، وبغض النظر عن رأينا، فقد أصبح الهاتف الجوال أمراً واقعاً وضرورة في الحياة العصرية، ولا يمكن الاستغناء عنه تقريباً. وبالتالي ما نحتاجه هو عقلنة استخدامه انتصاراً للفائدة على الضرر، وتحديد مقاصدنا من استخدامه.

1. المؤلف.

<u>يجب عدم إساءة استخدام الهاتف. إذ ينبغي الاستفادة منه ولغاية محددة.</u>

- ينبغي الانتباه إلى أن طريقة استخدام الهاتف في إجراء مكالمة أو الرد على مكالمة تلعب دوراً مهماً في تشكيل الانطباع الأول.

- بعيداً عن مكالمات الفيديو، يتأتى الانطباع الأول من خلال نبرة الصوت وطبقته.

- بعيداً عن مكالمات الفيديو، ورغم أن متلقي المكالمة لا يرى المتصل، إلّا انه يشعر بالمتصل من خلال الصوت.

- للأسباب المذكورة أعلاه ولإعطاء الانطباع الإيجابي، يجب أن يُظهر صوت المتصل والمتلقي على حدٍ سواء ودّاً واضحاً.

- عند الاتصال بأحد أو الرد على مكالمة، يجب عدم التكلم بصوت عالٍ، بل بصوت مسموع وهادئ.

- ما لم تكن واثقاً من أن صوتك معروف لدى متلقي مكالمتك، قم بعد التحية مباشرة بتعريفه بنفسك.

- في المخاطبات الرسمية أو التجارية، إضافة للاسم يجب التعريف بالعمل أو المركز.

- ما لم تكن صديقاً لمن تتصل به، لا تخاطبه باسمه الأول فقط، بل أضف اسم عائلته.

- يجب أن تكون المكالمات قصيرة ومختصرة قدر الإمكان.

- لا تتصل بأحد وأنت تمضغ طعاماً أو تحتسي شراباً، فالأصوات التي ستصل إلى متلقي المكالمة ستكون مزعجة.

- عموماً، لا تتصل هاتفياً بشخص في منزله قبل الساعة التاسعة صباحاً، أو بعد الساعة العاشرة ليلاً.

- تجنب الاتصال أيضاً في فترة استراحة الغداء (في الدول التي لديها هذه التقاليد)، ما لم يكن هناك أمر هام جداً لا يحتمل التأجيل.

- لا تتصل بمريض مباشرة، بل اتصل أولاً بأحد أفراد أسرته أو أصدقائه المقربين للاستيضاح عن حالته، فقد يكون وضعه الصحي صعباً.

- إن عرفت أنه قادر على التكلم بالهاتف، فليكن اتصالك به قصيراً، ولا تستطرد في سؤاله بالتفصيل عن صحته.

- إذا كنت تسير في الشارع، وكان لا بد لك من الاتصال بأحدهم، عليك فعل ذلك بصوت هادئ، لا أن تشرك الآخرين بأمورك.

- يفضّل أن تتنحى بجانب الرصيف الداخلي والوقوف أثناء المكالمة، كي لا تصطدم بأحد أو بشيء ما.

- إذا كنت تتحدث مع شخص آخر وانقطعت المكالمة الهاتفية بينكما لسبب ما كانعدام التغطية مثلاً، فاطلب محدثك من جديد إذا كنت أنت من طلبه، وإذا كان العكس فانتظر منه أن يطلبك.

- إذا فاتك الرد على مكالمة أو رسالة، يفترض بك الرد بأقرب فرصة والبدء بالاعتذار أولاً.

- إذا تحدث أحد بالهاتف في حضور أشخاص آخرين، فعلى هؤلاء أن يتحدثوا بصوت منخفض، وأن يوقفوا الموسيقى أو أن يخفضوا صوت التلفزيون.

- ينبغي عدم الاتصال أو إرسال رسائل أثناء حديثك مع أحد أو في المناسبات الاجتماعية كمشاركتك في حفل استقبال أو حضورك مأدبة غداء أو عشاء. وإن كان هناك من أمر ملحّ أو طارئ، فعليك التنحي جانباً لإجراء اتصالك، مع محاولة الإيجاز قدر المستطاع.

- قاعدة "لا تتصل أثناء قيادة السيارة" مُلزمة في كل دول العالم. إن كنت مضطراً لإجراء مكالمة أو إرسال رسالة نصية، أوقف السيارة في مكان آمن من الطريق لحين انتهائك من هذا الأمر.

- في حال توفر إمكانية التحدث عبر تطبيق بلوتوث (Bluetooth) المتاح في السيارات الحديثة، وطالما أنك لست مضطراً في هذه الحالة للإمساك بالهاتف، يمكنك إجراء مكالمة أو الرد على مكالمة، لكن يجب الاختصار والانتباه خشية تشتت الذهن وفقدان التركيز على قيادة السيارة. السلامة أهم من أي أمر آخر.

- عند وجود إشارة منع استخدام الهواتف المحمولة كما في محطات الوقود والطائرات وغيرها، يجب إغلاق الهاتف والتقيد بالتعليمات حفاظاً على السلامة العامة.

- لا تنسَ إغلاق الهاتف الجوال عندما تحضر حفلة موسيقية أو مسرحاً أو سينما.

- لا تنسَ إغلاق الهاتف الجوال عندما تحضر مأتماً.

- مكالمة الفيديو هي بمثابة لقاء وجهاً لوجه مع شخص آخر، لذا يتوجب معرفة مدى استعداد الطرف الآخر لذلك قبل إجراء مثل هذه المكالمة.

- ما يبدو من تحفظ وتردد على مخاطبك بالهاتف يدلان على أنه يتحدث إليك بحضور أشخاص آخرين، لذا يجب أن ينبهك اختصاره لأجوبته إلى رغبته في اختصار المكالمة قدر المستطاع.

- لا تتصل مع ذوي المراتب العليا على هاتفهم الجوال إلّا في الحالات الملحّة التي لا تحتمل التأجيل.

- في الاتصالات الخارجية، تعرّف على فارق التوقيت بين دولتك والدولة التي يقيم فيها الشخص الذي ترغب الاتصال به، وذلك لتجنب الاتصال في أوقات غير مناسبة. ففارق التوقيت مثلاً بين الصين وتشيلي هو إحدى عشرة ساعة، وبين القاهرة والبرازيل هو خمس أو ست ساعات، كما ويؤخذ بالحسبان أيضاً تأخير وتقديم الساعة حسب التوقيت الصيفي أو الشتوي للبلدان.

- أصبح بالإمكان توجيه دعوة ما غير رسمية لقريب أو لصديق مقرب عن طريق الرسائل النصية عبر الهاتف.

- رسمياً، يتم توجيه الدعوات باستخدام بطاقات الدعوة حصراً وليس عبر الهاتف، مع إمكانية أن تبقى رسائل الـ SMS فقط للتذكير.

• استخدام الهاتف في أماكن العمل ومجال الأعمال:

حسن الأداء أثناء المكالمات الهاتفية يعتبر أحد عوامل تشكيل الصورة الذهنية عن مكان العمل أو الشركة أو الإدارة...إلخ.

• من الأهمية بمكان أن يقوم الموظف (بغض النظر عن مهمته ومنصبه) بالاتصال بالآخرين بلطف وبصوت هادئ.

• إذا كان الموظف مكلفاً بالرد على الاتصالات واضطر لإبقاء أحد المتصلين على الخط ليرد على مكالمة أخرى، عليه إبلاغ المتصل بذلك بطريقة مهذبة وعدم تركه ينتظر لفترة طويلة.

• من واجب العملاء والزبائن عند اتصالهم بأي موظف في مكان عمل (إدارة، مؤسسة، شركة... إلخ) تقديم نفسه بالشكل الصحيح معرّفاً باسمه وعمله وربما رقم هاتفه للاتصال به لاحقاً.

• إذا كان أحد العملاء أو الزبائن حاد المزاج أو

عصبياً لسبب ما، يتوجب على الموظف التعامل معه بما يخفف من غلوائه، لا أن يرد عليه بالطريقة نفسها.

• أصبح الهاتف جزءاً مهماً في مجال خدمة العملاء والزبائن الذين يمكن تلبية طلباتهم أو إبقاؤهم مطلعين على ما هو متوفر من خدمات أو منتجات...إلخ.

• عندما يطلب أحد العملاء أو الزبائن تدوين رسالة معينة، على الموظف فعل ذلك مع تكرار ما كتب على مسامع صاحب الطلب للتأكد من صحة ما كتب نقلاً عن ذاك العميل أو الزبون.

• عند حضور اجتماع أو لقاء رسمي، يجب إغلاق الهاتف الجوال.

• في أي اجتماع رسمي مع أحد ما، على السكرتيرة ألّا تحول المكالمات الهاتفية للمسؤول أو المدير. وإذا كان الأمر طارئاً، فعليها إعلامه من خلال ورقة مدوَّن عليها ذلك الأمر الهام. وبالطبع عندما يلاحظ الزائر ذلك ويجد أن زيارته قد شارفت على الانتهاء، فإنه سيستأذن بالانصراف.

إتيكيت الحوار والمناقشة

"قليلـو المعرفة يتكلمون كثيراً، وكثيروها يتكلمون قليلاً"(2)

سـيلاحظ القـارئ أن حيزاً كبيراً قـد أُفرِد لموضوع الحـوار والمناقشـة، وذلك لأهميتهمـا ولاعتبارهما لا يـزالان يحـتلان مسـاحة واسـعة مـن حياتنا من جهـة، ولأنهمـا يعتبـران فنـاً وممارسـة اجتماعية وإنسـانية شبه يومية من جهة ثانية.

رغـم أن تسـارع الحضارة الحديثـة، وتغيّر أنمـاط التواصل بيـن النـاس، مـن خلال وجـود المزيد مـن وسـائل الإعلام المرئية والمسـموعة والمقـروءة ووسـائط التواصـل الاجتماعـي الإلكترونية، قـد قلَّص إلى حدٍ كبير الأوقات التي كانـت تتوفـر للتلاقي وتجاذب أطراف الحديـث بيـن النـاس، فمـا زال لدينـا متسـع مـن الوقت للحـوار كجانب مهم من حياتنا.

مـن نافلة القول إن الغاية النهائية من الحوار والمناقشـة هي التواصـل والمتعة والفائدة، من خلال بحـث وتحسـين وتطويـر مـا يتم التطرق

إليـه من مواضيع يتم تداولها. وهذا بحد ذاته، كأداة، يمثـل فـن وموهبـة التعبيـر عـن الأفكار والآراء بطريقة أنيقة ومهذبة.

كـي يكون الحـوار ناجحاً يجـب أن يكون مشحوناً بالإيجابية وحاملاً لأفكار حقيقية تصب في صلب المواضيع المطروقة وتعطيها قيمة إضافيـة تجعل الحـوار لافتاً لانتباه الآخريـن وجاذباً لاهتمامهم.

• مواضيع ينبغي تجنبها فـي الحـوار والنقاش

هنـاك ثلاثة مواضيع يجب ألَّا تكون مداداً للحديث إلَّا بين الأصدقاء وهي:

1. المواضيع السياسية:

القضايا السياسية متشعبة ومختلَف عليها، وإمكانية التبايـن فـي وجهـات النظر

———— 2. جان جاك روسو.

حولها هي الأرجح، وقد يفضي ذلك إلى خلافات عميقة وتنافرٍ حاد. لذلك ينبغي تجنبها بين أشخاص لم تتوثق العلاقة بينهم، أو بين أشخاص منهمكين في حوار يشارك فيه عدد كبير ومتنوع من الناس، وذلك كي لا تنقلب الصحبة إلى مشاحنات ومشادات.

2. المواضيع الدينية:

تعتبر المسائل الدينة حسّاسةً وتتطلب دراية ومعرفة، وإلماماً واسعاً، نظراً لعمقها، وتنوعها، وكثرة جوانبها، وتفرعاتها. لذا لا يجوز المبادرة إلى إثارة مثل هذه المسائل التي **يعتبر الخطأ فيها فادحاً وتأثيره مضاعفاً.** مع ذلك، إذا ما حصل المحذور، وطُرح أمر ديني من قبل أحدهم، فعلى الجميع إظهار الاحترام لكل الأديان والمذاهب، والاعتدال في الآراء، والحرص على عدم استفزاز أحد، لأي سببٍ كان، من خلال الإساءة بشكل مباشر أو غير مباشر لدينه أو طائفته.

3. المواضيع الشخصية والأسرية:

الأمور الشخصية هي شؤون تدخل في نطاق الخصوصية، التي تهمّ فقط أصحابها، الذين يفترض بهم عدم التطرق إليها، إلّا في أضيق الحدود، وفي إطار من الثقة. كما لا يجوز إثارة مثل هذه الأمور من قبل الآخرين، حيث **يعتبر الخوض فيها مستفزاً حتماً،** وقد يؤدي إلى عواقب وخيمة وخلافات شخصية، ليس من السهل حلها.

◄ قواعد إتيكيت عامة:

نتحدث هنا عن متطلبات تلعب دوراً في جعل القدرة على الكلام والمشاركة في الحوار ناجحة، ومحققة للغاية المرجوة منها. ونقوم بإيرادها تباعاً، كأمور أو قواعد، بغض النظر عن التسلسل الذي قد يبدو منطقياً أو غير منطقي، فالأولوية هي للإحاطة بهذا الجانب المهم جداً في حياتنا.

فيما يلي جملة الأمور التي أُورد بعضها، للضرورة، بصيغة المخاطب المفرد، غير المستحبة ربما، وأعتذر عن ذلك سلفاً:

◄ الانطباع الأول:

ما من شكٍ في أنه بمجرد بدء المرء بالكلام، فإنه يبدأ بكشف بعض جوانب شخصيته، من حيث التربية والنشء والتهذيب والثقافة والخبرة... إلخ. ولهذا من الأهمية بمكان، الالتفات إلى هذا الجانب المهم ومحاولة أن يأخذ الآخرون فكرة جيدة عنا في اللقاء الأول.

الانطباعات التي تتولد لدى الآخرين عنا في المرة الأولى تترسخ طويلاً وليس من السهل تغييرها. إن أسلوب الكلام وطريقة الحوار تلعب دوراً هاماً في تشكيل الانطباع الأول، تماماً كما هو حال المظهر والملبس.

◄ التواصل البصري:

من الأهمية بمكان النظر في وجه أو باتجاه من نتحدث إليه. التكلم مع شخص والنظر باتجاه آخر لا يعني إلّا قلة الاهتمام.

◁ **الاهتمام:**

يقضي الإتيكيت أن يبدي المرء اهتماماً عندما يتحدث الآخرون، وهذا نوع من إظهار الاحترام. الشخص الذي، ليس فقط لا يبدي أي اهتمام بما يقوله الآخرون، بل لا ينفك يتثاءب في وجههم أو لا يتوانى عن النظر إلى ساعته في كل حين، هو شخص موجود معهم في المكان وغائب ذهنياً، يصنّف بـ "فاتر الشعور"، ومن الأفضل عدم الاكتراث له وتركه يكمل أحلام يقظته.

◁ **لكل مقام مقال:**

قبل الانخراط في حوار وحديث مع الآخرين يجب معرفة ماهية الذين يتم التحدث إليهم، فالحديث المُثار والمُدار بمشاركة أشخاص مرموقين ثقافياً ووظيفياً وسياسياً واجتماعياً وغير ذلك، يختلف عن الحديث بحضور أشخاص عاديين.

◁ **سعة المعرفة:**

لا يعتمد تألق المتحدث على الموضوع الذي يتم بحثه أو طريقة العرض فقط، بل أيضاً على سعة معارف المتحدث وثقافته، الأمر الذي يتطلب إلماماً بالأدب والشعر والفنون، وبعضاً من الفلسفة والدين والاقتصاد والجغرافيا والتاريخ وغيرها من العلوم. وهنا لا نتحدث عن التخصص في هذه المجالات، بل الإلمام ببعض جوانبها، فليس مطلوباً منا أن نكون شعراء، أو رسامين، أو اقتصاديين، أو مؤرخين، أو فلاسفة، بل أن تكون ثقافتنا موسوعية قدر الإمكان لتشمل مجالات متعددة، على مبدأ "اعرف شيئاً عن

كل شيء، وكل شيء عن شيء". ولنا أن نتخيل هنا، مدى حرج أي مسؤول أو دبلوماسي أو أستاذ جامعي يشارك مثلاً في افتتاح معرض فني، وهو لا يملك أية فكرة، أو لم يسمع عن أي من المدارس الفنية بخطوطها العريضة.

◁ **عدم المقاطعة:**

عدم المقاطعة يستوجب أن تتنازل عن الكلام للآخرين، لا أن تتحدث في كل المواضيع معتبراً أن لك فيها باعاً طويلاً دون السماح لأحد بأن يكمل ما بدأه، حتى ولو قمت باستخدام عبارات لطيفة مثل "عفواً" أو "آسف للمقاطعة" أو "لحظة من فضلك"...إلخ. فإن ذلك يبقى خروجاً عن الأدب. لا تنسَ أنّ وقت الصحبة والحوار غالباً ما يتسع لدورك ودور الآخرين في الحوار والمناقشة، لذا من التهذيب أن تعطي الفرصة في الكلام للآخرين دون أن يكون في ذلك انتقاص من مقامك.

◁ **تألق ودع الآخرين يتألقون:**

لا يمكن لأي شخص أن يكون متألقاً وجاذباً لاهتمام الآخرين وهو يتحدث كالسُّذَّج والبسطاء والعاديين. فطالما كان الشخص عادياً في كل جوانب حديثه وحواره، ستبقى نظرة المتلقي واهتمامه به وبحديثه عاديةً أيضاً.

طالما لم يقدّم المتحدث قيمة إضافية، ولم يقدّم المتعة والفائدة، فليس من حقه أن يكون في عداد المتألقين. في هذا السياق، أوصى اللورد فيليب تشيسترفيلد[3] ابنه بما يلي: **"تكلم عندما تسنح لك الفرصة لكن لا تسهب، وإذا لم تلحظ استمتاع الآخرين واهتمامهم توقف،**

---

3. لورد فيليب دورنر ستانهوب، الإيرل الرابع لتشيسترفيلد (1694-1773) ، رجل دولة، دبلوماسي، وأديب.

فالعاقل لا تفوته ملاحظة واكتشاف مدى متعة واهتمام الآخرين بما يقول". مع العلم أنه بقدر ما يكون المرء متألقاً، بقدر ما يكون محطّ حسد الآخرين أيضاً.

◄ فكر كالحكماء:

من المهم أن تفكر كالحكماء، أي محاولة الإلمام بهدوء بكل جوانب أية مسألة، لكن عند الحديث تكلم كالناس العاديين، وحاول الاقتراب من مستوى تفكيرهم، وإلّا لن تكون مقنعاً لهم.

ينبغي أن نُقدم الأفكار بسلاسة دون تعقيد، بحيث يستوعبها ويتفاعل معها معظم من يتلقاها. كما أنه ليس ضرورياً دوماً أن يدلي المرء بدلوه في كل المواضيع، وأن ينبري في كل حين للمشاركة في نقاشات لا ناقة له فيها ولا جمل. الأهم هو أن يتحدث في أمر يمتلك ناصيته ويعرف جلّ تفاصيله، بحيث يكون لما يقوله صدىً إيجابي لدى الآخرين ويشدهم، وبالتالي تتولّد لديهم انطباعات محببة تجعل من حضوره أمراً لطيفاً ومهماً في آن.

◄ تجنب المواضيع المستفزة:

حاول أن تضع في الاعتبار أنك عندما تسعى لتكون بصحبة الآخرين فإنك تقوم بذلك كي تتواصل معهم، وتستمتع وتستفيد، وبالتالي ما جدوى توجيه الحديث لمواضيع مزعجة أو مستفزة للآخرين الذين تواجدوا بصحبتك عموماً لذات الغرض، ولم يأتوا كي يبحثوا مواضيع قد تشحن جو جميع الحاضرين وتوترهم.

إذا حصل وأن أثيرت نقطة مختلف عليها، فلا بد من مقاربتها دون استفزاز، مع ترك التفاصيل لجلسة فيها ما يكفي من أصحاب الاختصاص. إن من يسعى للتميّز يجب أن يكون قادراً على إدارة محور الحديث بالاتجاهات الصحيحة، وفي الوقت المناسب.

◄ تجنب الإجابات المستفزة:

ليس مريحاً أن يُعطى السائل أجوبة قصيرة مختصرة، ما لم يكن المجيب يرغب في أن يصنّف في خانة قليلي التهذيب. فعبارات مثل "لا أعرف" أو "لا أستطيع الاجابة" هي إجابات مستفزة إلى حدٍ ما، سيما إذا ما أرفقت بتعابير أو إيماءات عدم الاكتراث، أو نبرة صوت فيها تعالٍ. ولا تكون هذه التعابير وما شابهها مقبولة، إلّا إذا أُردِفت بتفسير أو تعقيب يوضّحها. ولنا أن نتخيل الفرق في الإجابة على سؤال بسيط مثل: "كيف أصبحت صحة جارك فلان...؟"، وأن المجيب رد قائلاً: "لا أعرف"، فقط. في حين أجاب آخر بالقول: "لا أعرف، لأنني كنت مسافراً الأسبوع الماضي". الفرق واضح، وصدق من قال إن الوقاحة ليست نقيصة في عقل بعض الناس، بقدر ما هي إحدى نتائج الجهل والخيلاء واللامبالاة.

◄ ما قلَّ ودلَّ:

قال الأقدمون: "خير الكلام ما قلَّ ودلَّ". فإذا كان بالإمكان إيصال الفكرة بعشر كلمات، من الأفضل عدم النطق باثنتي عشرة كلمة. يجب عدم الإسهاب ودفع الآخرين لإهمال ما تقول.

ننوه في هذا السياق بما ذكره أيضاً الكاتب الفرنسي أندريه موروا[4] الذي كتب مقالة حول "الجمال"، أوضح فيها رأيه بجلاء في كثرة الكلام بقوله: **"ليس هناك من حكيم على الإطلاق دائم الكلام".**

من المشاكل التي قد تعترضنا في الحوار، وجود شخص يبدأ الحديث دون أن يعرف عمّ يتحدث، ودون أن يكون في ذهنه هدف يرمي إليه. بهذا يكون قد افتقد الوسيلة المناسبة وافتقد الغاية أيضاً، ولم يصل أو يوصل أحداً إلى نتيجة منطقية، كمن يريد أن يصطاد طائراً قبل أن يذخّر بندقيته.

◁ لا تقل كل ما تعرفه:

لستَ بحاجة لقول كل الحقائق التي تعرفها حول أمر ما، ما لم يكن المتلقي مخولاً لسماعها وله الحق بها... مع ضرورة ان يتكلم المرء دائماً بصدق بشأن ما يدلي به.

◁ حسن اختيار الألفاظ:

لسوء الحظ، اضمحلت إلى حدٍ كبير ميزة اختيار الالفاظ في أحاديثنا، وأصبح البعض يبرر ذلك لنفسه بحجة أنه صريح ويبتعد عن النفاق وغير ذلك من مسوغات. وفي الحقيقة هناك فرق كبير بين النفاق ومراعاة الآخرين، تماماً كما هو الحال ما بين الصراحة والوقاحة. سُئل الصحابي العباس رضي الله عنه، "أأنت أكبر أم رسول الله، صلى الله عليه وسلم؟". أجاب العباس: "هو أكبر مني، ولكني ولدت

قبله". وخرج عمر بن الخطاب رضي الله عنه يتفقد الأحوال ليلاً فرأى ناراً موقدة، فوقف وقال: "يا أهل الضوء"، ولم يقل "يا أهل النار". إذاً، الكلمة الطيبة تحدث فرقاً كبيراً في كل الأحوال.

◁ لسانك حصانك:

قال الإمام علي رضي الله عنه: "المرء مخبوء تحت لسانه" و"إذا ما تمّ العقل، نقص الكلام". لذا ينبغي على المرء التكلم في مسائل مألوفة وليس في قضايا قد تحرجه، سيما إذا لم يكن ملماً بتفاصيلها. فاللسان أداة للتعبير وليس أداة للثرثرة بما يصح وبما لا يصح.

◁ تحدَّثْ بما يهمّ الآخرين:

الحياة مليئة بالمواضيع والقضايا، لكن ما أهمية الحديث مثلاً عن فن رقص الباليه وما شابه في مجتمع ريفي الأرجح أن ليس لدى غالبية أفراده الاستعداد للتفكير بمثل هذه الموضوع؟ إن الحديث بمسائل بعيدة عن اهتمام ومستوى تفكير الآخرين، سيضعك في خانة من يفاخر من جهة، وقد يولد لديهم الانطباع بأنك تعتبرهم أدنى منك منزلة وثقافة من جهة أخرى. وفي كلا الحالتين ستكون أنت الخاسر الأكبر.

◁ استمع أكثر مما تتكلم:

قال الفيلسوف الإغريقي إبيكتيتوس[5]: **"لدينا فم واحد وأذنان، لذا يتوجب علينا أن**

---

4. الكاتب الفرنسي إميل سالومون فيلهلم هرتسوغ (1885-1967): معروف باسمه المستعار أندريه موروا، روائي ومؤلف لقصص الأطفال والخيال العلمي والسير الذاتية.

5. إبيكتيتوس (135-55 ق.م)، فيلسوف رواقي إغريقي، كان ينادي بأن معين السعادة هو النفس لا الأشياء الخارجية.

نستمع ضعف ما نتكلم". لهذا كن مستعداً دوماً لتسمع أكثر مما تتكلم بصحبة الآخرين، وهذا بدوره يترك لديهم انطباعاً إيجابياً عنك، ويبعدك عن صفة الثرثار، الذي يستلم ناصية الحديث ويتشبث بها.

◄ تجنب تصحيح أخطاء الآخرين:

صحبة الآخرين وتجاذب أطراف الحديث معهم لا تعني أنك موجود معهم كعضو في لجنة صياغة لمشروع قرار يتعلق بقضية أنت طرف أو ممثل لجهة ما فيها. لذلك لا تتوقف عند كل العبارات التي يدلي بها الآخرون، أو الأخطاء البسيطة التي تمر، بما في ذلك أخطاء اللغة... فعندما تنبري لتصحيح خطأ ما لأحدهم، بحضور آخرين، فإن ذلك سيستدعي منه التشبث برأيه، والدخول معك في مماحكات وجدل أنت بغنى عنه، كما وسيجعل هذا التصحيح من المخطئ خصماً أكثر منه محاوراً.

◄ تجنب إشغال الآخرين بمشاكلك:

صحبة الآخرين تعني بالضرورة وجود عدد من الأشخاص في مكان واحد، وهؤلاء بدورهم ينتمون إلى عدد من المهن والوظائف والأعمال. وفي الحديث والحوار معهم ينبغي عدم استشارتهم في مجالات اختصاصاتهم بحيث تشغلهم وتشغل الآخرين بمشاكلك الخاصة. فالمحامي الموجود لم يحضر كي يستمع لتفاصيل الدعوى التي رفعتها ضد شخص آخر، والطبيب الحاضر لم يأت ليشخّص لك مرضك.

◄ تجنب انتقاد مهن وعمل الآخرين:

ينبغي عدم الخوض في تفاصيل عمل الآخرين ومشاكل مهنهم، مع ضرورة تجنب توجيه النقد والازدراء لمجالات نشاطهم، فليس من المفيد مثلاً التطرق لمساوئ وسائل الإعلام، وذمها بحضور صحفي قد يفهم من الكلام نقداً موجهاً إليه، أو الحديث عن خلل ما في التخطيط العمراني، بحضور رئيس بلدية قد يظن أنه المقصود بالنقد.

◄ تجنب السخرية والتهكم وإلقاء النكات:

تجنب السخرية والتهكم بشكل مباشر أو غير مباشر، ولو حتى باستخدام التورية والعبارات ذات الدلالات المزدوجة. كما وابتعد قدر المستطاع عن الإكثار من إلقاء النكات التي يستمتع بها الآخرون، ولكن لا ينظرون لمحترفها إلّا كمهرج. فملقي النكات في كل حين ومكان، يفقد ميزة الشخص المتزن بكل تأكيد.

من الواجب إمتاع الآخرين لكن بالأسلوب الرزين والأفكار القيّمة. فيمكن للمتحدث أن يكون خفيف الظل بدون أن يكون خفيف الشخصية.

◄ لا تمازح:

لا تمازح أحداً قبل معرفته تماماً، ومعرفة ماهية ردود فعله. فقد تمازح شخصاً يرد عليك ممازحاً أيضاً، ولكن بطريقة قد تجعل منك أضحوكة، وتكون النتيجة مأساوية عليك. يقول المثل الإنكليزي: "المزاح لا يُكسب عدواً، ولكن كثيراً ما يُفقدك صديقاً".

من المهـم التنويـه بأن الحـوار الطبيعي هو الـذي يكـون هادئاً ورزيناً، ولا ضير في أن تتخلله طرفة أو دعابـة، بحيـث تُضفى على الجو العام مسحة من البهجة.

◄ **لا تتكلم بصوت عالٍ:**

"لا ترفع صوتك، بل عزز حجتك"، هذا ما قاله الأسقف ديزموند توتو[6] الـذي أقتبس منه هذا القول للنصح بعـدم التكلم بصوت عالٍ، فهذا قد يزعج الآخرين من جهة، وربما يظهرك كمن لا يمتلك الثقة بنفسـه أو بالموضوع الذي يطرقه مـن جهة ثانية. حاول أن تكون نبـرة الصوت بالحـدود الطبيعية قـدر الإمكان، ولا تنسَ أن استخدام قوة الرئتين والصوت المجلجل يعطيان الانطبـاع بالعدوانية ويظهرانك كشخص صاحب بغض النظر عمَا إذا كنت تقصد أو لا تقصد ذلك. قال جلال الدين الرومي[7]: "ليرتفع منك المعنى لا الصوت، فإنَّ ما يجعل الزهر ينبت ويتفتح هو المطر لا الرعد".

◄ **لا تتحدث بسرعة أو ببطء:**

من يتحدث بسرعة قد يُدخل الأفكار بعضها البعـض أو قـد يجعلها مشوشـة لـدى المتلقـي. كمـا أن الحديث البطيء يزعج الآخرين، ويظهر صاحبـه كمن يلجم حصانه ويكبح مسيره. تذكر أن أسلوب الحديث أهـم، في معظم الحالات، من الموضوع المطروق نفسه.

◄ **تجنب المبالغة في المدح والإطراء:**

وممـا لا شـك فيه أن الناس، صغاراً وكباراً، نساءً ورجالاً، يحبون المديح، والثناء، والتشجيع، والاستحسان. لكن كل ذلك يعتبر سلاحـاً ذا حدين. وإذا ما استُخدم في غير وقتـه ومكانه الصحيحـين، كانت النتيجـة سلبية تماماً. فمديح شخص له، على سبيل المثـال، مرتبـة سياسية أو إدارية أو مالية... قـد يفسر بأنه محاولة للتقرب وكسب الود. يُقـال في الأمثال الصينيـة: "المجاملة هي عبيـر الصداقة"، لكن يتوجب استخدام ذلك بميزان، فحتى عندمـا يتم امتداح سيدة غائبة، فـإن هـذا قـد يولد الحسد منها لدى الكثير من السيدات الأخريات.

◄ **لا تقدم النصح جزافاً:**

توخّى ألَّا تقدم نصيحة إلَّا لشخص يمكن أن يأخـذ بها. فليس كل الناس على استعداد لقبول النصح من ناحية، وليس كل الناس يقدرون قيمة النصيحة من ناحية ثانية.

◄ **تجنّب كثرة الأسئلة:**

لا تكثر من الأسئلة الموجهة إلى الآخرين، كيلا تظهر كالسـذج غير العارفين بالأشياء، وتجنّب، بالمطلق، السؤال عن أمور لا تعني إلَّا صاحبها. فمـا الـذي يهمك مثلاً بمقدار أو مصـدر دخل شخص ما تحاوره؟

---

6. ديزموند مبيلو توتو (1931-2021)، رجل دين من جنوب أفريقيا وعالم لاهوت وناشط في مجال حقوق الإنسان. كان أسقف جوهانسبرغ (1985-1986) ورئيس أساقفة كيب تاون (1986-1996).

7. جلال الدين الرومي (1207 - 1273)، شاعر وعالم صوفي فارسي الأصل، تُرجمت أشعاره على نطاق واسع إلى العديد من لغات العالم وتحولت إلى صيغ مختلفة إلى درجة أنه يوصف بالشاعر الأكثر شعبية والأكثر مبيعاً في الولايات المتحدة.

◄ لا تطلب تكرار ما قيل:

إذا ما فاتك فهم أو سماع عبارة وردت على لسان أحد المتكلمين، تجنّب أن تطلب منه تكرار ما قاله، فهذا سيكون مزعجاً له بالتأكيد، وسيشعره بأنك لم تكن مهتماً بما يقول، حتى لو كانت صيغة طلبك بمنتهى التهذيب. كما أن ذلك سيكون مزعجا أيضاً للآخرين الذين سيسمعون كلاماً مكرراً.

◄ لا تقارع أفكار الآخرين:

لا تحاول تسفيه أفكار الآخرين، أو محاولة إثبات أن وجهة نظرك هي الأصوب، فهذا الأسلوب هو الأسرع في كسب الأعداء، والأسرع في إظهارك كمتعالٍ. أستذكر هنا مقولة الفيلسوف الروماني ماركوس أوريليوس[8]: **"كل ما نسمعه هو رأي، وليس الواقع. وكل ما نراه هو تصور وليس الحقيقة"**. إن صحبة الآخرين ومحادثتهم ليست مجالاً لمقارعة الأفكار، وليست مباراة في المنطق والفلسفة.

◄ كن حَكَماً:

احتفظ لنفسك، في أي جدال محتدم بين آخرين، بموقع الحَكَم الذي يُلجأ إليه، لا أن تكون طرفاً. فبعد التأني وسماع وجهات نظر الآخرين، بادر إلى تلخيص مجمل الآراء، مركزاً على نقاط الالتقاء، وإنهاء الجدل القائم بالتشديد على الإيجابيات، وتجاهل نقاط الخلاف، وذلك بطريقة تحفظ ماء وجه الجميع الذين يجب أن يشعروا بأنهم رابحين.

◄ كن صبوراً:

في حديث وحوار يشارك فيه أشخاص، بعضهم بكفاءات محدودة، كن صبوراً واستمع إليهم، فقد يكون لديهم ما يفيد. لا تتجاهلهم كي لا تظهر بمظهر المتعالي أو المزدري، سيما وأن هؤلاء هم الغالبية. فـ "الصبر هو مفتاح لحلِّ المشاكل[9]".

◄ كن آخر المتحدثين:

إذا كان لا بد من إبداء الرأي في قضية شائكة، حاول أن تكون آخر المتحدثين، أولاً لتستكشف وجهات نظر الآخرين، وثانياً لتعطي نفسك الفرصة والوقت الكافي لتشكل رأيك، مع الاستفادة من الهفوات ونقاط الضعف والأخطاء التي ظهرت لدى البعض. برأي كونفوشيوس[10] **"يتعلم الإنسان العاقل من أخطائه، أمّا الأكثر حكمة فيتعلم من أخطاء الآخرين"**.

◄ كن مرناً:

حاول ألّا تعطي رأياً جازماً في القضايا الجدلية، وتجنب التمسك بقناعات راسخة قد لا تكون صحيحة، ولا تتشبث برأيك بحدة، فقد تكتشف، من خلال الحوار مع الآخرين، جوانب أخرى للحقيقة، أو كما قال الفيلسوف والكاتب الألماني نيتشه[11]:

---

8. ماركوس أوريليوس (121-180)، فيلسوف رواقي وإمبراطور روماني.

9. مثل سوداني.

10. كونفوشيوس (552 ق.م- 479 ق.م)، فيلسوف صيني أفلح في إقامة مذهب يتضمن كل التقاليد الصينية عن السلوك الاجتماعي والأخلاقي.

11. فريدريش فيلهيلم نيتشه (1844 - 1900) فيلسوف ألماني، ناقد ثقافي، شاعر وملحن ولغوي وباحث في

◄ **لا تنفعل:**

حافظ قدر المستطاع على رباطة جأشكَ، ففي اللحظة التي تنفعل فيها، تبدأ أخطاؤك التي قد تضطرك للتأسف بشأنها لاحقاً. فـ **"الحلم سيد الأخلاق(12)"**، والحلم يتوافق مع الاتزان والرويّة والرزانة والتفكير السليم، على عكس الغضب الذي غالباً ما يضيّع كل هذه القيم. قال عبد الرحمن منيف(13): **"أول الغضب جنون وآخره ندم"**.

◄ **لا تجادل شخصاً غاضباً:**

تعامل بحذر مع شخص استبدّت به نوبة غضب، فإذا ما جادلته، قد ينفجر في وجهك، ويسمِعك كلاماً أنت بغنىً عنه. كما ولا يجدر بك أن تقدّم له أية نصيحة وهو في هذه الحالة، فنصيحتك لن تكون مجدية، وقد تكون ردة فعله سلبية جداً. دع الغاضب حتى يهدأ، وبعدها لكل حادث حديث.

◄ **لا تجادل أحمقَ:**

طبيعي أن الحوار والنقاش وحتى الجدال مع العقلاء، مهما تشعب أو تفاوت، يبقى مفيداً، ولا يقوّض الود في حال الاختلاف. على العكس من ذلك، مجادلة أي أحمق هي مضيعة للوقت من جهة وقد تفضي إلى نتائج وخيمة من جهة ثانية. وهنا لا بد من استذكار ما قاله المتنبي:

"لكل داءٍ دواء يُستطب به
إلّا الحماقة أعيت من يداويها(14)".

◄ **تجنّب الإهانة:**

كي لا تُهان، تجنّب توجيه الإهانة إلى الآخرين، بشكل مباشر أو غير مباشر. فالإنسان الطبيعي هو من يحاول كسب ودّ الآخرين وليس عداوتهم.

◄ **كُن كالآخرين:**

ضع نفسك في مكان الآخرين الذين تتحدث إليهم، وتكلم بما يسرك ويسرهم بطريقة طبيعية... وإذا ما اكتشفت أن من يسمعك هم مجموعة من الجهلة، دعهم يتحدثون بما يريدون... ولديك أعذار كثيرة لتوردها كي تنسحب دون إغاظتهم.

◄ **لا ترفع الكلفة:**

لا تحاول رفع الكلفة بينك وبين من هم أكبر منك سناً أو أعلى منزلة، أو بينك وبين رؤسائك، بحيث تخاطبهم مثلاً باستخدام الضمير المفرد

اللاتينية واليونانية. كان لأعماله تأثير عميق على الفلسفة الغربية وتاريخ الفكر الحديث.

12. مثل عربي.

13. عبد الرحمن منيف (1933-2004) هو خبير اقتصادي وأديب وناقد حداثي سعودي، عُد واحداً من أهم الكُتاب والروائيين العرب خلال القرن العشرين.

14. أبو الطيّب المُتنبّي واسمه أحمد بن الحسين الجعفي الكندي الكوفي (303هـ - 354هـ/ 915م - 965م)، أعظم شعراء العرب، وقد ظهرت موهبته الشعرية مبكراً فقال الشعر صبياً، ناظماً أول أشعاره وعمره 9 سنوات، واستمر شاعرا مبدعاً عملاقاً غزير الإنتاج. يعد بحق مفخرة للأدب العربي، فهو صاحب الأمثال السائرة والحكم البليغة والمعاني المبتكرة.

المخاطب "أنت"، بل حافظ قدر الإمكان على الخطوط الحمر، وحدود اللباقة والاحترام، وبالتالي لا بأس من تكرار عبارة "حضرتك" مثلاً.

⊲ لا تكرر الحديث عن موضوع واحد:

لا تكن ذاك الشخص الذي ليست لديه مادة للحديث سوى قضية واحده، أو حدثاً بعينه يكرره دوماً حيثما حلّ، وعلى الآخرين سماعه مراراً، مهما كان مزاجهم، ومهما كان وقتهم متاحاً أو ضيقاً. كحال بعضهم ممن لا ينفكون عن إتحاف من حولهم بمواقفهم في معالجة مسائل حصلت لهم في الوظيفة أو العمل أو غير ذلك، ويتوقعون من الجميع الإطراء المتكرر، وامتداح حكمتهم الاستثنائية.

⊲ لا تكثر الحديث عن نفسك:

تكلم باقتضاب عن نفسك، إذا كان لا بد من ذلك، ولا تسهب. الآخرون ليسوا بصدد التعرف على جوانب حياتك، وكيف حققت نجاحاتك في العمل أو الثروة أو العلوم...إلخ.

من المهم أيضاً تجنّب الحديث عن إخفاقك أو مرضك وضعفك، ما لم يكن الأمر مطروحاً من قِبل أحدهم، فهذا الأمر يدخل أيضاً في نطاق القضايا الشخصية.

كما أن هناك بعض الأشخاص يركزون، ويريدون الآخرين أن يشاطروهم اهتمامهم بمسائل تتعلق بأولادهم وهواياتهم ورحلاتهم وصورهم، وغيرها من أمور خاصة. بل وينزعجون حتى من عدم امتداح الآخرين لأناقة ملابسهم/

ملابسهن، والوضعيات المميّزة لهم/ لهن في الصور، وغير ذلك من مسائل سطحية.

⊲ لا تُظهِر كرهاً:

ذكر مارتن لوثر كينغ [15] أن **"الكراهية "تعكّر صفو الحياة، أمّا الحب فيجعلها أكثر انسجاماً".** فصحبة الآخرين والحوار معهم يُفترض أن يُشيع جواً من المحبة والود وليس العكس.

يُروى عن أحد الحكماء قوله: **"من أنكى الأشياء لعدوك، هو ألّا تريه أنك تتخذه عدواً"،** فبغض النظر عن مدى كراهيتك لشخص ما، حاول جاهداً في حوارك معه ألّا تظهر له كرهك. ولا تحاول أن تزدريه دون أن تتوقع منه ردة فعل مشابهة توقعك في مطب غير مرغوب.

⊲ لا تعادي من جادلك:

لا تجعل من شخص اختلف معك بالرأي أو جادلك خصماً، وحاول تقبّل وجهة نظره بصدر رحب، فقد تكتشف لاحقاً أنه كان على حق. كما أن الحوار والصحبة هما لكسب الأصدقاء بالأصل وليس لكسب الخصوم. وتجنّب الاتهامات الشخصية، وخصوصيات من تجادل، أثناء نقاشك أو نقدك، وإلّا فإنه سيتحول خصماً لك.

⊲ لا تُقسِم:

لا تقسم بالأيمان والأنبياء والرسل، أو بحياة الآباء والأمهات والأولاد عندما تريد التأكيد على أمر معين، بل قل "صدقني". كما ولا تقسم بالشرف أيضاً، فلجوئك إلى عبارة

---

15. مارتن لوثر كينغ (1929-1968)، زعيمّ أمريكي من أصول أفريقية، من أهم الشخصيات التي ناضلت في سبيل الحرية وحقوق الإنسان والمطالبة بإنهاء التمييز العنصري ضد السّود. حاصل على جائزة نوبل للسلام. اغتيل في الرابع من نيسان/أبريل عام 1968.

"بشرفي" يجب ألّا يكون إلّا بالإشارة إلى أمر جلل وعظيم.

اعتد على أن تكون صادقاً مع نفسك والآخرين، دون الاستعانة بأي شفيع. من يقسم دوماً، ودون مبرر، يجبر الآخرين على الشك به عندما لا يقسم، فهو من وضع نفسه موضع الريبة الدائمة، فلا يلومن أحداً سوى نفسه.

◅ لا تستغب أحداً:

أية ملاحظة تدلي بها بحقّ شخص غائب توسمك أمام الآخرين بالمستغيب، وغالباً ما تصل ملاحظتك لذاك الشخص الذي لن تكسب منه إلّا قلة الاحترام أو الخصام... فالنقد يمكن أن يوضَّح بود أمام الشخص المعني، مع التأكيد على عنصر الحرص والصداقة، وعندها يكون نقداً بناءً وليس نقداً جارحاً.

◅ "هو" و "هي":

لا تقل، أثناء الحديث "هو" أو "هي" عن شخص ثالث موجود بين المشاركين، كأن تذكر أثناء كلامك، وبحضور الشخص المعني: "كنت أسير في الطريق، عندما مر هو بسيارته". الأصح أن تقول: "كنت أسير في الطريق عندما مر السيد أو الأخ أو الصديق فلان بسيارته".

◅ "هو" و "أنا":

تذكّر أهمية أن تذكر الآخرين قبل أن تذكر نفسك، كأن تقول: "فلان وأنا التقينا في...." "فلانه وأنا قمنا بزيارة...". هذا الترتيب لا ينتقص من مقامك، بل على العكس فهو يعطي الانطباع الأكيد عن تواضعك ومدى تهذيبك.

◅ لا تستهِن بجمال المرأة:

ليس سهلاً أن تنتقد أداء سيدة ما، وقد تجد من تغفر لك ذلك، لكن إيّاك أن تنتقد جمالها، مهما كانت درجته، فهذا الأمر لن تنساه لك أبداً، وستصبح خصمك، وستغتنم أية فرصة لترد لك الصاع صاعين.

◅ تعرّف على بعض التعابير:

حاول ما استطعت امتلاك ذخيرة وافية من التعابير الدارجة والمستحدثة، بشأن بعض المناسبات، كالفرح والعزاء والتهنئة... ومصادر هذه التعابير وفيرة تراثياً واجتماعياً...

◅ تجنب المفردات والتعابير الأجنبية:

لا تفترض، أثناء توليك الحديث، أن كل الآخرين يتقنون اللغة الأجنبية التي تستحضر من وقت إلى آخر بعض مفرداتها أو تعابيرها. هذا الأمر قد يظهرك كمتفاخر، ويزعج الآخرين لعدم قدرة بعضهم على متابعة ما ترمي إليه.

كما وتجنب التحدث إلى شخص آخر أو صديق بلغة أجنبية تتقنانها بين أشخاص آخرين لا يعرفون تلك اللغة، فهذا قد يُفسر بأن هناك شيئاً لا تثق بأن الآخرين يستحقون الاطلاع عليه، أو أن هناك سراً بينكما (إضافة إلى مسألة المفاخرة).

◅ تجنَّب الاستعارات الأجنبية:

على غرار ما تستخدمه الأمهات في بريطانيا، على سبيل المثال، من كلمات مثل "sweet"، لتدليل الأطفال، يستخدم البعض منا عبارات درج استعمالها على غير ما ترمي إليه فعلياً،

كقولنا فلان "لذيذ"، أو "ما ألذه"، أو فلان "تحفة". هـذه عبـارات يتداولها الشبان واليافعون، لكن استخدامها مـن قبـل الكبـار غيـر مسـتحب. ولا يجـب اسـتخدام عبـارات مثل "لذيذ"، إلّا للأشياء التـي تتعلـق بالطعـام والشـراب، و"تحفـة"، إلّا للأشياء التـي تتعلـق بالتحـف والأشياء الثمينـة والأثرية. خلاصة القول، هي استعارات ينبغي ألّا تُرسّخ، ومـا يصحُّ في لغة ما، لا يعنـي بالضرورة أنه صحيح في لغة اخرى.

ـ اقتباس مفيد:

قرأت مرة في "العقد الفريـد" قطعة أدبية جميلة طويلة أخـذت منها ما يلخّص الكثير من النقاط التي وردت أعلاه: "من حسـن الأدب ألّا

تغالـب أحداً عـلى كلامه... وإذا سـئل غيرك فلا تتصدَّ للجـواب... وإذا حـدّث أحدهـم بحديث فلا تنازعـه إيـاه، ولا تقتحـم عليـه حديثـه، ولا تُظهر أنك تعرفه... وإذا كلمت صاحبك وعلوت عليه بحجتك، فاجعل له مخرجاً حسـناً ولا تُظهر الظفر عليه... وتعلّم حسـن الاستماع كما تتعلّم حسن الكلام...".

■ فضيلتا الاعتذار والصمت

في سـياق حديثنا عـن إتيكيت الحـوار والمناقشة لا بد من التنويه إلى مسألتي الاعتذار والصمت المرتبطتين بهما في علاقة يمكن أن نصفها بالتكاملية لا بل بالأصيلة. ولهذا تم التوسع قلـيلاً في تفاصيلهما في الفصلين اللاحقين.

فضيلة الصمت

"مـن يجيد الكلام هو فقط القادر على الصمت"(16)

على الرغم مـن أن الصمـت يمكـن أن يُعرّف على أنه نوع من التوقّف الفيزيائي للأداء الصوتي ولفعل التكلم، إلّا أنه يتضمن دينامية خاصة تؤهله ليحظى بشرف تصنيفه كفضيلة. لكن يخطئ من يظن أن الصمـت هو انكفـاء وصفـة سـلبية دومـاً في سلوك الأشخاص. فالصمت هو لغة بحد ذاته، ووسيلة مؤثـرة في التعبيـر، بـل أكثـر مـن ذلك "الصمـت هو محادثة(17)". وإذا ما اقتبسـت من الفيلسوف فيثاغورث(18)، فسآخذ منه هذا القول: ""الصمـت هـو الحجر الأول في معبـد الحكمة"

من هنا نجد أنه ليسـت عبثاً مقولة: "إذا كان الكلام من فضة، فالسكوت من ذهب(19)"، فكم مـرة تمنينـا لـو أننـا، في هـذا الموقـف أو ذاك، صمتنا ولم نتكلم، حيث أوصلنا كلامنا إلى نتائج هـي عكـس ما كنا نبتغـي، وتصورنا واهمين أننا بكلامنـا واسـتطرادنا سـنحققها. لهذا من الشـائع لـدى غالبيـة النـاس أن يندموا على كلام تفوهوا به، وكان الأصوب لهم لو صمتوا.

ـ بعض الاعتبارات:

- من المهـم أن نلاحظ أن الصمت الذي نتناوله بالفعل، ليس صمت الجهلة أو السـذّج.

- بشـأن أولئك الذيـن لا تتوفر لديهـم شروط الحـوار والهـدف منـه، وليسـوا علـى درايـة بجميع جوانب الموضوع الذي تتم مناقشته، فإن "الصمت" شرط أساسي، بل وضرورة. قال المعري: "وقد تنطق الأشياء وهي صوامت...... وما كل نطق المخبرين كلام(20)".

- إذا كان للكلام إمكانيـة إيقاع صاحبه ببعض

16. جان بول سارتر (1905 - 1980) كاتب مسرحي وروائي وناقد أدبي وناشط سياسي فرنسي. ممثل "الوجودية" وشخصية بارزة في فلسفة القرن العشرين. حصل على جائزة نوبل في الأدب عام 1964 لكنه رفض استلامها.

17. رامانا ماهارشي (1879-1950)، حكيم هندي هندوسي.

18. فيثاغورث (570-495ق.م)، هو فيلسوف وعالم رياضيات يوناني، مؤسس الحركة الفيثاغورية، يُعرف بمعادلته الشهيرة (نظرية فيثاغورث). كانت تعاليمه السياسية والدينية معروفة جيداً وأثّرت في أفلاطون وأرسطو وغيرهما.

19. مثل عربي.

20. أبو العلاء المعري (973-1057م، 363-449هـ)، شاعر ومفكر وعالم لغوي ونحوي وأديب وفيلسوف. يعتبر واحدً من أهم أعلام الحضارة الإسلامية. ولد ومات في معرة النعمان (جنوب حلب، سورية).

المشاكل، فالصمت لا يخون، وفيه تكمن الكثير من عناصر السلامة.

- الصمت أسلوب يستخدمه الأكفاء الذين يلجؤون إليه خاصة عند الشك في بعض التفاصيل.

- يمكن اعتبار أن الصمت يتطلب كفاءة أعلى من القدرة على الكلام، ونسبة من وُهب ميزة الصمت، هي قليلة فعلاً، مقارنةً بأولئك الذين لا يستطيعون إغلاق أفواههم.

- لا بد من التمييز بين صمت الحكماء وما له من مزايا، أهمها أنه صمت إيجابي وتفاعلي وما بين صمت السذّج وهو صمت فج وسلبي.

- من قلة التهذيب أن يصمت شخص وهو ساهٍ وغير ملتفت للمتحدثين. فهذا سلوك يدل على عدم الاكتراث لما يقولونه، أو اعتبار ما يتحدثون به أمراً تافهاً.

- كما ومن غير اللائق أن يبقى المرء صامتاً، وهو محدّق بالمتحدث، دون رسم أي تعابير على الوجه، ولو حتى برفع الحاجبين.

■ **الصمت كفن إتيكيت يمكّنك من:**

• فرصة الاستماع التي يفتقدها البعض.

• التفكير بعمق فيما يجري حولك.

• أخذ الوقت الكافي لتحليل ما تسمعه.

• التركيز بعقلانية على إجاباتك وردود فعلك.

• اختيار الوقت المناسب للتحدث. "كن صامتاً، إذا اخترت؛ ولكن عند الضرورة تحدث - وتحدث بطريقة تجعل الناس يتذكرونك"[21]

• الاستفادة من هفوات البعض، فـ "الحكيم يتعلم من أخطاء الآخرين"[22]

• إحداث نوع من السيطرة على من يقابلك، من خلال نظرات محمّلة بمعان غير منطوقة.

• إرباك الآخر، وجعله حائراً في تفسير مقصدك وإدراك ما ترمي اليه.

• إجبار الآخر، من خلال الصمت وبعض الإيماءات، على البوح بما في داخله.

• استثارة الغيظ لدى الآخر، الذي سيعتبر صمتك هجوماً مستتراً، فيزيد ضعفه واستطراده، كاشفاً عن خباياه، فتكون أنت الأقوى من دون كلام أو تعب.

• تجنب الانخراط في نقاشات حادة قد تؤدي إلى سوء فهم أو خلاف؛ قال بوبليليوس سيروس (Publilius Syrus[23])، "غالباً ما أسفت لأنني تكلمت، لكن لم يحدث ذلك أبداً لأني صمت".

• تجريد الآخر من القدرة على متابعة الكلام، سيما إذا كان الكلام هو سلاحه الأوحد.

• تحاشي الإجابة على أسئلة محرجة (قد لا يكون من حقك الرد عليها)، فبالصمت تعطي جواباً يحتمل تفاسيرَ شتى، ويجنّبك أي تبعات.

◦ **خلاصة القول:**

الصمت فن، والكلام فن، والأهم من هذا وذاك فهو اختيار التوقيت المناسب.

- على المرء أن يكون انتقائياً، فلا الصمت رائع دائماً ولا الكلام سيئ دائماً.

- الصمت في غير وقته خذلان، والكلام في غير وقته مضيعة للوقت.

- هناك من نرتقي عنهم بالصمت، وهناك من نرتقي معهم بالكلام والحوار.

---

21. وولفغانغ أماديوس موزارت (1756 - 1791)، مؤلف موسيقي نمساوي، أثّر كثيراً في الفترة الكلاسيكية وكان من بين أعظم الملحنين في التاريخ الغربي. على الرغم من حياته القصيرة فقد ألّفَ أكثر من 800 عمل.

22. مثل برازيلي.

23. سيروس (43-85 ق.م) (Publilius Syrus)، كاتب لاتيني من أصل سوري، اشتهر بأقواله التي أصبح بعضها امثالاً معروفة.

فضيلتا الاعتذار والصفح/ الغفران

"دعونا نسامح بعضنا البعض - عندها فقط سنعيش في سلام"(24)

في حياتنا اليومية، تصدر منا جميعاً في بعض الأحيان، تصرفات وتعليقات قد تكون مزعجة أو قاسية أو جارحة للآخرين. وهذا قد يحصل في كل الأماكن، في المنزل والشارع وأماكن العمل وغير ذلك.

أكان الخطأ بقصد أو بدون قصد، المهم هو كيف نخفف من الضرر، ونرمم ما تم من إزعاج أو مسّ بمشاعر الآخرين.

وإذا كنا جميعاً، كجنس بشري، خطائين، فإن الاعتذار، وقبول الاعتذار أي الصفح والمسامحة هما سلوكان حضاريان وإنسانيان، وفضيلتان. فهل نمتلك شجاعة وفضيلة الاعتذار؟ والأهم، هل نمتلك شجاعة وفضيلة الصفح والمسامحة وقبول الاعتذار.

في الواقع هناك درجة أعلى من الصفح والمسامحة هي الغفران. وإذا كان الصفح والمسامحة عبارة عن قرار من التفكير العميق وحسابات الإنسان في الربح والخسارة وبالتالي فهو قرار نابع من العقل، فإن الغفران نابع من الروح وهو شيء عميق لا يصل اليه إلّا الانسان الذي تكون لروحه سلطة على قراره. ولا بد هنا من الإقرار بأن سلطة الروح ليست كسلطة العقل، فالعقل يسامح والروح هي التي تغفر. من هنا نجد أن من بين أسماء الله الحسنى "الغفار/ والغفور الرحيم "وليس "المسامح". بعض المتعمقين يقولون إن الغفران ولادة جديدة للقلب وغسيل للروح والضمير واجتثاث لجرح واقتلاع لقطعة من الزمن وكأنها لم تكن، وبالتالي فإن الغفران هو من أقسى القرارات التي يمكن للإنسان أن يتخذها.

على كلٍ، كي لا نغوص في أعماق النفس البشرية ونطلب من أي شخص من اتخاذ أقسى

24. ليو تولستوي (1828–1910)، كاتب روسي يُعتبر أحد أعظم المؤلفين على مر العصور. من أهم أعماله الروائية "الحرب والسلام" و"آنا كارنينا".

القرارات (أي الغفران)، يكفي أن يُظهر الصفح أو المسامحة لدى التعامل مع الآخرين وأخطائهم بحقه وخصوصاً إن أبدوا الاعتذار، وهذا مهم وأساس في الإتيكيت وآداب السلوك.

ـ بعض الاعتبارات:

الاعتذار الصادق والصفح يعتبران من أهم فنون المهارات.

- الاعتذار والصفح يعتبران علاجاً ناجعاً للجفاء والحساسية في التعامل ولأي سوء الفهم.
- يعتبر الاعتذار سلوكاً ينم عن الرقي والتهذيب.
- يعتبر الاعتذار مادة مرممة يمكنها تقريباً إصلاح كل العلاقات المتصدعة بين الناس.
- لا يهدف الاعتذار لتغيير ما حدث وانتهى، بقدر ما يكون أفضل طريقة لتخفيف ضرر ما حصل أو تقليل أثره.
- لا يعني الاعتذار دائماً أنك مخطئ وأن الشخص الآخر على حق.
- في الواقع لا يتقن الاعتذار أو الصفح إلّا من يمتلك ثقة بالنفس وشعوراً عالياً بالمسؤولية تجاه الآخرين، وتقديراً كافياً لمشاعرهم.
- إن من يتمكن من الاعتذار أو الصفح يقدّر العلاقة مع الآخرين.
- في حين يعتقد البعض خطأ أن الاعتذار والصفح هما سلاح الضعفاء، فإنهما في الواقع من ضروب الشجاعة بكل تأكيد، ويتطلبان قدراً من الحكمة والذوق.
- في الواقع لا يتقن الاعتذار أو الصفح إلّا من يمتلك ثقة بالنفس وشعوراً عالياً بالمسؤولية تجاه الآخرين، واهتماماً كافياً بمشاعرهم.
- يجب ألّا ننسى أن الاعتذار والصفح يتطلبان فهماً عالياً وتربية جيدة وصبراً.
- فضيلتا الاعتذار والصفح مطلوبتان من كلا الجنسين، فالخطأ قد يتم من قبل الرجال والنساء على حدٍ سواء.
- فضيلتا الاعتذار والمغفرة مطلوبتان من جميع الناس بغض النظر عن العمر والمكانة والمرتبة.
- إذا كان الاعتذار مطلوباً من الصغير تجاه الكبير، ومن المرؤوس تجاه رئيسه، فهو مطلوب بالمقابل من الكبير تجاه الصغير، ومن الرئيس تجاه مرؤوسيه، ومن الخطأ الفادح أن يخامر الكبار أو أي مسؤول إحساس بأن الاعتذار يقلل من مقامهم ويضعف هيبتهم، فالعكس هو الصحيح.
- فضيلتا الاعتذار والصفح لا تعنيان أن هناك وهناً في الشخصية أو امتهاناً للكرامة، بل العكس تماماً.
- في حين أن الاعتذار هو عمل شجاع، فإن المغفرة ليست أقل من ذلك وتعبر عن القوة ونبل المحتد.
- يقال "إن أول من يعتذر هو الأشجع. وإن أول من يغفر هو الأقوى"[25].
- قال المهاتما غاندي[26]: "الضعفاء فقط لا يستطيعون المسامحة، المسامحة سلوك الأقوياء".

---

25. القائل غير معروف.

26. هانداس كرمشاند غاندي (1869 - 1948) هو السياسي البارز والزعيم الروحي للهند. كان رائداً في مقاومة الاستبداد من خلال العصيان المدني الشامل، أو اللاعنف، وهو ما أدى إلى استقلال الهند وإلهام الكثير من حركات الحقوق المدنية والحرية في جميع أنحاء العالم. غاندي معروف عالمياً بالمهاتما أي "الروح العظيمة"، وهو تشريف أسبغ عليه من قبل شاعر الهند طاغور. يعتبر يوم ميلاده في 2 أكتوبر عطلة وطنية في الهند،

- في حين أن الضغينة لا تجعل المرء قوياً، فإن التسامح لا يجعله ضعيفاً.
- في الواقع، حمل ضغينة يجعل المرء يشعر بالمرارة، بينما التسامح يجعله حراً.
- الإتيكيت الصحيح للاعتذار:
- أثناء الاعتذار لشخص ما، يجب أن نكون صادقين ونعني ذلك.
- عندما نكون مخطئين، فإن أول شيء نفعله هو الاعتراف بالأمر.
- في الواقع، إنكار الخطأ هو خطأ أكبر.
- من الجميل أن نحاسب أنفسنا على التصرفات المسيئة ونشعر بالندم... الكلمة الطيبة فعل نبيل لا يكلفنا الكثير لإعادة روابط التواصل مع الآخرين.
- من الضروري أن نتحمل المسؤولية عن الخطأ وأن نعرب عن أسفنا عن الضرر الذي حدث.
- من الأفضل معالجة الموقف فوراً والاعتذار سريعاً.
- كلمات بسيطة مثل "آسف"،"عفواً"،"سامحني، حقك علي، لم أقصد أن أزعجك" والعديد من الكلمات والعبارات المماثلة الأخرى غالباً ما تزيل سوء الفهم وتشفي بعض الجروح، وتعيد الأمور إلى نصابها وتردم الفجوة وتزيل الجفاء.
- الكلمات المناسبة لتقديم الاعتذار مهمة، فإذا قدمنا اعتذاراً مقروناً بتبرير على سبيل المثال، فإن هذا لن يجدي نفعاً.
- من الأفضل أن يتم الاعتذار شخصياً وأن يقال "أنا آسف" وجهاً لوجه. هذا يساعد الشخص الآخر على الاحساس بلغة الإيحاء وبنبرة الصوت.
- إذا كان من الضروري منح الشخص الآخر فترة تهدئة قصيرة، فلا بأس، لكن ينبغي ألّا يمر الكثير من الوقت خشية أن يظن أنه لا يحظى بالاهتمام.
- الأسوأ من ذلك هو تجاهل ما حدث وعدم ذكره مرة أخرى. إنها الطريقة الأكثر ضرراً للتعامل مع الموقف.
- من الضروري السماح للشخص الآخر بالتعبير عن مشاعره دون تكريس المحادثة لشرح ما حدث. فالهدف هنا هو الاعتذار والتسامح وليس التفسير.
- ومع ذلك، ينبغي ألّا يتفاجأ المرء إذا لم يتم تلقي اعتذاره بالقبول كما هو متوقع.
- قد تكون هناك حاجة إلى وقت أطول لتجاوز الإشكال. إن عبارة "أنا آسف" (وعبارات أخرى مماثلة) ليست دائماً قادرة على محو الإساءة من ذاكرة الشخص الآخر وجعله يقبل الاعتذار فوراً.
- يجب الإقرار بأن الأذى المتأتي من الأقارب والأصدقاء يكون أشد من الأذى المتأتي من أشخاص لا تربطنا بهم علاقة وثيقة، أو حتى من أشخاص بيننا وبينهم عداوة سابقة. قال الشاعر:"وظلم ذوي القربى أشد مضاضةً..... على المرء من وقع الحسام المهند(27)". وبالتالي، فإن رأب الصدع وصولاً الى الصفح والغفران سيكون أصعب وقد يستغرق وقتاً. قال ويليام بليك" (28)من السهل أن تغفر لعدو أكثر من أن تغفر لصديق".

وهو اليوم الدولي للاعنف.

27. طرفة بن العبد (543-569 م) من شعراء المعلقات.

28. وليام بليك (1757-1827م) شاعر رومانسي إنكليزي.

إتيكيت المراسلات

"لا تكتب أبداً رسالةً وأنت غاضب"(29)

تعتبر المراسلة أحد الميادين الهامة للإتيكيت التي يجب مراعاتها، والتقيد بها من خلال أسلوب الكتابة وطريقتها وتعابير المجاملة ومظهر الرسالة والمغلف...إلخ.

مع ملاحظة أن معظم مراسلاتنا تتم هذه الأوقات من خلال الشبكة الدولية باستخدام الإيميل ورسائل الهاتف النصية (سنتطرق إلى ذلك في الجزء الثاني من هذا الفصل) فقد تخلينا، لسوء الحظ، عن سبل المراسلة التقليدية الأنيقة باستخدام اللغة الفصحى واتجهنا إلى الوسائط الحديثة مع الكتابة المختصرة، بل واستخدام اللغة العامية أحياناً.

على أية حال، لا ينبغي لهذا أن يحول دون أن نتواصل أحياناً مع بعض الأشخاص باستخدام الرسائل التقليدية المكتوبة باليد ولا سيما مع بعض الأقارب كبار السن وبعض الأصدقاء، دون أن ننسى أن الكثير من الناس لا يزالون يحنّون إلى كل ما هو كلاسيكي.

- في هذا السياق يجب الأخذ بالاعتبار أن:
- تعتبر الرسالة بمثابة مرآة تعكس شخصية من كتبها، وبالتالي يجب أن تكون أنيقة، وأن تكتب بحس مرهف، وتنسيق، بحيث تخلق لدى متلقيها إحساساً محبباً. **فالرسالة السيئة هي التي:**
- تُكتب بلامبالاة.
- تُكتب على ورق لا يتناسب مع المغلف.
- تُكتب بأخطاء إملائية وقواعدية.
- تُكتب بتنسيق سيئ، وبلا هوامش منتظمة.
- إضافة إلى المراسلات ذات الطابع الرسمي، أذكّر القراء بالأشكال المناسبة للمراسلات التي من المفترض أن نعرفها، بما في ذلك الرسالة الاجتماعية ورسالة الشكر ورسالة العمل.

29. مثل صيني.

- الرسائل الاجتماعية:

- مع أن استخدام الآلة الكاتبة أصبح نادراً وأن غالبية الرسائل تكتب الآن بواسطة الحاسوب، فإن بعض الرسائل الاجتماعية يمكن أن تكتب باليد، ولا بأس في ذلك.

- في حال تمت الكتابة بخط اليد (مع أن هذا أصبح نادراً) يجب عدم استخدام قلم الرصاص في ذلك.

- تكتب الرسائل، عادة، بالأقلام الزرقاء أو السوداء.

- يجب الكتابة بخط أنيق واضح كل الوضوح.

- يجب عدم الإفراط في توضيح الخط، وإلّا كانت النتيجة عكسية، وظهر الخط مرتبكاً.

- يجب الكتابة على ورق أنيق ومن دون أي شطب.

- في حال الخطأ يجب إعادة الكتابة على ورقة أخرى.

- في حال كُتبت الرسالة طباعةً على الحاسوب (كما هو الحال غالباً)، لا بأس من التوقيع وكتابة عبارة مجاملة بخط اليد، فهذا سيعطي الرسالة مسحة شخصية وربما عاطفية، مما سيترك أثراً محبباً عند المتلقي، من قبيل "سيسعدني أن نلتقي مجدداً" وغيرها.

- من الطبيعي أن يكون متلقي الرسالة مهتماً بأخبار الأسرة والأصدقاء المشتركين، فلا بأس من ذكر بعض الأشياء عن هؤلاء.

- لا بأس من قيام المرسل بذكر بعض الأمور الخاصة في حياته إن وجد أن ذلك قد يهم المتلقي.

- من المفيد التذكير ببعض الأمور الممتعة أو الطريفة المشتركة التي حصلت في الماضي وقد تبهج المتلقي.

- إرسال صورة أو أكثر قد يسعد المتلقي.

- رسائل الأعمال:

- تجدر الإشارة إلى أن رسائل الأعمال هي الأكثر شيوعاً هذه الأيام بما في ذلك تلك التي تتعلق بطلب سلعة ما أو التقدم إلى وظيفة، أو إرسال توصية، أو إرسال شكوى...إلخ.

- غالباً ما تأخذ رسائل الأعمال طابعاً رسمياً، فلا بد من وجود مقدمة مختصرة لا تتجاوز السطر تبين الهدف وسبب الرسالة ومن ثم نص الرسالة التفصيلي.

- يجب الاهتمام بتسلسل الأفكار ودقة التعابير، فقد يكون هناك جانب قانوني والتزامات معينة.

- إلى حدٍ ما هناك نماذج عامة وشائعة لهذا النوع من الرسائل مع بعض الفوارق بالطبع.

- وفقاً لموضوع الرسالة، لا بأس من إضافة بعض عبارات المجاملة قبل ختام الرسالة مثل: "نشكر لكم تعاونكم" "لا تترددوا في الاتصال بنا لأي استفسار" ...إلخ.

- رسائل الشكر:

- هي رسائل تستخدم للرد وشكر الآخرين لقاء تلبية طلب، إرسال هدية، باقة ورد، دعوة إلى مأدبة أو إلى حفلة، أو لقاء خدمة ما...إلخ.

- هي رسائل قصيرة ومختصرة وقد تأخذ طابعاً شخصياً.

- كما في الرسائل الاجتماعية، لا بأس أحياناً من التوقيع وكتابة عبارة مجاملة ختامية بخط اليد.

ــ الرسائل الرسمية:

- لتكون الرسائل رسمية في طابعها، يجب أخذ بعض الأمور بالحسبان ولا سيما الناحية الصياغة، والشكل، ونوعية الـورق ولونه، والمغلـف.

- لون الورق المستعمل في المراسلات الرسمية هو الأبيض عموماً، وربما البيج/ أو الصحراوي الفاتح في بعض الحالات.

- بعض الجهـات العليـا قـد تسـتخدم الـورق الفاخر بلون البيج.

- تختلف صياغة الرسالة الرسمية تبعاً للجهة أو الشخص الموجهة إليه.

- عند مخاطبـة شخص أعلـى مرتبـة (أكانـت وظيفية، سياسـية، اجتماعية، دينية، وغيرها)، لا بد من استخدام بعض عبارات التفخيم عند استهلال الرسالة (وهي كثيرة: حضرة، سيادة، سـعادة، فخامة، سـمو...إلخ)، كما في ختامها (مـع فائـق التحية، مـع كل التقديـر، مع وافر الاحترام...إلخ).

- تعتبـر الرسـائل الإدارية رسـائل رسـمية إلى حد كبير.

- تُعدُّ الرسـالة الرسـمية بشـكل عـام مُسـتنداً قانونيـاً يترتَّب عليه مسـؤوليات تجـاه الجهة المخاطَبـة والمرسِلة على حدٍ سـواء، أو حتّى الموظف المرسِل نفسـه؛ لذلك يجب توخّي الدقة والاهتمام بكل تفصيل.

- يجب اسـتخدام الصيغ الهادئـة ذات الطابع المهنيّ بعيداً عن العاطفة والانفعال.

- يجـب كتابة النص بشـكل مباشـر من دون أي غمـوض وبأقل الكلمات وأوضحها، ناهيك عن الابتعـاد عن تكرار الكلمات أو الجمل.

- ينبغي تجنب الأخطـاء الإملائية واللغويـة، والابتعاد عن اسـتخدام المحسّـنات البديعية وأسلوب المجاز.

- يجـب المحافظة على تسـلسل الأفكار وارتباطها ببعضها البعض.

- يجب الالتـزام بالموضوعيـة والابتعاد عما قد يبدو موقفـاً شخصياً.

- يجـب تجنُّب اسـتخدام أيّ كلمات لها دلالة أو إيحاء غير مرغوب به.

- يجـب التأكـد مـن صحـة الأرقـام، والأسـماء، والأماكـن، والأشـخاص، الـواردة فـي محتـوى الرسـالة؛ وذلـك لأنّ الخطأ في تلك المعلومات سيكون له أثر سلبي وربما تبعات غير حميدة.

- غالبـاً، وللدلالة على احترام الطرف المخاطَب، يجب اسـتخدام صيغة الجمـع المخاطب في الكتابة لا المفرد، بمعنى كتابـة "أنتم" (بدلاً مـن أنت)، "إشـارة إلى كتابكم"، "حضرتكم"، "سعادتكم"، "موضوعكم"، وهكذا.

- يجـب مراعـاة تنسـيق الرسـالة وحجـم الخطـ، والتباعـد بين الفقـرات، والهوامش، وترقيم الصفحات.

• عناصر المراسلة

تتألف الرسالة من عدة عناصر:

المرسِل (شـخص أو جهـة مـا)، التاريخ، اسـم وعنوان متلقي الرسـالة، التحية، مختصر موضوع الرسـالة، مضمون الرسالة (فقرات كامل النص)، عبارات الختـام (المجاملـة)، اسـم المرسِل وتوقيعه، إضافة إلى مغلف الرسالة.

تسلسل كتابة عناصر الرسالة:

- اسم المرسِل (شخص أو جهة ما).

- اسـم الشـخص الموجهـة إليـه الرسـالة ولقبه (إن وجد).

- بعد ذلك، وعلى سطر لاحق تكتب إحدى عبارات التحية.

- تبدأ الرسالة بمختصر الموضوع.

- ثم يدرج النص الكامل للرسالة.
- يتلو النص عبارات الختام (المجاملة).
- ثم يـدرج التاريخ تحـت النص وعلى الجهة اليمنى أيضاً، بعد تخطّي مسـافة سـطر أو اثنين.
- وتنتهـي الرسـالة باسـم ولقب المرسـل وتوقيعه في الجهة اليسـرى للنـص، بعد تخطي مسـافة سطر أو اثنين عن التاريخ.
الشكل التالي يوضح ذلك:

الجهة المرسلة

اسم ولقب المرسل إليه

التحية

فقرات النص

عبارات الختام

التاريخ

اسم المرسل وتوقيعه

ـ الاسم والعنوان:

- تروّس الرسـالة الرسميةً باسم الجهة المرسِلة (غالباً على شـكل "كليشه" مطبوعة سلفاً) في الزاوية العلوية اليمنى للمراسـلة (قد لا تشـتمل الترويسة هذه على عنوان).

- أحياناً يُكتفى بالترويسة المطبوعة التي تشتمل على اسم الجهة المرسلة من دون ذكر اسم الشخص المرسِل، على اعتبار أن اسم الشخص المرسل يأتي في نهاية الرسالة قبل التوقيع.
- أمّا عنوان متلقي الرسالة فيُكتب في هذه الحالة على المغلف.

لا بد من التنويه إلى أن بعض المؤسسات وجهات الأعمال، على الطريقة الغربية، أصبحت تروّس الرسالة بعنوان المرسِل ثم التاريخ. بعد ذلك يأتي اسم وعنوان متلقي الرسالة. أمّا اسم المرسِل وتوقيعه فيبقى في نهاية الرسالة. كما في الشكل التالي:

الجهة المرسلة

التاريخ

اسم ولقب المرسل إليه

العنوان

التحية

النص

عبارات الختام

اسم المرسل وتوقيعه

ـ التاريخ:

كما أسلفنا، إما أن يدرج التاريخ في نهاية الرسالة بعد عبارات الختام، وقبل التوقيع، أو أن يدرج في المنتصف ما بين الجهة المرسِلة وعنوانها واسم وعنوان الجهة المرسَل اليها.

سابقاً، كان اليـوم والشهر يدوّنـان كتابـة، والسنة تـدوّن عـدداً، مثـال: "الأول من نيسـان، 1961." أمّا الآن، فالأعم هو تدوين اليوم والسنة عدداً، على أن يبقى الشهر [30] مدوناً كتابة، مثال: "7، أيار، 1986". والأنسب هو استخدام الفواصل وليس الخط المائل.

- ملاحظة:

1_ تسـهيلاً للتوثيق والأرشفة، أصبح من المهم تدويـن رقم الرسـالة قبل أو بعـد التاريخ، أكان قبل نص الرسالة أو بعده.

2_ كمـا أصبح شـائعاً إدراج العنـوان وأرقـام الاتصال بالهاتف والبريد الإلكتروني على شكل حاشية في أسفل الورقة.

ـ التحية:

بغـض النظـر عـن الكثير مـن الصيـغ النمطيـة المتداولـة في أي مـن الثقافـات واللغات حول العالـم، مـن المهم الأخذ بالاعتبار أن عبارات التحيـة تشـكل الانطبـاع الأول عـن الرسـالة ومرسـلها، تمامـاً مثلما أن خاتمة الرسالة هو ما يُرسّـخ مضمونها أو يبعثره.

مـع أخـذ الجهـة المرسَـل إليهـا في الاعتبار، يمكن أن تُسـتهل الرسالة بعبارات متعددة، مثل: "السـلام عليكم ورحمة الله وبركاتـه" ،"عزيزي،" "الأخ العزيـز" ،" صديقـي المحترم" ،"السيدة المحترمة"، إلخ.

إذا كنـت تعرف الشـخص جيـداً، يمكنـك استخدام الاسم الأول فقط: "عزيزي نزيه".

عندمـا لا يكون لديك اسـم محـدد لتخاطبـه، يمكنك اسـتخدام: "سـيدي العزيز" أو "سيدتي العزيزة".

في المراسلات غير الرسمية، يمكنك استخدام: "مرحبـاً" أو "أسعد الله أوقاتك".

في مراسلات المجموعات، يمكنك استخدام: "مرحبـاً بالجميع" أو ذكر مجمـوع الأسـماء كمثال "الأعزاء نوف، روز، سلافة، بيرم".

في المراسـلات التجاريـة أو الأعمـال، يمكن استخدام: "لمن يهمه الأمر".

مهمـا كانت الصداقـة التي تربط الشـخص بإحداهـنَّ، لا يستحسـن أن يبـدأ رسـالته بقوله "عزيزتي" أو "سـيدتي العزيـزة" وما شـابه، فهـذه العبـارات يفترض أن يتبعهـا اسـم السيدة: "عزيزتي الآنسـة مجدولين" أو "سيدتي العزيزة مها".

يجب عدم إغفـال ألقاب الأشـخاص، أصحاب المناصب الرسـمية، أكانوا مدنيين أو عسكريين.

- **النص الكامل للرسالة** [31]:

1_ **موجـز الرسـالة**: هـو الفقرة التمهيديـة الأولى التي تشـتمل على فكـرة موجزة حول الغاية من الرسالة.

2_ **النص الكامل للرسالة** (الموضوع) الذي قـد يشـتمل على فقـرة أو أكثر. لا توجد قاعدة

---

30. تكتب أسماء الأشهر باللغة الانكليزية كاملة بخصوص أيار May حزيران June، تموز July، أما بقية أسماء الأشهر فيمكن اختصارها على النحو التالي: Jan، Feb، Mar، Apr، Aug، Sep، Oct، Nov، Dec.

31. لدى غالبية الناس، أصعب ما في الرسالة هو مقدمتها وخاتمتها. فحالما يُنجز مُستهَل أو مقدمة الرسالة، يهون موضوعها الذي يُفترض أنه واضحٌ في ذهن كاتبها. ثم تَحلّ الصعوبة الثانية المتمثلة باختتام الرسالة، تماماً كما الفنان الذي يتردد كثيراً في وضع اللون المناسب في المكان المناسب من اللوحة عند بدء رسمها، ثم تنطلق ريشته بانسياب لتجسد ما في ذهنه واحاسيسه، وصولاً الى ما ينهي به لوحته، حيث يعاوده التردد متسائلاً عن الكيفية التي يختتم بها عمله.

عامـة لكتابة موضوع الرسالة، أكانت الرسـائل شخصية، أو اجتماعيـة، أو رسـمية، أو تلـك المتعلقـة بالأعمـال، ورسـائل التهنئـة، والتعزية والتوصية والشـكر والحب وغيـر ذلك. لذا يبقى أن المهـم فـي الأمـر هـو الوضوح والمباشـرة، والابتعاد عن الابتذال.

3_ **خاتمـة الرسالة** (عبـارات الختـام): تختـم الرسـالة بتعابيـر المجاملـة والكياسـة، وهـي متعـددة، ويتم اختيارهـا وفقـاً للجهـة المتلقيـة، أو وفقـاً للعلاقـة مـع الشـخص المخاطَب ومرتبته.

علـى المرسِـل أن يتقـن انتقاء ما يناسـب كي يبتعد عن الخفة من جهة، وعن تخطي الحواجز من جهة ثانية.

أكثر عبارات الختام شيوعاً هذه الأيام (بعضها رسـمي كمـا أسـلفنا): "مـع فائـق التحية" ،"مع فائـق التقديـر" ،"مع فائق التقديـر والاحترام،" "وتقبلوا أسـمى آيات التقديـر والاعتبار،" "وتفضلوا بقبـول فائـق التحيـات" ،"وتفضلوا بقبول أصدق التمنيات" ،"مع أطيب الأمنيات،" "مع كل المودة" إلخ.

ـ التوقيع:

لإتمام هذا الإجراء بالشكل المطلوب:

- يجب تدوين الاسـم الكامل مـن دون اختصار مـع المنصب (إن وُجد)، ثم التوقيع تحته.
- فـي الرسـائل الشـخصية، ليس من الضروري ذكـر اللقب أو المنصـب أو المهنة، وذلـك إظهـاراً للتواضـع والكياسة، سيما وأن المخاطَب يعـرف شخصية ومكانة المرسِل.
- فـي الرسـائل العامـة والرسـمية يُذكر الاسـم واللقب حكمـاً، واللقب يسـبق الاسم عادة.

<hr>

ـ المغلف:

- يمكن مجازياً اعتبار المغلف بمثابة الملابس التـي تعطي الانطباع الأول عن الشـخص الذي يرتديها. لـذا يجب الاهتمـام بهذا الجانـب.
- يجب تدوين الكلمات على المغلف من دون اختصار، مـع ذكر اللقب العلمـي أو المهني للمرسل إليه، وأن يُتبع ذلك بعبارة "المحترم" إذا كانـت الرسـالة موجهة إلى شخص وليس إلى جهة اعتبارية.
- يجب كتابة اسـم وعنوان المرسل والمتلقي بوضوح تام.
- توخيـاً للسـهولة والسـرعة والوضـوح، تحرص الإدارات والجهـات الرسـمية والخاصـة علـى طباعة أسـمائها وعناوينها على مغلفاتها سلفاً.
- لا تُكتـب عبـارة "خـاص" أو "يُفتح باليد" على رسـائل موجهة إلى أشخاص في منازلهم، ففي ذلك إهانة للأسـرة أو لمن يقطن المنزل، أو دليـل على عـدم الثقة بأمانتهـم، وأن هناك شـكاً بأن الرسالة معرضة للفتح قبل أن تصل إلى صاحبها.
- يمكـن كتابة عبـارة «خـاص» أو «سـري» أو «يفتح من قبل المرسل إليه فقط» على بعض المراسـلات الرسـمية أو العامة عنـد الاقتضاء، وعندها لا يحق لمدير المكتب أو السـكرتيرة فتحهـا، إلا إذا طلـب الشـخص الموجّهـة إليه الرسالة ذلك وبحضوره.
- يُلصـق الطابع البريدي أو ختـم إدارة البريد عادة فـي أعلى المغلف إلى اليمين.
- إذا فتح شـخص بطريـق الخطأ مغلفاً موجهاً إلى زميل له، عليـه أن يبادر إلى تحويله إليه فوراً، ضمن مغلف آخـر يكتب عليه: "فتحت هذه الرسالة خطأً، مع اعتذاري الشـديد" ثم يوقع باسمه.

لـم تتـرك لنـا وسـائل الاتصـال والتواصل الإلكترونيـة الحديثة من مجال إلّا مواكبتها، أكان على المستوى الأفراد أو على مستوى المؤسسات والشـركات وعالم المال والأعمال وغير ذلك، وما عـاد مـن أحدٍ يشـك فـي أن مراسـلات الـ email هـي الأسـرع والأرخص تكلفة. كما أنها لا تتطلب أوراقاً. ويمكن إرسـال أي email دون أي اكتراث لفارق الوقت مـا بيـن منطقة وأخرى، كما هو الأمر في المكالمات الهاتفية مثلاً.

على أي حـال، أورد فيمـا يلـي جملـة مـن التفاصيـل التي لا تتعلق بكيفية إنشاء email أو كيفية استخدامه من الناحية التقنية، كإرفاق ملف أو صورة وغير ذلك، بل بماهية وشكل وأسلوب المراسـلة نفسـها بما ينسجم مع قواعد إتيكيت الـ email من جهة، وبما يعكس تمكّن ومهنية المتعامليـن بـه وشخصياتهم مـن جهة ثانيـة.

• **ما الذي يجعل من الـ *email* شيئاً مختلفاً؟**

تتميز الاتصالات الإلكترونية بالسرعة والمرونة الفائقتين مقارنةً بالمراسلات الورقية، وهي توفر إمكانات استخدام واسعة بما فيها إجراء ما يشبه الحـوار "conversation/Dialogue" أو "الأخـذ والرد". فعنـد إرسـال المراسـلة الورقيـة تصبـح نهائية تقريباً بكل تفاصيلها. أما في مراسـلات الـ email فإنها تُرسل ويتم استلامها مباشرة ويمكن أن يسـتوضح المتلقـي عـن أمور إضافية أو الرد مباشـرة بما يشبه الحوار، كما قلنا.

مـع أن الاتصال الهاتفـي ينقل الـكلام ونبـرة الصـوت والمـزاج وغيـر ذلك، ويتيح التلاعب بالألفـاظ، واللجـوء إلـى التهكـم والتوريـة وغير

ذلك مـن الأمـور غيـر الممكنة فـي الـ email، فإنـه يبقـى كلامـاً، وليس مسـتنداً يمكن العودة إليه والبناء عليه ومتابعته، بشـكل رسمي أو شبه رسـمي كما في الـ email.

على كلٍ، تترسـخ أهمية إتيكيت الـ email من خلال مراعاة معطيات رئيسية:

1. المهنيـة/ الحرفية: حيث تتأكد من خلال مراسـلات الـ email ولغتها وصياغتها صورة الجهة المرسلة وتمرسها ومهنيّتها. لهذا يجب أن تكون الرسالة صحيحة اللغة، أنيقة الصياغة والتنسيق.

2. الفاعليـة: مراسـلة الـ email التي توصل المضمـون بقـوة وبشـكل مباشر، تختلـف عـن تلـك المراسـلة التي تبقـى بعض جوانبها مبهمة وبالتالي لا تُفهم بشكل جلي.

3. الحمايـة من التبعات: عندما يكون مرسـل الـ email مـدركاً وعلى دراية تامة بأن أي خلل في المراسلة قد يُعرِّضه للمسؤولية، فإنه يخفف الكثير من المشاكل عن نفسه أو عن الجهة التي يعمل لديها.

لا بـد مـن التنويه إلـى أن هنـاك بعض التفاوت في إتيكيت مراسـلات الـ email تبعاً لبعض الاختلافات فـي المفاهيـم الثقافية بيـن منطقة وأخـرى، وتبعاً لطبيعة الجهات المتصلة ونوعية مـا تتداولـه من أعمال. لكن مع ذلك سـنورد فيما يلي بعض قواعد الإتيكيت والنصائح والإجراءات التـي لا بـد منها فـي هـذا السـياق، والتي لا بـد للمرسِـل وللمتلقـي، على حدٍ سـواء، مـن أخذها بعين الاعتبار، وهي:

—الإيجاز:

يجب ألّا تكـون مراسـلة الـ email طويلـة، وأن يوضع في الحسـبان أن قراءة هذا النوع من المراسـلات أصعب مـن قراءة نص مكتوب على

الـورق. لذلك يجـب توقّع أن مراسلات الـ email الطويلة قد تهمل.

—الإحاطة والإجابة السريعة على كل الأسئلة:

في مراسلة الـ email الجوابية، يجب الرد على كل الأسئلة التي طرحها الجانب الآخر، وإذا لم يحصل ذلك، يجب توقع معاودة السؤال مرة ثانية، وبالتالـي فإن في ذلك تضييـع لوقت الطرفين.

—حدس ما يمكن توقعه من أسئلة إضافية:

يجب على المرسِل محاولة حدس ما يمكن أن يكون في ذهن الطرف الآخر من أسئلة متوقعة، وأن يبـادر لتوضيحهـا سلفاً قدر الإمكان، فذلك سيعطي صورة عن تمكنه ومهارته مـن جهة، وسيكون محط تقدير من جهة ثانية.

—استخدام اللغة الصحيحة من حيث القواعد والإملاء والتنقيط:

لا يوجـد مـا هـو أسـوأ مـن مراسـلة مليئة بالأخطاء الإملائية والقواعدية. ستخلق مثل هذه المراسـلة انطباعاً سيئاً بكل تأكيد. ولا ننسـى أن انعـدام التنقيط أو اسـتخدامه بشـكل مغلوط قـد يغيّر من معنـى الجملـة، وربما النص أيضاً، وقد يـؤدي إلـى فهمٍ خاطئ لمجمل الرسالة. مثال بسيط ومقتضب يبين لنا الفرق الكبير في المعنـى بيـن أن نكتـب "لا أُريدك" أو أن نكتب "لا، أُريدك". فالأولى تنفي الرغبة، في حين أن الثانية هـي نقيض الأولى وتؤكد الرغبة. سبب هـذا الفرق الكبيـر في المعنى هو مجرد عدم استخدام الفاصلة أو استخدامها.

عمومـاً، لقد أصبح تجاوز ما ذكرناه من خلل سهلاً، مـن خلال العديد من برامج الحاسوب المتداولة والمخصصة لتصحيـح مختلـف أنـواع الأخطـاء.

—استخدام التنسيق الواضح والفقرات المحددة:

طالمـا أن القـراءة علـى الشاشـة أصعـب من القـراءة الورقيـة، فيجـب أن تكـون الفقـرات محـددة ومنسقة بوضوح، مـع ترقيم وإشارات واضحة حول بعض البنود.

—إضافة لمسة شخصية:

جعل الرسالة شخصية، يعني أن يكون فيها شيء مـن مُنشِئها، وأن يُضفى عليها شـيء من طابعـه ولمسـاته، رغم أن اللجـوء إلى القوالب الجاهـزة أصبح شـائعاً فـي المراسـلات التي تتكـرر مواضيعهـا. علـى سـبيل المثـال يمكن تكـرار اسـم المتلقي أكثـر من مـرة (هذا يعطي الانطبـاع بالاهتمـام)، أو اختتام الرسالة بعبارة "نتمنـى لكـم يومـاً جميـلاً"، وغيـر ذلك مـن العبارات المثيلة.

—سرعة الإجابة:

مـن أرسـل رسالة email يتوقـع مـن الطرف الآخـر إجابـة سـريعة. لذلك يقتضي إتيكيت الـ email الإجابة خلال يوم العمل نفسه، إن أمكن، أو خلال 24 ساعة، أو على الأقل طمأنة المرسِـل بأنـه قـد تـم الاستلام، وسـيتم الرد علـى مـا هو مطلوب في أقرب وقت.

—عدم إرفاق ملفات غير ضرورية:

تُشتت الملفات غير اللازمة ذهن المتلقي وتضيّع وقتـه وقد تزعجه فعلاً. كما أن الملفات الطويلـة تزيد مـن الضغـط وتثقل جهاز ونظام المتلقـي، وقـد يزيد مـن احتمال احتوائها على بعـض الفيروسات، إذا لـم يكن لدى المرسِل ماسح ومانع للفيروسات.

— عدم استخدام عبارات الأهمية والأولية:

لا تُستخدم عبارات مثل "مهـم جـداً"، و"مستعجل"، وما شابه، ما لم يكن لها من داعٍ حقيقي، وإلّا استفقد معناها، وبالتالي عندما يحين الوقت وتكون فعلاً مطلوبة، فإنها لن تلقَى الاهتمام وستكون كاستغاثة الراعي المتكررة الـذي يدّعي بلا مبرر، وفي كل حين، أن الذئاب حاولـت مهاجمـة قطيعه، وعندمـا هاجمته فعلاً لم يستجب لندائه أحد.

— تجنّب استخدام الأحرف الكبيرة في الكتابة:

استخدام الأحـرف الكبيـرة فـي الـ email يظهر مرسله كمن يصرخ، الأمر الذي يستدعي أجوبـة غيـر مرغوبة. فلا داعي للفت النظر بهذه الطريقة.

— أرفـاق نص الـ email الوارد مع الإجابة:

رغـم أن البعـض لا يوافـق على هذا الأسـلوب كثيراً، ورغم أن هذا يُطيل وقت تحميل المراسلة، إلّا أن هـذا يوفـر الجهد والوقت ويخفف الضغط علـى الذاكـرة فـي البحـث عـن أصل المراسـلة وموضوعهـا، فـي حـال كانت المراسـلات كثيـرة ومواضيعها متشعبة ومتعددة.

— إضافة عبارات التنويه:

فـي الشـركات والمؤسسات، فـي المراسـلات الداخليـة أو الخارجيـة، تُخلـي عبـارات التنويـه مسؤوليةَ الجهـة الموظِفة في حـال ارتكب أحد الموظفيـن مخالفـة مـا. فهنـاك عبارات تُضـاف فـي نهايـة كل email مرسَل مثل: "تأكد مـن عـدم وجـود فيروس"، أو "تشـدد الشـركة علـى موظفيها عدم استخدام عبارات التشهير والتمييز العنصري"، وغير ذلك، وهي عبارات تُخفف من

المساءلة في حال قام موظف بإرسال email فيه فيروسـات عـن قصد أو من دون قصد، وتسبّب بخلـل في أنظمة الجهة المتلقية، أو كانت ضمن الـ email كلمـات تنمّ عـن التشـهير أو التمييز العنصري وما شابه، ووصل الأمر إلى القضاء.

— إعادة قراءة نص الـ email قبل إرساله:

كثيرون هـم الذين لا يكلفون أنفسـهم عبء قراءة النص ثانية، ويرسلونه بما فيه من أخطاء إملائيـة وقواعدية أو غيـر ذلك، ويتسـببون بالإرباك لأنفسهم وللآخرين.

— تجنُّب استخدم عبارة "Reply to all" أي "جواب للجميع":

ينبغي ألّا تُستخدم عبارة "Reply to all" إلّا إذا كان المرسِل يريـد فعلاً أن يقرأ كل من لديه النص الأصلي رسالته.

— عدم استخدام الاختصارات:

لا تُستخدم الاختصارات مـا لم يكن المرسِل متأكداً تماماً مـن أن الطرف الآخر يعرفها. وعلى كلٍ، فهذا الأمـر غيـر مُستحب في مراسلات المؤسسات والشركات.

بعض الاختصارات التي تُستخدم بالإنكليزية، مثل "LOL" التي تشير إلى "Laugh out Loud" وتعني "اضحك بصوت عالٍ/ قهقِه"، وغير ذلك مما هو شائع، لا تُوجّه عادة إلّا لصديق.

فـي كل الأحوال، فيما يلي جدول بالاختصارات الشـائعة المسـتعملة بالإنكليزية فـي مراسلات البريد الإلكتروني مـع ترجمتها بالعربية من قبيل الاستئناس وزيادة المعرفة بالشيء، سيما وأن بعض هـذه الاختصارات أصبحت تستخدم في المراسلات الإلكترونية العربية:

Word/phrase	Abbreviation	المقابل بالعربية
Message	MS	رسالة
End of message	EOM	نهاية الرسالة
Please	PLS	من فضلك
Thank you	TY	شكراً لك
Best regards	BR	أطيب التحيات
Yes / No	Y/N	لا / نعم
Laughing out loud	LOL	اضحك بصوت عالٍ/ قهقِه
I love you	ILY	أحبك
By the way	BTW	بالمناسبة
Text	TXT	النص
No text	NT	بلا نص
Not work-related	NWR	غير متعلق بالموضوع
Carbon copy	CC	نسخة كربونية / نسخة إلى
To be forwarded	TBF	لإعادة التوجيه إلى
Blind carbon copy	BCC	نسخة كربونية مخفية / نسخة مخفية
Chief executive officer	CEO	المدير التنفيذي
Estimated time of arrival	ETA	الوقت المتوقع للوصول
Let me know	LMK	دعني على اطلاع
Work from home	WFH	العمل من المنزل
No comment	NC	لا تعليق
Why	Y	لماذا
Oh my God	OMG	يا الله
Action required	AR	إجراء مطلوب
Action by	AB	إجراء من قِبل
For your information	FYI	لمعلوماتكم
For your guidance	FYG	لتوجيهكم
For your reference	FYR	لمرجعكم
As soon as possible	ASAP	في أقرب وقت ممكن

Attention	ATT	انتباه / عناية
For the attention of	FAO	للاطلاع من قِبل
Please find the attachment	PFA	يرجى الاطلاع على المُرفَق
Above mentioned	ABVM	المذكور أعلاه
End of day	EOD	نهاية اليوم
End of week	EOW	نهاية الأسبوع
Please respond	RSVP	يرجى الإجابة/ الرد
Please reply by	PRB	يرجى الرد بحلول...
Very short reply expected	VSRE	يُنتظر منكم رداً قصيراً
To be decided	TBD	بانتظار القرار
As early as possible	AEAP	في أقرب وقت ممكن
Leaving early today	LET	أغادر مبكراً اليوم
Real-Time	RT	في الوقت الفعلي
Personal computer	PC	الحاسب الشخصي
At your earlier convenience	AYEC	في أقرب وقت متاح لكم
Too much information	2MI	معلومات كثيرة
Need your response	NYR	بحاجة إلى ردكم
Need your response quickly	NYRQ	بحاجة إلى ردكم السريع
Need your response today	NYRT	بحاجة إلى ردكم اليوم
Need your response - Next business day	NYR-NBD	بحاجة إلى ردكم في يوم العمل التالي
No need to respond	NNTR	لا حاجة إلى الرد
Reply requested or Reply required	RR	مطلوب الرد
Not applicable	N/A	لا مطابقة
Check your email	CYE	تفحص بريدك الإلكتروني
In search of	ISO	في صدد البحث عن
Point of view	POV	وجهة نظر
In real life	IRL	في الوقع/ الحياة الفعلية
Good game	GG	لعبة/ صفقة جيدة
Good luck	GL	حظاً سعيداً

English	Abbr.	Arabic
Good job	GJ	عمل/ أداء جيد
You're welcome	YW	على الرحب والسعة
Hope this helps	HTH	آمل أن هذا يساعد
In a meeting	IAM	في اجتماع
Sleeping	ZZZ	نائم
People	PPL	الناس / أشخاص
Out of office	OOO	خارج المكتب
Age/Sex/Location	ASL	العمر/الجنس/المكان
Facebook official	FBO	حساب فيسبوك رسمي

◄ **ليكن الموضوع واضحاً:**

عند إرسال email للاستفسار أو طلب شيء ما، فليكن الموضوع واضحاً ومحدداً، إذ ليس من المنطقي الطلب من شركة تنتج الغسالات، بعدة أنواع وطرازات وأحجام، تقديم معلومات عن غسالة يُراد شراؤها، من دون تحديد نوعها وطرازها، وغير ذلك من تفاصيل.

◄ **استخدم صيغة المبني للمعلوم بدلاً من المبني للمجهول:**

إن عبارةً مثل "سنرسل إليكم ما طلبتم"، تبدو أكثر حميمية من عبارة "سيُرسل لكم المطلوب"، التي تبدو رسمية جداً.

◄ **تجنُّب الجمل الطويلة:**

ينبغي أن تكون جمل رسالة الـ email قصيرة قدر الإمكان، بحيث لا تزيد عن 15 أو 20 كلمة. الجمل الطويلة تجعل الـ email متعباً وتظهره كمقال، وقد يحجم متلقيه عن إكمال قراءته.

◄ **تجنُّب استخدم عبارات فيها تشهير، أو عدوانية، أو فحش، أو عنصرية:**

أي إشارة أو عبارة تتضمن التشهير، أو العدوانية، أو الفحش، أو العنصرية في أي email سيعرِّض الجهة المرسِلة للمساءلة

◄ **عدم استخدام «Chain Letter»، أي رسائل على شكل سلسلة:**

أي email نتلقاه على هذه الشاكلة، يُفترض أن يعني لنا مباشرة أنه ملفّق، وربما يحتوي فيروسات، لذا يقوم معظمنا بحذفه فور استلامه.

◄ **عدم طلب إشعار بالاستلام:**

إن طلب المرسِل إشعاراً أو تنويهاً بالاستلام، سيزعج المتلقي، ويمكن للمرسِل، عوضاً عن ذلك، الإشارة بلطف إلى أنه يشكر اهتمام المرسَل إليه وإذا ما أتيح له الإجابة.

◄ **عدم نسخ رسالة أو مرفق من دون إذنٍ بذلك:**

لا يجوز نسخ رسالة أو مرفق يعود لشخص أو لجهة أخرى دون أخذ الإذن بذلك، وإلّا اعتبر ذلك خرقاً لحق الملكية.

◄ **عدم استخدام الـ email لأمور سرية:**

إن إرسال الـ email هو كإرسال بطاقة بريدية. لذا يجب عدم تضمينه أموراً قد تؤدي إلى مشاكل، حتى ولو كان القصد منها هو مجرد المزاح.

القانونيـة، والدعـاوى المرفوعـة للقضاء بهـذا الشـأن مكلفة جداً للطرف الخاسر.

‹ **عدم الإسهام في نشر الفيروسات:**

يجب عدم الإسهام فـي نشـر الفيروسات، ولا سيما من خلال "رسائل السلسلة Chain Letters"، أو مـن خلال الرسائل المخادعة التي غالباً ما تحتوي فيروسـات. فعنـد تلقي رسالة تحذر من "فيروس مـا سـيحذف كل مـا هـو موجود علـى الحاسوب"، على سبيل المثال، فإنها على الأغلب رسالة مغشوشـة أو مخادعـة تحـوي فيروسات، وعنـد إعـادة إرسـالها مـن قبـل المتلقي، بقصد التحذير منها، فإنه ينشر ما فيها من فيروسات.

‹ **تجنُّب التأنيث أو التذكير:**

بـات مـن الأفضل اسـتخدام اللغـة "المحايدة" إن صح التعبيـر، كأن يُقـال: "يمكن للمستخدم أن يجـد التفاصيل فـي الرابـط..."، وليس "يمكن لكَ..."، أو " يمكن لكِ...".

‹ **تجنُّب الرد على البريد العشوائي "Spam":**

البريد الإلكترونـي العشـوائي، والـذي يشـار إليـه أيضـاً بالبريـد الإلكترونـي غيـر الهـام، هـو رسـائل غير مرغوب فيها يتم إرسالها جماعياً عبر البريد الإلكتروني.

عنـد الـرد علـى بريـد عشـوائي "Spam" أو الإعلانات وغيرهـا، فإن مستخدم الكومبيوتر يؤكد علـى أن بريـده نشِـط "Live"، ومسـتعد لتلقي مثل هـذه الأمـور، وأن عنوانه البريـدي صحيح. لـذا يجب اللجـوء إلى زر الإلغـاء "Delete" ليس إلّا، خصوصاً وأن مثل هـذه الرسـائل قـد تكون متضمنة لفيروسات.

‹ **إرسال emails باستخدام CC أو BCC:**

يُستخدم الاختصـار (CC) (Carbon Copy) عندمـا يُراد إرسـال نسـخ إلـى الآخريـن ليطلعوا عليها، وCC الاختصار (Blind Carbon

(Copy عندمـا يُراد إرسـال نسـخة لأشخاص في مجموعـة مـا، كـي يطلعوا عليهـا، وأن يعرفوا أنها وجهت إلـى الجميـع. وذلك للمحافظـة علـى خصوصية عناوين الأشخاص المرسَلة إليهم.

‹ **الانتباه لدى استخدام Formatting (التنسيق بأشكال متعددة)، أو Font (نوع الخط):**

عندمـا يشـتمل المسـتند علـى عـدة صفحات مـن نص عـادي، قد يكون من الصعب جداً على القـارئ العثور على الأفكار المهمة. لذا بالإمكان تحسـين شـكل المسـتند وقابليتـه للقـراءة عـن طريق تغيير مظهر النص والخط.

فـي الحالتين المذكورتين، قد لا يظهر الـ email المرسَـل لدى المتلقي بالشـكل المطلوب، فقد لا تكون النسـخة المرسلة (بحالة أو خط أو لون ما) تتناسـب مـع برامج المتلقي. مثال ذلك، إرسـال ملف Word بنسـخة 2010 قد لا يُظهر التنسيقات لدى متلقٍ لديه برنامج 2008، وقـد لا يكون ممكناً فتح الملفِ بالأصـل، أو إذا أرسل ملفاً بخط أو لـون معين، قـد لا يكون ممكناً للمتلقي قراءته.

‹ **الانتباه بشأن رسائل HTML (Hyper Text Markup Language):**

رسالة HTML، هي طريقة لتشـفير مسـتند (مشـكل علـى طريقـة ASCII) تتيح لقـارئ HTML (مثل مستعرض الويب) معرفة كيفية عرض أنواع معينة من المعلومات. تحتوي رسائل البريد الإلكتروني بتنسـيق HTML علـى كل شـيء لا تحتويه رسائل البريد الإلكتروني ذات النص العـادي: اللون والأسـلوب والصور وأحياناً الوسائط المتعددة.

عنـد إدراج رابط ما في الـ email، قد يتضمن صفحة أو صورة أو فيديو، يجب القيـام بذلك بشـكل صحيح، بحيث يسـتطيع المتلقي فتحه.

الفصل الخامس

إتيكيت المسرح

"المسرح حياة، السينما فن، أمّا التلفزيون فهو قطعة أثاث"(1)

مما لا شـك فيـه أنَّ المخـزون الثقافي بأدواتـه ومكوناتـه كافـة، مـن أدب وفن ومسـرح وغنـاء وموسـيقى ورقص وفولكلـور وتأليف وغيرها، هو جزء هام من هوية أي شـعب. وقد تطور وتعاظم هـذا المخـزون كثيـراً وفقـاً لتطـور الحضـارات وتمازجهـا. وهو جانب مهم في تقييم مدى تقدم هذا الشعب أو ذاك.

"فالثقافة هي التي يمكن أن تبلور المواقف، وتعـري مـا يحـدث وتكشـف آلياتـه. وهي التي يمكن أن تعين الإنسـان على استعادة إنسانيته، وأن تقتـرح له الأفكار والمثل، التي تجعله أكثر حريـة ووعيـاً وجمالاً. وفـي هـذا الإطـار، فإن للمسرح دوراً جوهرياً في إنجـاز هـذه المهام النقدية والإبداعية، التي تتصدى لها الثقافة. إنه ظاهـرة حضاريـة مركّبة، سـيزداد العالم وحشـة وقبحـاً وفقـراً، إذا أضاعها وافتقر إليها"(2).

إن ارتيـاد المسـارح والاسـتماع بعروض السينما، الأوبرا، والموسيقى، هو عامل أسـاس في الحـراك الثقافـي والاجتماعـي لأي مجتمع، مـن دون أن ننسـى أن نسـبة مهمـة مـن النـاس ميّالون، من حيث المبدأ، إلى ارتياد المسرح إذا ما أُتيح لهم ذلك.

عندمـا نتحـدث عـن المسـرح، فإننا نقصد بالطبـع، وكمـا هـو معلـوم، أي مـكان تقدَّم فيها المسرحيات وعروض الأوبرا وحفلات الموسيقى الكلاسـيكية (وحتى في حالات معينة الأفلام

---

1. القائل غير معروف.

2. مقتطف من كلمة سعدالله ونوس في يوم المسرح العالمي عام 1996. سعدالله ونوس (1941 - 1997)، كاتب ومحرر مسرحي سوري، نال شهرة عالمية. حاز على العديد من الجوائز وكرّم في أكثر من مهرجان. وقد ترجمت الكثير من أعماله إلى العديد من اللغات.

السينمائية)، الأمر الذي يتطلب مراعاة لقواعد إتيكيت محددة. وهذا يختلف عن الأماكن التي تقام فيها حفلات الموسيقى والغناء العادية[3]، حيث تغيب تقريباً قواعد الإتيكيت.

ــ قواعد إتيكيت:

سابقاً، كان اللباس الرسمي ملزماً لكل رواد المسرح وفي كل عروضه، إلّا أنَّ هذا القيد خفَّ حتى في أوروبا، وأصبح بالإمكان ارتياد المسرح باللباس العادي المريح.

- في الغرب، يكون اللباس الرسمي، بما في ذلك ربطة العنق، إلزامياً في عروض الأوبرا.

- يجب عدم استخدام العطور والروائح القوية/ الثقيلة، فبعض الناس لديهم حساسية تجاهها مهما كانت التهوية جيدة في صالة العرض.

- يجب التقيد بموعد بدء العرض، والقدوم إلى المسرح في الوقت المناسب، ففي ذلك احترام للممثلين والموسيقيين والمشاهدين على حدٍ سواء.

- إن دخول المسرح بعد بدء العرض، فيه انتقاص من شروط اللباقة والتهذيب بحق المشاهدين والممثلين.

- دخول المسرح بعد موعد بداية العرض، يعني بالضرورة إزعاج الآخرين الذين سيكون عليهم السماح للمتأخر بالمرور أمامهم ليصل إلى مقعده، وهذا سيشوش عليهم متابعة العرض.

- على المتأخر، إذا ما اضطر إلى إرغام بعض المشاهدين على النهوض حتى يبلغ مقعده، ألّا ينسى الاعتذار إليهم هامساً بعبارة "عفواً"

أو "آسف".

- في الشرفات (balconies) والمقصورات (cabins)، تجلس السيدات على المقاعد الأمامية ويجلس الرجال خلفهن.

- على المشاهِد ألّا يزعج الآخرين ويذهب إلى الحمام أثناء العرض، فهو سيلزمهم بالسماح له بالمرور بهم من أمامهم. عليه قضاء حاجاته قبل العرض أو في فترة الاستراحة.

- التزام الصمت والهدوء أثناء العرض هو القاعدة. الأصوات الوحيدة التي يجب سماعها داخل الصالة هي الأصوات الآتية من خشبة المسرح.

- على الرجال خلع قبعاتهم بمجرد دخولهم قاعة العرض كي لا يعيقوا المشاهدين الذين خلفهم من رؤية العرض.

- بإمكان السيدات الإبقاء على قبعاتهن على رؤوسهن شريطة أن تكون القبعات صغيرة ومنخفضة.

- إذا طلب أحد المتفرجين من إحدى السيدات أن ترفع قبعتها لأنها تحول بينه وبين رؤية منصة العرض، فعليها أن تلبي طلبه من دون أن يظهر عليها أي امتعاض أو استياء، فصاحب الطلب في هذه الحالة هو المحق.

- على المشاهد احترام الشخصين اللذين على جانبيه والالتزام بحدود مقعده. يمكنه الاتكاء على أحد ساعدي المقعد وترك الساعد الآخر لأحد مجاوريه، لا أن يستحوذ على ساعدي المقعد.

- على المشاهد أن يحاول ما بوسعه عدم التململ.

---

3. في حفلات الغناء والموسيقى، ولا سيما الشبابية منها، لم يعد الالتزام بالصمت والهدوء وارداً، بل إن الصفير والصراخ والتصفيق والصخب هو المألوف في هذه الأجواء.

- على المشاهد أن يبقى مستيقظاً ويتابع العرض. لا يجوز أبداً أن ينام شخص أثناء العرض ويميل برأسه على من بجواره. الأسوأ من ذلك هو أن يشخر.

- لا يليق بالمشاهد خلع حذائه في صالة المسرح بغض النظر عن جودة التهوية.

- يجب تركيز الانتباه على العرض وعدم الهمس في كل حين في أذن الجالس أو الجالسة في المقعد المجاور. المشاهدون لم يأتوا لسماع التعليقات التي يمكن الاحتفاظ بها، أكانت سلبية أو إيجابية، إلى وقت لاحق.

- على المشاهد محاولة عدم السعال، وإن لم يستطع كبح سعاله عليه السعال بصوت منخفض. أمّا إذا كان سعاله خارج السيطرة، فعليه الانسحاب بهدوء خارج الصالة. طبعاً إذا كان السعال بسبب المرض، فإن من الأجدر عدم القدوم إلى المسرح وإزعاج الآخرين، بل ونقل العدوى إليهم.

- إذا كان لا بد من تناول أقراص للحد من السعال أو بعض السكاكر، فعليه نزع أغلفتها سلفاً قبل الدخول للمسرح.

- يجب إبقاء الهواتف النقالة بوضعية الصمت، والأفضل إغلاقها، لأنها تؤثر على أجهزة الصوت والمكبرات.

- يجب عدم إجراء المكالمات أو إرسال الرسائل النصية أو الرد عليها أثناء العرض.

- يفضل عدم تفقّد الهاتف النقال أثناء العرض، فإضاءة الهاتف تزعج الأشخاص الجالسين في الجوار.

- في حال كان التصوير مسموحاً، فيجب معرفة إن كان فلاش الكاميرات يزعج مَن على خشبة المسرح.

- ما لم يطلب منه المؤدون أو المغنّي غير ذلك، فعلى المشاهد عدم الغناء أو الدندنة أو غير ذلك من أصوات.

- مهما انسجم المشاهد مع العرض الموسيقي، فلا يجوز له مرافقة المغني أو الموسيقيين، بالطرق أو النقر بالأصابع أو القدمين، على المقاعد أمامه أو على أرض الصالة. كما لا يجوز له الصفير.

- يجب معرفة الوقت المناسب للتصفيق والتشجيع، وألّا يتم ذلك في كل حين.

- سواء أكان العرض ناجحاً أو غير ذلك، يجب على المشاهدين التصفيق في نهاية العرض، تشجيعاً للممثلين أو الموسيقيين الذين حاولوا جاهدين إمتاع وإرضاء الحضور.

- في العروض المسرحية والأوبرالية، لا يجوز التصفيق إلا في نهاية كل فصل.

- في العروض الموسيقية الكلاسيكية، لا يتم التصفيق عادة إلّا في نهاية المقطوعة الموسيقية، وليس في نهاية كل فقرة منها.

- يجب عدم إبداء الملاحظات السلبية والنقد اللاذع بصوت مرتفع أثناء الاستراحة، فقد يكون بعض أصدقاء، أو أقرباء المؤلف، أو الممثلين، أو الموسيقيين بين الحضور، وليس من اللباقة جرح مشاعرهم.

- يجب مراعاة عمر الأطفال[4] قبل اصطحابهم لأي عرض.

- لا يجوز تناول أي من الأطعمة داخل صالة العرض، فالمسرح ليس مكاناً للأكل.

---

4. لا يسمح عادة للأطفال دون سن العاشرة حضور عروض الموسيقى الكلاسيكية وعروض الأوبرا، ما لم تكن تلك العروض مخصصة بالأصل للأطفال.

إتيكيت المتاحف والمعارض الفنية

"لا يهدف الفن إلى تجسـيد ما تبدو عليه الأشياء، بل إظهار جوهرها"(5)

مـا مـن شـك فـي أن زيـارة المتاحـف والمعارض الفنيـة هي مناسبات جميلة للمشاركة والمعرفة والفائـدة والمتعة، وهـي جـزء لا يتجزأ من الحياة الثقافية. وتعتبر المتاحف وصالات العرض أمكنة خاصـة ينبغـي التصـرف فيهـا، بـكل لباقة وحرص واهتمـام، لذا مـن المهم أخذ بعـض الأمور التالية في الحسبان لدى زيارة هذه الأماكن.

• قواعد إتيكيت:

– أهـم قاعـدة أساسـية هـي النظـر بالعينين وليس باليدين.

– **ضماناً لسـلامة الأعمال الفنية مـن منحوتات أو لوحات أو صـور ضوئية، يتوجب عـدم لمسـها. أي لمـس مهما كان بسـيطاً، سيكون له تأثير وأذى، حتى لو لم يظهر مباشـرة.**

– يكفي أن نتابـع إجراءات رفع البصمات التي يقوم بها محقق جنائي لندرك أن هناك زيوتاً أو دهوناً توجد بشـكل طبيعي في الأيدي.

– صالات المتاحف وصـالات العرض هـي أمكنة عامـة يرتادهـا مختلـف النـاس، لـذا ينبغـي احتـرام وجود الآخرين ومراعاتهم.

– يجب الابتعـاد عـن أي عمـل فني بمقدار خطوة على الأقل بغية إعطاء الآخرين الفرصة لمشاهدته أيضاً.

– يجب عـدم قضـاء الكثير مـن الوقت أمـام العمـل الفنـي بغيـة إعطـاء الآخريـن الفرصة للاطلاع عليه أيضاً.

– مـن لديه اهتمـام اسـتثنائي بعمـل فنـي ما، فبإمكانه إتمـام جولته على باقي الأعمال ومعـاودة مشـاهدة هذا العمل الـذي أثار اهتمامـه أو حتى العودة في وقت آخر.

<hr>

5. أرسطو (384-322 ق.م): فيلسوف يوناني، تلميذ أفلاطون ومعلم الإسكندر الأكبر، وواحد من عظماء المفكرين.

- غالباً لا يُسمح بالتصوير في المتاحف خشية إلحاق الأذى بالمعروضات.

- في حال كان التصوير متاحاً، يجب الحد قدر المستطاع من استخدام الفلاش الذي قد يزعج البعض ويشتت انتباههم.

- من المفيد تذكّر أن المتاحف وصالات العرض مبدئياً ليست أمكنة مخصصة للتصوير، وعلى الزائر عدم استخدام اللوحات والأعمال الفنية الأخرى كخلفيات لصور "السيلفي".

- حفاظاً على الجو الهادئ، يجب إبقاء الهاتف بوضعية صامت وعدم الرد على المكالمات داخل الصالة.

- احتراماً لبقية الزوار، ينبغي التحدث بصوت منخفض مع تجنب الضحك وإثارة الضجيج.

- يجب عدم إبداء الملاحظات اللاذعة، وأن تُكتم الانطباعات السلبية إن وجدت، وتؤجّل إلى وقت لاحق.

- لا يجوز تناول المأكولات والمشروبات، فصالات العرض ليست مكاناً للأكل والشرب.

- **في حال صالات الفنون، ينبغي ألّا يُلَحّ على الفنان العارض لتقديم شروحات مستفيضة حول كل لوحة، فهو ليس مدرساً في صف أو مرشداً سياحياً.**

- غالبية الفنانين يؤمنون أن المشاهد حر في تلقي الانطباعات والأفكار التي يحصل عليها بنفسه، دون إملاءات أو تفسيرات.

- إذا كان هناك سجل للملاحظات أو "سجل ذهبي"، فعلى من يرغب في تدوين بعض العبارات أن يكون حريصاً على الموضوعية وألّا يبالغ في المديح من جهة، وألّا يكون نقده سلبياً من جهة أخرى. وفي كل الأحوال، يمكنه إيصال الرسالة التي يريد، بطريقة لطيفة وغير جارحة.

- ليس من اللائق أن تُهمَل أو تلقى على الأرض بطاقات الدعوة أو الملصقات أو "البروشورات"، وغيرها من منشورات المعرض.

- إذا ما أراد أحد الزوار شراء لوحة أو منحوتة أو صورة ضوئية...إلخ ومدوَّن عليها سعرها، فينبغي عدم المساومة في الشراء، حتى لو كان تقليد المساومة معمولاً به في هذه الدولة أو تلك. فهذا العمل الذي يريد شراءه، هو عمل فني يستحق الفنان الذي أنتجه وأودع فيه أحاسيسه الامتنان. هو عمل إبداعي وليس سلعة أو قطعة أثاث جميلة، كما قد يتخيل البعض.

إتيكيت الرقص

"الرقص عبارة عن قدمين تفكران وخصر يعلّم الحكمة"(6)

لا بد من التنويه، بداية، بأهمية الرقص، بمختلف أنواعه، باعتباره أحد المكونات الأساسية للثقافة، ببعديه الرمزي والجمالي.

كما أصبح ملحاً إعادة النظر في بعض المفاهيم الموروثة في بعض الدول والمجتمعات، والتي بقدر ما كانت تقدر بعض أنواع الرقص الجماعي الشعبي والفولكلوري، بقدر ما كانت تحط من قدر أنواع أخرى منها، كالرقص الفردي بمختلف صنوفه والرقص الشرقي. ولن نخوض في بحث ما تقدم وأسبابه ومبرراته، وما يجب وما لا يجب، فهذا ليس مجالنا الآن، حيث يحتاج هذا الأمر إلى الكثير من النقاش والحوار.

الرقص عموماً هو الحركة الرشيقة للجسم، المنتظمة بفعل ضوابط نغمات الآلات الموسيقية أو الصوت. وهو فن التعبير عن الحالة الذهنية والعاطفية للأشخاص، من خلال الاستجابة للإيقاع، وما يخلقه لديهم من تأثير يتجلى في حركة أجسادهم وإيماءاتهم وتعابيرهم. لم يعد للرقص قيوده وشروطه التي كانت

صارمة في فترات سابقة، إذ يكفي اليوم أن يجتمع بعض الشبان والشابات في صالة أو مطعم أو في منزل أحدهم، حتى يبادروا إلى الرقص، في جو صاخب من الموسيقى العالية.

مبدئياً، ليس هناك ما يمنع من قيام الشباب باقتباس وتبني مفاهيم وممارسات تعززها ثقافات أخرى بما فيها تلك التي تتوسع وتنتشر في إطار العولمة، لكن عليهم ألّا ينسوا تعلم وتطوير ما في ثقافة بلدانهم ومناطقهم من موروث. وفي هذا السياق، على سبيل المثال، لا بد من الحرص على تنمية وتطوير الدبكات الشعبية والفولكلورية التي تميّز هذه المنطقة عن تلك، بما يثري الحياة الثقافية عموماً. وهي إرث ثقافي مهم يجب الحفاظ عليه والافتخار به وتعزيزه.

تجدر الاشارة إلى أن النظرة السلبية تجاه الرقص الشرقي لم تعُد بذات الحدة، وأصبح لهذا الفن هواته ومحترفوه، وبدأت تؤسس له نوادٍ وهيئات تعليمية وتدريبية ليس فقط في البلاد

---

6. عفيف عثمان (1956-...): أستاذ جامعي لبناني، باحث في القضايا الفلسفية والإنسانية.

العربية، بـل في مختلـف بلدان العالـم الأخرى. إن من واجب المعنيين بهذا الفن أن يركزوا على الجوانـب الجماليـة والإبداعيـة والرياضيـة فيـه، وأن يبعدوه عن الابتذال والإسفاف.

ـ قواعد إتيكيت:

<u>التحية بالانحناء هـي التحية الوحيدة المعتمدة التي يتم تبادلها ما بين شريكي الرقص في بداية كل رقصة وعند ختامها وليس بالمصافحة، فدعوة الرقص ليست دعوة للتعارف.</u>

- الرجل هـو من يطلب من المـرأة أن تراقصه، وليس العكس.

- إن رفض دعوة الرقص، دون عـذر واضـح ومقنع، يعنـي في مفاهيم غالبية الدول رفضاً للشـخص، وفيه إهانة إلى حدٍ ما.

- على السـيدات والرجـال أن يتصرفوا بمنتهى اللباقـة، وأن يحرصوا على ذلك في كل سـلوك لهـم كيلا يحصل ما يعكر الجو.

- في المجتمعات الغربية، وتلك التي تشاركها الكثير من ثقافتهـا، لا يليق بالرجل أن يراقص سـيدة واحدة فقط طوال فترات الرقص، كما لا يليـق بالمرأة أيضاً أن تراقص رجلاً واحداً.

- يجب عـدم تصور أن قبول الفتاة أو السـيدة لدعوة الرقص يبرر للشـاب أو للرجل التمادي في طلب أشياء أخرى، أو حتـى الخروج عن المألوف في الحديث الرصين.

- طالمـا أن السـيدة تجاوبت بشكل حضاري، فيجب على الرجل التعامـل معهـا بشكل حضاري ولائق أيضاً.

- إذا لـم يكن يتقن الرقص، فيجب على الرجل ألَّا يطلب مـن سيدة مراقصته. وهـو بطلبه هـذا يصبح كمن يريدها أن تكون معلمتـه في الرقص وليس شريكته. وهـي لم تأتِ إلى المـكان لتكـون معلمة رقص مـن جهة، وليس المكان هو مكان لتعليم الرقص من جهة ثانية.

- في أنواع الرقص المصنَّفـة، فمن الأفضـل للجاهـل بأساليب الرقص ألَّا يرقص، على أن يرقص بصورة سـيئة، إذ ليس مـن اللباقة أن يفرض شـخص نفسـه على آنسـة أو سيدة في مثل هذه الحالة.

- علـى الرجل قبل أن يدعو امرأة لا يعرفها كي تراقصه، أن يسـتأذن الرجل أو الرجال الذين يصحبونها، وبعد انتهاء الرقص يعود معها إلى طاولتها، ويحييها بانحناءة بسيطة قبـل أن يعـود إلى مكانه. طبعاً هذا تقليد موجود في الكثير مـن المجتمعات دون غيرها، ولا بأس مـن معرفتـه لمن كان مسافراً، أو تواجد في بيئة تنحو هذا الاتجاه.

- يمكن للرجل أن يطلب مـن فتـاة أو سيدة تراقص أحداً ما، أن ترقص معه أيضاً، وذلك بعد استئذانها وشريكها في الرقص.

- عندما ترفض المرأة الرقص مـع شخص طلب منها ذلك، ثم تقبل دعوة شخص آخر مباشرة، فهـذا سـلوك لا يليق بها، وسيفسـر حتماً على أنها تتعمد الإساءة لمن رفضت أن تشاركه الرقص.

- على الفتاة أو السيدة التي تحضر (مع زملائها أو زوجها أو رفقائها) في مكان يوجد فيه منصة رقص، أن تتوقع أن يتقدم منها ومن مجموعتها أحد الشبان أو الرجـال ليدعوها إلى الرقص، وليس مستحسناً رفض مثل هذه الدعوة.

- إذا كان لـدى الفتـاة أو السـيدة من الأسباب مـا يمنعهـا، أو أنها كانت تنتمي إلى ثقافة وبيئة مختلفة، ولديها تحفُّظ أو ليست لديها الرغبـة أو الإمكانيـة لمشاركة غريب في الرقـص، فـإن عليها أن تقدم مبررات مقنعة

لمـن يدعوها، كأن تدعّي المرض أو الإرهاق، بحيث لا تجرح شعوره.

- إذا طلب رجل مـن سيدة مشاركته الرقص واعتـذرت لسبـبٍ مـا، واعـدة إياه بالرقصة التالية، عليـه عـدم تجاهلها عندما تحل الرقصة التالية، فهذا سـلوك غير لائق ويعتبر تجاهلاً لتلك السيدة.

- إذا كان الرجـل لا يتقن رقصة ما، وهو لا يزال بصحبة شـريكته في الرقص، فعليه المحاولة بهـدوء وأن تكـون حركـة جسـده مـن الجذع نـزولاً، دون انشـاءات أو وثـب، تجنبـاً لأي إزعاج لشريكته وللآخرين.

- على الرجل مرافقـة شريكته إلـى مكان جلوسـها، عنـد انتهـاء كل فقرة مـن فقرات الرقص، وأن ينحني لها ويشـكرها لمشاركته الرقص، دون إطالة الحديث أو الوقوف معها.

- على الرجل ألّا يكون ثقيل الظل على فتاة أو سيدة جاملتـه وقبلت مشاركته الرقص، وأن يسـمح لهـا بإنهاء الرقصة في الوقت الذي تراه هي وتقدره.

- يجب أن يتحاشى الرجل وضع يده على ثوب رفيقته، إذا كانت يده مبللة بالعرق.

- في رقصة الفالـس ""waltz، لا يجـوز للرجل الضغـط على خصر شـريكته في الرقص، بل لمسه براحة اليد برفق.

• إتيكيت صالونات الرقص:

إضافة إلى الرقص، تعتبر صالونات الرقص «Ball Rooms» مكانـاً للبهجـة والحبـور، فعلـى مـن لا يستطيع الابتسـام ويلبس لبوس الرزانة والرصانة وربمـا التجهـم طـوال الوقت، أن يغيّر هـذا السـلوك، فلكل وقت ومكان روحهما.

- بقـدر ما يكـون برنامج الرقص في الصالون رسـمياً، بقدر ما يكون اللباس رسمياً أيضاً، وبناء على ذلك يختار الرجال والنساء ملابسهم.

• عادة، تتضمن الدعوات أو الإعلانات المتعلقة بحفـلات الرقص في الصالونات نموذج اللباس (dress code) اللازم.

• عندما يصطحب رجل سيدة إلى صالون الرقص، يتوجـه وإياها إلى باب قسـم الملابس "Dressing Room" الخاص بالنساء، ثم يذهب هو إلى قسـم الملابس الخاص بالرجال، ليعدل هندامـه أو يودِع معطفه وقبعته لدى الشخص المعني بذلك.

• لا يجوز للرجـل، بأي حال من الأحوال، دخولِ قسم ملابس السيدات، وعندما يعود ليصطحب السيدة التي ترافقه حين انتهائهـا مـن قسـم الملابس، عليه انتظارها عند باب ذلك القسـم.

• بعـد ذلك يدخلان سـوياً إلى صالون الرقص ليفترقـا مجدداً، هـي تَنْظَمّ إلى السـيدات وهو يَنْظَمّ إلى الرجال.

• تتم الرقصـات في صالون الرقص وفقـاً لما يسـمى خط الرقص (Line of dance)، والحركة بعكس عقارب الساعة ومن أقصى طرفي الصالون إلى وسطه. هذا الإجراء ينطبق علـى رقصات الفالـس (Waltz)، فوكسـتروت (Foxtrot)، تانغـو (Tango)، كويكسـتيب (Quickstep)، بولـكا (Polka)، وغيرها من الرقصات التي تعتبر رقصات جوّالة (Traveling dances).

• رقصات أمريكا اللاتينية مثل السامبا (Samba)، تشا-تشا-تشا (Cha-cha-cha)، رومبا (Rumba)، سالسـا (Salsa)، باسـو دوبلـي (Paso doble).. إلخ، ورقصات السـوينغ (Swing) تعتبر رقصات متمركـزة مكانيـاً (Stationary dances) إلى حدٍ مـا، حيث يبدأ الراقصون رقصاتهـم وينتهون منها وهم في ذات المكان تقريباً وسط حلبة الرقص.

• لمسؤولي صالات الرقص "Masters of the ceremonies" أو "Floor Managers" مهام محددة تتعلق بتنظيم الأمور والرقصات والمساعدة في اختيار شركاء الرقص للأشخاص الغرباء، الذين يشاركون للمرة الأولى، أو لا يعرفون الآخرين من الحضور.

• يُظهر الرجل الغريب، بإشارة خفيفة، وبتهذيب، لمسؤول الصالون رغبته بمراقصة سيدة ما، وهو يتولى هذا الأمر. وليس لائقاً برجل غريب أن يتوجه مباشرة لسيدة ويطلب منها مراقصته، كما يحصل عادة في الحفلات العادية.

• بمجرد طلب الرجل مراقصة إحداهن، وقبولها الطلب، عليها أن تكون إيجابية، حتى لو لم تكن متحمسة للرقص مع ذاك الرجل.

• لا يجوز للرجل بدء الرقصة الأولى إلّا مع السيدة التي صحبها لصالون الرقص.

• يتطلب إتيكيت رقص الصالونات أن يرقص المشاركون مع عدد متنوع من الشركاء، بحيث تتاح الفرصة للجميع للاستمتاع بالرقص.

• يقتضي إتيكيت الرقص ألّا يراقص الرجل السيدة نفسها أكثر من مرتين متتابعتين.

• ينبغي للسيدة ألّا ترفض دعوة رجل للرقص ما لم يكن لديها عذر واضح.

• يمكن للسيدة الاعتذار بأنها لا تجيد الرقصة الحالية أو انها بحاجة لبعض الراحة، أو أن رجلاً آخر سبقه في طلب مراقصتها. والأنسب هو أن تعِده بالرقصة اللاحقة.

• لدى اعتذارها لأي سبب، لا يحق لها أن تشارك في الرقصة الجارية، بل عليها الانتظار للرقصة اللاحقة.

• لا يجوز لأي شريك ترك القاعة أو الجلوس قبل انتهاء الرقص، ما لم يكن لديه سبب وجيه

وعذر، يُعلِم به مسؤول الصالون الذي يمكن له إيجاد شريك بديل.

• قدر الإمكان، ووفقاً لنوع الرقصة، يجب أن يكون هناك تواصل بصري ما بين شريكي الرقص.

• عندما تُعطى إشارة البدء بالرقصات اللاحقة، لا يجوز للرجل أن يتوجه بسرعة ليختار شريكته، بل يمكن أن يصطف بالدور، ويتقدم ثانياً ذراعه باتجاه من يرغب من السيدات، أو من السيدة التي تُظهر رغبة في مشاركته. لا يوجد ما يستدعي استعجاله، فتبادل شركاء وشريكات الرقص هو ما يحصل.

• عند انتهاء الرقصة يشكر الرجل شريكته بلطف واقتضاب. ثم يثني لها ذراعه لتمسك بها وهو يرافقها إلى مقعدها.

• من اللباقة أن يتقبل الرجل لوم شريكته في الرقص على خطأ ما، لكن لا يستحسن أن يقوم هو بنقد الشريكة.

• عموماً، بغض النظر عمن ارتكب الخطأ، على كلا شريكي الرقص الابتسام والاستمرار.

• كقاعدة عامة، في حال وجود فرق في درجة إتقان الرقص بين الشريكين، يفترض بالشريك الأبرع أن يواكب الشريك الأقل براعة وأن يرقص وفق المستوى الأقل للشريك.

• طالما أن حلبة الرقص ليست مكاناً أو صفاً تعليمياً، فعلى الشريكين المشاركة في الرقصات التي يتقنانها وترك تلك التي يجهلانها.

• بعد مضي ساعة من الرقص تقريباً، تأتي عادةً فترة تناول العشاء، وأثناءها على الرجل الانضمام إلى السيدة التي أتى لصالة الرقص بصحبتها والاهتمام بها على طاولة العشاء.

• بعد العشاء تحل فترة الرقص الثانية، حيث يتوجب على الرجل اصطحاب شريكته مجدداً إلى قاعة الرقص.

إتيكيت استعارة الكتب

"قراءة الكتب الجيدة تشبه حواراً مع خيرة عقول القرون المنصرمة"(7)

رغم تشاؤم البعض حول مستقبل الكتاب، وحلول الإصدارات الإلكترونية محل الكتاب الورقي، فإن متعة قراءة الكتب ستبقى حاجة وربما هوساً للكثيرين، وسيبقى الكتاب التقليدي، حسب ظني، على عرشه رغم كل ما يصوّب إليه من سهام.

تعتبر استعارة وإعارة الكتب نوعاً من التعامل والتواصل ما بين القرّاء من ناحية، وما بين القرّاء والمكتبات العامة والخاصة. وتتيح هذه العملية الفرصة لتبادل الآراء ومناقشة فحوى الكتب التي تم تداولها.

بغض النظر عن نقيصة استعارة الكتاب دون إرجاعه إلى صاحبه، كما يحصل أحياناً، للأسف، تبقى فضيلة أن الكتاب موجود للمشاركة قائمة. والمخاوف المتأتية من إساءة استخدام الكتاب المستعار أو عدم إرجاعه لا تبرر بقاءه على الرف وعدم إفادة الآخرين به.

ـ قواعد إتيكيت:

- إذا لم ينوه مُعير الكتاب إلى مدة معينة لإرجاعه، يمكن لمستعيره السؤال عن ذلك.
- المدة المنطقية لقراءة كتاب وإعادته لصاحبه هي ما بين 15 و25 يوماً.
- احتفاظ المستعير بالكتاب لمدة طويلة فيه خروج عن الكياسة.
- عدم إرجاع الكتاب لصاحبه فيه خرق للأمانة والثقة.
- إذا كنت حريصاً على إتمام قراءة كتاب استعرته، وكان لا بد من بقائه لديك مدة أطول من المألوف، فعليك طلب الإذن بذلك من صاحب الكتاب.
- لا تحرج من أعارك كتاباً وتجبره على طلب إعادته.
- يجب إعادة الكتاب إلى صاحبه كحالته عند استعارته.

7. رينيه ديكارت (1596-1650): فيلسوف ورياضي وفيزيائي فرنسي، يلقب بـ «أبو الفلسفة الحديثة»، وهو صاحب مقولة «أنا أفكر، إذاً أنا موجود».

- لا يجـوز تدويـن أي ملاحظـات علـى كتـاب استعرته من صديق أو من مكتبة.

- لا يجـوز ثنـي صفحـات أو زوايـا صفحـات كتاب استعرته.

- لا يحق لك إعارة كتاب قد استعرته من شخص آخر قبل أن تستأذن صاحبه، فالقاعدة العامة هـي عدم إعارة ما هو ليس ملكاً لك.

- إذا أهداك أحد المؤلفيـن كتابـاً لـه، فيجب، بداية، أن توجه إليه كلمة شـكر.

- عندما يهديك كاتب كتاباً له، فإنه يتوقّع منك قراءته وربما مناقشته ببعض الأمور الواردة فيه.

- إذا كان لديك رأي مخالف أو بعض النقـد، حـاول أن تعبّر عـن ذلك بطريقـة مهذبـة لا تجرح المؤلف[8].

- إيـاك أن تـدع المؤلف يـرى كتابه عندك مهـملاً علـى منضدة أو مـا شـابه، دون أن تفتح صفحاته. إن إهمالك لكتابه يسيء إليه إساءة كبرى[9].

---

8. توجه جورج برنارد شو (الروائي والكاتب المسرحي الإيرلندي المعروف) إلى إحدى المكتبات التي تبيع كتباً مستعملة بثمن بخس، فوقع نظره على كتاب له يحوي بعض مسرحياته، ولما فتحه، هاله رؤية أن هذه النسخة كان قد أهداها إلى صديق له، وكتب عليها بخط يده: «إلى من يقدّر الكلمة الحرة حق قدرها، إلى الصديق العزيز، مع أحر تحيات جورج برنارد شو». اشترى برنارد شو هذه النسخة من البائع، وكتب تحت الإهداء الأول: «جورج برنارد شو يجدد تحياته إلى الصديق الذي يقدر الكلمة حق قدرها». ثم أرسل النسخة مجدداً إلى ذلك الصديق.

9. مررت شخصياً بهذه التجربة، فقد كنت واقفاً بالصدفة بجوار أحد الزملاء الدبلوماسيين الذي، لسبب ما، فتح درج طاولته فرأيت كتاباً من تأليفي بعنوان «العلاقات العامة والبروتوكول» كنت قد أهديته إياه قبل مدة، تناولته بفرح، بعد استئذانه، لأكتشف أن هذا الدبلوماسي لم يكلف نفسه حتى مجرد تصفحه وفك بعض أوراقه الملتصقة ببعضها البعض (لخطأ مطبعي)، وذلك بعد سنتين من إهدائي إياه لذاك الكتاب الذي ظننت أنه مفيد وهام له في عمله.

إتيكيت ورق اللعب

"وجـود أوراق الآس معـك لا يضمن لك الربح. ما يضمنه هو طريقتك في اللعب"(10)

لعـب الـورق هـو هـوايـة غـيـر مستحبة إذا كانت متأصلة لدى أصحابها، كعادة تمارس يومياً ولفترات طويلـة بحيث يصبح عنـوان هـذه الهواية هو هدر الوقت، فيمسي لعـب الورق سخفاً وانحداراً إلى السوقية. أمّا إذا كان لعـب الورق للتسلية والترفيه بين حين وآخر ما بين أفراد الأسرة والأصدقاء، فلا بأس بذلك للترويح عن النفس من جهة، وللتواصل الاجتماعي من جهة ثانية.

على أية حـال مـا سيُقدم هنا هـو قواعد إتيكيت لعب الورق في إطار الأسرة والأصدقاء ولا يخص تلك القواعد المتبعة في الكازينوهات وألعـاب القمـار الاحترافيـة كالبريدج وغيرها، فهـذا ليس مجال بحثنا ولا يعنينا.

• رموز وحروف ورق اللعب:

هناك أربعة رموز مستخدمة لبطاقات اللعب، وهـي الكُبّة، والبستوني، والسباتي، والديناري. وهي رموز كانت تمثل بالأصل أعمدة الاقتصاد والدولة في مجتمعات العصور الوسطى:

- يمثل رمز **الكُبّة** (♥) الكنيسة (باللون الأحمر).
- يمثل رمز **البستوني** (♠) الجيش.
- يمثل رمز **السباتي** (♣) الزراعة.
- يمثل رمز **الديناري** (♦) طبقة التجار ورجال الأعمال (باللون الأحمر).

وهنـاك أيضـاً أربعـة أحرف تُستخدم في ورق اللعب وهي A، K، Q، J:

- الحرف "A" هو اختصار للورقة التي تشير إلـى "الآس "Ace" "، والتـي تمثل الرقـم واحد. وتعتبـر أقوى ورقـة في مصفوفة ورق اللعب.

- الحرف "K" هو اختصار للورقة التي تشير إلى الملك "King" أو "الختيار/ الشايب".

---

10. صاحب هذا القول الشائع غير معروف.

- الحرف "Q" هو اختصار للورقة التي تشير إلى الملكة "Queen" أو "البنت".

- الحرف "J" هو اختصار للورقة التي تشير إلى الشاب "Jack".

علاوة على ذلك، تحتوي مصفوفة ورق اللعب على بطاقتي "جوكر" تستخدمان غالباً كبطاقتين بديلتين تنوبان عن بطاقات أخرى. وبالتالي فإن بطاقة "الجوكر" هي بطاقة قوية ومميزة تؤدي أدواراً مختلفة. رغم ذلك، تجدر الإشارة إلى أن غالبية ألعاب الورق المشهورة تستبعد ورقتي "الجوكر".

ـ قواعد إتيكيت:

- يجب أن يكون الهدف من لعب الورق هو التسلية والترفيه.
- يجب أن يبقى جو اللعب ودياً، وليس وقتاً للهمّ والتوتر.
- يجب أن تعرض على ضيوفك وزائريك البدء باللعب وأن تكون مضيفهم وليس لاعباً منذ البداية، فدع الأولوية لهم.

- يجب أن يتحلى المشارك في اللعب باللباقة، وأن يتحمل الربح والخسارة، دون إبداء الكثير من مشاعر البهجة (في حال الربح) أو مشاعر السخط (في حال الخسارة).
- يجب أن يجلس جميع اللاعبين على المسافة نفسها تقريباً بالنسبة إلى مركز الطاولة.
- أثناء اللعب، يجب عدم تقديم النصح أو توجيه النقد لأي من اللاعبين.
- يجب على اللاعب أن يتحمل أغلاط شريكه بصمت وصبر، من دون أن يوجه إليه أي لوم أو ملاحظات قد تحرجه أو تزعجه.
- يجب ألّا تكون أوراق اللعب قديمة، بل أن تكون نظيفة وغير ملطخة بأي بقع أو مثنية.
- على اللاعب الذي يوزع الورق أن يعرض على الشخص الجالس إلى يساره أن يقتطع عدداً من الأوراق، وعلى هذا الشخص أن يقوم بذلك وأن يقتطع الورق إلى قسمين متساويين قدر الإمكان، وأن يضع القسم العلوي على مقربة من اللاعب الذي يوزع الورق، من دون النظر إلى أخر ورقة في الأوراق المقتطعة.
- أثناء توزيع الأوراق، يلتقط اللاعبون الأوراق التي تُلقى أمامهم فقط عندما ينهي اللاعب الذي يوزع الورق عمله.
- يجب إلقاء الأوراق أثناء اللعب بشكل طبيعي دون نزق أو لامبالاة.
- بوجود شريك، يجب عدم استخدام الإشارات أو الإيماءات، بل أن يتم الالتزام بالنزاهة.
- من غير اللائق استراق النظر إلى أوراق اللعب في أيدي اللاعبين الآخرين.
- ينبغي إبقاء الأيدي فوق الطاولة أثناء اللعب.
- على من يسجل النتائج أن يقوم بذلك بنزاهة، وإعلانها للمشاركين في اللعب بوضوح.

الفصل السادس

إتيكيت دُور العبادة

"البحث عن الحقيقة أشرف المهام، والمعرفة هي نوع من عبادة الخالق"[1]

لكل شـخص رأيـه ومعتقـده الدينـي الـذي ولـد منتمياً إليه أو ترعـرع معتنقاً لـه. لكـن، وبغـض النظـر عـن معتقداتنـا الدينيـة وآرائنـا اللاهوتيـة، يجب احترام جميع الأديان والمعتقدات.

لأماكن العبادة لدى كافة شـعوب المعمورة، نوع من القدسيّة، وعلينا بالتالي، عندما نؤمها، الالتـزام بمـا يلتـزم بـه المؤمنـون، وأن نتصـرف بينهم وكأننا مثلهم نؤمن بما يؤمنون ونقّدس ما يقدّسون، بغـض النظر عن قناعاتنـا أو توجهاتنـا الدينية. كما ينبغي الانتباه إلى أن سـلوكنا يجب أن يكون ملائماً ومتماشياً مع التقاليد والطقوس المتبعـة فـي تلـك الأماكـن، وليـس التقاليـد والطقـوس المتبعـة والشـائعة لـدى طوائفنـا وأتباع دياناتنا.

لا أحد يجبر أحداً، عندما يزور الهند على سبيل المثال، أن يزور أحد المعابد الهندوسية أو غيرها، لكن بمجرد دخوله أي معبد منها، يجب أن يلتزم بآداب ذلك المكان وأن يحترم طقوسه كاملةً، من دون إبداء الدهشة أو الاستغراب أو الاستهجان[2]، وأن ينتبـه إلى أي تصـرف سـلبي سـيثير حفيظـة الآخريـن وقـد تكـون ردود الفعـل قوية.

- قواعد إتيكيت:

- فـي حيـن يتوجب خلع الأحذية عند دخول الجامع، فإن دخول الكنيسـة لا يقتضي ذلك. فبينما تجري العبادة في الجامع سجوداً وعلى الأرض المفروشـة بالسجاد وغيره، فإنها تجري في الكنيسـة جلوساً على المقاعد.

---

1. ابن رشد (1126 - 1198)، فيلسوف أندلسي، درس الفقه، والطب، والرياضيات، والقانون.

2. مرةً دخلت معبداً في نيودلهي لأتفاجأ بالناس المؤمنين فيه يطعمون بعض الفئران وكل ما يدب على الأرض، معتبرين أن كل الكائنات خُلقت لتُحترم وأن تترك لتعيش بالطريقة التي تناسبها، ولا يوجد ما يبرر تجنبها أو حتى إبعادها، فحق الحياة مقدس لكل المخلوقات بلا استثناء. هذه التجربة فيها بعض الغرابة ربما، لكن لم يكن من واجبي بمقتضى قواعد الإتيكيت إلّا احترام كل هذه العادات والطقوس والمعتقدات.

- في كل دور العبادة، يجب الالتزام بالهدوء والتكلم بصوت منخفض. فهذه الأماكن هي للتعبد والتأمل وليست للمرح والحبور.
- في كل أماكن العبادة، يجب أن تكون الهواتف المحمولة مقفلة أو في وضعية الصامت. فنغمات الهواتف تعكر هدوء المكان.
- قدر الإمكان، ينبغي ضبط حركة وأصوات الأطفال كي لا يزعجوا الآخرين.
- عموماً، في معظم أماكن العبادة، ولإظهار الاحترام، يجب ارتداء الملابس اللائقة بالمكان.
- في بعض دور العبادة، يطلب من النساء ارتداء ثياب محافظة، رغم أن معايير ذلك تختلف من ديانة إلى أخرى.
- في بعض أماكن العبادة يُطلب من النساء وضع شال على رؤوسهن وتغطية شعرهن كما في دور العبادة الإسلامية.
- في المساجد والجوامع، إضافة إلى تغطية شعرها، على المرأة ان ترتدي الملابس الطويلة.
- على النساء ألّا تظهرن الأكتاف والصدور والسيقان فوق الركبة في الكنائس.
- في معظم دور العبادة، يجب على الرجال تجنب ارتداء السراويل القصيرة (شورت) والقمصان بلا أكمام (حفر) والملابس التي تشتمل على كتابات وشعارات ورموز معينة...إلخ.
- يجب على الرجال خلع قبعاتهم في دور العبادة عموماً.
- على زوار أماكن العبادة الاستئذان قبل التقاط الصور.
- في بعض أماكن العبادة التي فيها لوحات وأعمال فنية معينة يمنع استخدام الفلاش.
- إذا كان زوار أماكن العبادة ضمن مجموعات كبيرة، عليهم تجنب أوقات الصلاة والشعائر الدينية الأخرى.
- احترام دور العبادة ينسحب أيضاً على احترام رجال الدين، بغض النظر عن دينهم أو طائفتهم.
- يجب تذكّر أن لرجال الدين أسبقية وأفضلية متقدمة في التراتبية في المناسبات والتجمعات كافة (كما نوهنا أكثر من مرة).
- يجب مخاطبة رجال الدين بألقابهم مع الاحترام. مع ملاحظة أن الألقاب الدينية عديدة ووفقاً لكل دين وطائفة.

كما أوضحنا في فصل إتيكيت الألقاب:

- لرجال الدين الإسلامي العديد من المراتب والألقاب كالشيخ، الإمام، القاضي، المفتي، شيخ العقل، حجة الإسلام، آية الله...إلخ.
- ألقاب ومراتب رجال الدين المسيحي متعددة، كالباستور، الشماس، القس، الخوري، الأسقف، رئيس الأساقفة، المطران، البطريرك، الكاردينال، والبابا (رأس الكنيسة الكاثوليكية).
- في اليهودية، هناك مراتب وألقاب متنوعة لرجال الدين تنتهي بالحاخام، وكبير الحاخامات.
- لقادة الديانة البوذية مراتب وألقاب عديدة كالسانغا وغيرها، وهي تختلف أيضاً من بلد إلى آخر.
- يتخذ قادة الديانة الهندوسية لقب بونديت أو بونجاريس، ويشار إليهم اختصاراً بـ "بونجي".

تفاصيل إضافية:

- رغم أن زوار الكنائس لا يخلعون أحذيتهم، فإنهم ملزمون بذلك في الكنائس الإثيوبية.

- في الكنائس الأرثوذكسية، ليس مستحباً الجلوس ورجل فوق رجل أخرى.
- في المعابد الهندوسية (رغم أن هذا ليس قاعدة ثابتة)، يفضل عدم انتعال الأحذية أو استخدام الأحزمة أو ارتداء الملابس المصنوعة من جلود البقر.
- في المعابد الهندوسية والبوذية، لا تقدم التبرعات إلّا باليد اليمنى.
- في المعابد البوذية، على الجميع الوقوف عند دخول رجال الدين.
- في المعابد البوذية، لا تستخدم السبابة عند الإشارة إلى شيء أو أحد، بل يتم ذلك بكامل راحة اليد المفتوحة.
- عند التجول أو مغادرة معبد بوذي، يجب على الزائر الرجوع عدة خطوات ووجهه قبالة تمثال بوذا قبل الاستدارة.

إتيكيت المآتم والجنازات

"سمعة الشخص لا تموت بموته"[3]

تختلف العـادات والتقاليد إزاء المآتم والجنازات باخـتلاف الثقافـات والأديـان، وبالتالـي تتنوع وتتبـدل أيضاً آداب السلـوك المتعلقـة بهذا الأمر مـن مكان إلـى آخر، بما فيهـا إجراءات التشـييع، الملابس، الأزهار...إلخ.

وتختلف أيضاً إجراءات إحياء ذكرى المتوفى ومتـى تقـام باخـتلاف الديانـات والثقافات.

كما تختلف إجراءات الجنائـز إذا كان المتوفى مدنياً أو عسكرياً.

يختلف ويتنوع شكل ومضمون ورقة النعي من مكان إلى آخر وحسب ديانة المتوفى.

علـى أية حـال، يجـب أن تتضمـن ورقة النعـي (أكانـت منشـوراً، أو إعلانـاً فـي الصحـف) اسم المتوفي ووقت الـصلاة عليه ومكانها، ومكان الدفـن، ومكان وتوقيت تقبل العزاء.

لكل مجتمـع، بل ولكل مجموعـة ضمـن مجتمـع مـا، طقـوس محـددة تُتَّبـع فـي المآتم، وعلـى من يقـدّم واجب العزاء معرفتها واتباعها تلافياً لأي حرج.

بغض النظر عما ذكرته من تنوعٍ واختلافاتٍ، يبقى هناك العديد من القواسـم المشـتركة في هذا السياق.

- قواعد إتيكيت:

- المشـاركة الشخصية في الجنازات والمآتم تعتمـد علـى درجـة القرابـة والعلاقـة مـع المتوفى، إضافة إلى كون الشخص مسافراً أو يقطن في منطقة بعيدة.

- المشـاركة في الجنازات والمآتم تعتمد أيضاً علـى الحالـة الصحية للشخص، فقـد يحـول مرضه، على سبيل المثال، دون القيام بواجب العزاء شخصياً.

3. مثل إيرلندي.

- عندمـا لا تكـون درجـة القرابـة مـن الدرجـة الأولـى أو الثانيـة (أب، أم، أخ، أخـت، عم/ عمـة، خال/خالة، جد/جـدة، صهر، كنة...)، وعندمـا تكـون الصداقـة مـع المتوفـى عاديـة، يمكـن تقديـم واجـب العـزاء مـن خلال إرسـال برقية أو بطاقة أو رسالة نصية عبر الهاتف.

- يمكـن إرسـال باقـة ورود كخيار آخـر لتقديم العزاء في حال عدم الحضور شـخصياً.

- علـى مـن يقـدّم واجـب العـزاء الإقلال من الكلام، وأن يظهـر تعاطفـاً ومواسـاةً للمفجوعيـن، وبالتالي عدم الضحك والابتسام.

- فـي حـال وجـود سـجل تعـازٍ، يمكـن لمن يقدم واجب العـزاء كتابة بعض العبارات التي تعبر عن المواساة والتضامن.

- تختلـف وتتنـوع ملابـس الحِـداد وألـوانها مـن مـكان إلـى آخـر، أكان بخصـوص الرجال أو النسـاء، لكنهـا تقريبـاً تشـترك فـي أنها محافظـة (فـي معظم دول العالـم) بلـون أسـود أو داكنـة (بما فيهـا ربطة العنـق، إذا كانت الملابس رسمية).

- رغـم أن هنـاك نزعـة حاليـة لتبسـيط الأمور بمـا فيهـا الملابـس بحيـث تُرتـدى الملابـس العاديـة فـي الكثيـر مـن المناسـبات، فمـا زال مـن غيـر المقبـول ارتداء ملابـس فاتحة ومبهرجـة فـي يـوم تكثـر فيه الدمـوع. هذا التصـرف سـيكون مسـتفزاً لـذوي المتوفـى ولأصدقائه.

- لا ترتـدي النسـاء ملابسَ قصيـرة. يجـب ألّا يقصر الفسـتان أو التنـورة عـن مسـتوى الركبـة. كمـا يجب عـدم كشـف الكتفين والصـدر.

- تكتفي النسـاء بالحـد الأدنـى مـن الحلي والإكسسوارات، إضافة إلى الماكياج الخفيف وتسريحة الشعر العادية.

- غالبـاً ما تختلـف مـدة ارتداء ملابـس الحِداد للرجـال والنسـاء حسـب درجـة القرابـة من المتوفى.

- لون الحداد للنسـاء في بعض مناطق غانا هو الأسـود والأحمـر. كما أنهن يقمن بتأدية بعض الرقصات في هذه المناسبة.

- لـون الحـداد فـي عـدد مـن دول شـرق آسيا هـو الأبيـض، كمـا فـي اليابان والصيـن، على سـبيل المثال.

- لـون الحـداد في بعض دول آسـيا هـو الأصفر كمـا فـي كمبوديـا، على سـبيل المثال.

- إضافة إلـى لـون الملابـس الأسـود، تُرتدى في بعض مناطق البرازيل ملابـس بلون أرجواني في أوقات العزاء.

- تختلـف أنمـاط وألـوان الزهـور في الأكاليل التـي تعـد للجنائـز والمآتـم، وفقـاً لاختـلاف الأماكن والثقافات.

- في كثير من الثقافات يعبّر فيها لون الزهور البيضاء عـن الفرح، مـع ذلك يمكـن إرسال زهور بيضاء إلى عزاء.

- كما يمكن أن يكون إكليل الزهور لدى آخرين مشـتملاً علـى زهور من عدة ألوان تماماً كما في المناسبات السعيدة والأعراس.

- غالبـاً مـا تكـون أكاليـل الزهور التـي تقدم في الجنائـز دائريـة الشـكل، تعبيـراً عـن اكتمـال دورة الحياة.

- تكون أكاليل الزهور دائرية غالباً في الزيارات الرسمية إلى أضرحة الجنـدي المجهول ونصب الشهداء.

- في اليابان لا تجد أحداً يقدم باقة مؤلفة من أربع زهرات أو أي شيء آخر بهذا العدد. فالرقم /4/ المعبر عنه بكلمة (shi) يعتبر رقماً يستحضر الموت.

- كما ويرى اليابانيون أن الأرقام المفردة أكثر إيجابية من الأرقام المزدوجة، حتى فيما يتعلق بالأزهار.

- بما أن لون الحداد في كمبوديا هو الأصفر، فلا يجوز استخدام الزهور الصفراء إلا للعزاء.

- في بعض قبائل دولة بابوا غينيا الجديدة، تطلي المرأة نفسها بالطين من رأسها حتى أخمص قدميها عند وفاة زوجها.

■ كيفية التصرف لدى مرور الجنائز، وفي المقابر:

• إن كنت راجلاً وصادفت مرور جنازة، عليك التوقف حتى يتجاوزك موكب الجنازة.

• إن كنت في سيارة وصادفت مرور موكب جنازة، عليك التوقف أو إبطاء السرعة حتى يتجاوزك الموكب.

• إذا كنت ترتدي قبعة، عليك خلعها لحين مرور موكب الجنازة.

• في المقابر، يجب مراعاة حرمة المكان، وعدم الدوس على القبور أو الثرثرة أو الضحك، وكل ما يمكن أن يثير مشاعر المكلومين.

• في المقابر، كما هو الحال عند تقديم واجب العزاء، يجب وضع الهواتف في حالة الصامت.

الفصل السابع

إتيكيت الهدايا

"قيمة الهدية في توقيتها"[1]

تكثر المناسبات والأعياد بما فيها الوطنية والدينية وغيرها، في كل البلدان، إضافة إلى المناسبات الخاصة كأعياد الميلاد والزواج والحفلات والمواعدة وغيرها، فكان لا بد من تقديم وتبادل الهدايا، كنوع من السلوك والعادات المرافقة لهذه المناسبات من جهة، وللتعبير عن الاهتمام والمحبة والصداقة والعرفان بالجميل من جهة ثانية. وإذا كانت الهدايا تُتبادل بين الأصدقاء والأحبة وغير ذلك، فهي للكثيرين تصنع مزيداً من الأصدقاء.

لكن من المهم معرفة بعض التفاصيل الخاصة بآداب تقديم الهدايا وتلقّيها، والكيفية التي تصبح بموجبها محلاً للتقدير، مع الإلمام ببعض الفوارق في المفاهيم المتعلقة بهذا الموضوع لدى هذا الشعب أو ذاك.

ـ قواعد إتيكيت:

- تختلف طبيعة ونوعية الهدايا وفقاً للبعد الثقافي والموروث الاجتماعي لكل شعب ومنطقة.

- تختلف نوعية الهدية وفقاً لطبيعة العلاقة التي تربط ما بين مقدِّم الهدية ومتلقّيها، كأن يكونا صديقين، حبيبين، زوجين، زميلين...إلخ.

- تختلف نوعية الهدية وفقاً للسن، فالهدية التي يمكن تقديمها إلى الجد أو الوالد مختلفة عن تلك التي يمكن أن تقدم إلى الصديق أو الابن...إلخ.

- تختلف نوعية الهدية وفقاً للمركز والمرتبة (أكانت وظيفية، أو اجتماعية، أو علمية)، فالهدية التي تقدمها إلى مدير أو رئيس شركة لا تكون، إلى حدٍ ما، كالهدية التي تقدم إلى زميل في العمل أو إلى مرؤوس.

---

1. مثل لاتيني.

- تختلـف نوعيـة الهديـة وطبيعتها، وفقـاً لنوع المناسـبة التـي تقـدم فيهـا. فـلا يمكـن أن يُقـدّم درع أو ميداليـة علـى سـبيل المثـال إلى عروسين.

- تختلـف نوعيـة الهديـة وفقـاً للمكانـة المدنية أو العسـكرية أو الدينية للشـخص الذي تُهدى إليـه. فـلا يمكـن أن تقدم سـيفاً كهدية إلى رجل دين مسـيحي على سـبيل المثال، في حين أنها سـتكون هدية جميلة لضابط في الجيش.

- عندمـا نتحـدث عـن نوعيـة وطبيعـة الهديـة، لا نتحـدث فقـط عن القيمـة المادية للهديـة، بـل عـن الدلالة[2] وما ترمـز إليه، وغير ذلك من أمور.

- عمومـاً، لا يجـوز أن تقـاس قيمة الهدية بثمنها، مـع أن ذلك موجود في بعض المجتمعات.

- لا يستحسـن تقديـم هدية ثمينة إلى شـخص لا يسـتطيع أن يهديـك شـيئاً يعادلهـا فـي القيمـة إلـى حـد مـا، وإلّـا فإنـك تحرجه وقد تشعره بالمفاخرة.

- عندمـا ترسـل هديـة إلـى شـخص أجنبـي في دولـة أخـرى، حـاول، إن أمكـن، أن تحمل تلك الهدية رمزية تدل على الطابع الوطني لبلدك.

- لا يجـوز تقديـم هدية لشـخص أجنبي تحمل رمزيـة أو طابـع بـلاده هـو، كأن ترسـل إلـى صديـق مصـري هديـة تذكاريـة تجسـد تمثال أبي الهول، أو أن تهدي صديقاً سويسرياً علبة شوكولا من صناعة بلاده.

- يجب أن تكون الهدية مفرحة للشـخص الذي تُقـدّم إليه، وبالتالي يجب أن يتم اختيار الهدية التي تناسب ذوقه وميوله قدر الإمكان. فمن يهتـم بالآثار مثلاً سـيفرح بهدية تجسـد ذلك، وليس بآنية حديثة.

- ينبغي ألّا تسـبق الهديـة وقتها بكثير، فليس مألوفـاً إرسـال هدية رأس السـنة قبل شـهرين مثلاً. هدايا رأس السـنة ترسل عادة في الفترة الممتـدة مـن منتصف ديسـمبر/ كانون الأول وحتى ليلة رأس السنة نفسها.

- احرص على الهدية التي تقدم إليك، وحاذر أن تهديها بدورك إلى شـخص آخر، فهذا لا يليق بك ولا بالشخص الذي تهديه.

- لا يجـوز إعـادة تقديـم هديـة قدمـت إليك بالمجـان (بعض الشـركات تقدم نمـاذج وعينات من منتجاتها لزبائنها).

- لا يجوز إطلاقاً أن تقدِم حليةً إلـى امرأة متزوجـة إلّا إذا اسـتأذنت زوجها مسـبقاً، وإلّا فـإن ذلـك سـيعتبر خرقـاً جسـيماً للصداقة والاحترام ولأبسط معايير الشهامة.

- لا تنسَ أن تقـدم هدية إلـى من أهداك في مناسـبات تخصك كعيـد ميلادك مثلاً. فمـن واجبـك أن تتذكر مناسـبة تخصه أيضاً، تماماً كما فعل هو.

- مثلمـا علـى الزوجـة تذكّر المناسـبات التـي تخص زوجهـا كعيـد ميلاده، فإن علـى الزوج عـدم نسـيان المناسـبات التي تخص زوجته كعيـد ميلادهـا وعيـد زواجهمـا، وأن يقدم إليها الهدايا المناسبة. فهذه مبادرات رقيقة،

<hr>

2. أهدى حبيب بن أوس الطائي إلى الحسن بن وهب قلماً، وكتب معه إليه هذه الأبيات:

قد بعثنا إليك أكرمك الله   بشيء فكن له ذا قبولِ

لا تقسه إلى ندى كفك الغمر   ولا نيلك الكثير الجزيلِ

فاستجز قلّة الهدية مني   إن جهد المقلِّ غير قليلِ

- تعزز أواصر الحياة الزوجية وتشعر الطرفين باهتمام كل منهما بالآخر.
- على الزوج تذكير الأولاد وتشجيعهم على تقديم الهدايا إلى أمهم في عيد الأم.
- يتوجب الاعتناء بالطريقة التي تُلفُّ بها الهدية، والحرص على أن تكون أنيقة، وفيها لمسات كافية من الجمال والترتيب.
- إضافة إلى الألوان الحيادية، يتم اختيار ألوان ورق التغليف عادة وفقاً للمناسبة وللمتلقي ومستوى العلاقة معه.
- ينبغي اختيار الأكياس التي توضع فيها الهدايا بعناية، بحيث تكون أنيقة وجميلة، ولا تتناقض زخرفتها وما عليها من أشكال مع المناسبة.
- يجب إزالة الملصق الذي يحدد سعر الهدية قبل إرسالها.
- لا يجوز الإشارة بشكل مباشر أو غير مباشر إلى سعر الهدية أمام الشخص الذي قُدمت إليه.
- إذا تلقيت هدية ما، يجب المبادرة إلى شكر مقدمها خطياً أو هاتفياً حسب العلاقة التي بينكما، ويجب أن يتم ذلك في اليوم نفسه إن أمكن.
- في معظم دول العالم وفي مختلف المناسبات، تعتبر الزهور من أجمل الهدايا التي يتم تبادلها بين الأصدقاء والمحبين.
- يمكن للزهور أن تشكل حلاً للمتردد الذي احتار في انتقاء الهدية المناسبة.
- في الكثير من البلدان، من اللباقة بمكان فتح الهدية أمام مقدمها فور تلقيها، وتقديم الشكر والثناء على ذوقه الرفيع.
- كما في الكثير من البلدان، إذا زارتك مجموعة من الأشخاص يحملون هدايا

بمناسبة تخصك (عيد ميلاد، عيد زواج، ترقية، استلام منصب...) تناول الهدايا وقدم الشكر إلى مقدميها، ولا تفتحها أمامهم كي لا تحرج أياً منهم أمام الآخرين، فالهدايا تختلف من حيث قيمتها وحجمها وما ترمز إليه، وتختلف أيضاً تبعاً للحالة المادية للشخص الذي يقدّمها.

- في الغرب ودول أمريكا اللاتينية عموماً تفتح الهدايا أمام مقدميها، أكانوا أفراداً أو مجموعة، فور تلقيها، ولا حرج في ذلك، فكل الهدايا هي رمزية وبسيطة بغض النظر أكان مقدمها ميسوراً أو عادياً.
- في بلدان كالصين واليابان وكوريا وماليزيا وبلدان شرق آسيا عموماً، يقدّم الشخص الهدية بكلتا يديه، ويتلقاها المُهدى إليه بكلتا يديه أيضاً.

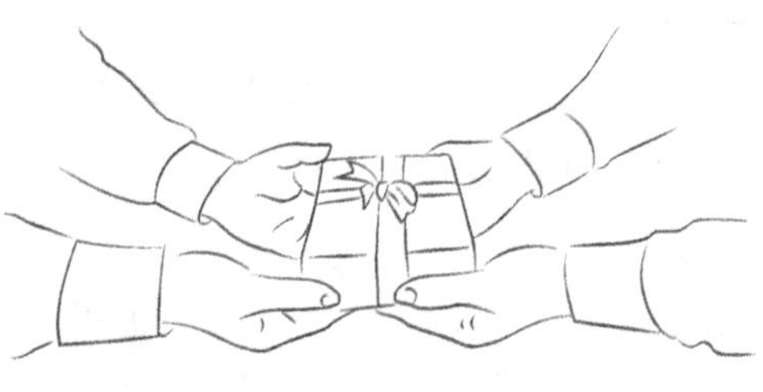

- في بلدان كالصين واليابان وكوريا، إذا كانت الهدية مؤلفة من عدة قطع، فيجب تجنب أن يكون عدد القطع أربع، فهذا الرقم يشير إلى الموت.
- من أنواع الهدايا غير المرغوبة في الصين، هي الساعة العادية والجدارية وساعة الطاولة. والسبب في ذلك أن عبارة "إهداء الساعة" في اللغة الصينية تتطابق تماماً مع عبارة "الاشتراك في مراسم الدفن". فعندما تهدي ساعة لأي شخص فكأنك تتمنى له الموت.

- الأغرب من ذلك هو أن بالإمكان إهداء شخص هدية تذكارية على شكل تابوت صغير، فالتابوت في الصين يقترن بالترقية في السلم الوظيفي، وتعتبر مثل هذه الهدية كالتمنيات بالنجاح.

- ولعل أغرب ما تدينه آداب السلوك في الصين هو القبعة الخضراء، فتقديم قبعة خضراء إلى رجل، هو بمثابة توجيه صفعة له، وارتداؤها يعني أن زوجة الرجل تخونه.

- في الكثير من بلدان العالم يعتبر الرقم 13، نذير سوء، لذا يتم تجنبه تماماً كما يتم تجنب تقديم هدية من 13 قطعة.

- في معظم بلدان العالم يتم، في الهدايا وأغلفتها، تجنب اللون الأسود الذي يشير إلى الأسى والحزن.

- في اليابان وكوريا، يتم تجنب الهدية التي تكون على شكل سكين، فذلك إيحاء بالانتحار.

- إضافة إلى الأسود، يعتبر اللون الأرجواني هو لون العزاء والموت في عدة دول كالبرازيل وإيطاليا وبريطانيا وتايلاند، لذا يتم تجنبه في الهدايا وأغلفتها.

- في البرازيل، كبقية الدول، ليس لائقاً عدم إزالة ملصق السعر عن الهدية، لكن بالإمكان إرفاق عنوان المكان الذي تم شراء الهدية منه. الغرض من ذلك هو تمكين

متلقي الهدية من استبدالها في حال رغب في ذلك.

- لا تقدم في فيتنام المناديل كهدايا، فهي ترمز إلى الوداع المحزن.

- في سويسرا وألمانيا، يتم تجنب بعض الهدايا ذات الدلالة السلبية مثل القرنفل وبعض أنواع الزنابق لا سيما الأرجوانية منها، فهي ترمز إلى الحِداد.

- في سويسرا وألمانيا، يتم تجنب بعض الهدايا كالسكاكين والمقصات والمظلات التي تعتبر رموزاً لسوء الحظ.

- لأسبابٍ دينية، لا يصح، عادة، تقديم المشروبات الكحولية كهدايا لأتباع الديانة الإسلامية.

- يعتبر عيد الميلاد، لدى الأرمن، عيداً دينياً محضاً، ولا تقدَّم فيه الهدايا، بل تقدَّم في عيد رأس السنة. لهذا السبب، يمارس بابا نويل نشاطه في عيد رأس السنة فقط، وليس في عيد الميلاد.

- بعض البلدان كالولايات المتحدة وكندا والبرازيل وبلدان أوروبا وأستراليا وماليزيا وسنغافورة وغيرها) لا تُمنع شخصياتها الرسمية من قبول الهدايا، لكن إن زادت قيمتها عن حدٍ معيّن توجّب تقديمها إلى جهة رسمية معتمدة لديها لتُسجّل وتصبح ملكاً عاماً للدولة.

الفصل الثامن

إتيكيت السيدات

في الحقيقة، إن موضوع كيفية التعامل مع المرأة متشعب ولا يخلو من التعقيد، لكن وبرغم تنوع الثقافات واختلاف بعض العادات والتقاليد والقواعد ذات الصلة، فإن للسيدات حظوة لا بد من أخذها بالاعتبار والتطرق إليها، وخصوصاً من باب حسن التصرف وطريقة المعاملة.

لقد أصبحت مقولة "السيدات أولاً" (Ladies First)(2) متبعـة وشائعة، وتترسّخ شـيئاً فشيئاً لتصبح قاعدة ذهبية تستند إليها الكثير مـن التصرفـات وقواعد الإتيكيت. وقد باتت قاعدة معتمـدة تسـمح للسيدات بالأسبقية وتعطيها ميـزة تفضيلية، في العديد من الحالات.

1. أوسكار وايلد (1854-1900)، شاعر وكاتب مسرح إيرلندي.
2. دون التثبت من ذلك فعلياً، لعبارة "السيدات أولاً" (Ladies First) قصة تراجيدية حدثت في إيطاليا في القرن الثامن عشر الميلادي، ومفادها أن شاباً من إحدى الأسر الغنية في إحدى مقاطعات إيطاليا وقع في حب فتاه من أسرة أقل منه في المستوى المعيشي والطبقي. اتفق الاثنان على الزواج، لكن الشاب لقي معارضة من قبل أسرته التي هددته بعدم الاعتراف ومباركة هذا الزواج. كبرت الضغوط على الشاب وعلى الفتاة فقررا ألّا يفرقهما إلا الموت، فخططا للانتحار معاً، وتوجها الى صخرة عالية مطلة على البحر. بداية، أرادت الفتاة القفز أولاً، ولكن الشاب منعها من القفز بحجة أنه لا يستطيع أن يراها تموت أمامه، واتفقا على أن يقفز هو أولاً. وبالفعل قفز الشاب وسقط صريعاً. ولكن عندما رأت الفتاة هذا المنظر المأساوي، غيرت رأيها وعدلت عن مرافقة حبيبها في الموت، ورجعت إلى البلدة لتتزوج، لاحقاً، شخصاً أخر من طبقتها، وخانت حبيبها الذي ضحى بنفسه من أجلها. عندها قرر أهل القرية أن تكون النساء أول من يقمن بالأعمال، وظهرت مقولة السيدات أولاً (Ladies First).

هناك رواية أخرى، أقل تداولاً، تقول إنه في العصور الوسطى اعتاد الفرسان في أوروبا أن يلقوا معاطفهم على البقعة الموحلة من الطريق بحيث تمر السيدات أولاً من دون أي اتساخ، واعتادوا قول عبارة "السيدات اولاً" التي ذهبت قولاً شائعاً.

رغم التفاوت، وحتى الاختلاف، ما بين منطقة وأخرى بشأن سبل التعامل مع السيدات (وهذا محكوم ببعض العادات والتقاليد المرعية)، فإن جملة من قواعد الإتيكيت أصبحت شائعة ومألوفة في معظم البلدان تقريباً. نوجز فيما يلي بعضاً منها.

ـ قواعد إتيكيت:

- السيدة تتقدم الرجل في دخول كل الأبواب، أكانت في أماكن عامة أو خاصة (الشقق والمنازل وغيرها).
- يبقى الرجل ممسكاً الباب حتى تدخل أو تخرج منه السيدة.
- عند اصطحاب الزوج (ومهما علا شأنه أو منزلته) لزوجته إلى أي مناسبة يتوجهان إليها بالسيارة، تجلس الزوجة في مقعد الشرف (المقعد الخلفي الأيمن[3])، ويجلس الزوج في المقعد خلف السائق.
- يفتح الرجل باب السيارة، ويساعد السيدة كي تستقلها أو تخرج منها.
- **في المسارح والمطاعم، من واجب الزوج مساعدة الزوجة على خلع معطفها (ولا يجوز العكس)، وهو من يعطيه للشخص المسؤول عن حفظ المعاطف والقبعات وغيرها، ويطلبه عند المغادرة.**
- في حال عدم إيداعه عند مدخل الصالة أو المطعم، من واجب الزوج أو الرجل الأقرب مساعدة الزوجة أو السيدة الأقرب على خلع وارتداء المعطف.
- في المآدب، يُرجِع الزوج الكرسي للزوجة ويساعدها كي تجلس إلى طاولة الطعام. وفي حال التباعد يمكن لأقرب رجل أن يقوم بذلك.
- في المطاعم، يبدأ النادل بتقديم الطعام والشراب للسيدات أولاً ثم للرجال.
- في الأماكن التي يُسمح بالتدخين فيها، من واجب الرجل أن يشعل سيجارة السيدة التي تدخن وتكون بجانبه (في حال كان هو مدخناً ويحمل ولاعة سجائر)، أما العكس فلا يجوز إطلاقاً.
- حتى ولو أراد مساعدتها، لا يحمل الرجل حقيبة يد المرأة (إلّا في حالات خاصة جداً ولبرهة من الوقت ليس إلّا).
- عند وجود الأدراج، تسبق السيدة الرجل في الصعود.
- يتبعها الرجل بمقدار درجة أو اثنتين.
- في النزول يسبق الرجل السيدة بمقدار درجة أو اثنتين، وذلك خوفاً من أن تتعثر، وبحيث يكون قادراً على تقديم المساعدة لها إن لزم الأمر.

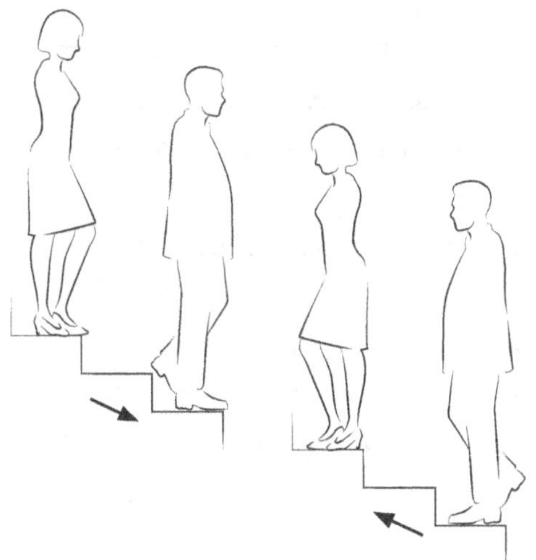

---

3. يعتبر المقعد الخلفي الأيسر هو مقعد الشرف في البلدان التي تتبع النظام البريطاني في القيادة (السائق على اليمين).

- أثنـاء السـير علـى الرصيـف، يحـرص الرجـل على أن يكون من جهـة الطريق، فذلك أكثر أمانـاً وحماية لها من بعض المخاطر كالرذاذ التي قد تنثره عجلات السـيارات شـتاءً، على سبيل المثال.

- يُنصـح الرجـل بألّا يسـأل المـرأة عـن عمرها أبداً. حتى وإن كان كاتبـاً للعدل، يستحسن أن يسـألها عن السـنة التي ولدت فيها وليس عن عمرها(4)، فوقع ذلك أسهل عليها.

- نظراً لأن المـرأة تتمتـع دائمـاً بشـيء إيجابي فـي شخصيتها، يجب علـى الرجل التركيـز وإبراز هذا الجزء قدر الإمكان.

- يجب علـى الرجـل عـدم إظهـار الكراهية أو انتقاد بعض الصفات المتعلقة بشـكل المرأة. هي لـن تنسـى ولن تغفر ذلك أبداً.

- إذا تـم اسـتفزاز المـرأة مـن خـلال كلمـة أو سـلوك معيـن قـام بـه رجـل، فعليـه أن يعتذر ويوضـح أي سـوء تفاهـم دون الدخـول فـي مناقشات تفصيلية.

- لا بـأس مـن تذكّـر أن بعض النسـاء تتأثـرن بتقلبـات هرموناتهـن في بعـض الأوقات، ما يؤثر أحياناً على مزاجهن ونفسيتهن، وبالتالي علـى طريقتهـن بالتعامـل مـع الآخريـن. إن معرفـة أسـاس المشـكلة قـد يخفـف مـن ردود الفعل.

- إذا كانـت المـرأة تنشـد الانـزواء ولا تريـد التحـدث إلى الآخرين، اترك لها فسـحة من الوقت والمكان لتخلد إلى ذاتها.

- إذا كانـت تشـعر بنـوع مـن الكآبـة، حـاول إشـعارها أنـك إلى جانبها، وتواصـل معها وشـجعها لتجعلهـا تفهـم أنـك تهتـم بهـا.

- لا بأس من مساعدة المرأة التي تعاني الإجهاد والتعب، ولو بتقديـم مسـاعدة بسـيطة. فهذه المسـاعدة البسـيطة ستكون نتيجتها كبيرة.

■ كيف تبدو المرأة سيدة حقيقية:

• يفترض بالمرأة التحلي باللطف عند تعرفها علـى أحد أو تعريفها بشخص آخر، فلا تكتفي بالقـول "أهلاً" فقط، على سبيل المثال، فهذا قد يعطي الانطباع بعدم الاكتراث، بل يمكنها قول "تشرفت أو تشرفنا" أو "يسعدني التعارف" وغير ذلك من العبارات التي تظهر الاهتمام.

• من أسس الإتيكيت أن تقول "من فضلك أو لو سمحت" عند طلبها شيئاً ما، وأن تقول "شكراً" لمن قدم لها أية مساعدة.

• إن لم تكن بحاجة إلى مساعدة أو لا ترغب بشيء ما، لا تكتفي بقول "لا"، بل بقول "لا، شكراً لك"، على سبيل المثال.

• من الكياسة بمكان أن تكون السيدة مستعدة لتقديم المساعدة للآخرين، كأن تقف لتعطي مقعدها لشخص كبير السن أو من ذوي الاحتياجات الخاصة أو لأم تحمل رضيعاً أو تصطحب أطفالاً صغاراً.

• السيدة الحقيقية لا تكون مغرورة أو متكبرة، بل متواضعة وواثقة من نفسها وتتصرف بمنتهى اللطف مع الآخرين.

• ليس من اللباقة أن تكثر المرأة من عرض صورها وصور أسرتها وأصدقائها وزملائها في وسائل التواصل الاجتماعي دون أن يكون لذلك سبب جوهري أو مناسبة تستدعي ذلك.

---

4. أكد روبرت فروست (1874-1963)، شاعر وكاتب مسرحي أمريكي أن "الدبلوماسي هو الذي يتذكر عيد ميلاد المرأة وينسى سنها".

- يجب عليها أن تكون ملمة تماماً بآداب المائدة وكل التفاصيل ذات الصلة.
- أكثر من الرجل، هناك أمور أخرى تواجهها المرأة عند جلوسها إلى طاولة المائدة في المطعم. عليها وضع حقيبة اليد إن كانت صغيرة تحت منديل الطعام وليس على الطاولة، وإن كانت كبيرة تضعها عند قدميها. في الأحوال كافة، يجب ألّا تعلقها على ظهر كرسيها وتربك حركة الأشخاص المعنيين بالخدمة وغيرهم.
- عند تلقيها دعوة إلى وليمة أو حفلة ما مثبت عليها الاختصار (RSVP) (5) عليها الرد بأسرع ما يمكن مع الشكر، أكان الرد بالموافقة أو الرفض.
- عند تلبيتها لأية دعوة، لا يجب أن تحضر من دون هدية بسيطة تقدمها إلى صاحب/ صاحبة الدعوة.
- عند طاولة المائدة وبجوارها رجل يفترض به ألّا يجلس قبلها، عليها أن تجلس من دون أن تدعه ينتظر طويلاً.
- على مائدة الطعام يفترض بها عدم إجراء مكالمات هاتفية أو إرسال الرسائل، بل الانخراط بالحوار والتحدث مع من يجاورونها موزعةً وقتها عليهم بالتساوي قدر الإمكان.
- يجب تجنب الكلام والفم مليء بالطعام.
- إذا ما كانت العلكة (اللبان) في فمها وهي في الطريق أو أي مكان عام، عليها أن تلوكها بهدوء مع عدم إصدار أصوات أو إظهار أية فقاعة (بالون) فهذا لا يليق بسيدة محترمة.
- عليها عدم استخدام العلكة على المائدة أو في أي لقاء أو مقابلة.
- في اليوم التالي لدعوة قامت بتلبيتها، عليها إرسال بطاقة شكر لمن قام بدعوتها.
- في حال كانت تشرب الكحول، في حفلات الكوكتيل والعشاء وما شابه، عليها أن تنتبه إلى كمية ما تشربه من كحول وأن تتناول بعض الماء من حين إلى آخر. وإذا لاحظت أن المشروب قد بدأ يؤثر عليها يجب أن تعتذر وتغادر المكان.
- النميمة ليست من شيم السيدة المحترمة. عليها الابتعاد عن نشر غسيل الآخرين الوسخ ولا سيما على وسائل التواصل الاجتماعي.
- الكلمة هي التزام، وعلى المرأة كما الرجل تنفيذ أي وعد تقطعه، فهذا مهم جداً في تحقيق السمعة الحسنة.
- مظهر المرأة مهم جداً في تشكيل الانطباع الأول عنها.
- في العمل والأماكن العامة والمناسبات، على المرأة أن تعرف القواعد العامة وتلتزم بها بخصوص الملابس، المجوهرات والإكسسوارات، التجميل "الماكياج"، وغير ذلك.
- تشكيلة نماذج لباس المرأة (woman dress code) أكثر تعقيداً من نماذج لباس الرجل، لذلك عليها أن تعرف تماماً ما يلائمها لأية مناسبة تحضرها، دون أن تنسى أن المرأة تكون محط الأنظار أكثر من الرجل.
- ينبغي أن يظهر لباس المرأة أناقتها وليس مفاتنها، فالملابس التي تكشف الكثير من جسدها ستكون لافتة للنظر لكن لن تظهرها كسيدة محترمة، وستبدو كمن تلبس لتجذب انتباه الرجال.

---

5. هذا الاختصار هو الأحرف الأولى للعبارة الفرنسية (Repondez s'il vous plait) التي تعني (يرجى الرد). وقد أصبحت عبارة شائعة عالمياً وتستخدم نفسها للغات الأخرى بما فيها العربية. يتوجب الرد بما لا يزيد عن 48 ساعة أو خلال المدة المثبتة في بطاقة الدعوة.

• مقبول جداً أن ترتدي المرأة البنطال إلى بعض المناسبات، إلّا أن التنورة تعطيها لمسة أنوثة ألطف.

• عند ارتدائها للتنورة، عليها التأكد أنها ترتفع إلى مستوى الركبتين أو أعلى قليلاً ليس أكثر.

• وكذلك هو الحال بخصوص الفستان الذي، زيادة على ذلك، يجب ألّا يكون الجزء العلوي منه كاشفاً للكثير من الصدر.

• من غير اللائق للمرأة أن تحشر نفسها في ملابس ضيقة تظهرها كدمية.

• الحذاء الرسمي هو الحذاء المغلق، إلّا أن بإمكان المرأة انتعال الأحذية المفتوحة قليلاً في أماكن العمل شريطة ألّا تظهر أصابع القدمين إلّا قليلاً.

• حالياً يمكن للمرأة أن تنتعل حذاءً بكعب عريض قليلاً لكل المناسبات، وليس فقط الحذاء ذا الكعب المدبب (كعب مسمار) كما كان الحال سابقاً. علماً أن هذا الحذاء الأخير لا يزال يعتبر الأكثر أناقة.

• الارتفاع المثالي لكعب الحذاء هو ما بين 5 إلى 7 سنتم.

• لأسباب صحية غالباً، وعملية بحدود معينة، أصبح مقبولاً أن تنتعل المرأة أحذية مسطحة (بكعب منخفض) لبعض المناسبات شريطة أن يتم اختيارها بعناية.

• تكون حقيبة اليد في المناسبات الرسمية صغيرة الحجم، وليست كتلك التي تحملها السيدات في المكاتب وغيرها، حيث يمكن أن تكون كبيرة أو متوسطة الحجم.

• لا بد أيضاً من توفر الانسجام ما بين لون الحذاء ولون الحقيبة والحزام.

• ارتداء الجوارب النسائية الشفافة ملزم[6]، صيفاً شتاءً، وفي كل المناسبات وأماكن العمل.

• لون الجوارب يجب أن يكون حيادياً.

• يجب تجنب المبالغة والابتعاد عن الابتذال عند وضع المكياج الذي يفترض به إظهار وتركيز جمال المرأة وليس طمسه.

• ينبغي أن يوائم أحمر الشفاه[7] لون البشرة. الخيارات هنا كثيرة وتجريبها يعطي المرأة فكرة عما يناسبها.

• بخصوص ظل العيون، يمكن للمرأة أيضاً أن تجرب عدة خيارات للتعرف على ما يناسب بشرتها ومعالم وجهها.

---

6. يُعبّر عن إلزامية الجوارب النسائية في الإنكليزية بالقول: "It is a must".

7. يرجع تاريخ أحمر الشِفاه إلى الحضارة السومرية (مطلع العصر البرونزي، قبل حوالي 8000 سنة) أقدم حضارة معروفة جنوب منطقة الرافدين (في العراق حالياً)، حيث يرجح أن الرجال والنساء على حدٍ سواء قد استحدثوه واستعملوه. كانوا يسحقون بعض أنواع الأحجار الكريمة ويضعونها على وجوههم ولا سيما على الشفاه وحول العينين.

أمّا حديثاً فيعود استعمال أحمر الشفاه الى عام 1916 حين كانت الممثلة البريطانية إيستل وينوود (1883-1984 , Estelle Winwood) تضع طلاءً أحمر على شفتيها كي تبدو مخيفة حسب متطلبات أدوارها في الأفلام التي شاركت فيها في تلك السنة وما بعدها. في إحدى المقابلات معها عام 1960 قالت: "أعتقد أني قدمت خدمة كبيرة للنساء حول العالم عندما قمت كأول امرأة باستخدام أحمر الشفاه".

• يفترض بحاجبي المرأة أن يكونا مشذبين ومشكلين بطريقة أنيقة.

• إذا استخدمت رموشاً اصطناعية، فيجب ألا تكون طويلة جداً، حيث ستبدو المرأة كممثلة مسرح إيمائي.

• يجب ألّا تكون الأظافر طويلة، وألّا تواكب المرأة دوماً آخر اتجاهات الموضة في ذلك، فبعض الأظافر الصناعية طويلة إلى درجة أنها تبدو كمخلب.

• خيارات الألوان متعددة بخصوص طلاء الأظافر، لكن بكل الأحوال ينبغي ألّا تختار السيدة الألوان الفاقعة.

• يجب تجنب وضع العطور القوية التي قد تزعج البعض.

• بخصوص التزين بالمجوهرات والإكسسوارات، ينبغي أن يكون ذلك باعتدال ووفق المناسبة. فما يلائم حفلة في مسرح، لا يلائم بالتأكيد أوقات العمل الرسمي في المكتب.

• إفراط المرأة في استخدام المجوهرات يعطي نتيجة عكسية ولا يعبر إلّا عن تدني في الذوق من جهة والمفاخرة المبتذلة من جهة أخرى. اذاً تبقى القاعدة الذهبية في استخدام الحلي، كما في المكياج، ألا وهي "البساطة ".

• المرأة التي تضع عدداً من الخواتم يزيد على الثلاثة كحد أقصى، لا تعطي الانطباع بأنها أنيقة، بل العكس من ذلك.

• تتنوع الأطواق والقلائد في مكوناتها وألوانها... لكن الأناقة تتطلب عدم التمادي في كثرتها أو في عدد لفاتها وألوانها.

• المجوهرات التي تشتمل على الألماس (الطبيعي أو الصناعي، الحقيقي أو "الزيركون") لا تستخدم إلّا مساء حيث يظهر رونقها

بانعكاس الإضاءة عليها. لذلك من غير المناسب استخدامها نهاراً، ولا سيما في المكاتب.

• رسمياً، ينبغي عدم استعمال الأقراط الكبيرة المتدلية في أماكن العمل. الأقراط المتدلية تناسب المناسبات المسائية، أما نهاراً فالأنسب استعمال الأقراط البسيطة، الذهبية أو الفضية، أو اللؤلؤ (حبة واحدة في كل أذن قد يكون خياراً مناسباً).

• تتطلب الأناقة انسجاماً معيناً في تكوين ونوعية الخاتم والسوار والقرط والطوق في أية مناسبة تدعى إليها المرأة. طبعاً ليس من الضروري ارتداؤها جميعها في كل مرة.

• لا يزال استخدام البروش (الذهبي أو الفضي وغير ذلك) على صدر جاكيت أو "بلوزة" المرأة يضفي أناقة، لكن عدم وجوده لا ينفي الأناقة.

• رسمياً لم يحصل بعد اعتبار وضع مجوهرات أو إكسسوارات الوجه، كتلك التي تتدلى من الأنف على سبيل المثال، مظهراً لائقاً في أماكن العمل.

• يجب ألّا تضع المرأة حليّها أثناء زيارة تقوم بها لتقديم إحسان أو لأعمال خيرية، لأن من الكياسة عدم إيذاء حس الآخرين ولا سيما المحتاجين، على أقل تقدير.

• يمكن للمرأة ارتداء القفازات في المناسبات الرسمية وغير الرسمية، وأفضل الألوان هو الأبيض والبيج والرمادي الفاتح، ودون زركشة أو في حدها الأدنى.

• عندما تكون المرأة في حفلة كوكتيل، تنزع القفاز وتحتفظ به في حقيبتها، وذلك تسهيلاً لتناول الشراب وبعض قطع الطعام أو الحلوى.

• يستحسن عدم ارتداء النساء القبعات العريضة في الأماكن المزدحمة.

• لا يجوز للمرأة أن ترتدي القبعة في منزلها،

في حفلة غداء أو عشاء، حتى ولو كانت كل السيدات المدعوات لديها يرتدين القبعات.

• يمكن للسيدات ألّا يخلعن قبعاتهن خلال وجودهن في المآدب والحفلات الرسمية والأماكن العامة.

• في دور السينما والمسارح والأوبرا، يمكن للسيدة ارتداء القبعة لكن شريطة أن يكون حجمها صغيراً وبحيث لا تضايق المشاهدين الجالسين خلفها.

• رسمياً، يجب ألّا تظهر المرأة وشماً على أي جزء من جسدها في أماكن العمل.

▪ بعض وضعيات وقوف وجلوس المرأة:

• حتى عند ارتدائها البنطال، يجب ألّا تنسى المرأة أن الطريقة الصحيحة لوقوفها هي بضمّ الساقين، مع تقديم رجلٍ على أخرى قليلاً، بحيث لا يظهر أي فراغ أعلى الساقين، وهو الخطأ الذي ترتكبه الكثير من السيدات بمن فيهن بعض المذيعات على شاشات التلفزة عندما يقدمن برامجهن واقفات.

• عندما تجلس المرأة، يجب أن تبقي ساقيها متلاصقتين، على عكس الرجل الذي يمكن أن يجلس وساقاه منفرجتان قليلاً.

• عندما تجلس المرأة وهي تضع رجلاً فوق رجل، بغض النظر عما ترتديه، يجب أن ترجع رجليها إلى الخلف قليلاً، على عكس الرجل الذي يمكن له أن يبقي زاويتي ركبتيه قائمتين أو منفرجتين قليلاً، لكن بحيث لا تمتد رجلاه كثيراً إلى الأمام.

• عند الجلوس على أريكة (أو صوفا)، لا تضع المرأة رجلاً فوق رِجل، بل تكون الركبتان متلاصقتين والساقان متوازيين.

• عند الجلوس على أريكة (أو صوفا)، يمكن اللجوء لوضعية كمبريدج (Cambridge cross) بحيث تكون إحدى القدمين خلف الأخرى والكاحلان متقاطعان.

▪ الدخول والخروج من السيارة:

• بغض النظر عما ترتديه المرأة (أكان بنطالاً أو تنورةً أو فستاناً...إلخ)، عندما تهمّ بالركوب في السيارة بعد فتح بابها، تجلس على جانب المقعد، ثم ترفع ساقيها معاً، بشكل متوازٍ تقريباً، نحو داخل السيارة(8).

• وبالمثل، تخرج المرأة من السيارة بينما يتم الجمع بين ساقيها.

---

8. هذا الإجراء غير مطلوب من الرجل الذي يمكنه رفع ساقيه إلى داخل السيارة واحدة تلو الأخرى.

إتيكيت التعامل مع كبار السن

إن احتـرام وتقدير كبار السـن هـو واجب أخلاقي واجتماعي وحتى ديني. ناهيك عن أن حياة هؤلاء مليئة بالتجارب والخبرات التي يمكن الاستماع إليها والاستفادة منها. لقد وصل بعضهـم إلى درجات من الحكمة التي تسـتحق الاقتداء بها.

مـن ناحيـة أخـرى، لا شـك أن لبعض كبار السـن أحيانـاً، وخصوصـاً مـن بلـغ مـن العمـر عتيّاً، تصرفات تسـتوجب منا الاهتمـام والحذر والمراعـاة وليـس السـخرية أو عـدم الاكتراث. فكما يقال: "مع التقدم في العمر تعاود الطفولة المبكرة بالظهور[10]".

• قواعد إتيكيت:

- مبدئياً، من أصول الإتيكيت مخاطبة الآخرين كافـة باحترام بغض النظـر عن أعمارهم.

- يجب مخاطبة كبار السن دون إغفال ألقابهم.
- تعتبـر مصافحتهـم وتقديـم أنفسـنا لهـم (إن لـم يكن التعارف حاصلاً سـابقاً) مـع تواصل بصري وابتسـامة، مبادرات لطيفة تجاههم.
- يجب مخاطبـة كبير السـن بدايـة بصوت هادئ وعادي دون الافتراض مسـبقاً أن لديه مشكلة بالسمع.
- قد يتفوه كبير السن بأحاديث لا تعنيك لا من قريـب أو بعيد، فاحترمه وقدّر سـنه واستمع إليه، ولا تشـعره بقلة الاهتمـام بحديثه حتى ولو كان يهذي.
- تذكّر أن المسن يتضايـق مـن وحدته، ويفـرح كثيـراً عندمـا يلتقـي الآخريـن، لـذا رحـب بـه إن بـادر للحديـث معك، واسـأله عن أحواله وشؤونه.

---

9. بيير جول رينار (1864-1910): كاتب فرنسي وعضو أكاديمية غونكور، أكثر أعماله شهرة: "الجزرة ذات الشعر" و"التاريخ الطبيعي".
10. مثل أفريقي، من دولة بوروندي.

- في وسائط النقل العامة المزدحمة غالباً، يجب ألّا ينسى الشباب واجبهم في الوقوف وإعطاء مقاعدهم لكبار السن باعتبار أن بعض البلدان لا يتم فيها، للأسف، تخصيص أماكن في هذه الوسائط لكبار السن وذوي الاحتياجات الخاصة والنساء الحوامل وغيرهم.

مقاعد خاصة لذوي الأفضلية

- في كثير من الأماكن العامة المزدحمة، كالمستشفيات والبنوك والإدارات والمؤسسات العامة، يُلزم الجميع بانتظار دورهم، فكن ذا حسٍ رفيع ولا تجلس وتدع كبار السن يقفون، أو أن يتكئوا على أي مسند أو جدار وخصوصاً إن لم يكن هناك أفضلية بالدور لهم.

- عند وجود درج، بادر وأسند يد المسن بيدك، ولا تقف خلفه أو تتخطاه محدّقاً فيه، فالمسن يفرح بمن يقدم له المساعدة وخصوصاً إن كان يتوقعها.

- عندما يتقدم بغية الدخول إلى مكان ما يجب المبادرة وفتح الباب له والانتظار حتى يدخل أولاً. بالتأكيد سيقدّر هذا الموقف ويسعد به.

- في حال عدم وجود معايير للأسبقية، فإن لكبار السن الأفضلية.

- إذا تسبب المسن في إسقاط شيء أو عرقلة للنظام في مكان ما، فلا تقابله بالكلمات المخطِّئة أو المشفقة، بل أصلح الأمر بصمت، وغيِّر مجرى الأمور.

- قد يفقد كبار السن البوصلة ويجدون صعوبة في تحديد الاتجاهات. إذا صادفت أحدهم، حاول تقديم المساعدة بلطف، واسأل عن المكان الذي يقصده، محاولاً إرشاده بأبسط طريقة ممكنة.

- يواجه الكثير من كبار السن مشكلة مع التكنولوجيا ووسائلها التي تتطور بشكل سريع، بحيث يحتاجون إلى مساعدة يجب تقديمها لهم من دون تذمر أو لوم.

- حاول أن تشرح لهم أي تعقيد بعبارات بسيطة يستطيعون فهمها، فمن اللطف أن تخبرهم أنك موجود للمساعدة في أي وقت، فذلك سيخفف عنهم تعقيدات التكنولوجيا.

- من الطبيعي والشائع وجود ضعف في الذاكرة لدى بعض كبار السن، لذا يجب إعطاؤهم الوقت الكافي للتذكر دون إلحاح.

- قد يعاني بعض المسنين من ضعف السمع والبصر والنطق، فكن ذا لباقة وتحلى بالصبر ولا تطلب منهم تكرار الكلام.

إتيكيت التعامل مع ذوي الاحتياجات الخاصة

"يحقق التنبيه والتصويب الكثير، إلّا أن التشجيع يحقق ما هو أكثر"(11)

ذوو الاحتياجات الخاصة هم الأشخاص الذين لا يستطيعون استغلال مهاراتهم الجسدية والحسية بشكل كامل وفاعل بسبب ضعف أو إعاقة ولدوا أو أصيبوا بها. هم أناس شاء القدر وبعض الظروف أن يكونوا على ما هم عليه، وهذا لا يعني أنه ليس لهم حقوقاً وأن عليهم واجبات، بل العكس تماماً، وهو ما يجب أن تهتم به الحكومات والوزارات والإدارات والمنظمات المجتمعية والجمعيات المعنية.

الأهم من هذا وذاك، هو أن هؤلاء الأشخاص هم مسؤولية الجميع، في كل المناسبات والأحوال، وألّا يتوقف الأمر على بعض الاحتفاليات والمهرجانات والمؤتمرات ذات الصلة. وهي فعاليات تضع هذه الشريحة من الناس في دائرة الضوء لبعض الوقت وتنساهم غالبية الوقت الآخر (12).

لقد وفرت بعض البلدان البيئة والمرافق الرئيسية اللازمة لدمج ذوي الاحتياجات الخاصة بالمجتمع، إلّا أن الكثير منها لا يزال، للأسف، غير مهتم كما يجب بهذا الجانب، ويعاني ذوو الاحتياجات الخاصة فيها الكثير، ابتداءً من انعدام أو نقص الممرات والمنحدرات "الرامات" والمصاعد في الأماكن العامة والمراكز التجارية، وإلى عدم توفر المراحيض الخاصة بهم، وصولاً إلى مشكلة

11. يوهان فولفغانغ فون غوته (1749-1832): شاعر وروائي وكاتب مسرحي وفيلسوف ألماني.

12. هذا ما لمسته واختبرته شخصياً، حيث كنت محظوظاً عندما عايشتهم لبعض الوقت وتعلمت الكثير منهم. فقد كنت رئيساً للمجموعة التنظيمية لـ "أولمبياد الامم المتحدة السابع لمنطقة الشرق الأوسط وشمال أفريقيا لذوي الاحتياجات الخاصة الذهنية"، الذي عقد في سوريا (دمشق 2010). فبعد انتهاء ذاك الحدث الهام، انتهت معه، يا للأسف، اهتمامات وسائل الإعلام، واضمحلت، الى حدٍ كبير، متابعة الجهات الحكومية والمجتمعية المعنية.

وسائط النقل العامة التي قد لا تبدو مصممة ليتم استخدامها بسهولة من قبل هذه الفئة من الناس لها، الأمر الذي يتسبب بإرباك وإحراجات جمة في الصعود والنزول والحركة.

لنتذكر أن نسبة الأشخاص من ذوي الاحتياجات الخاصة في أي مجتمع ليست بسيطة، حيث تشير التقديرات إلى أن "10% من سكان العالم لديهم نوع ما من الإعاقة الجسدية أو الذهنية، وأن 80% من هؤلاء هم من سكان الدول النامية[13]"، وبالتالي من واجب المجتمع بكافة مكوناته العامة والخاصة، الحكومية وغير الحكومية، بهيئاته ومؤسساته وجمعياته، أن يعمل على التعامل مع هذه الشريحة من الناس والعمل على دمجهم بمجتمعاتهم، ليعيشوا ويمارسوا حياتهم بشكل طبيعي ولائق، بما يناسب إمكاناتهم ومهاراتهم. **يجب ألّا ننسى أن من بين هؤلاء نسبة لا بأس بها من المبدعين والمتميزين الذين لا يحتاج بعضهم إلّا إلى إعطائهم الفرصة، وربما تقديم بعض التدريب والتأهيل، كي نرى ونلمس نتاج إبداعهم وتميزهم، والأمثلة على ذلك لا تعد ولا تحصى.**

• إشكالات لغوية:

• يجب الانتباه إلى وجود إشكالات لغوية وأخطاء يقع فيها الكثير من الناس. يجب تجنب عبارات مثل "معاق، مشلول، مُقعد، أعمى، أطرش، أخرس" وما شابه. فهذه العبارات تتضمن عدم القدرة أو الدونية، وهذا غير صحيح من جهة، وهي عبارات جارحة بلا

مبرر لأي شخص من ذوي الاحتياجات الخاصة، من جهة ثانية.

• يمكن القول، مثلاً، إن فلاناً "لديه إعاقة حركية"، وليس "معاقاً"، فكلمة "معاق" تحمل معنى الجزم والشمولية وإن صاحبها غير قادر على شيء، وهذا مجاف للحقيقة.

• إن القول بأن فلاناً "لديه إعاقة بصرية"، يوضح أنه شخص سليم وقادر، ولديه إعاقة في هذا العضو فقط، وهذا هو الواقع.

• يمكن القول إن فلاناً "شخص يستخدم الكرسي المتحرك أو الكهربائي" وليس "فلان مقعد أو ملزم بالكرسي".

• في العربية، من الألطف قول فلان "شخص كفيف" وليس "أعمى".

• يقال عن شخص إنه "أصم" فقط عندما تكون لديه إعاقة سمعية كاملة.

• يقال عن شخص "أبكم" فقط عندما تكون لديه إعاقة كاملة في النطق.

• يمكن القول إن "فلاناً لديه إعاقة ذهنية" وليس "فلان معاق ذهنياً" العبارة الأولى تعني أن لديه إصابة أو خللاً ذهنياً ما، في حين أن الثانية تعني أن ذهنه معطل تماماً وهذه ليست هي الحالة بالضرورة، فالإعاقات الذهنية متعددة الدرجات والطيف.

• لا يُقال إطلاقاً عن شخص يعاني من إعاقة ذهنية ما إنه "مجنون" أو "مخبول" أو "معتوه" أو ما شابه من التعابير الجارحة التي لا تنطبق عليه، فالمجنون هو فاقد العقل تماماً، وهذه ليست أبداً حال من لديه إعاقة ذهنية. كما أن بعض الإعاقات الذهنية ملحوظ وبعضها غير ظاهر أصلاً.

---

13. دليل الصحة المدرسية، 2013، وزارة التربية السورية، بالاستناد إلى منشورات الامم المتحدة ذات الصلة.

فيمـا يلـي جـدول بالكلمـات والعبـارات التـي يجـب تجنبهـا وتلـك التـي يمكـن اسـتخدامها:

قل/استخدم	تجنب قول
لدية (اسم الحالة)	مصاب بـ (اسم الحالة) ضحية لـ (اسم الحالة) يعاني من (اسم الحالة)
يستخدم الكرسي	مقيد بالكرسي المتحرك ملزم بالكرسي المتحرك
شخص لديه حالة ذهنية/ إعاقة ذهنية ليست لديه قدرة على التعلم	مريض/ متخلف عقليا مجنون معتوه معاق ذهنيا
كفيف لديه ضعف بصر لديه قصر نظر	أعمى
لا يستطيع / غير قادر على	عاجز
لديه شلل دماغي/ لديه نوع من الشلل دماغي	مصاب بتشنجات
لديه اضطراب ثنائي القطب	مصاب بالهوس الاكتئابي
لديه متلازمة داون	منغولي المنغولية
أصم	أطرش
أبكم	أخرس

تجـدر الإشـارة إلـى أنه عنـد التواجـد بصحبة شـخص أو أكثر مـن ذوي الاحتياجـات الخاصة، لا بأس من اسـتخدام كلمـات أو عبارات مثل "أراك لاحقاً" أو "علـيّ المشـي إلـى هنـاك" أو "لا بـد لـي من الركض كي ألحـق بعائلتي فـي التوقيت الصحيـح" أو "تحـدثَ معـي لكنـي لم أسـمعه"، وهـي عبـارات أو كلمات تتضمن الرؤية والسـمع والحركـة، ولكنهـا لا تزعج أي شـخص مـن ذوي الاحتياجـات الخاصـة ممـن لا يملكون بعض أو إحدى هذه الإمكانات.

لدى ذوي الاحتياجات الخاصة بعض الخصوصية في التعامل لكنهم أناس طبيعيون، ويجب التعامل معهم على هذا الأساس بشكل عادي للغاية.

- يجب ألّا يُحَدّق بذوي الاحتياجات الخاصة كمن يرى أمراً غريباً أو خارجاً عن المألوف، فهذا سلوك يبلغ حد الوقاحة وقلة التهذيب، وهو سلوك مزعج لهم ولذويهم.

- يجب التحلي بالصبر وعدم التذمر واستعجال أي شخص من ذوي الاحتياجات الخاصة، فهو لديه الأسباب ليكون بطيئاً بعض الأحيان.

- عند مقابلة شخص من ذوي الاحتياجات الخاصة، ينبغي ألّا يُفترض سلفاً أنه بحاجة إلى المساعدة، فهو معتاد على حالته ويعرف كيف يتصرف عموماً.

- عند تقديم أية مساعدة يُظن بأنها لازمة لشخص من ذوي الاحتياجات الخاصة، يجب الاستئذان أولاً، ومن ثم مساعدته بالطريقة التي يحددها هو.

- تُقدّم المساعدة بطريقة تخلو من الشفقة والتعليقات الجارحة. فالشفقة شيء والمساعدة بتودد شيء آخر.

- قد يُرفض عرض تقديم المساعدة، ويجب، في هذه الحالة، تفهّم ذلك وعدم الإلحاح على تقديمها.

- يجب التحدث مع أي من ذوي الاحتياجات الخاصة، أكان رجلاً أو امرأة بشكل طبيعي، تماماً كما يتم مع أي شخص آخر، وبنغمة صوت عادية.

- يجب عدم رفع الصوت أثناء التحدث مع أي منهم (ما لم يطلب هو ذلك)، بل التكلم بصوت طبيعي وأن يُوجه الكلام بشكل مباشر، لا من خلال شخص آخر.

- لا يجوز أبداً طرح الأسئلة الشخصية، بل أن يُترك المجال له ليعبّر عن نفسه إن أراد ذلك.

- لا تسأله عن سبب إعاقته وما شابه من أسئلة ليس لها من داعٍ.

- لا تقدم لأي من ذوي الاحتياجات الخاصة النصائح الطبية حول معالجة حالته.

- عند التقدم من شخص من ذوي الاحتياجات الخاصة لتحيته، يتم التوجه إليه ومصافحته، ولكن بلطف ودون ضغط، حتى لو كانت يداه صناعيتين أو مصابتين، ما لم يُبدِ تمنعاً لسبب ما يخصه.

• التعامل مع شخص لديه إعاقة سمعية (جزئية أو كلية):

• إذا كان يضع سماعة طبية في أذنه أو كلتي أذنيه، يجب التحدث إليه بصوت عادي، لأن الصوت المرتفع قد يشوش استقبال جهاز السمع لديه ويسبب له الإزعاج، وقد لا يسمع بشكل جيد.

• إذا كانت لديه إعاقة سمعية في أذنٍ واحدة، ينبغي عدم الجلوس أمامه، بل الجلوس بجانب الأذن السليمة حتى يستطيع السماع.

• في حال كان ذو الإعاقة يعاني من الإعاقة السمعية الكاملة، وكان ممن يقرأون الشفاه، يجب:

أولاً: الحرص، ما أمكن، على أن يكون الضوء مسلطاً على وجه المتحدث، فهذا يساعد الأصم على قراءة شفاهه، وتعابير وجهه وعينيه.

ثانياً: عدم المبالغة في حركة الشفاه أثناء الكلام، فهذا سيربكه، لأنه يعرف قراءة حركة الشفاه الطبيعية.

- تتزامن حالة الإعاقة السمعية الكاملة مع إعاقة نطق، وفي هذه الحالة يجب استخدام إحدى الطرق الثلاث التالية للتواصل: لغة الشفاه، لغة الإشارة، الكتابة.

- يمكن الربت بخفة على كتف من لديه إعاقة سمعية أو التلويح له باليد، للفت انتباهه، ولكن بشكل طبيعي وغير مبالغ به.

- يجب التحلي بالصبر عند التحدث أو تكرار الكلمات أو إعادة صياغتها مرة أخرى أمام الشخص الذي لديه إعاقة سمعية، فالاتصال المرئي لديه يكون من خلال قراءة الشفاه وتعابير الوجه والعينين.

- عند التحدث مع من لديه إعاقة سمعية من خلال مترجم للغة الإشارة، ينبغي الإبقاء على التواصل البصري معه وليس مع المترجم، فالكلام موجه إليه وليس إلى المترجم.

- يتوجب تشجيع الشخص الذي لديه إعاقة سمعية على المشاركة في الحياة الاجتماعية والنشاطات العائلية، فهو غالباً شخص يميل إلى الانطوائية.

- ينبغي تفهّم ردود فعله على بعض المواقف، فالضغط الزائد عليه ممن يحيطون به، قد يؤدي أحياناً إلى نتائج عكسية.

▪ التعامل مع شخص لديه إعاقة (جزئية أو كلية) في النطق:

- عند محاولة شخص لديه إعاقة في النطق، يجب تركه يكمل ما بدأه وألّا يُقاطع.

- يجب عدم إنهاء الجمل نيابة عنه، بل إعطاؤه الوقت الكافي ليعبّر عن نفسه.

- يجب عدم الادعاء بفهم ما يرمي إليه، إذا لم يكن قد فُهم فعلاً.

- إذا لم يُفهم، يمكن أن يُطلب منه الإعادة، لكن دون إبداء أي تذمر أو استخفاف أو هزء به.

- إذا لم يُفهم رغم تكراره ومحاولته التعبير، يمكن أن يُطلب منه كتابة ما يريد أو أن يقترح هو طريقة أخرى يفهمها ويتقنها.

▪ التعامل مع شخص لديه إعاقة بصرية (جزئية أو كلية):

يجب التحدث معه بنبرة صوت عادية، فمن لديه إعاقة بصرية خسِر حاسة النظر، لكن بقيّة حواسه تعمل بكفاءة بالغة، وربما أكثر من غيره من الأشخاص.

- عند تقديم أي مساعدة لشخص لديه إعاقة بصرية، ينبغي على الشخص تقديم نفسه له وتعريفه باسمه، والاستئذان في تقديم المساعدة.

- لمن يجلس معه في غرفة أو قاعة، من اللطف والذوق أن يصف له المكان ومكوناته قدر الإمكان.

- كما يُستحسن أن يعطيه فكرة عن الحضور.

- عند التحدث مع كفيف، يُفضل التخفيف من الضجيج حوله، لأنه يعتمد على سمعه ليفهم، فليس من المناسب أبداً النقر على الطاولة أمامه، على سبيل المثال، فذلك قد يزعجه.

- عندما تودّعه، وأنتما في وسط غرفة أو ساحة، اقترب وإياه إلى جانب الحائط أو أقصى جانبٍ للمكان. لا تتركه في الوسط وتنصرف، فالوسط لديه في هذه الحالة هو فراغ لامتناهٍ. يجب أن تعطيه إحداثيات مكانه ليتمكن من الانصراف من دون طلب المساعدة من أحد.

مبدئياً، يجب تذكّر أن من لديه إعاقة بصرية يتقن المشي في الشارع والتحرك بحرية تقريباً. وهو قادر على ذلك باستخدام العصا البيضاء أو كلبه الخاص.

• الشخص الذي لديه ضعف بصري جزئي قد لا يكون قادراً على قراءة بعض اليافطات أو المؤشرات أو لوحات التعليمات، وخصوصاً إذا لم تكن مضاءة أو مكتوبة بخط عريض وواضح. كن مستعداً لتقديم المساعدة بكل هدوء.

• قبل تقديم المساعدة لكفيف قم بتعريفه بنفسك وسؤاله فيما إذا كان يرغب بالمساعدة.

• لا تلح عليه إذا لم يكن يريد المساعدة.

• طالما أنه من غير الممكن تخفيف ضوضاء السيارات والمارة، يجب الاقتراب منه قليلاً، لكن مع إعطائه مساحة لكي يتحرك بيسر.

• لا تحاول الامساك بيده وقيادته، فهذا قد يفقده التوازن.

• بل قف إلى جانبه، تقدم أمامه قليلاً، دعه يمسك ذراعك (يفضّل أن تكون مطوية بدرجة 90 درجة)، أو أن يضع يده على كتفك، وامشِ قبله بنصف خطوة. بهذه الطريقة سيتمكن من استكمال خطواته تبعاً لخطواتك في التقدم إلى الأمام، والتوقف، والالتفاف يميناً أو يساراً، ونزول الدرج او صعوده...إلخ.

• قبل الوصول إلى أية عقبة بثلاث أو أربع خطوات، بلّغه بهدوء ولطف ماذا يوجد أمامكما، على سبيل المثال باب متحرك،

رصيف أو انعطاف (يميناً أو شمالاً) حول زاوية، أو أن هناك درجاً صعوداً أو نزولاً...إلخ.

• أنتبه إلى أنك تعطيه المعلومات بشكل صوتي وليس حركي أو إيمائي.

• مكّنه من وضع يده على سياج الدرج ("الدرابزين").

• لا تحاول الإمساك بعصاه، وإن جلس ووضعها جانباً، لا تبدل مكانها ما لم تبلغه بذلك. هي خصوصيته وجزء من حيّزه الخاص.

• إذا كان يستعين بكلب، لا تحاول مداعبة الكلب أو إطعامه، فهو يعتمد على كلبه بشكل كبير. وهذا الكلب لديه مهمة محددة يقوم بها، ولا يحق لك أن تشتت انتباهه.

• عندما يكون مصطحباً كلبه على يمينه، كن على الجانب الأيسر كيلا تعيق حركة الكلب وتحشره بينكما.

• مساعدة شخص لديه إعاقة بصرية في الجلوس على كرسي:

• قف إلى جانبه من ناحية الكرسي.

• أمسك بيده وضعها على ساعد الكرسي القريبة منه.

• أمهله بضع ثوانٍ ثم انقل يده إلى ظهر الكرسي.

• أمهله بضع ثوانٍ أخرى وانقل يده إلى أرضية الكرسي كي يعرف عمق الكرسي.

• أعد يده إلى ساعد الكرسي. بهذا الشكل يكون قد شكل تصوراً ذهنياً عن الكرسي الذي سيجلس عليه.

• اسأله إن كان يحتاج لمساعدة في الالتفاف والجلوس، فإن طلبها ساعده في ذلك.

● **مساعدة شخص لديه إعاقة بصرية في ركوب السيارة:**

• أمسك بيده ببساطة ولطف وأخبره أنك سترشده إلى مقبض باب السيارة.

• ضع يده على مقبض الباب، وأخبره أن هذا الباب هو الأمامي أو الخلفي.

• عند فتحه للباب، لا تضغط عليه أو تستعجله للدخول، دعه يفعل ذلك بمفرده، فهو يحتاج:

- **أولاً،** أن يطوي عصاه البيضاء.

- **ثانياً،** أن يضع يده على سقف السيارة ليعرف درجة الانحناء المطلوبة منه للدخول.

- **ثالثاً،** أن يضع رجلاً داخل السيارة ليعرف مكان الجلوس، وبذلك يستطيع أن يدخل.

• تأكد من دخوله كلياً داخل السيارة قبل أن تغلق الباب.

● **التعامل مع شخص يستخدم الكرسي المتحرك:**

• عندما تتحدث مع شخص يستخدم كرسياً متحركاً، لا تقترب منه كثيراً.

• لا تنحني عليه كثيراً، وحاول ألّا تضع يدك على ساعد كرسيه المتحرك الذي يعتبر جزءاً من حيّزه الشخصي.

• إذا كان الحديث مطولاً، اجلس القرفصاء لتكون في مستوى عينيه بحيث لا تجبره على رفع رأسه باتجاهك مطولاً فهذا قد يتعبه جسدياً.

● **مساعدة شخص يستخدم الكرسي المتحرك في النزول على منحدر:**

• أمسك بظهر الكرسي وأدِره للخلف، بحيث يكون ظهرك وظهر مستخدم الكرسي باتجاه أسفل المنحدر.

• أرجع نزولاً وأسحب الكرسي معك.

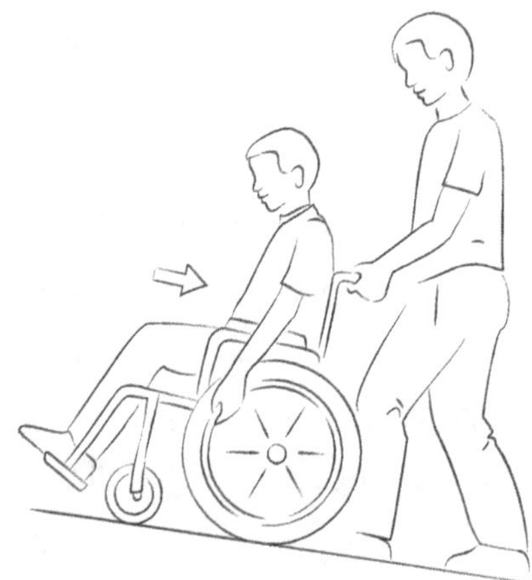

● **مساعدة شخص يستخدم الكرسي المتحرك في صعود منحدر:**

• أمسك قبضتي ظهر الكرسي.

• ادفع الكرسي إلى الأمام.

• يجب توخي الحذر كي لا يتعرض مستخدم الكرسي للسقوط.

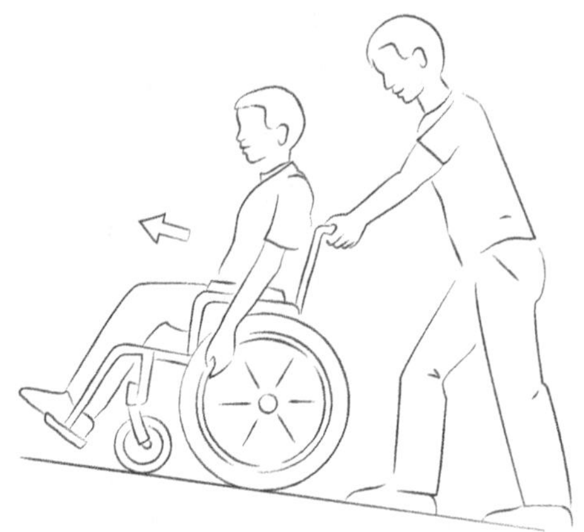

■ **مساعدة مستخدم كرسي متحرك على صعود درج:**

1. شخص واحد يقدم المساعدة:

• بغض النظر عمن يقدم المساعدة أكان فرداً أو أكثر، يجب الحرص والانتباه بحيث يبقى مستخدم الكرسي المتحرك سالماً دون أي أذى (وهذا ما نكرره للأهمية).

• تأكد من أن المستخدم يضع حزام الأمان.

• أمسك القبضتين الخلفيتين لظهر الكرسي.

• استدر نحو الخلف واسحب الكرسي حتى تلمس العجلتان الخلفيتان أول درجة.

• ضع قدمك اليمنى على الدرجة الأولى بين العجلتين الخلفيتين، أمّا الرجل الثانية فتوضع على الدرجة الثالثة مثنيةً بحيث تلامس الركبة هذه الدرجة تقريباً.

• انحن وأمِل الكرسي نحو الخلف بحيث ترتفع العجلتان الأماميتان عن الأرض قليلاً.

• بالتزامن مع مستخدم الكرسي (يكون هو ممسكاً بالعجلتين الخلفيتين الكبيرتين ويدفع إلى الخلف) يتم السحب لصعود الدرجة الأولى.

• تتكرر العملية وصولاً إلى آخر درجة، باستخدام أسلوب (الصعود خطوةً خطوة أو درجةً درجة).

2. شخصان يقدمان المساعدة:

• يفترض أن يكون الشخص الأقوى خلف الكرسي المتحرك ممسكاً بقبضتي الكرسي الخلفيتين وواقفاً أعلى بدرجة. ثم يقوم بإمالة الكرسي بحيث ترتفع العجلتان الأماميتان.

• يكون الشخص الثاني أمام الكرسي ممسكاً بالإطار المعدني خلف العجلتين الأماميتين مباشرة.

• بالتزامن ما بين الشخصين يتم سحب الكرسي إلى الخلف بحيث تستقر العجلتان الأماميتان على الدرجة الأولى.

• تتكرر هذه العملية ببطء عند كل درجة صعوداً.

• يبقى الكرسي مائلاً والعجلتان الأماميتان مرتفعتان حتى الوصول إلى أعلى الدرج.

• عند السطح المستوي لأعلى الدرج واستكمال الصعود، تتم إمالة الكرسي نحو الأمام بهدوء بحيث تلامس العجلتان الأماميتان الأرض مجدداً.

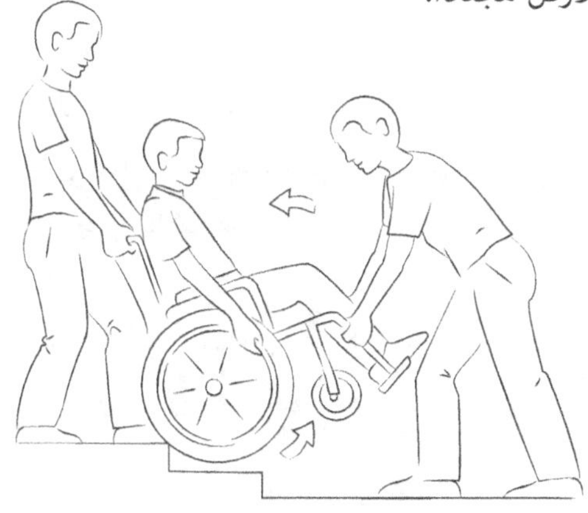

3. عدة أشخاص يقدمون المساعدة:

• بوجود عدة أشخاص يمكن تقديم المساعدة لمستخدم الكرسي المتحرك بسهولة.

• يقومون بالإمساك بإطار الكرسي (وليس الأجزاء المتحركة).

بالتزامن فيما بينهم يقومون بحمل الكرسي وصعود الدرجات كافة دون توقف وصولاً إلى أعلى الدرج.

● مساعدة مستخدم كرسي متحرك على نزول درج:

1. شخص واحد يقدم المساعدة:

● أمسك القبضتين الخلفيتين لظهر الكرسي بقوة وثبات.

● أمِل الكرسي نحو الخلف بحيث ترتفع العجلتان الأماميتان.

● أرجع الكرسي ببطء حتى تصبح العجلتان الخلفيتان عند حافة أول درجة.

● ضع قدمك اليمنى على الدرجة الأولى بين العجلتين الخلفيتين، أمّا الرِجل الثانية فتُحرك إلى الخلف من أجل التوازن.

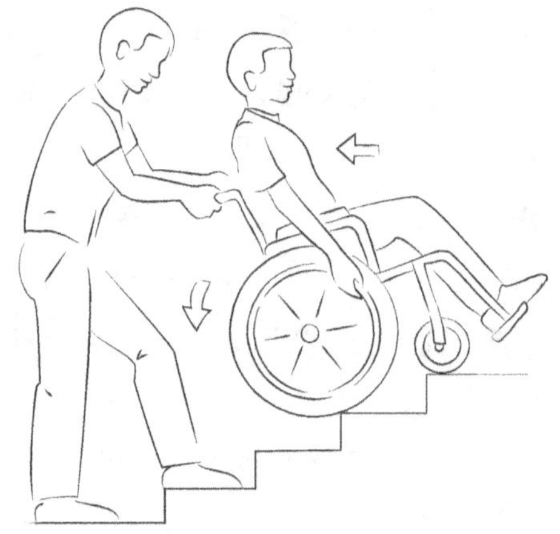

● قم بإرجاع الكرسي بتؤدة إلى الخلف بحيث تستقر العجلتان الخلفيتان على الدرجة الأولى (وتبقى العجلتان الأماميتان مرتفعتين).

● تتكرر العملية وصولاً إلى آخر درجة، بالنزول درجةً تلو الأخرى.

2. شخصان يقدمان المساعدة:

● في هذه الحالة، يمسك الأول بمقبضي الكرسي من الخلف ويُميل الكرسي نحو

الخلف قليلاً بحيث ترتفع العجلات الأمامية عن الأرض.

● يمسك الشخص الثاني (وظهره للخلف) بالإطار المعدني خلف العجلات الأمامية (التي تكون قد ارتفعت).

● يضع الأول قدمه اليمنى على الدرجة الأولى بين العجلتين الخلفيتين حفاضاً على توازنه.

● يدفع الأول الكرسي إلى الأمام بحيث تستقر العجلتان الخلفيتان على الدرجة الأولى.

● تتكرر العملية وصولاً إلى آخر درجة، بالنزول خطوةً خطوة.

● خلال كل هذه العملية، يحاول كلا الشخصين المزامنة قدر المستطاع بين حركتيهما كي لا يتأذى مستخدم الكرسي.

● مساعدة شخص يستخدم الكرسي المتحرك في المصعد

● عند المصعد، اسبق مستخدم الكرسي المتحرك في الدخول، واضغط على زر فتح الباب في لوحة التحكم.

● بعد التأكد من دخوله، عندها فقط يمكنك الضغط على زر إغلاق الباب.

● اسأله عن الطابق الذي يرغب بالنزول عنده واضغط الزر المطلوب.

■ **مساعدة مستخدم كرسي متحرك سقط عن كرسيه:**

إذا مـا وقـع شخص عن كرسيه المتحرك لسبب ما، يجب:

- **أولاً**، إبعاد الآخرين من حوله.

- سـؤاله عن الطريقة التي يجب مساعدته بها، كي لا يتم التسبب في إيذائه جسدياً.

- **ثانياً**، التصرف وتقديم المساعدة وفقاً لما قاله لك.

■ **التعامل مع شخص لديه مشكلة أو إعاقة غير ظاهرة:**

هنـاك بعض الحـالات لأشخاص ليسوا مـن ذوي الاحتياجات الخاصـة لكـن لديهـم حالة قـد لا نلاحظها إلّا عندما يلفت نظرنا أحدهم إلى ذلك.

• قد يطلب أحدهم الجلوس بدلاً من الوقوف في الطابور على سبيل المثال، وذلك لأنه مصاب بمرض في القلب، أو مصاب بالسرطان، أو الربو، أو الزهايمر وغير ذلك.

• يجب تقدير وضعهم باهتمام وتفهمهم ومساعدتهم بكل لطف واحترام.

• يجب منحهم الأولوية في إنجاز طلبهم وحاجتهم.

• هناك أشخاص لديهم حالة من نوبات الصرع[14] التي تظهر فجأة وتجعل من صاحبها مريضاً على نحو غير متوقع، الأمر الذي يستوجب العناية به بحذر شديد.

• أثناء النوبة لا يمكن لك أن تفعل له شيئاً سوى تدارك عدم ارتطام رأسه بشيء صلب.

• حاول إمالته على أحد جانبيه، فهذا يساعده على التنفس بشكل آمن.

• يجب الانتظار إلى أن تنتهي النوبة المرضية هذه.

• بعد النوبة سيكون هذا الشخص منهكاً تقريباً وحائراً مما جرى.

• يجب التعامل معه بمنتهى اللطف ومساعدته لبعض الوقت كي يتمالك نفسه ويهدأ ويستعيد قواه.

■ **التعامـل مـع أطفـال لديهـم إعاقة ما:**

بدايـة، لا بـد مـن تفهّم أن إعاقات الأطفـال، كما لدى الكبار، لها أنواع كثيرة ودرجات شدة متنوعة.

• لا يعرف الكثير منا كيفية التعامل مع أطفالٍ من ذوي الاحتياجات الخاصة.

• البعض يخشاهم وينسى أنهم أطفال لديهم مشاعرهم المرهفة ويحتاجون إلى الرعاية والحنان.

• يحتاج هؤلاء الأطفال، كغيرهم، إلى التفاعل الاجتماعي لاكتساب المهارات وتطوير قدراتهم العقلية والجسدية، واكتساب القدرات اللغوية والحركية، ليتمكنوا من التعبير عن أنفسهم ومشاعرهم وعواطفهم.

• القاعدة الأهم في التعامل مع الأطفال من ذوي الاحتياجات الخاصة، هي إشعارهم بالاهتمام والتعامل معهم بمحبة.

• يجب التصرف معهم بحيث يحسّون بأنهم طبيعيون كغيرهم من الأطفال.

• **يجب الأخذ بعين الاعتبار أن الطفل يشكل فكرته عن نفسه من خلال طريقة تعامل الآخرين معه. فإن أشعرته بأنه عادي وطيب ولطيف سيشعر بأنه كذلك، والعكس صحيح.**

• الأطفال الذين لديهم "متلازمة داون Down

---

14. بعض كبار المفكرين مثل الكاتب الروسي العظيم تيودور دوستويفسكي (1821-1881) عانى من هذا النوع الخفي من المرض (الصرع).

"Syndrome"، يستطيعون، غالباً، أن يكونوا مستقلين في الأكل ودخول الحمام وتبديل الثياب وصعود وهبوط الدرج.

• يستطيع هؤلاء أن يعبروا عن مشاعرهم بالكلام، وبالتالي هم قادرون، في أغلب الحالات، على الاندماج في المجتمع.

• كل الأطفال ذوي الاحتياجات الخاصة بحاجة إلى التشجيع والعطف، وليس الشفقة.

• يجب التصرف معهم بمحبة وصبر وإعطاؤهم الفرصة للتواصل.

ـ قواعد إتيكيت للتعامل مع الأطفال ذوي الاحتياجات الخاصة:

عند التقائك أو استقبالك لطفل من ذوي الاحتياجات الخاصة، حاول المبادرة بالتعرف عليه، خاصة إذا كان الطفل يستجيب للّمس الجسدي، بحيث تصافحه وتبتسم له بدفء لإكسابه الطمأنينة والأمان.

- اسأله عن اسمه بنبرة هادئة وطبيعية. وإذا كان لا يعرف اسمه، لا تلح عليه، ويمكن لمرافقه إعلامك باسمه.

- إذا كان أي من أطفالك بصحبتك، اطلب منه المبادرة والتصرف مع أي طفل موجود كما تفعل أنت، لكسر حاجز الخوف أو الخشية في نفس الطفل الذي لدية أي نوع من الإعاقة.

- شجع الأطفال على الاهتمام به واللعب معه كي لا يشعر بالغربة والضجر.

- خاطبـه بهـدوء وبنبرة صـوت عاديـة وانتظـر تفاعله.

- توقع أن تكون بعض ردود الفعل غير ملائمة، فنمـو بعضهم واكتسابه للمهارات قد يكون بطيئاً بعض الشيء.

- استمع إليه عند محاولته التعبير أو مخاطبتك، وأعطه الوقت الكافي دون استعجال أو تذمر، حتـى لو لم تفهم كل ما يقوله.

- لا تشعره باللامبالاة وعدم الاكتراث، وإلّا فإنك تدفعه الى الانسحاب اجتماعياً والانكفاء على ذاته.

- كغيره من الأطفال، هو بحاجة، في تنشئته، إلى عنصري الثواب والعقاب.

- هـو بحاجة إلى التشجيع واتباع كل ما هو إيجابي، ويحتاج بالمقابل لإشعاره بأنه أخطأ وعليه تعديل ذلك.

- طبعاً التشجيع لا يعني الدلال الزائد عن الحد، تماماً مثلما أن العقاب لا يعني بأي حال من الأحوال أن يُعامل بقسوة أو بشكل جارح، ولا سيما بحضور الآخرين.

- بشـكل لفظـي مـدروس حـاول إفهامـه ما هو الخطأ، وكيف يعدل سـلوكه ليكون صحيحاً.

• أصـول وآداب التعامـل مع الأطفـال المصابين بالتوحد:

ليـس هنالـك مـا هـو أكثـر بـراءة مـن الأطفال العاديين، سوى الأطفال المرضى بالتوحد أو "Kanner Autism" تناذر كانر.

• نسبة هؤلاء بين الأطفال هي 1000/4.5 [15] هم أطفال يعيشون في عالمهم الخاص المليء بالتكرار.

—— 15. وفقاً للجمعية الوطنية للتوحد البريطانية (National Autistic Society)، يُعرف النمط المحدد لـ «السلوك غير الطبيعي» الذي وصفه ليو كانر (Leo Kanner) لأول مرة باسم «التوحد الطفولي المبكر». لم يقدم كانر أي تقدير للأعداد المحتملة للأشخاص المصابين بهذه الحالة، لكنه اعتقد أنها نادرة (Kanner، 1943). بعد أكثر من 20 عاماً، نشر فيكتور لوتر (Victor Lotter) النتائج الأولى لدراسة وبائية للأطفال الذين يعانون من نمط السلوك الذي وصفه كانر، والتي أعطت معدل انتشار إجمالي قدره 4.5 لكل 10000 طفل (Lotter, 1966).

• لديهم صعوبة في اكتساب التواصل اللغوي، وضعف في التفاعل الاجتماعي، حتى مع الأبوين.

• يجب مخاطبتهم بجمل بسيطة قدر الإمكان دون اختيار كلمات جديدة عليهم.

• لديهم ميل ومحاولة لتجنب الآخرين بشكل ملحوظ.

• الأطفال المتوحدون يملكون قدرات يعتمد معظمها على التكرار، لذلك يبدعون في العزف والرسم والنحت، وغيرها من المهارات التي تحتاج إلى التعامل مع شيء محدد.

• قواعد إتيكيت التعامل مع طفل لديه توحد:

• يجب توفير بيئة السلامة له، كون المصاب بالتوحد لا يستطيع تمييز حالات الخطر، ولا يعرف كيفية حماية نفسه منها.

• ينبغي عدم تعريضه لمواقف جديدة دون وجود والديه، لأن المواقف الجديدة تصيبه بالتوتر، وقد يتسبب له ذلك بنوبة من الغضب والصراخ.

• يجب عدم التغيير المفاجئ لما هو مألوف لدى الطفل، فذلك أيضاً قد يسبب له التوتر ونوبات الصراخ والغضب.

• ربما يتوجب أحياناً البحث عن طرق غير لفظية للتواصل مع الطفل، فهو قد يعاني من ضعف في فهم الكلمات (حسب شدة الإعاقة لديه)، لذلك يجب تبسيط الجمل، قدر المستطاع، وعدم اختيار كلمات جديدة.

• يجب معرفة نبرات الصوت والتعابير، والإيماءات والإشارات بالأصابع التي تجذب اهتمام الطفل.

• يجب معرفة السبب وراء نوبات الغضب، فمن الطبيعي أن يشعر بالضيق عندما يساء فهمه أو تجاهله، فهذه إحدى الطرق لجذب الانتباه إليه أو إلى ما يزعجه.

• ينبغي تخصيص وقت للمتعة واللعب والضحك، والبحث عن السبل لحثه على الخروج من قوقعة التوحد، فاللعب والمتعة مهمان في تعليمه.

• الثناء والتعزيز والتشجيع على السلوك الإيجابي يعلّم الطفل من ناحية، ويجعله يسعد بوجود من حوله من ناحية أخرى.

• يتوجب إيلاء الاهتمام لمشاعر الطفل الحسيّة، فالعديد من الأطفال المتوحدين يشكون من فرط حساسية تجاه الضوء والصوت، واللمس، والذوق، والشم.

• أبسط تواصل جسدي مثل اللمس قد يزعجه أحياناً.

• لا تحاول حضنه أو معانقته فذلك يزعجه.

إتيكيت التعامل مع المرضى

"عدا ضعف الإرادة، لا يوجد مرض مستعصٍ"(16)

المـرض هو حالة استثنائية طارئة، وكل منا عرضة للمرور بهـا، ولهذا فـإن التصرف إزاءهـا يجب أن يكون مدروساً وحذراً.

هنـا لن أتطرق إلى الإتيكيت الخاص بالطواقم الطبية من أطباء وكادر تمريضي وإداري، فلهؤلاء قواعد ناظمة تحكم عملهم وأداءهم، بل سأتناول باختصـار إتيكيت الزوار تجاه المرضى، وسلـوك المرضى أنفسهم تجاه الآخرين.

• قواعد إتيكيت الزوار تجاه المريض:

معظم المشـافي لديها تعليمات خاصة بزيارة(17) المرضـى تكـون معلنة عند المدخـل أو في البهو بحيث يطّلع عليها الزوار قبيل لقاء مرضاهم.

- زيـارة المريض واجبـة، وهـي تدعمـه وتقوّي معنوياته.
- زيارة المريض تعزز الأواصر الاجتماعيـة وروح التضامـن.

- يجب أن تكون زيارة المريض قصيرة، أكانت في المشفى أو البيت.
- في المشفى، يجب أن تتم زيارة المرضى ضمـن مواعيد الزيـارة المسموح بها من قبل المشفى.
- عدا بعض الحـالات الخاصة، تمنع إدارات المشـافي زيارة أي مريض في العناية المشـددة (المركزة)، فالمريض في هذا القسم لا يسـمح وضعـه الصحي باستقبال الـزوار.
- ينبغي التعاطف مع المريض ومؤازرته، ولكن الشـفقة أمر مرفوض وليس لها علاقـة بالتعاطف.
- لا أحـد يتوقع أن يكون المريض سعيداً بوضعـه في المشفى، فاذا لم يكن مبتسماً، يُفترض بالزوار تقدير ذلك.
- حتـى لـو لـم تكن الجوائـح (كالجائحـة التاجيـة COVID مثلاً) موجـودة، فيجب

---

16. ابن سينا (980-1037): هو أبو علي الحسين بن عبد الله بن الحسن بن علي بن سينا من بخارى، عالم اشتهر بالطب والفلسفة، عُرف باسم الشيخ الرئيس، وسماه الغربيون أمير الأطباء وأبو الطب.

17. ربما الأنسب استخدام عبارة "عيادة المريض" وعبارة "فلان عاد المريض"، لكن جرياً على ما هو أكثر شيوعاً استخدمت كلمات "زار، يزور، وزيارة".

تجنب التقبيل والضم والعناق، حيث يكون المريض ضعيف المقاومة عادة، ويمكن أن يلتقط مسببات العدوى والمرض بسرعة.

- في كامل المشفى عموماً ولعدم إزعاج المرضى (بعضهم قد يكون نائماً)، على الزوار عدم التحدث أو الضحك بصوت عالٍ.

- عند الاستفسار عن وضع المريض الصحي، يُكتفى بالأسئلة العامة، دون الدخول في التفاصيل، فقد لا يعرف المريض الكثير من تفاصيل مرضه أو أن بعضها قد يحرجه.

- يجب تجنب ما يثير الانفعالات العاطفية لدى المريض، ففي ذلك إعاقة لشفائه لا بل قد يتسبب هذا في تفاقم حالته.

- يجب أن تكون الأحاديث في غرفة المريض عادية وبعيدة عن السياسة والأعمال وأي من المواضيع التي قد تثيره.

- إذا ما شعر الزائر بأنه على وشك البكاء، فعليه الخروج من غرفة المريض والعودة حين يتمالك نفسه.

- ما لم يطلب المريض ذلك، على الزائر ألّا يجلس على جانب سرير المريض.

- يجب أن يكون هاتف الزائر بوضعية الصامت أو الاهتزاز طالما هو داخل المشفى.

- يجب على الزائر عدم لمس أي من الأجهزة الطبية في غرفة المريض.

- يجب على الزائر عدم استخدام أي من العطور ذات الرائحة القوية، فقد يكون لدى المريض حساسية ما تجاهها.

- لسبب طارئ أو ما شابه يمكن أن يأتي طبيب أو أكثر لمعاينة المريض حتى في فترة الزيارة، على الزوار عندها مغادرة الغرفة والانتظار لحين انتهاء المعاينة وخروج الطبيب.

- إرسال الزهور للمريض أمر مقبول، لكن ليس الباقات الكبيرة، فالزهور تقاس بما ترمز إليه وليس بحجمها. كما يُوصى عادة بأن تكون الزهور بلا رائحة في هذه الحالة.

- يمكن جلب الزهور بدلاً من هدايا أخرى كالشوكولا والحلويات والكتب.

- للاطمئنان عن صحة المريض هاتفياً، يفترض الاتصال بأحد ذوي المريض أو أحد الأصدقاء الذين يُتوقع أن يكونوا معه في المشفى.

- يجب عدم الاتصال بالمريض هاتفياً بشكل مباشر، إلّا إذا كانت حالة المريض تسمح بذلك.

- عند الاتصال هاتفياً، يجب مراعاة أن يتم ذلك في وقت مناسب.

ـ قواعد إتيكيت المريض تجاه الزوار:

بغض النظر عن حالة المريض الصحية ومعاناته، فإن عليه بعض الواجبات تجاه الآخرين:

- يجب على المريض، قدر المستطاع، أن يتحلى بالصبر وأن يبتعد عن المزاجية وتقلب الطباع.

- عليه أن يتحمل آلامه الجسدية قدر المستطاع، كي لا يزيد في قلق أهله وذويه وأصدقائه.

- يجب ألّا يستغل المريض ضعفه ويرهق المحيطين به بطلباته.

- يجب أن يشكر من يحيط به ومن يزوره وأن يظهر امتنانه لهم.

- يجب ألّا يزج كل الآخرين في التفاصيل الدقيقة لمرضه وألمه.

- يجب أن يظهر الاحترام للأطباء والفريق التمريضي ويتعامل معهم على هذا الاساس.

- يجب أن يلتزم بالتعليمات الدقيقة للأطباء والفريق التمريضي وأن يتعاون معهم في أخذ الدواء وغير ذلك. فهدفهم جميعاً هو سرعة تعافي أي مريض.

- يجب أن يتعامل مع الممرضات وفق اختصاصهن، لا كمربيات، بحيث يطلب منهن خدمات ليست ضمن نطاق عملهن.

إتيكيت التعامل مع المخطئ

"مـن كان منكم بلا خطيئة فليرمها بحجر"[18]

تماهياً مـع مـا يعتقـده الكثيـر مـن النـاس، فإن أحاسـيسَ مريـرة تدفعني إلى الاعتقـاد بأننا جيل حقـق الكثيـر مـن المآثـر العلميـة والتكنولوجيـة والإنجازات العظيمـة، ورغـم ذلـك فلا بـد مـن الإقرار بأننا، الى حدٍ مـا، ما فتئنا نغوص في الوحل والابتذال والتخبط الأخلاقي.

مقابل ذلك، ولحسن الحظ، "نحن محكومون بالأمل" على حد قول الكاتب المسرحي المبدع سـعد الله ونـوس[19]، ولا بـد للأمـور مـن أن تتغيـر أيضـاً على غرار مـا توقعـه المفكر محمد عابـد الجابـري[20]، فـي كتابـه "قضايا الفكر المعاصـر"، حيـث يتحـدث عـن عـودة الأخلاق، باعتبار أن التطورات بدأت تتعـارض مع القيم، وأن الحاجـة تبدو الآن أكثر من ماسـة للاستماع إلى صوت الأخلاق.

عمومـاً، الخطأ سـمة بشرية، ولا بـد لنا أن نقـع فيه، أكنا حكماء أو بسـطاء "فكل ابن آدم خطّاء". هنـا لا أتطرق إلى الخطأ الـذي يصنَّف كرذيلة أو ما شـابه، فلسـت معلمـاً أو مرشـداً. ما أبتغيه هنا هو كيف (وباختصار شـديد) نتساهل تجاه بعض الأخطاء العادية غير المقصودة، فـ "لا يجـب علينا أن نقول إن كل خطإٍ هو حماقة" كما أوضح سيشـيرون[21]، بل إن "عظمة الإنسان تقـاس بمـدى استعداده للعفـو والتسامح عـن الذين أساؤوا إليه".[22]

18. السيد المسيح، الإنجيل المقدس.

19. سعد الله ونوس (1941- 1997)، كاتب وناقد ومسرحي سوري.

20. محمد عابد الجابري (2010-1937): مفكر وفيلسوف عربي من المغرب، له 30 مؤلفاً في قضايا الفكر المعاصر أبرزها "نقد العقل العربي".

21. ماركوس توليوس سيشرون (106- 43 ق.م)، فيلسوف وقانوني وسياسي وخطيب روما المفوّه.

22. ليف نيكولايافيتش تولستوي (ليو تولستوي) (1910-1828): من عمالقة وأعمدة الأدب الروسي والعالمي.

يمكن الاستفسار عن الخطأ بنيّة حسنة، دون حشر المخطئ في الزاوية، ورميه بالشكوك التي تشعره بقلة الاحترام والتقدير. والمفتاح في ذلك بسيط، كعبارة: "وصلني أنك فعلت كذا، ولا أظن أن ذلك يصدر عنك"، وغير ذلك من عبارات.

- ينبغي تجنّب الجدال في معالجة أخطاء الآخرين، وإلّا فإننا نعمق الخطأ، وقد نخسر المخطئ الذي قد يربط الخطأ بكرامته فيدافع عنه بدل الرجوع عنه.

- يمكن محاولة تصحيح الأخطاء الظاهرة، وعدم التفتيش عن الأخطاء الخفيّة.

- يجب ألّا يُنتقص من قدر المخطئ أو استفزازه، فذلك يجلب العداوة.

- يمكن أن نضع أنفسنا في مكان المخطئ ونفكر في الخيارات الممكنة التي يمكن أن يتقبلها، وأن نختار منها ما يناسب.

- ينبغي تذكُّر أن تكرار اللوم والعتب لا يأتي بنتيجة إيجابية في الغالب، لذا يجب تجنّب ذلك، كما قال الشاعر بشار بن برد:[23]

"وإن كنتَ في كلِ الأمور معاتباً
صديقك لن تلقَ الذي لا تعاتبه".

- في مسرحيته "هاملت"، كتب شكسبير[24] "عاتب صديقك بالإحسان إليه، فهذا من أصعب العتاب".

- التصرف المتسامح واللطيف مع المخطئ يشعره بالخجل وتأنيب الضمير من جهة، وسيزيد من احترامه لمن أحسن إليه، من جهة ثانية.

■ تعابير مقترحة:

لنقد الخطأ يمكن اللجوء إلى بعض الخيارات من التعابير التي تتراوح من الأقسى إلى التعابير الدبلوماسية والودّية.

1. هذا خطأ.
2. أنت مخطئ.
3. لا، هذا خطأ.
4. لقد ارتكبت خطأ.
5. لقد ارتكبت خللاً.

هذه التعابير من 1 إلى 5 حادة جداً. ومع ذلك، بالإمكان استخدامها، على سبيل المثال، في حالات الطوارئ أو حالات التحذير حيث يكون تصحيح الخطأ أكثر أهمية من العلاقة مع الشخص الآخر.

6. يؤسفني عدم الموافقة، ولكن...
7. أخشى أنك مخطئ.
8. في الواقع، أعتقد أنك ستجد في هذا خطأ.
9. في الواقع، لا أعتقد أن هذا صحيح.
10. أخشى أن هذا ليس صحيحاً تماماً.
11. لا أعتقد أنك محق في ذلك.

تبدأ العبارات من 6 إلى 11 بكلام مخفف، مثل "لا أظن" و "في الواقع أعتقد" و "لا أعتقد" و "أخشى" و "يؤسفني". ومن المفترض أنها عبارات تجعل المخطئ يقدر الملاحظات دون أن يشعر بالإهانة.

12. هناك عقبة طفيفة أمامنا للمناقشة/ للتدقيق.
13. سنحتاج إلى دقيقة ليس أكثر لتصحيح هذه الزلّة.

يعده البعض من أعظم الروائيين على الإطلاق.

23. بشار بن برد (714-784م): شاعر عربي مخضرم، عاصر الدولتين الأموية والعباسية.

24. وليم شكسبير (1564-1616): كاتب مسرحي وشاعر وممثل إنجليزي، يعتبر الكاتب الأكثر أهمية في اللغة الإنجليزية، وواحد من الأكثر شهرة في الأدب العالمي.

14. هنـاك بعـض الهفـوات الصغيـرة التـي يتعين علينا إصلاحها.

15. دعنا نعالج بعض السـقطات البسيطة.

16. هنـاك خلل طفيف يتطلب التصحيح.

العبارات مـن 12 إلـى 16 تشير إلى الخطأ على أنه عقبة، زلّة، هفوة، سـقطة، خلل، وتُلفت الانتبـاه إلى الحاجـة إلى تصحيـح الخطأ بـدلاً مـن التركيـز على مـن ارتكب الخطأ. مثل هذه الكلمـات تبطن أن أي شـخص يمكن أن يرتكب مثل هذا الخطأ، وبالتالي لا ينعكس ذلك بشكل سيئ على شخص الفاعل نفسه.

17. ألديـك اسـتعداد لمعالجـة مختلفـة لهذه المشكلة؟

18. أين سـمعت/ وجدت تلك المعلومات؟

19. لماذا تظن/ تعتقد ذلك؟

20. لـدي فضول حيـال هـذا الأمر. هل يمكن أن نلقي نظرة أخرى عليه؟

التعابير مـن 17 إلى 20 تبدأ بسؤال يفضي إلـى التوسع بالنقـاش وصولاً إلـى المعلومـة الصحيحـة. مـن المفضل أن يترافق ذلك بتواصل بصري أثناء الحوار.

21. ربما كان هناك بعض الالتباس هنا.

22. هذا يبدو وكأنه سهو.

23. يبدو أن هناك خطأ ما.

24. ربما تكون قد ارتكبت خطأ.

التعابيـر مـن 21 إلى 24 تشـتمل علـى "ربما" و"يبـدو كأنه" و"يبـدو أن هناك" وكلها إشـارات تعبـر عـن احتمـال حـدوث خطأ، مع اقتـراح أن مراجعـة المشكلة سـتكون مفيدة. وبهـذا يتم تجنب الإحراج لكلا الطرفين.

إتيكيت التعامل في حال العداوة والخصومة

"إذا قابلت الإساءة بالإساءة، فمتى تنتهي الإساءة"[25]

في العداوة والخصومة تكون قد وصلت الخلافات إلى درجة حادة، ويكون الجفاء، وربما الحقد، قد بلغ مبلغاً. فكيف التعامل والحال كهذه إذا ما التقيت شخصاً بينك وبينه "ما صنع الحداد"؟

- لا تقابل الإساءة بالإساءة، فهذا يعطيك ميزة ولا يعتبر ضعفاً. وكما قال دوغلاس هورتون[26]: "في سعيك للانتقام، احفر قبرين أحدهما لنفسك".
- تجاهل سماعك لتعليقاته، أو كما قال الخليفة عمر بن الخطاب رضي الله عنه: "إذا سمعت كلمة تؤذيك، طأطئ لها حتى تتخطاك"، فبذلك تكسب احترام الآخرين.
- لا تظهر أنك متضايق لوجود شخص تتبرم من حضوره، وهذا خير لك وأدل على حكمتك.

- يجب أن تسيطر على أعصابك، وتكبح غضبك، وتتجاهل غريمك، وإلّا فالنتيجة كما أورد سينيكا[27] "يمكن للغضب أن يدمر أي منا".
- إذا دعوت إلى وليمة أو حفلة ما، فتجنب دعوة أشخاص متخاصمين، وذلك تلافياً لإحراج أي منهم أو لتعكير جو تلك المناسبة.
- إذا دُعيت إلى حفلة أو وليمة لدى أحد الأصدقاء وفوجئت بحضور أحد خصومك:
- حافظ على رزانتك، حتى لو اضطررت إلى مصافحته أو الجلوس بجانبه.
- لا تسمعه كلاماً جارحاً أو تدخل معه في جدل حاد، فهذا فيه إساءة لكليكما من جهة، وإزعاج للآخرين من جهة أخرى، وفيه أيضاً إهانة لصاحب الدعوة وإخلال بآداب الضيافة.

25. المهاتما غاندي.

26. دوغلاس هورتون (1891-1968م): أكاديمي ورجل دين بروتستانتي وزعيم أمريكي.

27. لوسيوس انّايوس سينيكا (4 ق.م-65 م) كاتب مسرحي روماني، رجل دولة، وفيلسوف رواقي.

- يجب أن تضع في ذهنك أن الداعي لا يعلم بخصومتكما أو أنه نسي الأمر.
- إذا ما اضطررت إلى مصافحة خصمك، يمكنك فعل ذلك بدون تواصل بصري.
- إذا ما اضطررت إلى الجلوس بجانبه، يمكنك فعل ذلك مع عدم الاهتمام به وبإبداء عدم الاكتراث لوجوده.
- إذا كان استمرار حضورك محرجاً لك، يمكنك الاعتذار والمغادرة بهدوء.
- يمكنك لاحقاً أن تلفت نظر الداعي إلى أنك لا تحبذ أن تُدعى إلى مكان فيه ذلك الشخص الذي تعاديه، ولا تنسَ أن تقوم بهذا بطريقة لائقة.

إتيكيت التعامل مع الغرباء والأجانب

"ما أجمل الغرباء حين يصبحون أصدقاءنا، وما أحقر الأصدقاء حين يصبحون غرباء عنا"(28)

قد يكون الغريب مواطناً يقيم في منطقة أخرى من الدولة نفسها أو أجنبياً. أمّا الأجنبي، من حيث المبدأ، فهو الذي ينتمي إلى دولة أخرى.

وبصدد ما نبحثه في هذا الفصل، فإن قواعد إتيكيت الوفادة وحسن الاستقبال تقضي بتكريم الغرباء والأجانب، باعتبارهم غرباء وضيوفاً في آن. وقد نلتقي أياً منهم بصفته زائراً، أو سائحاً، أو مهاجراً، أو رجل أعمال...إلخ. ويمكن تجسيد ذلك بعدة أوجه.

ـ إتيكيت تعامل المقيم/ المحلي مع الغريب والأجنبي:

- ينبغي لقاء واستقبال الغرباء بشكل ودّي، أكانوا من مواطني الدولة ذاتها أو أجانب.
- احترام تقاليد بلاد الأجانب وعاداتهم، بغض النظر عن رأينا في بعضها.
- يجب عدم إبداء الدهشة لبعض التصرفات التي قد تبدر من الأجنبي، والتي قد تبدو غير مألوفة.
- يجب عدم السخرية من لهجة الغريب أو لغة الأجنبي، وعدم التدقيق في بعض الأخطاء.
- يجب إعطاء الأجنبي أو الغريب، أفضلية واضحة قدر الإمكان في الأسبقية، وتقديمه على بعض الآخرين، عدا رجال الدين، وذوي المراتب العليا.
- يجب عدم انتقاد سياسة دولة الغريب أو الأجنبي، إذا لم تصل العلاقة معه إلى حد المكاشفة والصراحة والحديث في كل المواضيع.
- عند انتقاد سياسة دولة الأجنبي ينبغي تجنّب المساس بشعوره الوطني.
- يجب عدم توجيه اللوم في المواقف السياسية التي لا تلائمنا وتحميلها لشعب دولته، بل لحكومة تلك الدولة.
- ينبغي عدم الإفراط أو المبالغة في مراعاة

28. نجيب محفوظ (1911-2006): روائي مصري، حائز على جائزة نوبل في الأدب عام 1988.

الغريب أو الأجنبي بحيث نتخلى عن عاداتنا وتقاليدنا لنرضيه، فهذا شطط لا مبرر له.

- مراعاة الغريب أو الأجنبي لا تعني أن علينا أن نخلق له بيئة لتتطابق مع بيئته.

- يستحسن عدم تقديم ألوان الطعام التي يتناولها الغريب في بلاده. لندعه يختبر ألوان وأصناف الطعام المحلية، فهذا سيكون ممتعاً له وتجربة إضافية تعطيه جرعة من ثقافة أخرى.

ـ سلوك الغريب أو الأجنبي تجاه المقيم/ المحلي:

- يجب ألّا ينسى الغريب أو الأجنبي وضعه كضيف، وعليه بالتالي إبداء كل الاحترام الكامل للأناس المحليين.

- عليه التصرف دوماً بلباقة مستخدما الكلمات المناسبة مثل "شكراً، ومن فضلك" عند اللزوم. هاتان الكلمتان البسيطتان تكفيان لإحداث فرقٍ واضح.

- عليه أن يتكيّف، قدر الإمكان، مع التقاليد والعادات السائدة في المنطقة أو البلد الذي يزوره، وألّا يعتقد أن من واجب السكان أن يتكيفوا مع عاداته وتقاليده هو.

- في كل الاحوال عليه الالتزام وتطبيق قاعدة الإتيكيت الذهبية: "When in Rome do as the Romans do"، أي "عندما تكون في روما عليك التصرف كما يتصرف أهلها".

الفصل التاسع

إتيكيت التعامل مع الشرطة

"على الشرطة احترام القانون في الوقت الذي يطبقون فيه القانون"[1]

للقائمين على حفظ النظام والأمن بمختلف الجهات التي ينتمون إليها، مهمات محددة بموجب القوانين والأنظمة المرعية. عادة ما تؤكد الدول على أن واجب الشرطة[2] الأساس هو خدمة المواطنين وكل قاطني هذه الدولة أو تلك، من خلال حفظ النظام العام والأمن، واحترام الناس والسهر على رعاية مصالحهم وتسيير أمورهم، بمختلف الطرق والسبل المنصوص عليها في القوانين النافذة.

لن نستفيض في التفاصيل، بل سنلفت النظر إلى بعض أساليب التعامل التي تليق بأفراد حفظ النظام والأمن من جهة وبالمواطن من جهة ثانية. وتجنباً للتكرار سأستخدم كلمة الشرطي للإشارة إلى مختلف صنوف الجهات المعنية بإنفاذ القانون.

• إتيكيت تعامل الشرطي مع الآخرين:

يفترض أن تكون لدى الشرطي إمكانية تحمل الضغوط والقدرة على التعامل مع مختلف فئات الأشخاص.

- يجب على الشرطي عدم التمييز بين شخص وآخر، مهما تفاوتت المستويات أو الجهات التي ينتمون إليها، أكان هذا الشخص عادياً أو يشغل منصباً، أكان رجلاً أو امرأة.

- لدى تطبيقه للقانون، على الشرطي التصرف بشكل لا يمس بكرامة أي شخص بغض النظر عن تصرفاته أو مخالفته.

- تعتبر المطارات ومراكز الحدود والمرافئ البحرية من أكثر المرافق الحيوية التي تستدعي التواصل بالمواطنين والزوار والأجانب، من مختلف البيئات والثقافات، فعلى أفراد الأمن العام والجمارك

---

1. إيرل وارين (1953-1969)، رئيس المحكمة العليا للولايات المتحدة.

2. استخدمت عبارة "الشرطة" (Police) لتنسحب على أفراد الأمن العام، الجمارك، شرطة المرور، الشرطة المدنية، الشرطة الجنائية، الشرطة العسكرية، الشرطة البيئية، الشرطة السياحية...إلخ. كما وتنطبق كلمة شرطي هنا على أي فرد من الشرطة أكان رجلاً أو امرأة بالطبع.

التصـرف بمهنيـة والتحلـي بأعلـى درجـات التهذيـب واللبـاقـة، فـي القيـام بعملهـم وتطبيق القوانين.

- إذا مـا اكتشـف الشـرطي مخالفـة بسيطة غيـر مقصـودة، ارتكبهـا أحـد القادمين (عبر أي مـن المعابـر الجويـة، البريـة، البحرية) مـن مواطنيـن أو أجانـب، وكان بالإمكان تجاوزهـا والتغاضـي عنهـا، فعليـه لفت نظر القـادم، والإشـارة إلى ضرورة الانتباه وعدم تكرار ذلك.

- إذا مـا كانـت المخالفـة مدبّـرة وفيهـا خـرق واضـح للقانـون، فعلـى أفـراد الأمـن العام أو الجمـارك، بالطبع، اتخاذ الإجراءات المنصوص عليهـا فـي القوانيـن والأنظمـة المرعية دون تـردد من جهة، ولكن دون تعنيـف أو إهانة لكرامة المخالف من جهة أخرى.

- يعلـم الشـرطي أن الحصانـة الممنوحـة للدبلوماسيين لا تعفيهـم مـن اتخاذ بعض الإجـراءات بحقهـم إذا مـا ارتكبوا خطأً يسـتوجب ذلـك، علـى أن يتم هـذا وفقـاً للأعـراف والاتفاقيـات الدبلوماسية المطبقـة، وللحصانـات الممنوحـة للسـلك الدبلوماسـي. والحصانـة منصـوص عليهـا ومحـددة، ولا تعنـي إطلاقـاً القفـز فـوق القوانيـن والأنظمة.

- إذا ارتكب سائق مخالفـة سير، يعطيـه شـرطي المـرور الإشـارة للتوقف ثم يقترب منـه مبـادراً بتحيتـه، ثـم يبيّـن لـه نـوع المخالفة التي ارتكبها.

- سيطلب منه الاطلاع على رخصة القيادة، وسـجل السـيارة وغيـر ذلـك، قبـل أن يسـطّر المخالفـة المتوجبة على ذلك.

- لـم يعد مقبولاً ألّا يعلم بعض أفراد الشرطة

الحقوق الأساسية للإنسان، كحقه الدستوري فـي الحيـاة بكرامتـه، حتـى عندمـا يكـون مخطئاً أو مداناً.

- سـبل تصحيـح الخطأ والعقاب لـكل أنـواع التجـاوزات والجرائـم منصـوص عليها بشكل واضـح فـي القوانيـن التي لا ينص أي منهـا، وفـي أيـة دولـة كانـت، على حرية أحـد، أي كان، فـي إهانة أو الانتقـاص مـن كرامـة أي إنسـان، لأي سبب وتحت أية ذريعة.

• إتيكيت التعامل مع الشرطي (لا سيما شرطي المرور):

عمومـاً، مـن واجـب المواطـن مساعدة الشـرطة واحترامهـم، فهـم جـزء أسـاسي من هيبـة الدولة وسيادة القانون.

- من يرتكب مخالفة سـير ويتلقى الإشارة من شرطي المرور عليه:

- الامتثـال لإشارة التوقف وإطفاء محرك السيارة.

- عدم النزول من السيارة.

- ليـلاً، إطفاء الضـوء الخارجي وإشعال الضوء داخل السيارة.

- إنـزال شـباك السـائق، وإبقـاء اليديـن علـى مقود السيارة.

- تقديـم رخصـة السـير والوثائـق الخاصة بالسيارة عند الطلب.

- الإجابـة علـى الأسـئلة التـي يطرحها عليه شرطي المرور.

- عليـه تقبل ملاحظات شرطي المرور، وتقبل المخالفـة وعـدم الدخـول في مناقشـات واعتراضات تعيق عمله.

- على المواطن صاحب المنصب، مهما علا مركـزه، أن يسـتجيب للشـرطي، وأن يعطي

مثلاً يحتذى في احترام القانون والعاملين على تطبيقه.

- إذا ما ارتكب دبلوماسي مخالفة مرور، عليه الاعتذار والامتثال لتعليمات الشرطي الذي يعرف واجباته تجاه الدبلوماسيين وحدود حصاناتهم.

- إذا كان ضمن أفراد الشرطة من يخطئ في تصرف ما (وهذا قد يحصل)، فلا يجوز التعميم وأن نبدّل نظرة الاحترام تجاه أفراد الشرطة ونظرتنا بشأن أهمية التعاون معهم، تحت أية حجّة كانت. والإنسان قد يخطئ أكان شرطياً أو أستاذاً جامعياً، ومعالجة الخطأ لها طرقها المنصوص عليها في القوانين النافذة.

إتيكيت السكرتاريا

"المدير الناجح بحاجة إلى سكرتيرة موهوبة"(3)

بات موقع السكرتارية (4) في التشكيلة الإدارية موقعاً هاماً جداً وحساساً، الأمر الذي يلقي على كاهل السكرتيرة أو السكرتير (5) مسؤوليات كبيرة. ولم يعد عمل السكرتارية مقتصراً على تحويل المكالمات أو الرد عليها، أو تحديد المواعيد فقط، بل تعدى ذلك ليشمل أموراً تنفيذية وقيادية عديدة. وأصبحت السكرتارية التنفيذية (Executive Secretariat) تخصصاً متقدماً وأساسياً في مجالات علوم الإدارة. والسكرتير التنفيذي (Executive Secretary) هو من يُعدّ ويهيئ ويرتب ويتابع الأمور والقضايا والمراسلات. وهو شخص محوري لدى رئيسه أو رب العمل أو صانع القرار (Decision Maker).

لا بد، في هذا السياق، من التنويه بالدور السلبي الذي لعبته بعض وسائل الإعلام سابقاً، تجاه عمل السكرتارية، وتكريسه لمفاهيم غير لائقة، في كثير من الحالات، حيث كانت تُقدم السكرتيرة بشكل عام على أنها فتاة لعوب ترتدي الملابس غير المحتشمة غالباً، وليس لها من هم سوى التلاعب بعواطف المدير وسرقته من أسرته. كما كان يتم تعميم صورة المدير كمتصاب، لا يوظّف إلا الفتاة الجميلة كسكرتيرة، ليمضي جلَّ وقته في مضايقتها وابتزازها. ما ذكرناه هو صور نمطية سلبية يجب تجاوزها واعتبارها الاستثناء المشوه لهذا النوع من الأعمال.

سأتطرق قليلاً في هذا الفصل إلى بعض مهام وواجبات السكرتيرة، لكن الأهم هو لفت النظر إلى أسس الإتيكيت التي يجب مراعاتها عند

---

3. المؤلف.

4. كلمة سكرتاريا ليست عربية كما هو معروف، ويقابلها في العربية عبارة أمانة السر. وأساس كلمة "Secretariate" هي الكلمة اللاتينية "Secre" أي السر.

5. رغم أن مهمة السكرتاريا تؤدّى من قبل النساء والرجال على حدٍ سواء، فإننا سنستخدم كلمة السكرتيرة أكثر من السكرتير نظراً لأن الغالبية العظمى لمن يعمل في السكرتاريا ويتقن مهاراتها هن من النساء.

تعاملهـا مع الآخرين، والتي يمكن لها أن تسـاعد على خلق الصـورة الذهنية الإيجابيـة عنها وعن المدير[6] وعن مكان العمل على حدٍ سـواء.

ـ قواعد إتيكيت:

يجـب علـى السـكرتيرة إدراك أن أي سـلوك أو تصرف خاطئ سيلفت نظر الآخرين إليه بسـرعة، وسـينعكس سلباً على صورتها في ذهنهم.

– اللباقـة والكياسـة واللطـف أمـور أسـاس في أداء السـكرتيرة.

– علـى السـكرتيرة إتقـان الـرد علـى الهاتـف، وتمييـز الأصـوات، وانتقـاء العبـارات التي تنمّ عـن التهذيب والذوق الرفيع (دون تكلّف).

– فـي تعاملهـا مع الآخرين، أكان وجهـاً لوجه أو عبـر الهاتـف أو مـن خـلال الإيميـل، مـن أولى قواعـد الإتيكيـت ذات الصلـة هو لجوؤها إلى عبارتي "شـكراً" و "لو سـمحت"، وما شـابه من عبارات الامتنان والطلب المهذب.

– يجـب أن تكون لديها القـدرة على الاعتذار للمديـر وللزمـلاء والزبائـن...إلـخ عـن أي خطأ حصل.

– عليهـا المحافظـة على الابتسـام والابتعاد عن التجهـم، وأن تبقى ودودة مع الآخرين.

– عليهـا إتقـان مهـارات التواصـل وإتيكيت التقديم والتعريف.

– من الطبيعي أن تتقن فن المراسلات وأصولها، مـع الحرص علـى الأرشـفة الدقيقـة، سـواءً الورقية أو الإلكترونية.

– يجـب أن تتمتـع بالقـدرة علـى المسـاعدة والتخفيف من عمل مديرها.

– يجـب أن تكـون مبـادرة وألا تنتظـر مكتوفـة الأيدي أوامر مديرها.

– يجـب أن تسـجل وتتذكر العديد من المواعيد والمناسبات الهامة وتقوم بما يجب بصددها.

– عليهـا الالتـزام باللبـاس المناسـب أو بنموذج العمل الموحد (uniform). (تفاصيل إضافية في فصلي اللباس وإتيكيت السيدات).

– فـي حـال كان الأمـر متروكاً للموظفيـن في اختيـار مـا يرغبـون ارتداءه في مـكان العمل، على السـكرتيرة الاهتمـام بأناقتها (دون مبالغـة) واختيار الملابـس اللائقة التي تجعل منها مثالاً يحتذى.

– عليهـا تجنب الملابـس الضيقـة والتنانيـر والفسـاتين القصيرة، وتلك التي تكشـف أكثر مما هو مألوف من جسدها.

– يجـب أن يكون مكياجها خفيفـاً ومعتـدلاً، فكثرة المسـاحيق تعطي نتيجة سلبية بالتأكيد.

– يجـب أن تكـون تسـريحة شـعرها بسـيطة وتتناسب مع جو العمل.

– يجـب عليهـا حسـن انتقـاء الإكسـوارات والحلي وعدم المبالغة باستخدامها.

– خيـارات السـكرتيرة مـن الأحذيـة المناسـبة لمـكان العمل (والوقت الطويـل الذي تقضيه فيـه) متعـددة، لكـن يجـب تجنب الأحذيـة المسـطحة وتلك المفتوحة بشكل كبير بحيث تظهر كثيراً أصابع قدميها.

– يجـب أن يكون مكتب السـكرتيرة أنيقـاً ونظيفاً دون أوراق وملفـات مبعثرة هنا وهناك، فهذا مهم في تشـكيل الانطباع الإيجابي عنها وعن الجهة التي تعمل فيها.

---

6. كلمة مدير في هذا السياق تعني من يدير العمل وهي تنوب هنا (تجنباً للإطالة) عن الشخص المسؤول (رجلاً أو امرأة) أكان رئيساً أو وزيراً أو سفيراً أو رب عمل وغير ذلك من المهام والألقاب الوظيفية والمهنية.

- إضافة إلى ضرورة التحلّي بالقدرة على تحمل الضغوط، من واجبها الحفاظ على الهدوء والصبر والجَلَد وضبط النفس في كل الظروف والأوقات.

- عليها تجنب الانفعالات السلبية ولا سيما الغضب والعصبية.

- عليها معرفة تسلسل نظام الأسبقيات ومقام كل من تتواصل أو تتعامل معهم.

- إضافة إلى معرفتها التامة بإتيكيت المائدة، ينبغي لها معرفة كيفية إقامة الولائم والإشراف على إعدادها، فلا بد لمديرها من دعوة بعض الأشخاص من حين إلى آخر وتكليفها بترتيب ذلك.

- يجب كتم أسرار العمل والمدير وعدم التباهي بمعرفة الكثير مما يُحصر تداوله.

- يجب عدم التدخل في الأمور الشخصية للمدير، وألّا تُفشي الأسرار الأسرية بأي حال من الأحوال.

- يجب عدم استغلال موقعها الوظيفي للحصول على مكاسب شخصية على حساب المدير، أو الإدارة، أو المؤسسة، فعاقبة ذلك بالتأكيد وخيمة.

- ينبغي إيجاد الصيغ المناسبة للاعتذار في حال كان وقت المدير لا يسمح باستقبال الضيوف. والسكرتيرة التي تقول لمراجع أو لشخص يطلب مقابلة المدير: "عفواً، إنه لا يريد مقابلة أحد"، أو "لديه عمل مهم ولا يريد مقابلة أحد"، لا تعرف بالتأكيد الحد الأدنى من أصول السكرتارية. كما أن مثل هذه الردود تسيء إلى المدير نفسه، وتدل بالتأكيد على سذاجة السكرتيرة التي من واجبها، حتى لو قال المدير أي من العبارات السابقة، أن تعيد صياغتها بطريقة

لبقة ومهذبة، كأن تقول: "بالتأكيد بوده أن يقابلكم، لكنه مشغول باجتماع مهم سيستغرق وقتاً طويلاً، أعطوني رقم هاتفكم لأعاود الاتصال بكم"، وغير ذلك من العبارات الكثيرة التي لا تزعج المراجع، وتبرر للمدير عدم استقبال أحد، دون أن تظهره متعالياً أو فظاً، ودون أن تُظهر عدم مهنية السكرتيرة.

- يجب المحافظة على العلاقة المتوازنة مع المدير، والابتعاد عن رفع الكلفة. فالفتاة التي تتباهى أمام زميلاتها وزملائها بالعلاقة المتميزة أو المبالغ فيها مع مديرها، تكون قد وضعت نفسها في موضع لا تُحسد عليه، وتحط، بالتالي، من مكانتها أمام زملائها وأمام مديرها على حدٍ سواء.

● واجبات المدير تجاه السكرتيرة:

● من واجب المدير التعامل مع السكرتيرة بلطف واحترام.

● عليه ألّا يدمج بين الشؤون الشخصية والعمل.

● ينبغي المحافظة على العلاقة المتوازنة وعدم تخطي الحدود الشخصية للسكرتيرة.

● عليه ألّا يرهق السكرتيرة بمطالب لا تدخل في مجال العمل أو قد تكون محرجة، وألّا يزج بها في مسائل تخص بيته وزوجته وأولاده.

● من واجبه احترام عمل السكرتيرة وعدم معاملتها كخادم شخصي، فهي صلة الوصل المهمة بينه وبين الموظفين من جهة، وبينه وبين المراجعين والزبائن وغيرهم من جهة أخرى.

● ينبغي توضيح الأوامر الموجهة للسكرتارية دون لبس، فالتوقعات أمر ليس من مهام السكرتيرة.

● يجب عدم إثقال كاهل السكرتيرة بالأعمال بشكل مفرط.

إتيكيت أماكن العمل

"الطريقـة الوحيـدة للقيام بعمل عظيم هي أن تحب ما تفعله"(7)

وفقاً لمقتضيـات الحيـاة العصـرية بمختلف جوانبها الاجتماعيـة والاقتصاديـة والإداريـة، فإن المكاتـب فـي الإدارات والمؤسسـات العامـة والخاصـة والشـركات والمصـارف وغيرهـا، تعتبـر سـمة من سـمات الحياة اليومية. كما أن شـريحة كبيـرة مـن النـاس هـم مـن الموظفيـن، ومـن ليـس موظفـاً لا بـد لـه مـن مراجعـة بعـض هؤلاء الموظفين لمختلف الأغراض.

في بعض الأحيان يقضي المديرون وأرباب العمل والموظفـون أوقاتٍ فـي أماكـن عملهم أكثر مما في بيوتهم، لذا يتوجب على الجميع معرفة أصول الإتيكيت والتحلي بآداب السـلوك كمـا ينبغـي لتكـون أماكـن عملهـم مريحـة وبعيـدة عن التوتر.

إتيكيت مكان العمل يتضمن جملـة من القواعد التي يتوجب مراعاتها مـن قبـل زملاء العمل، المديريـن، شـركاء العمـل، المراجعيـن، والزبائـن.

لن نتحدث عن واجبات وحقوق الموظفين، بمختلـف مراتبهم، وعـن الإدارة وتطبيـق الأنظمـة والقوانين وغير ذلك، فهذا ليس شـأننا الآن، رغـم أن بعض قواعد الإتيكيت هي جزء من تلـك الحقوق والواجبات. في كل الأحوال، مـا يهمنا هو إتيكيت تعامل هـؤلاء الموظفين مـع بعضهم ومع الآخرين.

• قواعد إتيكيت:

- إتيكيت الموظف:

علـى الموظـف أن يتذكّـر أنـه معين فـي وظيفته لخدمـة مكان عمله والآخرين مـن مراجعيـن وزبائن وغيرهم، وهو يتقاضى أجراً لقاء ذلك.

7. ستيف جوبز (1955-2011): أمريكي، من أصل سوري، مؤسس والمدير التنفيذي ورئيس مجلس إدارة شركة أبل apple ، والرئيس التنفيذي لشركة بيكسرPixer، وعضو مجلس إدارة شركة والت ديزني.

- بعض الدول تسمي الوظيفة بالخدمة المدنية "Civil Service"، مع التشديد على كلمة الخدمة "Service".

- لخدمة المراجعين والزبائن، على الموظف الحضور إلى مكان عمله ومغادرته وفق مواعيد العمل.

- بالتأكيد بعض الظروف الطارئة قد تضطر الموظف للتأخر أو حتى التغيّب في يوم ما لكن من واجبه إبلاغ إدارته مسبقاً لأخذ العلم وتلافي تأثير ذلك.

- عليه الالتزام باللباس الرسمي، إذا كان هذا هو المتبع في مكان العمل. (في فصل الملابس تطرقنا إلى موضوع اللباس الرسمي).

- إذا كان هناك نموذج ما محدد للملابس (uniform) في مكان العمل، فعلى الموظف الالتزام بذلك.

- بعض أماكن العمل تجيز ارتداء الملابس العادية (casual)، وتعطي الموظف الحرية لارتداء ما يراه مناسباً. في هذه الحالة عليه اختيار الملابس الأنيقة واللائقة.

- في كل الأحوال، إذا لم يكن هناك لباس محدد، يُنصح بارتداء اللباس الرسمي في الاجتماعات المحددة مسبقاً.

- يجب على الموظف تحية الزملاء، أكانوا أعلى أو أدنى مرتبة.

- عليه أن يكون ودوداً مع زملائه ويتعامل معهم بلطف.

- في كل الأحيان ينبغي عليه معاملة الآخرين بتواضع واستقبالهم بترحاب وبشاشة[8].

- عليه إظهار الاحترام والتعامل بكل تهذيب

- مع كل من يستقبلهم ويتواصل معهم.

- عليه الإلمام بإتيكيت التعريف والتقديم والتحية (كما مر معنا في فصل سابق).

- عليه الإلمام بكيفية المخاطبة باستخدام الهاتف ومهارات التواصل والحوار.

- عليه أن يكون متقناً لإتيكيت المائدة فيتصرف حسب القواعد في حال دعوته لمأدبة رسمية...إلخ.

- عليه التحلي بالحلم والصبر والابتعاد عن الانفعال والمزاجية أكان مع زملائه أو مع الآخرين.

- يجب عدم التفريق بين مُراجع وآخر بداعي المركز السياسي أو الاجتماعي أو الأهمية... وغير ذلك، فمن واجب الموظف تسهيل مصالح الجميع على حدٍ سواء.

- يجب عليه إظهار الحيوية والانتباه تجاه الآخرين لا سيما المراجعين أو الزبائن والاهتمام بأمورهم التي يتابعونها من خلاله.

- إن الالتزام بقواعد الإتيكيت، أمر مهم لتعزيز الصورة الذهنية الإيجابية والمتحضرة لمكان العمل في ذهن كل من يفد اليه.

- إن الجهود الكبيرة التي تبذل، وبعدة طرق ووسائل، لتقديم الصورة الذهنية المشرقة عن أي مكان عمل، ستضيع سدىً إذا دخل المراجعون واصطدموا بموظف استعلامات متجهم، أو يفتقد إلى الحد الأدنى من الدماثة واللباقة.

- ستتأثر الصورة الذهنية عن مكان العمل إذا ما دخل أحدهم مكتباً ليجد بعض الموظفين يتصرفون بلامبالاة أو يتمازحون أو يحتسون

---

8. بعض الشركات والفنادق والمصارف وغيرها تجري مسابقات دورية لاختيار أفضل موظف مبتسم، أو ما يُسمى: "أفضل ابتسامة"The best smile.

المشـروبات أو يتناولـون الأطعمـة وغيـر ذلك مـن التصرفـات التـي لا تليـق بمكـان العمل وموظفيه.

- أكان الموظـف يعمل في مـكان له فيه حيّزه الخـاص المحدد كما في المكاتب التي تشبه المكعبـات (Cubic System workplace/ Cubicles' workplace)، أو فـي صالـة مفتوحـة لعـدد مـن الموظفيـن وله فيها طاولته، أو فـي مكتـب خاص بـه، فيجب أن يكـون محيـط الموظف أنيقـاً ومرتبـاً، بغض النظـر عـن توفر المسـتلزمات الفاخـرة أو عدمهـا، فالأناقة والنظافـة والترتيب لا تحتاج إلى نفقـات كثيـرة لتنفيذهـا، بـل تحتاج إلى ذوق وترتيب.

- فـي أماكن العمـل المغلقة، عليـه ليس فقط إبقاء هاتفه المحمول صامتـاً، بل أيضاً جهاز الحاسـوب التابـع لـه مخافـة أن يزعج زملائه والآخريـن بأصواتهمـا كلمـا أتتـه مكالمـة أو رسالة نصية أو رسالة بريـد إلكتروني (إيميل email).

- أثناء الاجتماعات، على الموظف إغلاق هاتفه أو جعلـه بوضعية صامـت، وإن اضطر للرد أو إجـراء مكالمة عليه فعل ذلك خارج غرفة أو قاعة الاجتماع.

- مـن المعروف أنه من آداب الحـوار والنقاش في الاجتماعات، يجب عدم مقاطعة الآخرين، بـل طلـب الإذن بالحديث مـن مدير أو رئيس جلسة الاجتماع.

- على الموظـف التحلـي بـروح الفريـق، فهذا سـينعكس إيجابيـاً علـى العلاقـة مـع زملائه وعلى إنتاجية العمل نفسه.

- فـي حين أن من الجيد وجود علاقات إيجابية ما بيـن المدير وموظفيه، فـإن على الموظف

عدم تجاوز الحدود والتراتبية.

- بغـض النظـر عـن مـدى صداقتـه المتينـة مع بعض زملائه، ليس من المستحسـن إشراكهم بمواضيع حياته الشخصية والعائلية.

- علـى الموظف الابتعـاد عن الثرثـرة والنميمة تجاه زملائه أو مديره، أكان ذلك بشكل مباشر أو عبر وسـائل التواصل الاجتماعـي، فهذا السـلوك سيرتد سلباً عليه في نهاية المطاف.

- إذا كان مخطئاً في رأي معيـن أو ارتكب خطأً ما أثناء العمل، عليه الإفصاح عن ذلك والاعتـذار أكان لزملائه أو لمديره، والعمـل على تصحيح ذلك.

- لـكل مـكان عمـل خصوصيات معينة وعلـى الموظف التحلي بالكتمان وعدم إفشاء الأسرار.

- إتيكيت الموظف تجاه رؤسائه:
عند دخول مكاتب رؤسائه، يجب على الموظف عدم رفع الكلفة، وأن يدخل بلباسه الرسمي أو المهنـي الأنيق، وأن تكون ربطة العنق مشدودة (في حال ارتداء اللباس الرسمي).

- عليه ألّا يدخل مكتب مديره أو رئيسه وبيده أو فمه سـيجارة، حتى ولو كان هذا المدير أو الرئيس مدخناً.

- عليـه ألّا يدخـل مكتب مديره أو رئيسه وهو يلقي الجاكيت على كتفيه (ويداه حرّتان خارج الكمَّين).

- عندمـا يحضـر إلى مكتـب مديره أو رئيسـه، لا يصح أن يجلس ما لـم يؤذن له أو يُطلب منه ذلك.

- في الكثير من البلدان، لا يجوز له أن يضع رجلاً فـوق رجـل بحضور مـن هم أعلى منـه مرتبة.

- علـى الموظف عدم مقاطعة مديره، وإعطاؤه الفرصة لينهي حديثه.

- عليه ألّا يجـادل مديره أو رئيسـه كثيراً عندما يعطيه تعليمات ليس مقتنعاً بها، بل أن يغتنم فرصـة لاحقة ليبدي وجهة نظره المخالفة.
- عليـه ألّا يتخاصـم مـع أي مـن زملائـه بحضور المدير، بل يمكن إبداء النقد بطريقة حضارية.
- عنـد الأبـواب، في الدخول أو الخـروج، على الموظف أن يراعـي الأسبقية فلا يتقدم من هـو أعلى منـه وظيفياً. وهـذا ينطبـق على المصاعد أيضاً.

ـ إتيكيت المدير:

مـن جهتـه، يجب أن يفهم أي مدير أن نظافة مكان العمل مهمة في تشكيل انطباعات الآخريـن، وكذا الحال أيضاً بخصوص الأناقة، وهـذا غيـر مكلف، سـيما وأن البساطة تؤدي الغرض.

- عليه ألّا يظن أن مكتبه الفاخر يكفي ليعطي الانطباع الجيد في حال كان المكان الـذي يرأسـه تعم فيـه الفوضى وتتراكم الأوسـاخ على خزائن ومكاتب موظفيه والمداخل والممرات.
- يجب أن يكون مثالاً يحتذى بلباسه الرسمي الأنيـق أو بالتزامه بنموذج اللباس المحدد.
- يجب أن يظهر نشاطاً وفاعلية ليقدم مثالاً جيداً لموظفيه.
- يجب أن يتحلى بالتواضع والود وأن يظهر اهتماماً بما يقال من قبل الموظفين حول أمور العمل، دون أن يعكس ذلك أي ضعف.
- إذا طلب من السكرتيرة الاتصال بشخص ما على الهاتـف، فيجب عليه عدم تركه ينتظر كثيراً حتى وإن كان أدنى مرتبة، فهذا السلوك ليس فيه من اللباقة شيء ويستدعي الاعتذار.
- يجب أن يكون موجوداً عند الحاجـة. فلا

ينكفئ ويجلس في مكتبه خلـف باب مغلق طوال اليوم. فهذا يعطي موظفيه انطباعًا بأنه إما لا يهتـم بهم أو لا يريد أن يزعـج نفسـه بالأمور اليومية الخاصة بالعمل.
- يجـب أن تكـون ردود فعلـه تجـاه الموظفين وأدائهم هادئةً وإيجابيةً قدر اللزوم.
- يجب أن يلجأ إلى عبارات الإطراء والتشجيع أكثـر مـن عبارات اللـوم، وأن يلفت النظر إلى أي خطأ بـلا تشنج. بغير ذلك يتحول الموظفون إلى مجموعة من الساخطين، الأمر الذي سيؤدي إلى فشل المدير قبل غيره.
- المديـر الـذي لا يتعامـل بـودّ واحترام مـع الآخرين، سـيفقد ثقـة موظفيه والزبائن والمراجعين وغيرهم على حدٍ سواء.
- إذا أخطأ أحد المرؤوسـين، فيجب عـدم اعتبـار ذلك أمراً غريباً (فكلنا خطاؤون)، إلّا إذا كان الخطأ مقصوداً ومدبراً لغاية مـا، فبهذه الحالة توجد إجراءات وقوانين تنظم هذه الحالات.
- تحت أي ظرف كان، لا يجـوز توبيخ أحد الموظفين أو المساعدين أمـام أشخاص آخريـن، فهذا التوبيخ، في هذه الحالة، يصبح إهانة. كما وأن هذا السـلوك لا يظهر أبداً قوة وأهمية المدير، بقدر ما يظهر قسوته وعدم احترامه لكل الحاضرين.
- هـذا السلوك هـو دليل ضعف وقلة ثقة بالنفس، ويعطـي دليـلاً قاطعاً للآخريـن عن سـوء الإدارة وقلة احتـرام الموظفين لبعضهم البعض، خاصة إذا مـا كان رد فعل الشخص الموبّخ حاداً، كما قد يحصل إذا ما شعر هذا الشخص بالإهانة.
- إن أفضل أسـلوب لمعالجـة الخطأ، هـو أن يُستدعي الموظف لاحقاً ويتم تنبيهه وتوضيح

الخطأ. هذا التصرف سيزيد من احترام الموظف لمديره، ولن يشعره بأية إهانة بحقه.

- من الطبيعي أن يبقى المدير جالساً خلف مكتبه عندما يتلقى التقارير والبريد والإحالات التي يقدمها أي من الموظفين، لكن عند استقباله لأحد الزبائن أو الآخرين من خارج العمل عليه تحيته وقوفاً.

- ما لم تكن هناك حالة طارئة، يجب عليه ألّا يقوم بإلغاء الاجتماعات مع مرؤوسيه وغيرهم في اللحظة الأخيرة. هذا مزعج بشكل خاص إذا كان عليهم (أو على بعضهم) السفر إلى الاجتماع أو القيام بالكثير من التحضير. إنها طريقة فعّالة ليظهر لهم أن وقتهم وتحضيراتهم لا يهمان.

- في الحفلات والمناسبات الاجتماعية، عليه التصرف بما يتناسب مع موقعه ومكانته، كما أن عليه المغادرة مبكراً لا أن يمكث مطولاً.

- في الحفلات والمناسبات الاجتماعية، ليس من اللائق أن يظهر خفة كإلقاء النكات جزافاً أو الإكثار من الشراب.

- يخطئ كثيراً أي مدير، إذا ظنّ أن عمل موظف الاستعلامات، هو عمل بسيط يمكن أن يقوم به أي موظف، وأن ذلك لا يتطلب أي مؤهلات أو تدريب أو مهارات.

- يجب على المدير، والمعنيين في أية إدارة، الاهتمام البالغ بالموظفين المكلفين بالمقسم (السنترال أو البدالة)، وتوفير الجو والظروف الملائمة لهم ليقوموا بعملهم الحساس والمرهق. إنهم أشخاص يعملون خلف الكواليس، لكنهم على تماس وثيق، من خلال الكلمة والصوت، مع الآخرين.

- إن الطريقة التي يقدمون بها خدماتهم للآخرين هي أحد معايير الصورة الذهنية

للإدارة التي يعملون بها. لذلك يجب اختيارهم ممن تتوفر فيهم اللباقة والكياسة، إضافة إلى القدرة على التحمل والتعامل مع مختلف صنوف الناس، ناهيك عن النشاط والسرعة في الاستجابة وتلبية الاتصالات.

- إتيكيت الزبون والمُراجع:

على المراجع/ الزبون إدراك أن الموظف الموجود لخدمته لديه مهام كثيرة ووقته ثمين. فالمكاتب هي أماكن للعمل، وليست لإضاعة الوقت.

- عليه أن يكون مختصِراً في توضيح طلبه وألّا يستطرد في طرح أمور لا تمت بصلة للموضوع الذي تتم بسببه المراجعة.

- عليه أن يعي أنه ليس المراجع الوحيد، وأن هناك آخرين ينتظرون دورهم.

- يجب إبقاء الهاتف النقال صامتاً لدى مراجعة أحد الموظفين في مكتبه، وأن يؤجّل الرد على المكالمات لحين المغادرة كيلا يتم تشويش عمل الموظف، أو إزعاج الآخرين من خلال استماعهم إلى حديث أو موضوع لا يهمهم.

- إن مقولة "الزبون على حق دوماً" يجب ألّا تدفع هذا الزبون أو ذاك المراجع لإساءة استخدام هذه المقولة بأن يخرج عن أصول الإتيكيت أو أن يكون متطلباً وغير واقعي.

- عليه الاقتداء بالحكمة التي تقول: "التمس لأخيك عذراً"، إذا ما خرج أحد الموظفين عن طوره أو فقد أعصابه لسبب ما (مع أن هذا لا يجوز مهما كانت ضغوط العمل والإرهاق)، على المراجع ألّا يعامله بردة فعل تزيد الأمور سوءاً. بالتأكيد هدوء المُراجع وتفهمه سيعيدان لذاك الموظف هدوءه، وسيجعلانه يلوم نفسه على تسرعه ويعتذر، وسيعاود تقديم الخدمة بالشكل المطلوب.

إتيكيت استخدام المصعد

"مصعد النجاح لا يعمل. عليك استخدام الدرج"(9)

للمصعد، رغم محدودية حيّزه وقِصر رحلته، قواعد إتيكيت عامة تستدعي من مستخدميه التقيد بها، قبل الاستفادة من خدمته. هو مكان ضيّق عموماً ومزدحم غالباً، ومع ذلك يجب أن يشعر كل من يستخدمه بالراحة والأمان.

ـ قواعد إتيكيت عامة:

- ما لم يكن الشخص غير قادر، لأي سبب كان، فمن الطبيعي أن يستخدم الدرج للوصول إلى الطابق الأول والثاني دون اللجوء إلى المصعد، ولا سيما في أوقات الذروة.

- عند انتظار المصعد، يجب الوقوف على يمين بابه بحيث يكون يساره ومنتصفه غير مشغولين ليتمكن ركابه من الخروج بيسر.

- فقط بعد أن يخرج كل مستخدميه، يمكن للمنتظر الدخول إلى المصعد.

- إذا كان عند باب المصعد عدد من المنتظرين، فيجب على القادم الوقوف والالتزام بالدور والدخول بعدهم، فليس من آداب السلوك تجاوز الدور.

- عند فتح بابه، إذا كان المصعد مزدحماً لا تحاول حشر نفسك بين الأشخاص فيه.

- إذا كنت واقفاً بالدور وامتلأ المصعد عند دخول الشخص الذي كان مصطفاً أمامك، لا تحاول أيضاً حشر نفسك بين الأشخاص.

- إذا فُتح باب المصعد واضطررت للتأخر لسبب ما في اللحظة الأخيرة، لا تطلب من الآخرين في المصعد إعاقة إغلاق بابه وانتظارك. عليك أنت انتظار المصعد التالي، فليس من الكياسة اعتبار وقت الآخرين تحت تصرفك.

- عندما تخطو إلى داخل المصعد، لا تقف عند بابه وحاول عدم إعاقة دخول الآخرين.

- عند دخول المصعد يجب تحية من به

9. جينفر لويس (1957-...)، ممثلة ومغنية أمريكية وناشطة اجتماعية بشأن حقوق ذوي البشرة السوداء.

مع تواصل بصري بنظرات خاطفة وربما بابتسامة أيضاً.

- يجب عدم التحديق أو إظهار الاستهجان لشكل ومظهر أي أحد.

- بعد ولوج المصعد، يجب الاستدارة باتجاه بابه. الوقوف قبالة الآخرين مباشرة قد يشعر بعضهم بالحرج، وفي هذا خرق لقواعد الإتيكيت.

- حاول إشغال نفسك بتركيز نظرك على أي شيءٍ داخل المصعد عدا الأشخاص.

- حاول عدم التحرك قدر الإمكان، كي لا تحرج أحداً، خصوصاً في حال الازدحام.

- يجب الإبقاء، قدر الإمكان، على مسافة كافية بينك وبين الآخرين داخل المصعد واحترام ما يسمى بالحيّز الشخصي (10) (personal space) لكل إنسان قدر الإمكان.

- يجب إبقاء اليدين إلى جانب الجسم تجنباً لتجاوز الحيّز الشخصي لأي فرد ضمن المصعد.

- عدا إلقاء التحية، يجب عدم فتح حوار مع الآخرين، فالوقت قصير واهتمامات الموجودون داخل المصعد متنوعة ولا تتطابق بالضرورة مع اهتماماتك.

- إذا اضطررت للحديث مع صديقك داخل المصعد، فليكن ذلك باقتضاب وبصوت خافت.

- يجب إنهاء مكالمتك قبل دخول المصعد. الأحاديث الهاتفية ضمن حجرة المصعد فيها خروج على الإتيكيت.

- إذا لم تستطع إتمام الحديث قبل دخول المصعد، فيمكنك إبلاغ الشخص الآخر أنك ستعاود الاتصال به بعد قليل.

- إذا رن هاتفك ضمن المصعد (وكانت التغطية متوفرة)، فيمكنك الإجابة باقتضاب قائلاً إنك ستتصل لاحقاً، أو أن ترد برسالة نصية تحتوي ذات المضمون أيضاً.

- الانشغال بالهاتف وتصفّح ما فيه يمكن أن يجنبك التواصل البصري مع الآخرين ضمن المصعد، لكن شريطة ألّا يكون مزدحماً.

- حاول الوقوف في أقصى عمق حجرة المصعد إن كنت آخر شخص سيغادره، كي لا تربك خروج الآخرين.

- إذا كنت في أقصى عمق حجرة المصعد، حاول استئذان الآخرين قبل طابق/ دور واحد على الأقل من وصولك إلى طابقك، لا أن تنتظر حتى الوصول ثم تطلب إفساح المجال لك كي تخرج.

- دون التسبب بدفع أي أحد، حاول الخروج من المصعد عند وصولك إلى الطابق المطلوب بسرعة كي لا تعيق دخول الآخرين المنتظرين.

- إذا كنت في مصعد مزدحم وصادف أنك واقف عند بابه، فينبغي أن تخطو خارجه لحين خروج أي من الواصلين قبل الدخول إليه مجدداً. يمكنك، في هذه الحالة، مد يدك لإبقاء الباب مفتوحاً.

- عند فتح باب المصعد (في حال لم يكن مزدحماً) وأنت بداخله ورأيت شخصاً يهرول

---

10. أثناء انتشار الأوبئة، كما حصل في الجائحة التاجية (COVID 19)، على الجميع ارتداء الكمامات وعدم تواجد أكثر من ثلاثة أشخاص ضمن حجرة المصعد، ما لم يكونوا من الأسرة نفسها ويقطنون مع بعضهم البعض. عليهم الوقوف عند زوايا حجرة المصعد والإبقاء على التباعد فيما بينهم.

محاولاً دخوله، حاول مد يدك لإبقاء الباب مفتوحاً لحين دخوله. لكن لا تفعل ذلك إذا كان المصعد مزدحماً وغير قابل لاستيعاب أي قادم جديد.

- يجب على الرجال السماح لكبار السن والنساء ولذوي الاحتياجات الخاصة بدخول المصعد والخروج منه أولاً، بل ومد اليد لإبقاء الباب مفتوحاً لهذا الغرض.

- أمّا إذا كان المصعد مزدحماً، وأي من الرجال بداخله أقرب إلى الباب، فيمكنه تجاوز القاعدة السابقة والخروج من المصعد أولاً.

- إذا كان المصعد مزدحماً وأنت أقرب إلى لوحة أرقام الطوابق، ينبغي أن تكون مستعداً للمساعدة وضغط الرقم المناسب نيابة عن الأشخاص الأبعد وغير القادرين على فعل ذلك.

- ما لم تكن غير قادر على فعل ذلك بنفسك، لا تطلب من شخص آخر أن يضغط رقم الطابق المناسب لك.

- عموماً، إذا لم يكن المصعد مزدحماً، فيجب الوقوف عند زوايا حجرته قبالة الباب.

- بوجود شخصين ضمن حجرة المصعد، يقف أحدهما عند جدار المصعد ويقف الثاني عند الجدار المقابل.

- بوجود ثلاثة إلى أربعة أشخاص ضمن حجرة المصعد، عليهم الوقوف عند زواياها.

- بوجود خمسة أشخاص أو أكثر، يجب أن يتوزعوا ضمن حجرة المصعد مع المحافظة على أكبر قدر متاح من المسافة ما بينهم.

- إذا كنت تصطحب حقيبة، يجب حملها أمامك أو وضعها على أرضية المصعد (أمامك).

- إذا كنت تصطحب حقيبة ظهر أو أكياس تسوق وما شابه، يجب حملها إلى جانبك أو أمامك.

- يجب الاعتذار إذا اصطدمت أي من أغراضك بأحد.

- عموماً، يجب عدم استخدام العطور الثقيلة ولا سيما في المصاعد، فهذا لن يكون مريحاً للآخرين الذين قد يكون بينهم من لديه حساسية للروائح.

- عموماً، يمنع تناول المأكولات ضمن المصعد. كما أن من غير اللائق اصطحاب مأكولات مكشوفة، فرائحة الطعام لن تزول بسرعة وستزعج الآخرين.

- إذا كنت بصحبة أطفالك الصغار، فلا تسمح لهم بضغط كل أزرار لوحة أرقام الطوابق.

- إذا اصطحبت كلباً (أو أكثر) يجب أن تقصِّر رباطه وتبقيه قربك.

- إذا تعطل المصعد وأنت في داخله، فاضغط زر الطوارئ وانتظر بهدوء إلى أن يستجيب المختص بمعالجة مثل هذه الحالة.

الفصل العاشر

إتيكيت التنقل والسفر

"إن كنت تحب ابنك، فدعه يسافر"[1]

في سياق الحديث عـن إتيكيت التنقل والسـفر، لا بـد مـن التطرق أولاً إلـى الإتكيت المتصـل بالشارع والطريق ومن ثم إلى إتيكيت التنقل والسـفر باسـتخدام مختلـف وسـائل المـواصلات كالسـيارة والحافلـة والعبّارة والقطـار وصولاً إلى السفر بالطائرة.

◄ إتيكيت الشارع والطريق:

قواعد ومعايير استخدام الشارع والطريق هي أمور شبه معروفة ومتداولـة، إلى حـدٍ ما، في معظم دول العالم.

• من المعلوم أن الشوارع والطرق هـي مرافق عامة، أي أن للجميع حق الانتفاع بها، وبالتالي فهي ليست ملكية خاصة نتصرف فيها بالسلوك الذي يحلو لنا، دون الأخذ بالاعتبار حاجات الآخرين.

• لا يجوز إثارة الضجيج في الشارع، وإزعاج الآخرين والجيران بالحوارات الصاخبة.

• لا يجوز اللجوء إلى الصراخ لمناداة الأصدقاء، إذ يُعدّ ذلك سلوكاً غير لائق لما يسببه من إزعاج للآخرين في منازلهم، وقد يفضي إلى إيقاظ النائمين أو إخافة الأطفال أو إزعاج المرضى.

• لا يجوز التحدث بالهاتف النقال بصوت مرتفع في الشارع، فهذا إزعاج للآخرين وإشغالهم بأمور شخصية لا تهم إلَّا أصحابها.

• لا يجوز الصفير الذي يلجأ إليه، خطأً، بعض الشبان واليافعين للفت انتباه أصدقائهم، وربما من يودون مغازلتهن من الفتيات.

• لا يجوز رمي الأوساخ مهما صغر حجمها أو الأوراق وما شابه في الطريق أو الشارع مهما كانت حاويات القمامة بعيدة (وما الضير في أن تبقى قصاصات الورق مثلاً في الجيب حتى الوصول إلى المنزل؟).

———
1. مثل ياباني.

• يظن البعض أن الحفر التي تحيط بالأشجار في الشوارع هي مكان لإلقاء القمامة وأعقاب السجائر. لقد آن الأوان ليخجل من يقوم بهذا السلوك الخاطئ.

• لا يجوز البصق أو المخط في الشارع، فهذا السلوك مقزز وغير حضاري بالمطلق. فالمناديل متوفرة ووجدت لمثل هذه الأغراض.

• لا يجوز الانطلاق إلى الشارع بملابس النوم، حتى ولو كان ذلك في أيام العطل، ففي ذلك صفاقة واضحة.

• لا يستحسن التدخين أو الأكل في الشارع. فالشارع ليس مطعماً أو كافتيريا (كما ذكرنا سابقاً). علماً أن الطريقة الأمريكية في الإتيكيت غير المتشددة في هذا الأمر بدأت تنتشر.

• من غير اللائق مضغ العلكة (اللِّبان) أثناء السير في الشارع، لأن هذا لا يدل على حسن التصرف.

• من الواجب تقديم المساعدة إلى ذوي الاحتياجات الخاصة ولا سيما من كان كفيف البصر أو يستخدم كرسياً متحركاً أو غير ذلك. وهنا يجب تقديم المساعدة فقط عند طلبها أو وقوع من يحتاجها في حرج ما وكان في وضع أو مكان يستدعي التدخل. يجب أخذ إذنه قبل مساعدته، مع الانتباه لعدم جرح مشاعره. (لمزيد من التفاصيل يمكن مراجعة الفصل الخاص بإتيكيت التعامل مع ذوي الاحتياجات الخاصة).

• لا يجوز لمن يستخدم العكاز، لسبب صحي أو غير ذلك، أن يضرب به الأشياء على الرصيف، فهذه ليست تسلية تليق بالكبار.

• لا يوجد رجل محترم يسمح لنفسه أن يقف على قارعة الطريق أو قرب أبواب المتاجر والفنادق، ليحدق بنساءٍ يعبرن الطريق.

• يمكن لرجل معه مظلة، أن يقدم المساعدة إلى سيدة لا تحمل مظلة إذا داهمها مطر مفاجئ، ولكن يجب الاستئذان في ذلك أولاً.

• عندما يستوقف رجل يمشي على الرصيف صديقاً له ليحدثه في أمر ما، واعتذر هذا الصديق عن التوقف والاستماع لارتباطه بموعد، فيجب تفهم ذلك.

• عندما يتوقف شخصان في الشارع للحديث، عليهما التنحي والوقوف عند جانب الرصيف وليس في وسطه.

• عند إيقاف شخص ما للحديث معه في أمر ما، وهو برفقة مجموعة، فينبغي الاعتذار أولاً من الأشخاص الذين يرافقهم.

• وفقاً للطريقة الإنكليزية، لا يجوز لرجل أن ينحني لسيدة من معارفه، إذا قابلها في الشارع ما لم تنحني هي له أولاً. لكن على الطريقة الأوروبية، الأعم، تُعكس القاعدة، والرجل هو من ينحني أولاً.

• أما على الطريقة الأمريكية الأكثر تحرراً، ليس مطلوباً من الرجال والسيدات الإنحناء لبعضهم البعض في الشارع.

• على الطريقة الغربية، عندما يكون الرجل سائراً برفقة سيدة، وحياها أحدهم وهو لا يعرفه، يمكن للرجل أن يرد التحية نيابة عنها.

• عند مصادفة شخص لسيدة (أو أكثر) من المعارف في الشارع، وأراد المشي معها (وكانت راغبة في ذلك أيضاً)، عليه أن يمشي بجانبها وعلى الرصيف نفسه الذي كانت تمشي عليه، وأن يكون هو من جهة الشارع تدليلاً على اهتمامه وإظهاره الاستعداد لحمايتها.

• يجب عدم التردد في تقديم المساعدة لسيدة أو شخص مسن يحتاج إلى المساعدة والعون، ومن سيكتب له العمر المديد منا سيصل إلى

مرحلة يحتاج فيها مساعدة الآخرين. إن من يقدم يد العون في مثل هذه الحالات، لا بد له أن يشعر بالرضا إزاء عمل إنساني نبيل كهذا، مهما كان بسيطاً.

• عندما تسير سيدة أو رجل مع أطفالهما على الرصيف، يجب الانتباه لحركتهم، وألّا يكون أي منهم باتجاه الشارع، وذلك حرصاً على سلامتهم.

◄ إتيكيت قيادة السيارة:

يخطئ مـن يظن أنه إذا امتلك سيارة، فـإن بإمكانه أن يتصرف بها بالطريقـة التي يشـاء. فهي ملكه وحقه مـن ناحية، ولكن عليه حقوق بشـأنها تجـاه الآخريـن والمجتمـع مـن ناحيـة أخـرى. ولكـي تكـون الأمـور في نصابها، فـإن قيـوداً والتزامات يجـب أن تتحقق. ولا نتحـدث هنـا عـن كل القوانين الناظمة للسـير، فهذا أمر ملـزم بطبيعـة الحـال، بـل نتنـاول بعضـاً منهـا مـع التركيـز علـى قواعـد الإتيكيـت ذات الصلة والواجب مراعاتها.

• يجب أن تكون السيارة نظيفة ليس فقط من الداخل، بل من الخارج أيضاً (وهذا أهم). فمنظر السيارة المتسخة يثير اشمئزاز راكبي السيارات الأخرى والمارة في الشارع على حدٍ سواء.

• يجب التقيد بالسرعة المحددة، وهذا ليس سلوكاً حضارياً فقط، بل ينم عن احترام من يقود السيارة للقوانين وللمجتمع. هو تصرف يجب التقيد به بوجود كاميرات المراقبة أو بعدم وجودها، وذلك حفاضاً على سلامة كل من السائق والآخرين.

• على المهووسين بالسرعة التوجه إلى حلبات سباق السيارات، حيث يمكن لهم ممارسة هواياتهم والمشاركة في "الراليات".

• يجب التقيد بالسير داخل حدود المسارب والخطوط المحددة لها في الشارع، وعدم الانتقال من مسرب إلى آخر قبل إعطاء الإشارة اللازمة ضمن وقت ومسافة كافيين، منعاً لإرباك الآخرين ممن يقودون سياراتهم.

• الخطوط العرضية البيضاء المخصصة لمرور المشاة، تعني بالضرورة توقف السيارات قبلها إذا كان هناك من يريد اجتياز الشارع. وأسبقية المرور في هذه الحالة هي للمشاة.

• على الإشارة الحمراء، يجب أن تتوقف السيارات قبل الخطوط العرضية البيضاء حكماً.

• فيما يتعلق بالسائقين، يجب الانتباه إلى أن الإشارة الصفراء هي للتهيؤ وليس للانطلاق.

• يجب أن ينتبه المارة إلى أن الإشارة الصفراء هي لتنبيههم بأن وقت عبورهم قد انتهى وعليهم التوقف.

• يجب عدم استعمال منبه السيارة (الزمور أو البوق) إلّا في الحالات الطارئة. فاستعمال البوق يزعج سامعيه ويوتّر السائقين والمارة على حد سواء.

• يجب عدم إلقاء الأوراق والفضلات (مهما كان نوعها وحجمها) من نافذة السيارة، فالطرق والشوارع ليست مكبًّا للقمامة. من المؤسف أن يرتكب البعض ممن يقودون السيارات مثل هذا العمل المشين. لقد آن الأوان ليعيدوا النظر في سلوكهم، على الأقل ليكونوا قدوة لأولادهم، الذين يتوجب تعليمهم السلوك الصحيح وتجنب ارتكاب المخالفات.

• لا تتردد في فتح باب السيارة لزوجتك وللسيدات، لأنك بذلك تتبع سلوكاً حضارياً. وإن انتقاد البعض لهذا التصرف واعتباره مبالغة غربية مستوردة، هو خطأ غير مبرر، فاحترام المرأة ليس سمة غربية أو شرقية، بل عالمية.

• من يستقل السيارة، هو من يحيي الآخرين من المارة الذين يعرفهم، حتى ولو كان أعلى مرتبةً منهم.

• يجب عدم ترك الأطفال، وخصوصاً الرضع منهم، في السيارة وحدهم، مهما كانت المدة بسيطة، فذلك أمر غير مقبول ومخالف للقوانين [2] من ناحية، ويشكل خطراً على حياتهم من ناحية أخرى، ولا سيما جراء ما يسمى بِ "ضربة شمس المركبات" (vehicular heatstroke).

• إن ترك الطفل لأقل من 14 دقيقة داخل سيارة في جوٍ حار، كافٍ لجعله يعاني من إصابة في المخ أو الكلى، حيث يمكن أن ترتفع درجة الحرارة داخل السيارة درجة مئوية واحدة كل عشرة دقائق، وعندما تصل درجة حرارة الجسم 40 درجة مئوية، تتعطل الأعضاء الداخلية في الجسم. وفي درجة 42 مئوية يموت الطفل. لذلك الحذر ثم الحذر.

• يجب عدم ترك الحيوانات الأليفة وحيدة في السيارات أيضاً، مخافة "ضربة شمس المركبات"، فالحيوانات كالكلاب أو القطط لا تتعرق، وبالتالي ترتفع حرارة أجسامها بشكل أسرع من أجسامنا.

• يجب الانتباه قبل فتح باب السيارة، فقد يضرب الباب، المفتوح بشكل مفاجئ، شخصاً ماراً بجانب السيارة، أو طفلاً يركض مسرعاً، وقد يتسبب ذلك بحادث، فيما لو كان المار دراجة أو سيارةً أخرى قد تقتلع باب السيارة المفتوح، قبل أن تتمكن من التوقف.

◄ نظام الأسبقية داخل السيارة:

• في ترتيب أسبقية الجلوس داخل السيارة، تُعطى الأفضلية للشخص الأعلى مرتبة، بحيث يجلس في المقعد الخلفي الأيمن، إذا كان هناك سائق يقود السيارة. (يصبح هذا الترتيب معكوساً في الدول التي يكون فيها السائق على اليمين، كما في بريطانيا وبعض دول الكومنويلث).

• تكون هذه الأسبقية في المقعد الأمامي، إلى جانب السائق في حال كان المستضيف هو من يقود السيارة بنفسه.

• تجلس الزوجة بجانب زوجها إذا كان هو من يقود السيارة، ويجلس الأولاد في المقاعد الخلفية.

• بوجود الزوجة والوالدة معاً، تعطى الأسبقية للوالدة، وتجلس في المقعد الخلفي الأيمن.

• بوجود الزوجة والوالدة أو الحماة معاً، تعطى الأسبقية للوالدة أو الحماة، وتجلس في المقعد الخلفي الأيمن.

◄ إتيكيت التنقل بسيارات الأجرة:

• تستخدم سيارة الأجرة فئات متنوعة من الناس، من مختلف الشرائح والمستويات والأعمار، كما يشكل سائقو سيارات الأجرة نسبة لا بأس بها من مستخدمي الطرق والشوارع، داخل وخارج البلدات والمدن، وهم يقدمون خدمات مهمة للناس بلا شك.

• إذا كان من واجب الناس احترام سائقي سيارات الأجرة، والتعامل معهم بلطف ولباقة، وهم يستحقون ذلك، فإن على السائقين بالمقابل تقديم خدماتهم بمهنية عالية.

---

2. العقوبة المترتبة في هذه الحالة شديدة جداً في غالبية الدول وقد تصل إلى السجن (باعتبارها جناية)، بل وحتى نزع رعاية الطفل من الأهل واعتبار الأم والأب أو كليهما غير مؤهلين لتربيته.

يدفع مستخدمو سيارات الأجرة ما هو مطلوب منهم لسائقيها، وبالتالي على السائقين تقديم واجبهم تجاههم بكل رحابة صدر ومودة ومهنية.

- يجب على السائق أن يقود بهدوء وأن يتقيد بالسرعة والتوقف في الأماكن المحددة.

- على السائق التحدث مع الراكب/ الركاب باقتضاب، فيما يتعلق بمسار الرحلة مبدئياً.

- لا يجوز للسائق فتح حوارات جانبية مع الركاب أثناء القيادة، فالحديث معهم قد يشتت انتباهه.

- لا يجوز للسائق التحدث بالهاتف الجوّال أثناء القيادة، فذلك يشتت انتباهه من جهة، وفيه مخالفة واضحة لقوانين السلامة.

- لا يجوز للسائق الصراخ أو السباب أو الشجار مع الركاب أو مع سائقي السيارات من حوله.

- إذا كان هناك زي موحد معين تفرضه الأنظمة أو الشركة المشغّلة، فيجب التقيد به، لأن ذلك دليل على احترام القوانين والأنظمة.

- يجب تثبيت لوحة داخل السيارة عليها صورة السائق واسمه ورقم سيارته.

- يجب الإبقاء على عداد التعرفة في حالة جيدة ومثبتاً في مكان يسمح للراكب برؤيته بوضوح.

- لا يجوز إطلاقاً تقاضي أي مبلغ يتجاوز التعرفة المسجّلة في العداد.

- يجب على السائق الاحتفاظ بقطع نقدية صغيرة، فبعض الركاب قد لا يملك إلّا قطعاً نقدية كبيرة، وعلى السائق أن يعيد النقود المتبقية لهم.

- لا يجوز للسائق تجاهل إعادة ما تبقى من النقود للركاب، وإذا تنازل الراكب عن بعض النقود للسائق طواعيةً فلا بأس، لكن لا يجوز للسائق أن يفترض ذلك مسبقاً، ويتجاهل إعادة النقود.

- يجب مراعاة أذواق الركاب عند الاستماع إلى الموسيقا، ويفضل أن يبقى الصوت منخفضاً من أجل السلامة، فالتنبه إلى الأصوات خارج السيارة له الأولوية.

- لا يجوز للسائق وضع حمولة زائدة وترك باب صندوق السيارة مفتوحاً، ففي ذلك مخالفة واضحة لقوانين السير.

• إتيكيت السفر بالحافلات والميترو والقطارات والعبّارات:

"استخدام وسائل النقل العامة يعني بالضرورة مشاطرة الآخرين المكان[3]"، هي عبارة اقتبستها ووددت أن استهل بها هذا الجزء، بعد أن اصبحت وسائل النقل العامة، ولا سيما الحافلات والميترو والقطارات[4] والعبّارات والطائرات جزءاً أساسياً من حياتنا اليومية، ومن معاناتنا إلى حدٍ كبير أيضاً.

• بغض النظر عن التفاصيل، وبعض المشاكل، التي نمر بها ونعيشها في وسيلة النقل العامة هذه أو تلك، فإن استخدام أي منها يمكن أن يكون تجربة مريحة، إذا أدرك الجميع أن مراعاة بعض قواعد الإتيكيت يمكن أن تحقق ذلك.

---

3. آنّا موسون، مؤسسة ومديرة شركة جود مانرز (Good Manners Company).

4. "اللعنة على القطارات والمراكب...التي تنقل الناس ولا تنقل الأرض معهم!" مقولة لأليخاندرو كاسوما، كاتب وشاعر اسباني (من مسرحيته " المفتاح في المستودع").

• فيما يلي بعض من القواعد التي يتوجب أخذها بعين الاعتبار في مجمل تلك الوسائل، عدا الطائرات (التي أفردنا لها قسماً لاحقاً).

ـ قواعد إتيكيت:

يجب الالتزام بالدور، والاصطفاف في الرتل في كل الأماكن التي تتطلب ذلك، عند شراء البطاقات أو فحص الوثائق.

- لا يجوز تجاوز الخط المحدد على الرصيف والاقتراب من سكة القطار أو المترو، لأسباب تتعلق بالأمن والسلامة.

- لا يتم تجاوز الخط المحدد على الرصيف إلّا بعد توقف القطار وفتح الأبواب.

- في حال حصول أي حادث كسقوط شخص ما على سكة القطار أو غير ذلك، يجب التوجه إلى زر الطوارئ فوراً، وانتظار المساعدة من عمال المحطة.

- يجب عدم وقوف الركاب المنتظرين قبالة أبواب وسيلة النقل، فهذا سيعرقل حركة خروج الركاب، وخصوصاً في حالات الذروة.

- في حالة الحافلات والعبارات، يجب وقوف الركاب المنتظرين على يمين الأبواب تسهيلاً لخروج الركاب الواصلين.

- في حالة المترو، يجب وقوف المنتظرين على يمين ويسار الأبواب تسهيلاً لخروج الواصلين الذين يعبرون من الوسط.

- الأولوية هي دوماً للواصلين في الحافلة أو العبارة أو عربات المترو والقطار، لذلك يتم انتظار الداخلين لحين خروج جميع المغادرين، سيما وأن الوقت المتاح لتوقف وسيلة النقل محدود.

- الأولوية المطلقة هي لذوي الاحتياجات الخاصة، وذلك في الخروج والدخول إلى وسائل النقل.

- (كما أوردنا في فصل إتيكيت التعامل مع ذوي الاحتياجات الخاصة) يجب إفساح المجال وإعطاء المقاعد لذوي الاحتياجات الخاصة وللنساء الحوامل، وللآباء والأمهات الذين برفقتهم أو يحملون أطفالاً صغاراً، ولكبار السن وللأشخاص المصابين أو الذين تظهر عليهم علامات المرض[5].

- عادة ما تكون هناك أزرار للتوقف في عدة أماكن من حافلة النقل الداخلي. على الراكب الضغط عليها لتنبيه السائق قبل مسافة معقولة من وصوله إلى الموقف القادم حيث يريد النزول.

- يجب نزول الراكب من أقرب باب إليه، وألّا يقف على الرصيف قرب الأبواب، وذلك تخفيفاً للزحام، وإفساحاً لنزول الآخرين وصعودهم.

- بعد الصعود، ينبغي عدم الوقوف عند باب وسيلة النقل، قدر الإمكان، بل الانتقال إلى الداخل والخلف، درءاً لإعاقة الحركة، وإفساحاً في المجال لصعود ودخول الآخرين بشكل سلس.

- عند الوقوف في وسائط النقل يجب التمسك بالمقابض المخصصة لذلك وليس بالأشخاص المجاورين، فالانطلاق والتوقف قد يكون

---

5. الكثير من الدول ملتزمة بتوصيات الأمم المتحدة وتخصص نسبة 20% من مقاعد وسائل النقل العامة لذوي الاحتياجات الخاصة وللنساء الحوامل، وللآباء والأمهات الذين برفقتهم أو يحملون أطفالاً صغاراً، ولكبار السن (ممن يتجاوز عمرهم 60 سنة) وللأشخاص المصابين أو الذين تظهر عليهم علامات المرض.

مفاجئاً وقد يفقد أي من الركاب توازنه.

- يجب الامتناع عن إيقاف انغلاق باب الحافلة أو المترو، بغية الدخول أو الخروج في اللحظة الأخيرة، ففي ذلك خطورة كبيرة.

- عند التوقف، لأي سبب كان، على الدرج او السلم المتحرك في المحطة والممرات، يجب أن يتم ذلك على اليمين لإفساح المجال للمسرعين ليمروا على اليسار.

- يجب عدم إلقاء المهملات والتسبب باتساخ وسائل النقل والمقاعد، أو المحطات، بل الاحتفاظ بها ورميها في أقرب سلة مهملات في المحطة أو الشارع.

- يجب استخدام مناديل ورقية عند العطاس والسعال.

- لا يجوز إطلاقاً الكتابة على جدران العربات، أو التسبب بإتلاف المقاعد، ولوحات الدلالة، والإشارات، وغيرها.

- بغية عدم إزعاج الآخرين، يجب إبقاء الهاتف النقال في وضعية الصامت.

- يمنع التدخين في كل وسائل النقل العامة والمحطات المغلقة.

- يمكن لمن يود الاستماع إلى الموسيقا استخدام السماعات، كي لا يزعج باقي الركاب بموسيقاه.

- لا يجوز التحدث بصوت عالٍ مع الأصدقاء والمعارف في المحطة أو في عربات الركاب.

- في المترو وحافلات النقل الداخلي ينبغي عدم التحدث مع الركاب إلاَّ للسؤال عن الاتجاه أو المحطة القادمة، فلا توجد ضمانة، أساساً، بأن أياً منهم لديه الوقت الكافي لأي حوار.

- في القطارات والعبارات وحافلات السفر الطويل، يفضّل بعض المسافرين الصمت،

وهذا ما يمكن اكتشافه ومراعاته بسهولة، ولكن غالبية المسافرين ليسوا كذلك، لذا يمكن محاولة فتح الحديث مع الجوار، من خلال محاولة التعارف بطريقة مهذبة.

فالسفر الطويل بحد ذاته مسألة مرهقة ومملة، ومن الممكن أن يخفف الحديث من أعبائه.

- في كل وسائط النقل، يتوجب التروي وعدم مجادلة شخص وقح أو سكران، فقد تتطور الأمور لما هو أسوأ، كما لا يجوز استخدام الألفاظ النابية أو المخلّة بالآداب.

- وسيلة النقل العامة ليست شخصية، والمقاعد فيها تخص جميع مستخدميها. لكل شخص مقعد واحد فقط، وبالتالي لا يحق لأي شخص الجلوس على مقعد، وحجز مقعد آخر، بوضعه حقيبة أو بعض الأغراض والأكياس.

- كثيراً ما تشتكي السيدات من تصرّف بعض الرجال، حيث يجلسون متباعدي الساقين ويأخذون حيزاً أكبر على حساب الآخرين، ناهيك عن منظرهم غير اللائق. لذا عليهم تجنّب ذلك، حتى ولو كان من بجانبهم صغير الحجم.

- الطريقة الأمثل لجلوس الرجال في وسائل النقل العامة، هي بجعل القدمين متقاطعتين، فتكون الركبتان متباعدتين لمسافة بسيطة فقط، أو الدوس بكامل أسفل القدمين على الأرضية، ووضعهما بجانب بعضهما البعض، ووضع راحتي اليدين على الركبتين.

- ينبغي تجنّب التحديق في الآخرين، أو إظهار الدهشة حيال بعض ما يرتدون أو ألوان وطريقة تصفيف شعرهم أو ما شابه، فذلك انتهاك لحريتهم الشخصية.

- يتوجب عدم وضع الحقائب أو أكياس التسوق في الممر داخل الحافلة أو المترو، فذلك يعوق مرور الركاب.

- يجب الحذر والحيطة كيلا ترتطم أي من الحقائب بالركاب.

- في وسائط النقل للمسافات الطويلة من قطارات وحافلات، على الرجال المبادرة وعرض مساعدتهم على السيدات في رفع حقائبهن إلى الرفوف والخزائن العلوية.

- تفرض أصول الإتيكيت على الرجل أن يعرض على المرأة في المقعد المجاور إعطاءها مقعده، إذا كان هذا يناسبها أكثر، لا سيما المقعد المجاور للنافذة.

- من اللطف مساعدة أي شخص يحتاج المساعدة، كأن تساعد سيدة في حمل حقيبتها الثقيلة، أو عربة طفلها صعوداً على الدرج، فبعض المحطات لا تحوي أدراجاً متحركة أو مصاعد، وقد يكون بعضها معطلاً.

- إذا سقط شيء من مقتنيات أحدهم وكان يحاول التقاطه، يستحسن مساعدته أو على الأقل عدم عرقلته أو الدوس على أغراضه.

- إن فقد أحد الركاب شيئاً دون انتباه، فيجب تنبيهه بلطف أو جلب ذاك الشيء وإعادته إليه.

- في حال ارتطم أحدهم بآخر لأي سبب بما في ذلك التوقف المفاجئ للحافلة، فعليه الاعتذار فوراً.

- يمنع الطعام في وسائل النقل، ولكن يمكن (في المترو والقطارات) استثناء المأكولات الخفيفة والجافة التي لا تطلق الروائح. (في قطارات المسافات الطويلة توجد مطاعم).

- يمكن تناول المشروبات المحفوظة في أوعية لها أغطية تمنع انسكاب محتوياتها.

- كما ذكرنا في فصل (إتيكيت اقتناء الحيوانات الأليفة)، يمنع، عموماً، اصطحاب الحيوانات الأليفة والطيور إلى عربات وسائل النقل العامة، ولكن قد يُسمح باصطحاب الصغيرة منها في حال كانت ضمن الحقائب أو الأقفاص المحمولة الخاصة بها.

- يجب أخذ الحذر في الأيام الممطرة، بحيث لا تتسبب المظلات في تبلل الأشخاص الآخرين، أو أرضية وسيلة النقل، ما قد يؤدي لانزلاق بعض الركاب. يجب التأكد من جفاف المظلة قدر الإمكان قبل الدخول إلى المحطة.

- ينبغي على المرء ألّا يُظهر أنه سائح عند استخدام المترو أو الحافلات، فهي غالباً مكتظة وليست مكاناً مناسباً لالتقاط الصور وفتح الخرائط الكبيرة، فهذا قد يزعج الآخرين، كما أن هذا التصرف قد يثير شهية النشالين الذين يتحينون الفرص.

- يُشاهد في الكثير من المحطات، بعض الموسيقيين أو الرسامين (الكثير منهم موهوب فعلاً)، الذين يمتعون المسافرين ويكسبون بعض رزقهم على طريقتهم. ينبغي عدم التردد في إعطائهم (لمن يرغب في ذلك) بعض النقود، فذلك أمر لطيف، ولا يُخلّ بقواعد الإتيكيت.

- في حال الرغبة بالتبرع للموسيقيين أو الرسامين، يجب ألّا تُرمى النقود بشكل فج، بل عبر الانحناء، ووضع النقود في القبعة أمامهم أو غيرها، بهدوء يدل على تقدير مواهبهم.

• **إتيكيت السفر بالطائرة:**

"من لم يرَ إلّا بلده، فإنه قد قرأ الصفحة الأولى فقط من كتاب الكون[6]". في الواقع يعتبر السفر بمثابة مدرسة بحد ذاته، وقد تطرق الكثير من الكتاب إلى الرابط بين السفر والمعرفة، ومنهم الكاتب مصطفى أمين[7] الذي اعتبر أن **"رحلة إلى الخارج تساوي ألف كتاب". فالسفر يوسع الأفق ويعلّم، ويطلعنا على تجارب الآخرين وثقافاتهم.**

• لقد أصبح السفر بالطائرة تجربة خاصة بحد ذاته، فيه من التحدي والتوتر بقدر ما فيه من المتعة والراحة، بغض النظر عن التنافس المحموم من قبل شركات الطيران التي تحاول كسب مسافريها، وتسويق أدائها، على أن رحلاتها وطائراتها هي الأكثر رفاهية وراحة والأوفر خدمة... إلخ.

• إن مجرد وقوف المسافر في الرتل، وقيام الموظفين والأمنيين المعنيين بفحص وثائقه وحقائبه، وبفحصه شخصياً بالأجهزة الخاصة وربما باللمس أحياناً، كل ذلك كافٍ ليجعله في مزاج سيئ وهو لم يصعد إلى الطائرة بعد، فما بالك إذا كان حظه عاثراً وتصادف أن من يجلس بجانبه كان فظاً ولا يحظى باللباقة الكافية ليرتاح ويريح.

• في الأحوال كلها، غالباً لا يكون هناك من خيار في السفر بين الدول والقارات إلّا باستخدام الطائرات التي يمكن التخفيف بشكل كبير من مساوئ السفر على متنها إذا اتبع الجميع بعضاً من قواعد الإتيكيت ذات الصلة.

— **قواعد إتيكيت:**

على المرء أن يبقى متفائلاً، وأن يحاول إقناع نفسه بأن من سيجاوره في الرحلة سيكون مهذباً ولطيفاً، فهذا هو ما يفترض أن يكون عليه معظم الناس وليس العكس.

– إذا كانت الحقيبة التي برفقة المسافر إلى داخل الطائرة ذات عجلات، يمكن له أن يجرّها وراءه، وأن يتقدم في ممر الطائرة باتجاه مقعده، وإلّا عليه حملها أمامه بشكل منخفض قدر المستطاع، كيلا ترتطم بأيادي وأكتاف أو رؤوس المسافرين الذين جلسوا في مقاعدهم.

– يجب أن يضع المسافر حقيبته فوق مقعدة وألا يتجاوز على حساب مسافر آخر.

– عليه الانتباه عند رفع الحقيبة ووضعها في الخزانة كي لا تسقط على أحد المسافرين الجالسين.

– في حال عدم توفر مكان في الخزائن العلوية، يمكن أن يطلب من أحد المضيفين تأمينها، وإلّا عليه وضعها أمامه بين قدميه أو تحت المقعد إن كان يتسع لها.

– يجب على المسافر عدم وضع الأشياء في ممر الطائرة، تجنباً لإعاقة حركة المسافرين، بل وضعها بين قدميه. والانتباه، أيضاً، كيلا تنزلق باتجاه الراكب الجالس بجانبه.

– يمكن للراكب أن يضع بعض الأشياء الصغيرة في الحقيبة الخلفية للكرسي التي أمامه (فهي مخصصة له).

6. فوجريه دو مونبرون (1856 - 1950)، كاتب وناقد فرنسي.

7. مصطفى أمين (1914-1997) صحفي وكاتب مصري، قام مع شقيقه علي أمين بتأسيس صحيفة أخبار اليوم.

- يفضل الكثير من المسافرين الصمت أو الاستماع إلى الموسيقى أثناء الرحلات، لذا يستحسن تجنّب فتح الأحاديث معهم، ما لم يُلاحظ استعدادهم لذلك.

- مَن يرغب في تجاذب أطراف الحديث مع من يجاوره، يمكنه أخذ المبادرة بأن يقدّم نفسه في بداية أو أثناء الرحلة، ولو بدأ ذاك الجار القراءة أو الاستماع إلى الموسيقى، فهذا دليل على أنه يفضّل الصمت.

- أثناء الرحلة، يجب عدم التحدث بصوت عالٍ مع الآخرين، ففي ذلك إثارة للصخب في مكان ضيق يضم عدداً كبيراً من الركاب.

- يجب عدم إمالة ظهر المقعد إلى الخلف عند الجلوس، إلى أن يُسمح بذلك (بعد الإقلاع وقطع الطائرة مرحلة الارتفاع الأولى).

- عند إمالة المقعد إلى الخلف، ينبغي أن يتم ذلك بهدوء وبطء كيلا يصطدم المقعد برأس الراكب في الخلف، الذي ربما كان يحاول وضع شيء ما تحت مقعده أو بين قدميه.

- يجب أن يبقى ظهر المقعد عامودياً، عند تقديم الطعام والمشروبات إلى أن تنتهي فترة تناول الوجبات، وتؤخذ الصواني وما عليها من كؤوس وأطباق.

- يجب الالتزام بالمقعد طالما لم تؤخذ الصواني، فهذا وقت تحرك المضيفين الذين ما زالوا يقومون بخدمة المسافرين، ويتوجب عدم عرقلة مهمتهم.

- إذا كان الشخص في المقعد الخلفي طويلاً أو معه طفل في حجره، يجب عدم إمالة ظهر المقعد إلّا قليلاً جداً، ويفضل إبقاؤه عمودياً في الرحلات القصيرة. إن إمالته القصوى تعطي الجالس في المقعد الأمامي

مزيداً من الراحة، لكن بالتأكيد على حساب الشخص الآخر خلفه.

- يمكن لطويل القامة أو ضخم الجسم حجز مقعده في نسق المقاعد عند مخارج النجاة أو عند الحواجز التي تفصل ما بين مقصورة وأخرى، على امتداد جسم الطائرة، ذلك لأن المسافة الأمامية المتاحة في هذه الاماكن تكون عريضة.

- في أي حال من الأحوال، يجب على من يصطحب طفلاً أو أكثر، ألّا يختار مقعداً عند مخرج النجاة.

- ينبغي الانتباه إلى حركة الأطفال الذين يمكن أن يتمسكوا أو يركلوا ظهور المقاعد أمامهم ويتسببوا بإزعاج الجالسين عليها، لذا ينصح بأن تجلب لهم بعض الكتب والألعاب وغيرها لإشغالهم والحد من حركتهم.

- إذا تصرف شخص يجلس في المقعد المجاور أو الأمامي أو الخلفي بشكل غير سوي أو غير لائق (لفظاظته أو ربما لتناوله كمية زائدة من المشروبات الكحولية)، ولم يستجب للتنبيه، ينبغي عدم مجادلته أبداً، بل الطلب من أحد المضيفين أو المضيفات التصرف، وربما يستدعي الأمر إيجاد مقعد بديل (إن أمكن) والابتعاد عن ذاك الشخص المزعج.

- يخطئ من يظن أن التناول الزائد للمشروبات الكحولية، قبل وأثناء الرحلة، يمكن أن يخفف بعضاً من المتاعب، بل العكس فهذا عامل في زيادة المتاعب لمتناول الكحول وللركاب الآخرين على حدٍ سواء.

- عند النهوض، أثناء الرحلة، على المسافر أن يتكئ على ساعدي كرسيه، وألّا يتمسك ويشد ظهر الكرسي أمامه إلى الخلف، كي لا

يزعج الجالس على ذلك الكرسي والذي قد يكون نائماً.

- حينما يمشي المسافر في ممر الطائرة، يمكن له التمسك بالخزائن العلوية وليس بكراسي المسافرين.

- لأسباب صحية، يُنصح بتحرك المسافر، من حين إلى آخر، في الرحلات الطويلة، لكن لا يجوز أن يقوم بذلك كثيراً، فكل تحرك للمسافر يعني إعاقة أو إرباك الآخرين.

- يجب التقليل أيضاً، قدر الإمكان، من التوجه إلى المغسلة والمرحاض، تخفيفاً للحركة في ممرات الطائرة.

- يجب عدم ترك المقعد، في الوقت الذي يقدم فيه المضيفون وجبات الطعام مستخدمين العربات الخاصة بذلك.

- إذا أراد المسافر التحرك وترك المقعد، لأي سبب كان، وكان يشغل المقعد المجاور للنافذة أو المقعد الأوسط بين مقعدين، عليه ألّا يتخطى من يجاوره، بل أن يستأذنه بلطف كي يفسح له المجال للتحرك.

- على مَن يجلس في مقعد جانبي، ألّا يميل بجسمه نحو المسافر الجالس قرب النافذة، كي يشاهد المنظر خارج الطائرة.

- إذا قرأ المسافر جريدة أو استخدم حاسوباً محمولاً، عليه الانتباه لحركة مرفقيه كي لا يرتطمان بالشخص الذي بجانبه، أو يأخذان من الحيّز المخصص له.

- ليس من اللائق أن تحاول القراءة من جريدة أو كتاب في يد مسافر مجاور، أو النظر في شاشة هاتفه أو كمبيوتره الشخصي.

- ينبغي التعامل بلطف وتهذيب مع طاقم الطائرة والمضيفين، وعدم الإكثار من الطلبات غير المنطقية، أو إطالة الحديث معهم، فهناك مسافرون كُثر عليهم خدمتهم جميعاً.

- ينبغي الاعتدال في استخدام العطور، وتجنب الثقيلة منها، مخافة التسبب في إزعاج الآخرين، فالبعض قد يعاني من الحساسية من الروائح أو من الربو.

- عند توقف الطائرة، في نهاية الرحلة، ينبغي البقاء في حالة جلوس في المقاعد، إلى أن تُعطى إشارة نزع أحزمة الأمان.

- عند الوقوف لتناول الحقائب والأغراض من الخزائن العلوية، يجب الانتباه كيلا يسقط شيء يزعج أو يؤذي الآخرين.

- عند مغادرة الطائرة، يجب التحرك إلى الأمام بخفة في الممر، فقد يكون على متن الطائرة ركاب ترانزيت يريدون اللحاق بسرعه بطائراتهم التالية، وقد يكون وقتهم ضيقاً، لذا يجب عدم تأخيرهم.

- إذا كانت حقائبك ثقيلة، وقد تعيق مرور الآخرين، يمكنك الانتظار حتى ينزل باقي المسافرين قبل أن تأخذ حقائبك، وذلك تلافياً لإعاقة حركتهم.

الفصل الحادي عشر

إتيكيت الطعام والمآدب

"في المآدب يتعيّن على المرء أن يأكل باعتدال دون إكثار،
وأن يتكلم باتزان دون إسفاف"[1]

ككائن اجتماعي، يسعى الإنسان الطبيعي إلى التواصل وإقامة العلاقات وبناء الصداقات، وحتى تمضية بعض الوقت في التسلية مع الآخرين. وبالتالي كان لا بد له من استنباط فعاليات ومناسبات تحقق له ذلك، كالدعوات بأنواعها المختلفة والمآدب والولائم والحفلات، وغير ذلك من فعاليات يتجمع فيها عدد من الناس، قد يكون قليلاً أو متوسطاً أو كبيراً، بحيث تتاح الفرصة للتواصل، وبما يحقق الكثير من الأغراض.

وإذا كانت مثل هذه الفعاليات حاجة طبيعية للناس بمختلف شرائحهم ومستوياتهم، فهي ضرورة ملحة وواجب وجزء لا يتجزأ من عمل الدبلوماسيين وكل من يعمل في الشأن العام، بحيث تتاح لهم الفرصة للاطلاع عن كثب على مختلف القضايا وأحوال الناس والمجتمع. كما وأصبحت دعوات ما يسمى بغداء أو عشاء العمل مناسبات مهمة لمناقشة وبحث العديد من المسائل السياسية والاقتصادية والاجتماعية وغيرها، بل وحل الكثير من المشاكل، كما عبّر عن ذلك السفير كولانكور[2] في رسالته إلى نابليون التي ذكر فيها: "كثيراً ما تُحل الأمور الهامة على موائد الطعام".

• الدعوة إلى مناسبة ما

قبل الدخول في التفاصيل المتعلقة بالمآدب، نتطرق هنا إلى بعض الأمور المتعلقة بتوجيه الدعوات إلى مأدبة أو مناسبة معينة كقبول الدعوة أو الاعتذار عنها وشكر الداعي وغير ذلك من مسائل إجرائية تدخل في صلب الإتيكيت.

<hr>

1. سومرست موم (1874-1965)، كاتب مسرحي وروائي وكاتب قصة قصيرة بريطاني.
2. أرمان لويس اوغوستين كولانكور (1773-1827)، قائد فرنسي، سفير نابليون لدى روسيا بين عامي 1807و1811 ووزير خارجيته في حكم المئة يوم.

◄ توجيه الدعوة:

توجه الدعوات قبل وقت مناسب من مواعيدها، بحيث يتمكن المدعو من ترتيب مواعيده الأخرى وأن يلبي الدعوة (إن كان يرغب في ذلك طبعاً) دون إحراجه أو اضطراره لأن يكون ذلك على حساب برامجه الأخرى المعدّة مسبقاً.

• كانت اللباقة تقضي أن ترسل الدعوة قبل شهر، ثم بدأت المدة تتقلص وصولاً إلى أسبوعين أو عشرة أيام. ومع التطور السريع في وسائل الاتصال انخفضت المدة مجدداً إلى حوالي أسبوع. مع ذلك، أطول مدة توجه فيها الدعوة قبل حلول موعدها هو الأفضل.

• لا يجوز دعوة أحد في اللحظة الأخيرة أو في يوم المناسبة ذاتها، فهذه الدعوة المتأخرة ستشعره بأنه قد نُسي أو أُهمل في البداية ثم تقررت دعوته لسبب آخر... وبالتالي فإنه على الأرجح سيرفض الدعوة ويعتذر عنها، وهذا حقه بالتأكيد.

• لا يجوز أن يدعو المرء نفسه إلى أية مناسبة بداعي الصداقة مع صاحب الدعوة، ففي ذلك انتقاص من قدر نفسه من جهة، وإحراج لصاحب الدعوة من جهة أخرى.

• لا يجوز أن يقترح أحد المدعوين على الداعي أن يقوم بدعوة شخص آخر من معارفه (أكان معروفاً من قبل صاحب الدعوة أم لا)، ففي ذلك إحراج له.

• ينبغي تجنب دعوة أي صديق أمام أصدقاء آخرين لتناول الطعام أو الشراب، فقد يعتقد هؤلاء أن الدعوة تشملهم أيضاً.

• لا يجوز سؤال أي شخص تريد دعوته بالقول: "هل لديك وقت في يوم كذا...؟" وما شابه من الأسئلة، وبعد أن تسمع جوابه تقول له: "شرفني لتناول طعام العشاء..."، فواجبك هو دعوته (إن كنت ترغب بذلك) دون الحديث المسبق عن وقته. ولا تقل أيضاً: "إذا كان لديك الوقت الكافي في يوم كذا، فأرجو أن تأتي لتناول طعام الغداء أو العشاء...".

• يمكنك تكرار دعوة شخص لم يلبِ دعوتك سابقاً، لكن لا يليق بك أن تدعوه للمرة الثالثة إذا كان قد رفض دعوتك لمرتين متتاليتين، إلّا إذا كانت أسباب الرفض وجيهة فعلاً كالمرض أو السفر.

▷ طرق توجيه الدعوة:

يمكن توجيه الدعوة إلى مناسبة معينة بأكثر من طريقة وفقاً لنوعيتها (رسمية أو عادية...) ووفقاً للعلاقة التي تربط الداعي بالمدعوين.

– في المناسبات الرسمية، لا يجوز توجيه الدعوات إلّا عن طريق البطاقة[3] التي يجب أن تطبع على الورق المقوى الأنيق الذي يعبر عن الفخامة وعن المناسبة (دون مبالغة).

– يمكن توجيه الدعوات العادية (غير الرسمية بالطبع) باستخدام بطاقة الزيارة الشخصية (Visit card)، مع ملاحظة أن المغلف يجب أن يكون متوسط الحجم حكماً (ولا يجوز إرسالها داخل مغلفات صغيرة).

– مع التطور المتسارع أصبح من الممكن استخدام الرسائل النصية (SMS) والبريد

---

3. تكون البطاقة المطبوعة وفقاً لنماذج معينة متعارف عليها حسب المناسبة، وبحيث تتضمن المعلومات الضرورية التالية: اسم المناسبة، الجهة الداعية، الجهة المدعوة، مكان الدعوة، والتوقيت المفصل (اليوم والساعة) وغير ذلك من عبارات وإشارات مثل يرجى التقيد باللباس الرسمي أو "R.S.V.P" أي يرجى الرد من فضلكم.

الإلكتروني (E-mail) لتوجيه الدعوات العادية.

- كما أصبح متاحاً توجيه الدعوات العادية عن طريق الهاتف، ويمكن أن يقوم بهذه المهمة صاحب الدعوة أو السكرتارية.

◄ **قبول أو رفض الدعوة:**

عندما تتلقى دعوة إلى مأدبة غداء أو عشاء أو حفل استقبال... إلخ، فإن قبول الدعوة أو الاعتذار عنها أمر يعود إليك وإلى تقديراتك.

- عندما تقبل دعوة ما، فقد أصبح لزاماً عليك تلبيتها ما لم يكن هناك ظرف طارئ قاهر.
- عندما ترفض دعوة ما، يجب أن تعتذر وتبين الأسباب التي تدعوك لذلك، كأن تكون مريضاً، أو مرتبطاً بموعد سابق، أو بسبب السفر... إلخ، وأن تعبّر عن ذلك بطريقة لائقة ومقنعة مع الإعراب عن شديد الأسف.
- حتى لو لم تكن الدعوة تحمل طلباً للرد، يجب تثبيت الحضور أو الاعتذار. وهذه ثقافة يجب ترسيخها.
- في حال تضمنت بطاقة الدعوة وجوب الالتزام باللباس الرسمي، ينبغي التقيّد بذلك (يمكن العودة إلى موضوع اللباس الرسمي في فصل إتيكيت الملابس).
- عند وجود إشارة (R.S.V.P) [4] على بطاقة الدعوة، يجب الرد بالقبول أو الاعتذار خلال 48 ساعة.
- إذا وصلتك دعوة على شكل رسالة (SMS) أو من خلال البريد الإلكتروني (E-mail)، فيمكنك الرد بذات الطريقة أيضاً.

- إذا تلقيت دعوة عن طريق الهاتف، يمكنك الرد أيضاً عن طريق الهاتف.
- عندما تتلقى دعوة إلى وليمة من حقك قبولها أو رفضها أصولاً، لكن ليس من حقك إطلاقاً أن تُنيب شخصاً آخر ليحضرها بدلاً عنك. فالدعوة الى مأدبة لا تجيَّر إلّا في حال التوافق مع صاحب الدعوة ولضرورة ما.

◄ **تغيير الموقف:**

مبدئياً، قبولك للدعوة دون تلبيتها يعتبر أمراً غير مقبول تماماً.

- بعد قبول الدعوة يمكن العودة عن ذلك فقط في حالات الضرورة القصوى كالمرض المفاجئ أو السفر المفاجئ أو وجود حالة وفاة، وغير ذلك من أسباب قاهرة.
- من المعيب جداً أن تقبل دعوة ما، ثم تصلك دعوة أخرى لمناسبة ثانية أكثر إغراءً، فتعتذر عن تلبية الدعوة الأولى لتحضر الثانية.
- بعد اعتذارك عن الدعوة، يمكنك تغيير الموقف وإبداء الرغبة في تلبيتها مجدداً، لكن فقط في حال كان ذلك مناسباً لصاحب الدعوة الذي من حقه الاعتذار، فقد يكون العدد الأقصى المتاح لديه على الطاولة قد اكتمل على سبيل المثال.

◄ **تقديم الشكر:**

على المدعو تقديم الشكر للداعي مرتين، مرة عند الوداع في نهاية المناسبة ومرة أخرى بالهاتف أو رسالة في اليوم التالي للمناسبة.

---

4. هذه الإشارة هي الحروف الأولى لعبارة "Répondez s'il vous plait" الفرنسية التي تعني "يرجى الرد من فضلكم"، وهي إشارة أصبحت تستعمل حتى في الدعوات المكتوبة باللغة الإنكليزية والعربية أيضاً، علماً أن الأنسب في البطاقات العربية ذكر عبارة: "في حال الاعتذار يرجى الاتصال" أو ما شابه ذلك من تعابير متعددة.

• أنـواع المـآدب:

تنقسـم المـآدب إلـى رسـمية، شـبه رسـمية وعادية.

• المآدب الرسمية (Formal Invitations):

أ - مآدب الغداء أو العشاء:

هـي مـآدب تقيمهـا أي مـن الجهـات العامـة، الحكوميـة والبرلمانيـة والقضائيـة وغيرهـا مـن مؤسسات الدولة في مختلف المناسبات.

• هـي مـآدب تقيمهـا جهـات القطـاع الخـاص والأعمـال والشـركات التجاريـة والصناعيـة والخدمية والمصارف...إلخ.

• هـي المـآدب التـي تقـام علـى شـرف الوفـود الزائـرة أو تكريمـاً لضيـف خـاص (Special guest) قـد يكـون سياسـياً، أو رجـل أعمـال، أو فنانـاً، أو أديبـاً... وذلك من جنسية وطنية أو أجنبية.

• يمكـن أن تكـون حفـلات الاسـتقبال (Receptions) رسـمية فـي حـال تـم تطبيـق قواعد البروتوكول والإتيكيت فيها.

• يمكـن أن تكـون حفـلات الـزواج رسـمية أيضـاً أحيانـاً، وذلك في حـال تـم تطبيـق قواعد البروتوكول والإتيكيت فيها.

• يمكـن أن تقـام المـآدب الرسـمية فـي القصـور الرئاسـية أو الملكيـة أو فـي النـوادي والمطاعـم والفنـادق، أو فـي المنـازل (وفقـاً لسـعة المنـزل وعدد الضيوف).

• تعتبـر هـذه المـآدب رسـمية، بـكل مـا تعنيـه الكلمـة، لأنهـا تتطلـب عنـد تنظيمهـا مراعـاة قواعد البروتوكول والإتيكيت، بغـض النظـر عن مكان إقامتها.

- قواعد إتيكيت المآدب الرسمية:

تتطلـب إقامـة هـذه الحفـلات اهتمـام الإدارات المعنيـة بالمراسـم أو العلاقـات العامـة، أو الأشـخاص المكلفين بهـذا الجانـب، مـع الحرص الشـديد علـى عـدم الوقـوع فـي بعـض الأغلاط، الأمـر الـذي قـد يـؤدي إلـى مشـاكل واعتراضات وربمـا احتجاجات نتيجة عدم مراعاة الأسبقيات والتراتبية، على سبيل المثال.

- يجـب مراعـاة قواعد الأسـبقية، أكان مـن يقـوم بالتنظيـم العاملـون فـي إدارات المراسـم فـي الدولـة أو المعنيـون بالعلاقـات العامـة ومـا شـابه في الجهات الأخرى العامة والخاصة.

- فـي المـآدب التـي تقـام فـي المنـازل، علـى المضيـف أو المكلـف بترتيبـات الجلـوس، مراعـاة قواعـد الأسـبقية بدقـة فيمـا يتعلـق بالضيوف كافة.

- بغـض النظـر عـن وجـود أو عـدم وجـود جـدول يحدد الأسـبقيات الرسـمية، يجـب عـدم إغفال بعـض الشـخصيات كرجـال الديـن، وإعطاؤهـم أمكنـة متقدمـة ضمـن أسـبقيات الشـخصيات الأخـرى، وكذلـك الأمـر بخصـوص بعـض الشخصيات الاعتبارية كالمفكرين والكتاب والأدبـاء والموسـيقيين والفنانيـن وبعض وجوه المجتمـع... إلـخ. يجـب ألّا يُنسـى ذلك، حتى ولـو أدى هـذا إلـى عـدم رضا البعض.

- فـي المـآدب والحفـلات الكبـرى التـي تقـام علـى شـرف أحـد الرؤسـاء أو الملـوك أو الأمـراء، يمكـن خـرق بعـض قواعـد البروتوكـول، فيمـا يتعلـق باللبـاس الرسـمي مثـلاً، وذلـك بنـاءً علـى رغبة يُبديها الضيف الكبير.

- فـي المـآدب الرسـمية عالية المسـتوى والتي

تكون تكريماً لملوك ورؤساء دول، أولياء عهد، رؤساء وزراء، وزراء، سفراء، أو شخصيات أخرى اعتبارية، دينية وغيرها، يتم تبادل كلمات قصيرة قبيل بدء الطعام.

- يكون لضيف الشرف مركز الصدارة[5]، بغض النظر عن أسبقيته.

- إذا كانت المأدبة مختلطة، ويصطحب ضيف الشرف إليها زوجته، فإن لضيف الشرف وزوجته مركزي الصدارة حيث يجلس ضيف الشرف على يمين المضيف، في حين تجلس زوجته على يساره (يسار المضيف)، أما زوجة المضيف فتجلس على يمين ضيف الشرف:

- عندما تكون الدعوة مختلطة، لا يجوز أن يجلس الرجل إلى جانب زوجته، وهذا عرف أو إجراء يطبق عالمياً[6].

- لكل ضيف مكانه المحدد على مائدة الطعام وفقاً للأسبقية، مع وجود بطاقة جلوس (Placing card) شكلها هرمي ومدون عليها اسمه.

- لكل مائدة طعام رقم مثبت على حامل في وسطها، ويجلس إليها الضيوف وفقاً لأسبقياتهم. (تفصيل أوفى في فقرة لاحقة).

- عادة، يسبق المأدبة فترة يتناول الضيوف خلالها المشروبات والمرطبات (Welcome drink time) وهم وقوفاً يتجاذبون أطراف الحديث مع بعضهم البعض.

- في الطريقة الغربية، يقدم النبيذ خلال وجبة الطعام مع مراعاة تنوعه وفقاً لتنوع أطباق الطعام المقدمة[7].

ب – حفلات الاستقبال الرسمية (Formal receptions):

باتت حفلات الاستقبال الرسمية شائعة الاستخدام في وقتنا الحاضر، لا سيما من قبل البعثات الدبلوماسيّة، في مناسبات عدة أهمها الأعياد الوطنية، ومن قبل المؤسسات والشركات والمصارف ورجال الأعمال...إلخ.

• عادة ما تكون حفلات الاستقبال هي الأقل تكلفة بين أنواع الدعوات.

• تعتبر حفلات الاستقبال خياراً جيداً عندما يكون عدد المدعوين كبيراً.

• فترة المساء هي المعتمدة عموماً بحيث تتم الدعوة الى حفلات الاستقبال الرسمية عند الساعة السابعة أو السابعة والنصف.

• بشكل عام، تتبع حفلات الاستقبال طريقة

---

5. مركز الصدارة الذي يخصص لضيف الشرف هو عادة باتجاه منظر أفضل، أكان قبالة النوافذ أو باتجاه لوحة فنية، وما إلى ذلك، ويراعى ذلك حتى في الطاولات المستديرة التي يظن البعض أن ليس فيها مركز صدارة.

6. لذلك تبرير منطقي وجيه، لأن المآدب والحفلات ليست فقط مناسبات لتناول الطعام، بل لتبادل الآراء والخبرات والتعارف، وبالتالي وجود الزوج إلى جانب زوجته يسقط هذا المبرر. على عكس الحفلات ذات الطابع الاجتماعي أو الثقافي كحضور حفلات الموسيقى والاوبرا والمسرح حيث يكون الزوج إلى جانب زوجته حكماً. فهذه المناسبات يكون فيها جميع الحضور صامتين، ولا مجال لتبادل الحديث والآراء.

7. في البلاد العربية والإسلامية، لا تُقدم عادة المشروبات الكحولية في الحفلات والمآدب الرسمية، بغض النظر عن رأي أو قناعة صاحب الدعوة في ذلك. وفي الحفلات والمآدب التي تقيمها البعثات الدبلوماسية العربية والإسلامية في الخارج، لا تُقدم عادةً المشروبات الكحولية أيضاً.

البوفيه[8]. (تفاصيل أكثر في فقرة البوفيه اللاحقة).

• إلى حدٍ ما ينقص حفلات الاستقبال طابع الحميمية الذي يسود عادة اللقاءات محدودة العدد لأشخاص تتواءم طبائعهم وميولهم.

ـ قواعد إتيكيت حفلات الاستقبال الرسمية:

يكون المضيف (وزوجته في حفل الاستقبال المختلط)، في استقبال المدعوين، وذلك في مدخل الصالة التي سيتم فيها حفل الاستقبال.

- بوجود ضيف شرف (وزوجته في حفل الاستقبال المختلط)، فإنه يمكن لهما الوقوف (كخيار مفضل) إلى جانب المضيف في استقبال المدعوين. فذلك يتيح لضيف الشرف وزوجته التعرف على المدعوين.

- على المدعوين عند وصولهم مصافحة المضيف (وزوجته) ومن بجانبه (كضيف الشرف وزوجته)، وأن تكون كلمات المجاملة مقتضبة بحيث لا تتم إعاقة دخول بقية المدعوين خلفهم.

- يقف المضيف ومن معه في استقبال المدعوين لفترة 15 الى 20 دقيقة أو أكثر بما لا يزيد عن نصف ساعة، ثم يدخل الصالة لينخرط بالتحدث إلى هذا وذاك من المدعوين.

- يحاول المضيف أن يوزع وقته أثناء حفل الاستقبال بين غالبية المدعوين، محاولاً عدم إهمال أحد.

– في حفلات الاستقبال الرسمية، وعلى عكس حفلات الاستقبال العادية، يكون بوفيه الطعام في أحد جوانب صالة الطعام.

– قد يكون جلوس الضيوف كيفياً، وقد يكون، وفقاً لأسبقياتهم، إلى طاولات مرقمة.

– يتناول الضيوف طعامهم وفقاً لنظام البوفيه.

• المناسبات والحفلات شبه الرسمية والعادية:

تشتمل المناسبات شبه الرسمية أو العادية على: دعوات الغداء أو العشاء العادية، حفلات الاستقبال العادية، حفلات الكوكتيل، حفلات الأعراس، أعياد الزواج، حفلات الميلاد...إلخ. (سنتطرق هنا فقط إلى حفلات الاستقبال والكوكتيل. أما حفلات الأعراس[9] والميلاد وغيرها، فإن أغلبها يتبع أعرافاً وتقاليد تخص كل منطقة، والمجال هنا لا يتسع لذلك).

هي مناسبات فيها أريحية إن صح التعبير، ولا تحتاج إلى ترتيبات بروتوكولية، وبعضها (كما في حفلات الاستقبال والكوكتيل) يتم وقوفاً حيث يتوزع المدعوون فيها تلقائياً إلى مجموعات، لا على التعيين، خلال تحركهم في قاعة الاستقبال.

أحياناً، يمكن الدعوة لهذه المناسبات عن طريق الإيميل والرسائل النصية أو حتى بالهاتف. هي مناسبات تضم غالباً عدداً من المعارف والأهل والأصدقاء.

مع أن فترة المساء هي الأكثر شيوعاً، فقد أصبح مألوفاً أن تتم الدعوة إلى حفلات الاستقبال

---

8. رديف كلمة "بوفيه" في اللغة العربية هو "مقصف" أو "مائدة مفتوحة".

9. عبارة "ليس الحب أن يحدق كل منا في الآخر، بل أن ننظر معاً في الاتجاه نفسه"، التي يكتبها الفرنسيون عادةً على بطاقات أعراسهم، مأخوذة عن الكاتب الفرنسي أنطوان دو سانت أكزوبيري (Antoine de Saint Exupéry 1900-1944).

والكوكتيـل فـي أوقـات أخـرى غيـر السـابعة أو السـابعة والنصـف مسـاءً، فقـد دعيت شـخصياً، فـي العديد مـن دول أمريـكا اللاتينيـة وأوروبا، إلى مناسبات كهذه كانت تبـدأ وتنتهي في فترة استراحة الغداء (أثناء أيام العمل).

أ - حفلات الاستقبال العادية (Receptions):

يمكـن أن تقـام حفلات الاستقبال فـي المنازل وحدائقها إذا كانت تتسع لذلك، لكنها تتم غالباً في المطاعم وصالات الفنادق...إلخ.

• يمتد حفل الاستقبال عادة لساعتين.

• غالباً ما تتم الدعوة إلى حفل الاستقبال عن طريق البطاقة.

• ليس على المدعوين الحضور في الوقت المحدد تماماً في بطاقة الدعوة، فيمكنهم التأخر، بل وربما حضور أكثر من حفل استقبال خلال ساعتين في حالات معينة.

• من واجب الداعي وزوجته استقبال الضيوف عند باب القاعة خلال نصف الساعة الأولى من موعد حفل الاستقبال، ومن ثم يبدآن الحركة والانتقال من مجموعة إلى أخرى بين المدعوين مُرحِّبَين بهم ومتجاذبَين أطراف الحديث معهم بحيث لا يهملا أحداً تقريباً.

• يجب على المدعو أن يبادر للتعرف إلى أشخاص جدد، وألّا يبقى واقفاً مع الأصدقاء فقط، فهذا خطأ يقع فيه الكثيرون.

• بعد تقديم المشروبات المصفوفة على صوانٍ يحملها النُدل، يتم تقديم أنواع خفيفة وصغيرة الحجم من المأكولات التي تُعدّ خصيصاً لهذا النوع من الحفلات (تُقدم أيضاً على صوانٍ)، ويتم تناولها عادةً بلقمة واحدة.

• يقوم المدعوون بتناول اللقيمات من الصواني التي يحملها النُدل باستخدام المناديل الورقية أو بعيدان صغيرة مدببة.

ب - حفلات الكوكتيل (Cocktail Parties):

تستمر حفلات الكوكتيل عادة لساعتين، نهاراً أو مساءً.

غالباً ما تتم الدعوة إليها عن طريق البطاقة.

ـ إتيكيت حفلات الكوكتيل:

عند وصول المدعوين تباعاً، من واجب المضيف والمضيفة تقديم كل مدعو إلى شخصين أو ثلاثة ممن وصلوا قبلهم.

- عند إقامة حفلة كوكتيل في المنزل شتاءً، يهيأ مكان خاص لإيداع المعاطف.

- في المنازل، لا يقدم الضيوف أية إكرامية لمن يستلم ويسلم المعاطف، على عكس ما هو عليه الحال في المطاعم والفنادق.

- تتم دعوات الكوكتيل والمدعوون في وضعية الوقوف، مع وجود بعض الكراسي لمن يرغب أو لديه حاجة لذلك.

- من الطبيعـي أن يكون تحرك المدعويـن وتنقلهـم زيادة في التعـارف وتبـادل أطراف الحديث مع عدد من المدعوين.

- ينبغي وجود طاولات صغيـرة مرتفعة توضع عليهـا أطباق صغيـرة فيها بعض قطع صغيرة لأطعمـة مـن أجنـاس مختلفـة ومتنوعـة الأشـكال إضافـة إلى الزيتـون والخيار والجزر ومكسرات وما شابه.

- ينبغي وجود طاولات صغيرة متفرقة في الصالة ليضع عليها المدعوون أقداحهـم الفارغـة.

• **أساليب تقديم الطعام:**

أسلوب الطبق الرئيسي الجاهز
(Already filled plates):

في غالبية مآدب العشاء والغداء الرسمية، يقوم النُدل بجلب الأطباق المليئة بالطعام وبكميات متساوية، ووضعها أمام كل شخص دون أن يكون لهؤلاء الفرصة لطلب المزيد من الطعام أو أي أصناف أخرى.

في هذا الأسلوب، تكون حرفية المطعم الأساسية منصبة على أناقة وترتيب الوجبة في الطبق المقدم.

الأسلوب الروسي
(Service à la russe):

تكون الأطباق فارغة أمام كل شخص، ثم يجلب النُدل تباعاً أصناف الوجبة الرئيسية في أطباق كبيرة (أو "جاطات"، كما تسمى باللغة الدارجة في بلاد الشام عموماً) ويضعونها، بين حين وآخر، على الطاولة بحيث يختار ويضع الشخص في صحنه ما يريد منها.

في هذا الأسلوب، تكون حرفية المطعم الأساسية منصبة على أناقة وترتيب الأطعمة في الأطباق الكبيرة.

الأسلوب الفرنسي
(Service à la française):

تكون الأطباق فارغة أمام كل شخص، ثم يجلب النُدل أصناف الوجبة الرئيسية في أطباق

كبيرة ويضعونها دفعة واحدة على الطاولة بحيث يختار ويضع الشخص في صحنه ما يريد منها.

هو أسلوب أقرب إلى ما يتم في المنزل بجوٍ أُسري (Family-style).

في هذا الأسلوب، تكون حرفية المطعم الأساسية منصبة أيضاً على أناقة وترتيب الأطعمة في الأطباق الكبيرة.

أسلوب الروديزيو
(Rodizio system)(10):

هو أسلوب برازيلي في الأصل ومتبع في كثير من المطاعم التي تُقدِم اصناف الشواء. أصبح أسلوباً شائعاً في عدة دول، خصوصاً في أمريكا اللاتينية. تعتمد طريقة الخدمة في هذه المطاعم على تناول كل ما تود أو تستطيع أكله" (all-you-can-eat) وتختصر (AYCE).

يدفع الشخص ثمناً محدداً بغض النظر عما سيأكل أو كمية الطعام التي سيتناولها.

متبعاً أسلوب البوفيه المفتوح، يأخذ الزبون/ الضيف صحنه الفارغ ويختار ما يرغب من المقبلات والأطعمة الموجودة على طاولة البوفيه كالأرز والفاصولياء والبطاطا المقلية والخضار وغيرها، ويجلس إلى طاولته كي يتناول ما جلبه. من حين إلى آخر يأتي أحد النُدل ويحمل بيده في كل مرة سكيناً وسيخاً فيه صنف مختلف من الشواء مقتطع من ناحية معينة من جسم العجل/ الثور.

يوضح الشكلٍ (11) الموجود سلفاً أمام الضيوف/ الزبائن على الطاولة عجلاً بأجزائه

---

10. تعني كلمة روديزيو (باللغة البرتغالية) التواتر أو التناوب، وتعبر عن الطريقة المتناوبة أو المتواترة في تقديم الخدمة. طبعاً من المعلوم أن اللغة الرسمية في البرازيل هي البرتغالية.

11. يشتمل الشكل، الذي يجسد عجلاً، غالباً على أربعة عشر جزءاً وربما أكثر تمثل أقساماً محددة في جسم العجل مع تسمياتها.

المتعددة التي منها يُقتطع ما يُقدم من شواء.

يقتطع النادل شريحة أو أكثر في صحن الضيف حسب رغبته. بحيث يتناول شرائح لحوم مختلفة في كل مرة.

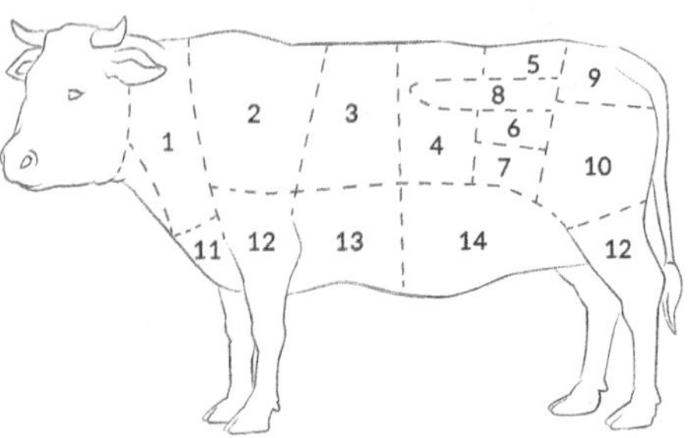

1. (Neck and Clod) الرقبة
2. (Chuck) الكتف / الزند
3. (Rib) الريش / الضلوع
4. (Shortloin) الظهر
5. (Sirloin) الخاصرة
6. (Top Sirloin) الخاصرة العلوية
7. (Bottom Sirloin) الخاصرة السفلية
8. (Tenderloin) الفيليه
9. (Rump) الردف
10. (Round) الفخذ
11. (Brisket) الصدر
12. (Shank) الساق / الموزة
13. (Plate) الجنب
14. (Flank) البطن

في مرات أخرى، يمكن أن يجلب النُدل أنواعاً أخرى من اللحم غير لحم العجل (وربما أنواعاً غرائبية) وفقاً لرغبة الضيف/ الزبون.

عادة، يزوّد كل شخص بلوحة صغيرة على وجهها الأول الأخضر كلمة "نعم"، وعلى وجهها الآخر الأحمر كلمة "لا"، يضعها الشخص أمامه ليوضح للنادل، بلغة صامتة، إن كان يرغب بمزيد من شرائح اللحم أم لا.

تطور هذا الأسلوب مؤخراً ليشمل مطاعم البيتزا. فبدلاً من اللحوم المشوية، يقدم النُدل أنواعاً مختلفة من البيتزا يختار منها الشخص ما يريد.

أسلوب الطعام بالوزن/ بالكيلو (Comida por quilo)[12]:

هو أسلوب يجمع ما بين أسلوب البوفيه المفتوح وإجراء القيام بوزن طعام الزبون. هذا الأسلوب برازيلي أيضاً ومنتشر في العديد من دول أمريكا اللاتينية.

يأخذ الشخص صحناً ويضع فيه ما اختاره من أصناف الأطعمة الموجودة على منصة البوفيه ولدى قسم الشواء ويضعه على الميزان ليأخذ وصلاً بالمبلغ الموازي (مخصوماً منه وزن الصحن بالطبع) قبل أن يتجه إلى طاولته لتناول طعامه.

ما يطلبه الشخص من مشروب أو عصير ومرطبات يُعطى مقابله وصلاً آخر بقيمته.

يتم الدفع لقاء الوجبة والمشروبات عند مغادرة المطعم.

أسلوب البوفيه المفتوح (Open Buffet):

هو أسلوب دولي متبع في معظم بقاع العالم، وهو أسلوب فعّال في حال وجود عدد كبير من الأشخاص، كما ذكرنا سابقاً.

لا يتطلب هذا الأسلوب وجود عدد كبير من النُدل.

يأخذ كل شخص صحنه ويختار من منصة البوفيه ما يرغب.

عادةً، تكون أصناف الأطعمة مرتبة على منصة البوفيه على التوالي: شوربة، مقبلات باردة + ساخنة، المأكولات الساخنة، ثم الحلويات والفواكه.

أدوات الطعام من شوك وسكاكين (وملاعق في حال وجود الشوربة) يمكن أن تكون عند منصة البوفيه أو موضوعةً سلفاً على الطاولات.

يكرر الشخص توجهه وتحركه ما بين طاولته ومنصة البوفيه عدة مرات:

12. "Comida por quilo" هذه العبارة بالبرتغالية ويقابلها بالإنكليزية "Food by kilo".

– مرة لجلب الشوربة،
– مرة لجلب المقبلات الباردة والساخنة [13]،
– مرة لجلب الوجبة الرئيسية الساخنة،
– ومرة أخيرة لجلب الفواكه والحلويات.

غالباً ما تنحصر مهمة من يقوم بالخدمة (النُدل) في رفع الأطباق تباعاً، كلما فرغت، وسكب الماء والمشروبات والعصير في كؤوس المدعوين الموجودة أمامهم على الطاولات. كما أنهم يقدمون القهوة على الطاولة بعد انتهاء الأشخاص من تناول طعامهم.

عادة، لا ينتظر الشخص الآخرين الموجودين معه إلى الطاولة، بل يبدأ بتناول طعامه بمجرد عودته من منصة البوفيه إلى طاولته.

ـ قواعد إتيكيت خاصة بالبوفيه:

أسلوب البوفيه يتطلب حكماً وقوفك أكثر من مرة بالدور (الطابور) عند منصة البوفيه.

- لا يجوز تجاوز الدور بأي شكل، بل تحرك ضمن صف الدور واختر ما تريد بسرعة قدر الإمكان كي لا تعيق الآخرين خلفك.

- أثناء وقوفك بالدور حافظ على مسافة معقولة بينك وبين الشخص الذي أمامك.

- قبل الوقوف بالدور يمكن للشخص أن يلقي نظرة سريعة على منصة البوفيه للاطلاع على ما في آنيتها من أصناف الأطعمة.

- لا يجوز تناول أي طعام من صحنك وأنت واقف عند طاولة البوفيه، فهناك من ينتظر خلفك، بل اسكب بسرعة وعد إلى طاولتك.

- لا تنحنِ كثيراً فوق آنية البوفيه وأنت تحاول أخذ ما تريد منها.

– لا تمسك أو تتناول بيدك إطلاقاً أي طعام موجود في أوعية منصة البوفيه، بل استخدم فقط الملعقة الكبيرة الموجودة عادة بجانب كل إناء أو أمامه.

– لا تُكثر من كمية الطعام في الطبق، بل قدّر حاجتك جيداً، ولا تهدر الطعام بلا مبرر.

– أن تضع كمية قليلة من الطعام وتتوجه للبوفيه مرة إضافية، أفضل من أن تملأ صحنك بأكثر من حاجتك.

– عندما تضع أي طعام في صحنك، لا يجوز أن ترجعه إلى أي من أوعية البوفيه مهما كان المبرر.

– ضع المقبلات في الصحن الصغير المخصص لها، وليس في صحن الوجبة الرئيسية. وكذلك الأمر بشأن الفواكه والحلويات.

– لا تتكاسل وتأخذ طبق الوجبة الرئيسية وتضع فيه المقبلات وأنواع الوجبة الرئيسية دفعة واحدة، كي لا تذهب وتعود عدة مرات إلى طاولة البوفيه.

– لا يوجد شيء أكثر إزعاجاً من منظر شخص يحمل طبقاً مليئاً بشكل ظاهر بعدة أنواع لا تنسجم مع بعضها (المقبلات مع الوجبة الساخنة).

– إيّاك أن تتوجه إلى طاولة البوفيه وتسكب صحوناً تضعها على طاولتك دفعة واحدة، ثم تجلس لتناولها مرة واحدة. بهذا ستقيم الدليل على الجشع من ناحية، وستمتلئ الطاولة بصحونك، ولن يبقى مكانٍ كافٍ لصحون الآخرين، من ناحية أخرى.

– عند توجهك إلى منصة البوفيه، اترك المنديل

---

13. صحن المقبلات وصحن الفواكه والحلويات يكونان أصغر من صحن الوجبة الرئيسية. كما أن صحن الشوربة يكون مقعراً.

على كرسيك وليس على الطاولة، وذلك لإعلام الآخريـن بأنك عائد ولم تنتهِ بعد.

- عنـد انتهائـك مـن أي صنـف مـن الطعـام وتوجهـك مجـدداً إلـى منصـة البوفيـه، اتـرك الصحن على الطاولة ليأخذه النادل.

- فـي كل مـرة يتوجـه فيهـا الشخص إلى منصة البوفيه يتناول طبقاً جديداً، ولا يصح استخدام الصحن نفسه أكثر من مرة.

- لا يجوز ترك الأولاد الصغار يسكبون الطعام بأنفسهم.

- فـي أسـلوب البوفيـه، عنـد المغـادرة، لا يجـوز لأحـد أن يطلـب أخـذ بقايا طعام معه (Dog bag).

▪ أساليب تناول الطعام:

طرق تناول الطعام هي جزء من عادات وتقاليد الشعـوب - وقـد تنوعـت فـي السـابق ولا تـزال إلـى أن وصلنـا إلـى بعـض قواعـد الإتيكيت ذات الصلـة والمتفـق عليهـا تقريبـاً، وتتمثل حالياً في خمسة أساليب:

- الأسـلوب الدولـي (الأوربـي بالأسـاس) Intercontinental System.
- الأسلوب الأمريكي American System.
- الأسـلوب البرازيلـي أو الأمريكـي اللاتينـي Brazilian Style/Latin American.
- الأسلوب الشرق آسيوي Asian System.
- أسلوب الأكل باستخدام اليد.

◃ الأسلوب الدولي:

هـو الأسـلوب الأكثـر شـيوعاً ويُعمـل بـه في معظم البلـدان. تتمثل خطواتـه أو حركاتـه(14) بما يلي:

- تُمسـك السـكين باليد اليمنى والشـوكة باليد اليسـرى، يُقطع الطعام ثم يتم تناوله مباشرة، وهكذا تباعاً دون تبديل.

- وضعيـة التوقـف المؤقت (الاستراحة): خلال تناولـه الطعـام، وتجاذب أطراف الحديث مـع الآخريـن، يمكـن للشخص وضع الشـوكة والسـكين علـى شـكل زاويـة 70-80 درجـة (شُـعب الشـوكة باتجاه قعر الصحـن)، تعبيراً عـن الاسـتراحة، دون أن يعنـي ذلك أنه انتهى من تناول الطعام.

وضعية الاستراحة

وضعية الانتهاء

- وضعيـة الانتهـاء من تنـاول الطعام: إذا اعتبرنا الطبـق بمثابة سـاعة، فعنـد الانتهاء الكلي من الطعامِ توضع الشوكة والسكين بشكل متوازٍ، بحيـث يكون رأسـيهما إلـى الأعلى منحرفين باتجـاه الرقم /10/. أما نهايتاهمـا الخلفيتان فتكونـان تقريبـاً باتجـاه الرقـم /4/ (ثلـث الساعة).

- هـذه الحركـة تسـمى "10:20"/ العاشـرة والثلـث". وتعنـي الانتهـاء من تناول الطعام، حيـث بإمكان النادل رفع الطبق حتى ولو كان فيه بعض الطعام.

---

14. هذه الحركات وغيرها هي ما يسمى باللغة (أو الرسائل) الصامتة لتناول الطعام.

البعـض قـد يعتبـر أن وضعيـة الانتهـاء مـن الطعـام يمكـن أن تكـون أيضاً بوضع الشـوكة والسـكين بشكل متوازٍ ورأسيهما باتجاه الرقم /12/، أمـا نهايتيهما فباتجاه الرقم /6/.

◁ **الأسلوب الأمريكي:**

لـم يعـد هـذا الاسـلوب مسـتعملاً كثيـراً حتى في الولايـات المتحـدة نفسـها، وأصبح أسـلوباً كلاسـيكياً قديمـاً[15].

- قـد يكون هذا الأسـلوب حلاً لمـن يرغب في تناول الطعام بيده اليمنى (لأسـباب ثقافية أو دينية معينة).
- نمسـك السـكين باليد اليمنى والشـوكة باليد اليسـرى بداية، نقطع مقـدار لقمة من اللحم (مثلاً)، ثم نضع السـكين والشـوكة (وفيها القطعـة) على الصحـن، بعـد ذلك نمسـك بالشوكة باليد اليمنى ونأكل.
- عند الاسـتراحة أثنـاء الطعام، يوضع السـكين والشـوكة شبه متوازيين لكنهما متباعدان.
- على عكـس الأسـلوب الدولـي، تكون شُـعب الشوكة نحو الأعلى.

وضعية الاستراحة

وضعية الانتهاء

---

15. أسلوب الطعام الأمريكي هو في الأصل الأسلوب الأوروبي القديم الذي جلبه المستعمرون البريطانيون إلى الولايات المتحدة وكندا.

- عند الانتهاء الكلي من الطعام توضع الشوكة والسـكين متوازييـن ومتقاربين، كمـا في الأسلوب الدولي (10:20).
- تكـون شُـعب الشوكة نحو الأعلى أيضاً.

◁ **الأسلوب البرازيلي أو الأمريكي اللاتيني:** هو الأسلوب الشائع في البرازيل ومعظم دول أمريكا اللاتينية.

تتمثل خطواته أو حركاته فيما يلي:
- تُمسك السـكين باليد اليسرى والشوكة باليد اليمنى، يُقطع الطعام ثم يتم تناوله مباشـرةً دون تبديل.
- في وضعيـة «التوقف المؤقت (الاسـتراحة)» ووضعيـة «الانتهاء من تناول الطعام» تطبق حركات الأسلوب الدولي نفسها.
- الأسلوب الشرق آسيوي:
- في عـدة دول آسـيوية مثـل الصيـن، اليابان، كوريا، فيتنام وغيرهـا، كما هـو معروف، تسـتخدم العيـدان (Chop sticks) لتنـاول الطعـام وهـو أسـلوب يحتـاج إلـى بعـض التدريب البسيط بالنسبة إلى الأجانب.

◁ **أسلوب تناول الطعام باليد:**

يعتبـر تناول الطعـام باليـد أسـلوباً تقليدياً قديماً ولا يزال متبعاً في بعض مناطق دول آسيا وأفريقيا. فبعد غسـل اليدين جيداً تقتطع، غالباً، أجزاء صغيرة من الخبز المسـطح (أو التشـاباتي Chapati كمـا فـي الهنـد) لترفع بها لُقـم الطعام إلى الفم، وذلك من طبق كبير مشـترك لأكثر من شخص أو من صحن خاص بكل فرد.

• تقديم الطعام

في المآدب الرسمية، يجب أن يكون عدد النُدل كافياً لتقديم الخدمة (توزيع الطعام، رفع الأطباق، سكب الماء والشراب والعصير...إلخ).

• عادة، يمكن لكل نادل أن يؤمّن الخدمة لثمانية أشخاص على أكثر تقدير.

• يتم تقديم الطعام في وقت واحد لجميع الضيوف بدءاً بالسيدة ضيفة الشرف (في حالة المآدب المختلطة)، وبضيف الشرف في المآدب المقتصرة على الرجال.

• كقاعدة عامة، يقدم الطعام للسيدات أولاً.

• على الطاولات الرئيسية وغيرها، تقدم الخدمة للسيدات أولاً.

• في المآدب التي تقام في المنازل، يتناول المدعوون الطعام بعد أن تبدأ بذلك ربة المنزل.

• تقديم النادل للطعام من اليمين واليسار. خلافاً للقاعدة الشائعة التي تقول: "يقدم الطعام من اليسار، وترفع الأطباق الفارغة من اليمين"، فإن الإجراء الصحيح هو الآتي:

خدمة من اليمين

يُقدم النادل من اليمين:

- كل أنواع المشروبات
- كل أنواع الحساء
- الأطباق المعدة مسبقاً وجاهزة (أي عندما يقدم النادل أطباقاً للضيوف وفيها الوجبات المعدة مسبقاً من قبل الشيف في المطبخ).
- رفع الأطباق الفارغة بعد تناول ما فيها من طعام.
- ملء الكؤوس كلما فرغت (دونما طلب من أي من الضيوف).

خدمة من اليسار:

يقوم النادل بـ:

- وضع بعض الأطباق الجانبية التي قد تحوي بعض الخضار أو اللفائف (dinner rolls) وما شابه ذلك.
- رفع الأطباق الجانبية (وليس الأطباق الرئيسية) بعد الانتهاء من تناول ما فيها من طعام.
- وضع الخبز في الصحن الصغير الخاص به.
- أن يتقدم النادل حاملاً طبق الطعام الكبير ("جاط" وعليه شوكة وسكين) من يسار الضيف بغية وضع بعض الطعام في صحنه، أو أن يقوم الضيف نفسه بأخذ بعض الطعام ووضعه في صحنه.

▪ الانتهاء من الطعام:

في المآدب الرسمية الكبرى في القصور والفنادق والمطاعم والنوادي وغيرها، تقدم القهوة أو الشاي (لمن يرغب) في نهاية المأدبة، ويكون ذلك على طاولة الطعام نفسها.

- بعد تناول القهوة يستأذن ضيف الشرف لإنهاء المأدبة وينصرف أولاً، ثم يتبعه بقية المدعوين الذين لا ينبغي لأي منهم (إلّا لظرف قاهر) الانصراف قبل أن يقوم ضيف الشرف بذلك.
- في المآدب التي تقام في المنازل، تنهي ربة المنزل المأدبة عندما تضع منديل الطعام الخاص بها على المائدة ثم تقوم عن كرسيها ليفعل ذلك بقية المدعوين.
- في المآدب التي تقام في المنازل، يمكن أن تُقدم القهوة في ركن أو صالون آخر.

• تقديم القهوة:

في المآدب التي تتم في المطاعم، يسأل النادل الشخص عـم يرغب من قهوة أو شاي (بأنواعه) ويسجل ذلك بأسلوبه، ثم يجلب له ما طلبه.

- أمّا في المنازل، فلذلك ترتيب آخر.

- (المزيد من التفاصيل في فصل إتيكيت القهوة اللاحق).

• الوداع:

بعد تناول القهوة ومضي بعض الوقت، وعندما يبدأ تحرك ضيف الشرف والمدعوين للمغادرة، يقف الداعي وزوجته في مدخل صالة/ غرفة الطعام (في المنزل أو المطعم) لوداع المدعوين، وبحيث يتمكن المدعوون أيضاً من توديع بعضهم البعض.

- إذا كان عدد المدعوين كبيراً خاصة في حفلات الكوكتيل، فإن في وسعهم المغادرة على الطريقة الإنكليزية، أي من دون أن يودع بعضهم بعضاً، وإنما فقط بعد أن يستأذنوا أصحاب الدعوة.

• إتيكيت المائدة وتناول الطعام:

لا بد من الإشارة إلى أن هناك فوارق تتعلق بآداب المائدة ما بين مختلف الثقافات. مع ذلك فقد أصبح لدينا، بمرور الزمن، الكثير من الممارسات المشتركة. فيما يلي نقدم بعضاً من هذه المشتركات والتفاصيل ذات الصلة:

- في حال الدعوات بطبيعة الحال، يجب أن يصل المُضيف إلى المطعم قبل الضيوف.

- يمكن للمضيف (والزوجة) انتظار الضيوف واستقبالهم في بهو المطعم (إن وجد) أو عند مائدة الطعام الخاصة بالدعوة، لمدة 15 إلى 20 دقيقة قبل البدء بالطعام، بغية استكمال حضور الضيوف.

- في حال انتظار المُضيف عند مائدة الطعام، يطلب المُضيف من الشخص المكلف باستقبال زبائن المطعم توجيه الضيوف إلى مائدة الطعام.

- لا يجلس الرجال على كراسي المائدة قبل أن تجلس السيدات، وعليهم مساعدتهن في ذلك[16].

- لا يجلب الضيف معه إلى مائدة الطعام كأس الشراب الذي قُدم له في البهو (بهو المطعم أو المنزل) أو قاعة الاستقبال.

- يجب على المدخنين إطفاء سجائرهم قبل التوجه إلى مائدة الطعام.

- ينبغي عدم الجلوس قريباً جداً من المائدة ولا بعيداً عنها، وعدم الإنحناء كثيراً إلى الأمام أو إلى الخلف.

- لا تعتمد بمرفقيك على مائدة الطعام، كي لا تحجب الرؤية لمن هم حولك من جهة، وكي لا تتسبب بارتجاج المائدة من جهة أخرى.

- في المآدب المختلطة، تجنب وضع يديك تحت الطاولة، كي لا يُساء الظن بك، فعلى جانبيك سيدتان (في المآدب المختلطة).

- يُبسط منديل الطعام ويوضع في الحِجْر لا على الصدر.

- في بعض المطاعم الفاخرة، يُقدم للضيف

---

16. يرجع الرجل الكرسي عن الطاولة، تتقدم السيدة أمام الكرسي. بالتزامن وعندما تهم السيدة بالجلوس، يدفع الرجل الكرسي إلى الأمام برفق.

منديل رطب ودافئ ليمسح يديه قبل بدء الطعام وعند انتهائه.

- في المطعم عندما يغلق الضيف قائمة الطعام، فإنه يوحي للنادل أنه جاهز لطلب طعامه.

- يُفترض بالضيف أن يطلب نوعاً معتدل السعر من قائمة المشروبات الكحولية (تفاصيل أكثر في فصل إتيكيت النبيذ).

- ينبغي عدم اللعب بأدوات الطعام من شوك وملاعق وسكاكين، وألّا توضع السبابة على نصل السكين. فأدوات الطعام ليست للتسلية.

- في المطعم، في حال لم تكن أي من أدوات الطعام نظيفة، يُطلب من النادل استبدالها.

- في منزل صاحب الدعوة، في حال لم تكن أي من أدوات الطعام نظيفة، وتلافياً للإحراج، يمكن للضيف تعمّد إسقاطها على الأرض دون أن ينتبه لذلك أحد. سيُسمع صوت سقوط تلك الأداة وسيتم استبدالها.

- إذا كان عند أحدهم عادة مسح أدوات الطعام بالمنديل قبل استعمالها، عليه الحذر أن يبدر منه هذا التصرف وهو في مأدبة رسمية أو شبه رسمية. وإذا كان في مطعم، عليه محاولة ألّا ينتبه إليه النادل وهو يمسح الأدوات بالمنديل.

- عندما يتقدم النادل من يسار الضيف ليعرض الطعام، من طبق كبير توجد فيه تشكيلة من أصناف الطعام وعليه ملعقة سكب وشوكة، يمسك الضيف ملعقة السكب باليد اليمنى والشوكة باليد اليسرى، ويأخذ بعضاً من الطعام باعتدال ويضعه في صحنه. أما إذا كان الطبق الرئيسي يتضمن قطعاً من اللحم، فيتناول أول قطعة موجودة على الطبق ولا يحاول

التفتيش عن القطعة التي تناسبه، فبعمله هذا يفسد ترتيب الطبق ويزعج النادل.

- في المآدب الرسمية تقدم أنصاف الليمون ملفوفة بدانتيل يحول دون تطاير رذاذها عند العصر باتجاه أي أحد مجاور، كما يمنع الدانتيل سقوط أي من بذور الليمون في الطبق.

- إن لم يكن نصف الليمونة ملفوفاً بالدانتيلا، يتم إدخال الشوكة بها عدة مرات، وقبل عصرها باليد اليسرى تغطى باليد اليمنى قليلاً بحيث لا يتطاير رذاذها.

- لا يستحسن إضافة الملح والفلفل قبل تذوق الطعام، فهذا يعتبر تشكيكاً مسبقاً بمهنية الطباخ.

- في المآدب التي تكون الخدمة فيها على طريقة البوفيه، يبدأ الضيف طعامه دون انتظار الآخرين، كما ذكرنا آنفاً.

- في المآدب شبه الرسمية أو العادية، يباشر الضيف طعامه عندما يُقدم الطعام للضيفين الآخرين على جانبيه.

- في مآدب الغداء أو العشاء الرسمية، فإن ضيف الشرف هو من يباشر بالطعام، ثم يتبعه الآخرون.

- عموماً، فإن صاحب الدعوة هو من يعلن انتهاء المأدبة عندما يضع منديله على الطاولة (دون أن يقف).

- ضيف الشرف هو من ينهي المأدبة فعلياً بمجرد وقوفه وتحركه مبتعداً عن طاولة الطعام.

- لا يغادر الضيوف المائدة مباشرة بعد انتهائهم من الطعام، بل ينتظرون حتى قيام ضيف الشرف، وبعدها يقومون بوداع وشكر صاحب الدعوة.

- لأسباب تتعلق بضيف الشرف ووقته، يمكن لصاحب الدعوة تسريع الخدمة أو إبطاءها أكانت المأدبة في المنزل أو في المطعم (في المطعم يطلب ذلك من المكلفين بالخدمة).
- يتم استخدام أدوات تناول الطعام وفقاً لقاعدة "من الخارج إلى الداخل[17]" (Outside-in rule).
- في المآدب الرسمية، لا يطلب الضيف طعاماً إضافياً حتى ولو لم يشعر بالشبع.
- عادة، يبدأ صاحب الدعوة بالإعلان عن تبادل الأنخاب (في حال وجود مشروبات) وذلك مع بداية تناول الطعام. (تفاصيل أوفى في فصل لاحق خاص بإتيكيت النبيذ).
- عادة، يمكن أن يطلب أي من الضيوف تبادلاً للأنخاب، لكن عند وأثناء تناول الحلويات.
- حين تشرب، يجب أن تنظر في جوف كأسك (وهذا هو عملياً ما نفعله بالفطرة)، لا أن تنظر إلى من هم أمامك أو حولك، لأن نظراتك ستُفهم بعدة تفسيرات.

- عند الشرب، يجب مسك الكأس بجميع الأصابع، ويمكن اعتبار رفع أو تحريك الخنصر إشارة من نوع ما.
- يستحسن أن يملأ الرجل قدح[18] الماء للسيدة بجواره على المائدة.
- إذا كان النادل هو الذي يسكب لك الماء والشراب، فيجب أن تدع قدحك مكانه على الطاولة.
- إذا سكب لك من بجوارك ماءً أو شراباً، فمن واجبك أن تمسك القدح بيدك وترفعه عن الطاولة قليلاً نحو آنية الماء أو الإبريق.
- أثناء تناول الطعام، وعندما تريد أن تشرب (ماءً أو شراباً) امسح فمك بالمنديل ثم اشرب
- فمن المهم أن يبقى كأسك نظيفاً دون أيّة بقية من طعام تعلق على حافته.
- أثناء تناول الطعام، لا يجب أن تلامس أي من أدوات الطعام غطاء الطاولة كي لا يتسخ.
- لا يُقطع اللحم سلفاً في الصحن، بل تُقطع قطعة صغيرة كلما أراد الشخص أن يتناول منه شيئاً.
- يجب عدم محاولة خلط الطعام في الصحن، ويُترك ذلك للأطفال.
- يجب عدم وضع لقمة بعد لقمة لم يتم مضغها بعد.
- يجب أن تكون اللقمة صغيرة كي يبقى الفم شبه مغلق أثناء المضغ.
- ينبغي عدم استعمال سكين الطعام لتناول الزبدة، بل السكين الخاص بها الموضوعة على الطبق الصغير الموجود على يسار صحن الطعام.

---

17. قاعدة "من الخارج إلى الداخل" (Outside-in rule) تقضي باستخدام أدوات الطعام (شوكة، سكين، ملعقة) الأبعد عن يمين ويسار الطبق، ثم الأقرب إليه، تباعاً مع كل صنف يُقدّم.

18. كما هو معلوم في اللغة العربية الفصحى، هناك تمييز دقيق بين "الكأس" و"القدح". الكأس هو الإناء إذا كان فيه شراب، أمّا القدح فهو الإناء نفسه فارغاً.

- لا يجوز رفع أي قطعة طعام، من أي نوع كان، إلى الفم بالسكين، فهذه الأداة هي لتقطيع الطعام ليس إلّا.
- عند تناول الحساء/ الشوربة، تُمسَك الملعقة وتُملأ لحوالي ثلثيها بالحساء ثم تحرّك اليد باتجاه حافة صحن الحساء الأبعد، تُلامسه لإزالة ما يعلق بأسفل الملعقة الخارجي ثم تُرفع إلى الفم. وبالتالي إذا كان قد تبقى أية نقطة من الحساء فستسقط على الطبق نفسه وليس على المنديل أو الملابس. بمعنى آخر لا يتم تناول الشوربة بحركة مباشرة للملعقة (أي من الصحن باتجاه الفم).

- يتم تناول الحساء من الجانب العريض للملعقة وليس من مقدمتها كما في أنواع الطعام الأخرى كافة.
- يُفترض عدم إمالة صحن الحساء لأخذ النقطة الأخيرة من المرقة.
- لا يجوز لك أن تتناول بعض ما تبقى من الحساء في صحنك بالخبز. (ولو أن البعض يسمح بذلك إذا كان المدعوون أشخاصاً حميمين، وعندها يجب أن تقوم ذلك ليس بأصابعك، بل بواسطة الشوكة).
- لا يجوز رفع طبق الحساء إلى الفم لشرب المرق أو الحساء (ويمكن ذلك فقط في حالات خاصة عندما يكون طبق الحساء على شكل فنجان كبير له أذنان لمسكه. وهي حالة شائعة في شرق وجنوب شرق آسيا).
- لا يجوز التصرف كالأطفال والنفخ لتبريد الحساء أو أي طعام. يمكن الانتظار قليلاً.
- إذا احتجت إلى "المملحة" فاطلب من أقرب مدعو أن يساعدك على تناولها، وإيّاك أن تمد جسمك فوق الطاولة لهذا الغرض أو غيره فتزعج الآخرين.
- ينبغي لمن تطلب منه إيصال المملحة إليك ان يوصل المملحة والفلفل كليهما.
- في المآدب غير الرسمية، يمكن الطلب ممن بجوارك أن يمرر لك سلة الخبز لتتناول قطعة منها[19].
- لا تقطع الخبز بأسنانك، بل اقتطع منه بيدك وكل.
- لا تأكل الخبز إلّا مع الطعام، فليس من المستحسن أن تتسلى بأكل الخبز قبل الطعام أو بين طبق وآخر.

---

19. في المآدب الرسمية، لا يُطلب الخبز، فالنادل هو من يضعه على صحن صغير خاص بكل ضيف.

- لا يجوز مص العظام أو مسكها باليدين، وإذا استعصى استعمال الشوكة والسكين معها تترك جانباً.
- إذا أردت التخلص من قطعة غير صالحة من الطعام بعد أن أصبحت في فمك، فانقلها بصورة خفيّة وسريعة من شفتيك إلى شوكتك وضعها إلى جانب صحنك.
- لا تدفع طبق الطعام بعد انتهائك منه، بل انتظر النادل لحمله من أمامك.
- عند تناول الحلويات والفواكه يوضع وعاء فضي خاص مملوء بالماء، تسبح فيه بعض نثرات الورود، يغسل فيه المدعو رؤوس أصابعه بعد تناول الفاكهة.
- لا تستعمل أبداً أعواد منقّي الأسنان (Toothpick) لتنظيف أسنانك أمام الآخرين، حتى وإن كان بإمكانك تغطية فمك بيدك الأخرى أو بالمنديل. ولا ضير في أن تترك المائدة وأن تذهب إلى الحمام لتفعل ذلك.
- لا تتناول الطعام بسرعة فتبدو جشعاً، ولا ببطء فتؤخر الوقت الطبيعي للمأدبة.
- تناول الطعام باعتدال، "فالمعدة بيت الداء..." كما قال الحارث بن كَلَدة[20]. أو كما قالت العرب: "البَطنة تُذهِبُ الفِطنة[21]".
- لا يجوز رفض صنف من أصناف الطعام لأي سبب، ويمكن تناول كمية بسيطة والتظاهر بأكل شيء ما، حتى ولو كان المدعو يتّبع نظام حمية غذائية.
- في حال تم تقديم صنف ما من الطعام وبدا لك غريباً أو غير مألوف، راقب كيف يتناوله بقية الضيوف واتبعهم، أو امتنع عن أكله.
- عند تناول الطعام، يجب ألّا تصدر صوتاً واضحاً من الفم والشفتين.
- عند تناول الطعام يجب ألّا تصدر أصواتاً عالية بسبب ارتطام أدوات الطعام بالأطباق.
- حاول ما استطعت ألّا تعطس، وإن حصل ذلك فضع المنديل على فمك وأعطس بصوت مكتوم بعد أن تنحرف للخلف.
- عند الاضطرار للسعال، يوضع المنديل على الفم، ولا تسعل بصوت عالٍ. وإن كان السعال متكرراً وشديداً، يجب ترك الطاولة لبعض الوقت حتى ينتهي الأمر.
- لا يجوز التجشؤ. وفي حال التجشوء اللاإرادي، يجب تقديم الاعتذار.
- لا يجوز أن تتمخط، وإن كان لا بد من ذلك فاترك الطاولة وابتعد. استخدام منديلاً ورقياً وليس منديل الطعام.
- في حال لم تستطع كتم تثاؤبك، ضع يدك على فمك، أو استخدم المنديل لذلك.
- تجنب وضع السكين في وجه أحد المدعوين أثناء الكلام.
- لا يجوز إطلاقاً أن تأكل من أطباق المقبلات المشتركة بشوكتك، بل ارفع أياً منها واستخدم الملعقة التي به (أو سكينك إن لم تتوفر الملعقة تلك)، واسكب منه في صحنك.
- لا تلتقط أدوات الطعام التي تسقط على الأرض، فسيأتيك النادل بغيرها.
- إذا سقط منديل طعامك على الأرض، حاول التقاطه بنفسك، وإن تعذر عليك اطلب من النادل ذلك.

---

20. الحارث بن كَلَدة، أحد أقدم الأطباء العرب. من أشهر أقواله: "المعدة بيت الداء، والحمية رأس الدواء"

21. رأى أبو الأسود الدؤلي رجلاً يأكل بشراهة ويلقم لقماً سريعاً، فقال له: ما اسمك؟ فرد الرجل قائلاً: لقمان! فقال له صدق من سمّاك بهذا الاسم.

- إن أسقطت بعض الطعام على الطاولة، حاول رفعه بإحدى أدوات الطعام، أو بالمنديل الـذي يمكن للنادل أن يبدله لك.

- في حال انسكاب ما في كأسك على الطاولة، يمكنـك استخدام المنديـل لتجفيـف غطائها ومن ثم طلب استبداله.

- عند حدوث أي مشكلة في الطعـام يجب إخطار النادل بهدوء.

- إن صدف ووجدت شعرة في الطعام، اطلب من النادل استبدال الطبق بهدوء.

- في حال حدوث خطأ ما من النـادل، فينبغي التعامـل معه بهدوء واحترام، وعدم إحراجه.

- حـاول أثنـاء تنـاول الطعـام تجـاذب أطراف الحديـث مع مـن بجـوارك. فالمآدب ليسـت لتنـاول الطعـام فقـط، بـل للتعـارف وتبـادل الآراء...إلخ.

- لا ترفع الطعام بالشوكة أو الملعقة إلى فمك وأنت تتحدث مع أحد.

- ينبغي المضغ والفم مغلق قدر الامكان.

- لا تتكلـم حين يكون فمك ممتلئاً بالطعام.

- على ضيفين متخاصمَين، حتى ولو تصادف جلوسـهما إلى جانـب بعضهمـا البعض على طاولـة الطعـام، تـرك عداواتهمـا جانبـاً، كي لا يُفسـدا جـو المأدبـة ويُزعجـا الآخريـن بمشاكلهما.

- لا تضـع صاحبـة الدعـوة أو زوجـة صاحـب الدعـوة القفـاز أو القبعـة، إذا كانـت الدعـوة في منزلـها.

- إذا مـا كانـت السيدة المدعوة تضع قفازاً أو تحمـل مروحـة، فإنها تنـزع القفـاز عند تنـاول الطعـام حُكمـاً، وتضعـه في حِجْرِها وكذلك المروحـة، ويكون المنديـل فوقهما.

- لا يجـوز لصاحب الدعـوة إلّا أن يكون ودوداً ومجامـلاً لجميـع المدعويـن مهمـا كانت مراتبهم متفاوتة.

- لا يجـوز لصاحبـة الدعـوة أو زوجـة صاحب الدعـوة إلّا أن تكون متواضعـة وبشوشـة ولطيفة مع جميع المدعوين.

- لا يجوز لزوجة صاحب الدعوة أن تتبرج أو أن تضع الحلي إلّا بالحـد الأدنى. بغير ذلك سـتظهر وكأنها قامت بالدعوة لتبرز وتتفاخر.

- في الدعـوات التي تتم في المنـازل، إذا أراد المدعـو أن يعبر عن انطباعه بشأن المأدبة والمأكولات، وبلغـة صامتة، إن صح التعبير، يمكنـه أن يلجأ إلى ما يلي:

- إدخـال نصل السـكين في الشـعبة العليـا للشـوكة، بحيث تكون الشـوكة متعامدة مع السكين، وذلك تعبيراً عن الامتنان، والإعجاب بالحفاوة، والترتيب، والطعام.

- وإذا كان رأيه في المأدبة عادياً فيُدخَل نصل السكين في الشعبة الوسطى للشوكة.

- أما إذا كان منزعجاً ورأيه سـلبياً فيكون النصل في الشعبة السفلى[22].

- في بعض الأعراف الدبلوماسية، إذا حصل خطأ ما بحق أحد المدعوين ولا سـيما في موضوع الأسبقية، لا يعبر المدعو عن احتجاجه بالنقد العلني أو بإظهـار الغضب، بـل بـأن يقلب الصحن الفارغ في مكانه على الطاولة.

- يفترض بالنادل أن يفهم هذه الإشارة وأن يبلغ صاحب الدعوة بأن مدعواً لديه مشكلة.

---

22. طبعاً لا يستحسن أن يقوم الضيف بهذه الحركة بغض النظر عن رأيه السلبي في مأدبة دُعي إليها في منزل أحد الأصدقاء، فهذا خروج عن اللباقة والكياسة حتى وإن كانت المأدبة والأجواء التي سادت فيها سيئة فعلاً.

على صاحب الدعوة بدوره أن يأتي إلى الضيف مستوضحاً في البداية ثم معتذراً عن الخطأ أو التقصير الذي وقع فيه ربما أحد مساعديه، أو من يتولى الترتيبات. وتنتهي المشكلة التي تعالج همساً تقريباً.

في هذه الحالة، يبقى الصحن مقلوباً ولا يتناول المدعو المقبلات إلى أن ينتهي بقية المدعوين من تناولها وترفع الصحون الفارغة بما فيها صحنه المقلوب، ومن ثم يمكنه تناول الطعام مع الطبق التالي كالآخرين.

• كيف تؤكل بعض أصناف الطعام والفواكه:

- **المخللات**: يمكن أكلها بالشوكة والسكين.
- يمكن أكل الفجل والزعتر الأخضر وما شابه باليد.
- **الخرشوف** (الأرضي شوكي): يقدم مطبوخاً، ويؤكل بالشوكة والسكين. كما ويقدم مسلوقاً كطبق من أطباق السلطة (في المآدب العادية)، وفي هذه الحالة تكون الثمرة مع أوراقها. تنزع كل ورقة على حدة وتغمس قاعدتها بمزيج من الحامض والزيت والثوم ثم يقضم هذا الجزء ويترك الباقي في الصحن. أما الثمرة، وهي قرص مدور، فتغمس بالتوابل وتؤكل كالسلطة بالشوكة والسكين.
- **الهليون**: يؤكل عندما يقدم كمقبلات بالشوكة والسكين.
- **الكافيار**: يفرش الكافيار عادة على "البانيه"[23]

(Panet) فوق طبقة خفيفة من الزبدة، ويتم تناوله بالشوكة.
- **الرخويات والقشريات البحرية**: مثل المحار (Oyster) وجراد البحر أو الكركند (Lobster) وبلح البحر (Mussel) والسمك الصدفي (Clam) لها أدواتها الخاصة، ولا يتم اختيارها عادة في المآدب الرسمية، وبعضها يؤكل بلعاً كالمحار مثلاً.
- **القريدس**: يمكن أن يقدم مطبوخاً مع الرز وغيره، ويؤكل بالشوكة والسكين أو أن يقدم كمقبلات "Shrimp Cocktail" ضمن آنية على شكل أكواب، ويؤكل بشوكة خاصة به.
- **السمك**: يتم تناوله بالسكين الخاص به[24].
- **المعكرونة**: (لا تُقدَّم في المآدب الرسمية) يتم تناولها بالشوكة في اليد اليمنى والملعقة في اليد اليسرى.
- لا تُكسَر حبة **الجوز أو البندق** بالأسنان، بل بالأداة الخاصة بذلك، مع الحرص على تغطيتها باليد كي لا يتطاير أي شيء من القشر القاسي فيصيب الآخرين أو يقع في صحونهم.
- لأكل **بيضة غير ناضجة** تماماً (أي بيضة برشت)، تُزال قمتها بملعقة صغيرة خاصة بها (على غرار ملعقة القهوة) وليس بالسكين.
- في الولائم الرسمية، غالباً ما تؤكل الفواكه بالشوكة والسكين، وبعضها باليد:
- **التفاح والإجاص** (الكُمثرى): تقسم الثمرة إلى أربعة أجزاء، ويقشر كل جزء على حدة ويُؤكل باليد أو بالشوكة.
- **المشمش والخوخ**: يُؤكل باليد دون تقطيع

---

23. البانيه (panet / كلمة فرنسية) عبارة عن قطع صغيرة (دائرية غالباً) من الخبز المحمص، توضع عليها كمية بسيطة من بعض الأطعمة كالكافيار وغيره.

24. عند الشعور بوجود الحسك في الفم أثناء المضغ، يتم، بعد تغطية الفم بالمنديل، إخراجه بالإصبع ويوضع في الطبق (وذلك بسرعة ودون إشعار الآخرين).

أو تقشـير، تؤخـذ النـواة مـن الفـم بالملعقـة وتوضع في الطبق.

- **الكرز**: يُؤكل باليد وتخرج النواة من الفم باليد.
- **المـوز**: يقشـر باليـد، ثـم يقطـع بالسـكين والشوكة ليؤكل.
- **العنـب**: تـؤكل كل حبة بمفردها، مـن المفيد صحياً مضـغ البـذور، وإذا ما أريد فصلها في الفم تخرج باليد.
- **الفريز**: يؤكل باليد أو الشوكة بعد قطع الجزء المـورق بالسـكين، ويؤكـل بالملعقـة إذا كان مقدماً مع الكريمة والسكر.
- **الأفوكادو**: (Avocado): تقـدم مشـطورة إلى نصفيـن بعـد تجويفهـا مـن النـواة. تؤكل بالملعقـة ونصـف الثمـرة فـي راحـة اليـد اليسـرى. كمـا يمكـن أن تقـدم مقطعـة مـع السلطة والمقبلات.

- **الأنانـاس**: يقدم مقطعـاً، ويؤكل بالشـوكة والسـكين.
- **البطيـخ والشـمام** (البطيـخ الأصفـر): يقدم جاهزاً بعد تقشيره ويؤكل بالشوكة والسكين.
- **البرتقال**: تقشـر الثمـرة مـن رأسـها بشكل دائري حتى نهايتها ثم تقطع بالسكين وتؤكل بالشـوكة. يمكـن قشـر بعض الأنواع طولانياً وأكل كل قطعة (حز) باليد.
- **الـدراق**: تقطـع الثمـرة إلـى أربعـة أجـزاء بالسكين وتؤكل بالشوكة.
- **الكريـب فـروت** (Crape fruit): يقدم بعد شـطره إلى نصفيـن، ويؤكل اللـب والعصير بملعقـة صغيـرة، وهـو يقـدم جاهـزاً، علـى الأغلب، مع وجبة طعام الفطور.
- **المانغا**: غالباً ما تقدم جاهزة، مقشرة ومقطعة، ويتم تنـاول قطعهـا بالشـوكة والسـكين.

• مكونات المائدة:

تتألف مائدة الطعام من عدة مكونات أساسية لا بد من وجودها وتنسيقها كي تظهر مرتبة ومكتملة، تجمـع مـا بيـن الناحيتيـن الجماليـة والوظيفية، أو ما بيـن الأناقة والأداء، بـدءاً بغطـاء الطاولة، مـروراً بالأطباق والأدوات من معالق وشوك وسكاكين وغيرها، وانتهاءً بالشموع.

فيمـا يلـي نقـدم فكـرة مفصلـة عـن كل من مكونات مائدة الطعـام وتموضعها:

◄ **غطاء المائدة:**

تُصنع أغطيـة موائد الطعـام من أنـواع مختلفة من الأنسجة، فمنها الكتـان، والقطن، والدانتيلا، وغيرها.

• في المآدب المنزلية، يمكن لربة البيت المنزل استخدام أغطية بألوان هادئة تتناسب مع أثاث غرفة الطعام وفصول السنة.

• لا تُستخدم الأغطية الملونة والمزركشة في المآدب الرسمية، بل ذات اللون الأبيض أو البيج.

• في بعض المآدب الرسمية، يمكن بشكل محدود ومدروس استخدام بعض أنواع الاغطية المطرزة باللون الأبيض والبيج (كالأغباني مثلاً)(25) شريطة ابتعادها عن البهرجة.

---

25. نوع من الأنسجة الجميلة التي تشتهر به سورية، ودمشق بشكل خاص.

• يجب أن يغطي غطاء المائدة كامل الطاولة ويزيد بمقدار 35-50 سنتم متدلياً من أطرافها الأربعة.

• يجب ألّا يكون غطاء الطاولة منخفضاً جداً وإلّا سينتهي به المطاف في أحضان الرواد.

• دُرج منذ مدة على استعمال الماتز (Mats)[26])، وهو عبارة عن قطعة من القماش الخشن أو الجلد وغير ذلك، توضع أمام كل مدعو بمفرده وعليها جميع أدوات الأكل.

◃ **مناديل الطعام:**
تُستخدم مناديـل الطعـام بأشـكال وتصاميـم متنوعة.

• في المآدب الرسمية، يوضع المنديل وسط الطبق الأساس الواسع (Charger)[27] أو على يساره بعد شوك الطعام.

• في المآدب العادية، يمكن وضع المنديل ضمن الصحن أو أمامه أو تحت الشوك (في حال كانت المائدة مكتظة).

• يضع الشخص المنديل على رجليه قبل بدء تناول الطعام تجنباً لسقوط أي شيء من الحساء أو ذرات ونِثار الطعام من جهة، وكي يمسح به فمه عند الضرورة من جهة أخرى.

• لا يجوز مسح الوجه أو الأنف بالمنديل المخصص للطعام، بل بالمناديل الورقية.

• تترك المناديل بعد الانتهاء من تناول الطعام إلى جانب الطبق الفارغ بدون طي.

• إذا ما قمت بطي المنديل في المآدب التي تقام في المنازل، فهذا دليل، وفق التقاليد الفرنسية، على إعجابك بالطعام والترتيبات، وهو بالتالي بمثابة تقديم الشكر لربة المنزل.

◃ **الأطباق:**
أصبحت أشكالها وتصاميمها لا تُعد ولا تحصى، فمنها المذهبة، والفضية، والخزفية، والعادية.

• تستعمل الأطباق الخزفية الفاخرة في أكثر المآدب الرسمية.

• تستعمل الأطباق الخزفية الفاخرة أو المذهبة أو الفضية في القصور الرئاسية والملكية، وغيرها. وغالباً ما يكون شعار الدولة منقوشاً عليها.

• توضع الأطباق على مائدة الطعام بشكل متناسق وبأبعاد متساوية بين كل مدعو وآخر. وبحيث تبعد عن حافة المائدة بمقدار 2 أو 3 سم تقريباً.

• تستعمل الأطباق المجوفة لتناول الحساء (الشوربة) والمسطحة للأنواع الأخرى كافة.

• تكون أطباق المقبلات والفواكه والحلوى أصغر من أطباق الوجبة الرئيسية.

• يستخدم صحن الزبدة الصغير للخبز أيضاً.

◃ **أدوات الطعام:**
تتألف أدوات الطعـام مـن الملاعـق والشـوك والسـكاكين (بما فيها سكين السـمك) للوجبات الرئيسـية، كما أن هناك ملاعق وشوكاً وسكاكين

---

26. تصنع بعض أنواع الماتز (Mats)، من الورق، وتستعملها مطاعم الكافيتريا لزبائنها، وتتلف مباشرة بعد الانتهاء من الطعام (لا يجوز استخدامها في المآدب الرسمية). ومن محاسن هذا النوع، سهولة التخلص منه. كما أن للماتز أنواعاً وألواناً مختلفة تناسب كل الأذواق. وهو يستعمل بنوع خاص على موائد الطعام الزجاجية، أو المصنوعة من الخشب المصقول. يمكن أحياناً استخدام الماتز (المصنوع من القماش الخشن أو الجلد) في المآدب الرسمية، لكن فقط إذا تم اختياره بعناية شديدة وبما لا يفسد رونق المائدة.

27. الطبق الأساس الواسع (charger) هو صحن كبير ومسطح تقريباً يستخدم في المآدب الرسمية لغرض تزييني (لا يوضع فيه أي طعام)، بل توضع عليه بقية صحون الطعام.

خاصة بالمقبلات والفواكه والحلوى، ناهيك عن السكين الخاص بالزبدة.

• توضع الملاعق والسكاكين على يمين الأطباق، وتوضع الشوك على يسارها.

• توضع ملعقة وشوكة الحلوى أمام الطبق وبشكل موازٍ لحافة الطاولة.

• تكون الملاعق على يمين السكاكين.

• تكون شُعَب الشوَك متجهة إلى الأعلى.

• تكون نصال السكاكين الحادة باتجاه الأطباق.

• تكون ملعقة الحلوى أصغر من ملعقة الوجبة الرئيسية وأكبر قليلاً من ملعقة الشاي.

• تكون سكين الزبدة قصيرة عادة.

• يختلف سكين السمك عن بقية السكاكين بالشكل فقط، ويضاف إلى بقية السكاكين في حال كانت الوجبة تتضمن السمك.

• تختلف سكين الجبنة عن غيرها بالشكل أيضاً بحيث يمكن التقاط قطع الجبنة بها بعد قطعها.

• في حال اشتمال الوجبة على أنواع من الشواء، يمكن أن تتضمن أدوات الطعام السكين الخاصة بشرائح اللحم.

• توضع شوكة المقبلات على يسار شوك الطعام الأخرى، وتكون أصغر حجماً وشُعَبها أقل.

• استثنائياً، في حال كانت تشتمل الوجبة على سلطة فواكه البحر أو القريدس (وتُقدم كلها في وعاء أو كوب خاص بها) توضع شوكة خاصة (بثلاث شُعب) على يمين الملعقة والسكاكين. وهنا يقوم الشخص بالإمساك بالوعاء أو بساق الكوب بيده اليسرى ويتناول ما فيه بهذه الشوكة الخاصة التي يمسكها بيده اليمنى.

جدول توزّع أدوات الطعام يميناً وشمالاً:

على يسار الطبق الأساس الكبير	على يمين الطبق الأساس الكبير
الشوك	السكين
صحن الزبدة	الملاعق
منديل الطعام (يصح أن يكون في وسط الطبق)	لأقداح والكؤوس
	فناجين القهوة والشاي

(A) المنديل، (B) الطبق الكبير، (C) شـوكة السلطة، (D) شـوكة العشاء، (E) شوكة السـمك، (F) سكين العشـاء، (G) سكين السـمك، (H) ملعقـة الشـوربة، (I) شـوكة المحار (في حال تقديم ثمار البحر)، (J) صحن الزبدة (K) سكين الزبدة (L) قدح الماء (M) قدح النبيذ الأحمر (N) قدح النبيذ الأبيض (O) شوكة الحلويات (P) ملعقة الحلويات (Q) البطاقة الاسميّة

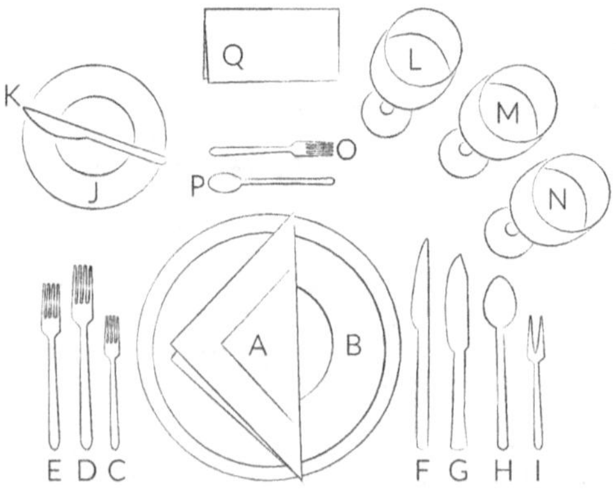

◄ الأقداح:

توضع الأقداح على الجانب الأيمـن للطبـق وأمـام رؤوس السكاكين (تبعـد عنهـا بحـدود 2-3 سـم) وترتيـب مصفوفـة بشكل منحـرف قليلاً نحو الأعلى.

• في المآدب التي تقدم فيها المشروبات الكحولية يكون عدد الأقداح أكبر من أجل الأنواع المختلفة من تلك المشروبات. وتكون بأشكال متنوعة أيضاً.

• تُرتب الأقداح وفقاً لتسلسل تناول المشروبات المقدّمة: نبيذ أبيض، نبيذ أحمر، نبيذ الحلوى (wine dessert)، وأخيراً قدح الماء.

◄ الممالح:

توضع الممالح (ملح + فلفل) أمام كل مدعو أو بين كل اثنين من المدعوين.

• يستبعد في المآدب الرسمية وضع زجاجات الخل والزيت وما شابه، كما يجب ألّا يطلبها أحد.

◄ آنية الزهور:

لا يختلف اثنـان على أن المائدة المزينة بالزهور، تخلق جواً من البهجة، واستحساناً بين المدعويـن، خاصة إذا جاء التناسـق فـي ترتيبها منسجماً مع أجواء المأدبة.

• تختلف ألوان الأزهار باختلاف فصول السنة، والذي يهتم بالمائدة يعرف بالخبرة كيف يبتكر تصفيف وتنسيق أزهارها.

• يجب ألّا تحجب آنية الأزهار (المزهريات) رؤية المدعوين لبعضهم البعض.

◄ الشموع:

قالوا في العربية: "العين تأكل قبل الفم"، • لذلك لا بد من الاهتمام بالأشياء التي قد تبدو للبعض شكلية بحتة، وهي ليست كذلك بالطبع. فالشموع على سبيل المثال تضفي جواً محباً من الشاعرية على مائدة العشاء بأضوائها الخافتة المتراقصة. ومن هنا أصبحت الشموع وشمعداناتها بطرازاتها المتنوعة من المتممات الرئيسية على موائد العشاء بشكل خاص.

• تُحمل الشموع إما على قاعدة واحدة أو على شمعدان (Candelabra).

• يوضع عادة شمعدانان على طرفي الطاولة.

■ **قائمة الطعام (Menu):**

في المآدب الرسمية، أكانت كثيرة العـدد أو محدودة، يجب أن توضع على المائدة قائمة الطعام أمـام كل مدعو أو بيـن كل اثنيـن، بحيث تتضمن أسمـاء كل الأصناف التي ستُقدم، بدءاً بالحسـاء أو المقبلات، وانتهاءً بالشـاي والقهـوة، وهو أمر يمكّـن المدعو من انتقاء ما يرغب من المأكولات، ولا يكـون حائـراً حـول ماهيـة الطبـق اللاحـق.

تكتـب قائمـة الطعام باللغـة الوطنيـة وبلغة الضيف (إذا كان أجنبياً).

التأكد من الترتيبات قبل وصول المدعوين: يجب إلقاء نظرة شاملة على طاولـة الطعام للتحقق من الأشياء التالية:

أن تكون المائدة غير مكتظة وأدواتها وكراسي الجلوس في تناسق وانتظام.

يجب ان تكون المسافة مـا بيـن كل ترتيب مكانـي (Place setting) [28] لـكل شـخص وآخر متساوية على مجمل المائدة.

---

28. الترتيب المكاني (Place setting) هو مجموعة الصحون والأقداح وأدوات الطعام (ملاعق، شوك،

يجـب أن تكـون قاعـة الطعـام مكانـاً مريحـاً للمدعوين من ناحية الإضاءة والتهوية أو التدفئة.

يجب التأكد من وجود الزبدة على المائدة، إضافـة إلى الخبـز وأطبـاق السـلطة وبعض أنواع المقبلات الباردة قبل بدء الطعام.

يجب التأكد من صحة ترتيب بطاقات الجلوس (Place cards) الموجودة على الطاولات وتحمل أسـماء المدعوين)، وخصوصـاً عندما يكون عدد المدعويـن كبيـراً، ومطابقـة ذلك مع الأسبقيات التي يجب مراعاتها دوماً.

● وصول المدعوين:

لا بـد مـن التنويـه بـأن عدم الدقة فـي المواعيد بشكل عام هو دائماً شكل من أشكال قلة التهذيب (مـا لـم يكـن التبريـر وجيهـاً)، ولكـن التأخر عن موعـد المأدبة يتجاوز ذلك ليبلغ حدود الفظاظة، فالمدعو المتأخر لا يرغم مضيفه والمدعويـن الآخرين على الانتظار فحسب، ولكنه يحدث فوق ذلك الفوضى جراء ضرورة إعادة ترتيب الجلوس.

فـي الولائـم التي تقـام في القصور الرئاسـية أو الملكيـة، لا يجـوز عـن موعـد الدعوة المذكـور فـي البطاقة مهمـا كانـت الأسـباب، ويستحسـن الوصول قبـل الموعـد بحدود 10 دقائق تقريباً.

فـي الدعوات الأخرى التي تقـام في المطاعم والنـوادي، يمكـن التأخـر (إذا كان هنـاك مـا يسـتدعي ذلـك) حتـى 10 دقائـق كحـد أقصى. فالتأخيـر سـيقلق الداعـي ومـن يقـوم بتنظيـم الوليمة على حدٍ سواء.

عندما يبـدأ المدعـوون بالوصول، يتم تقديم العصير والمرطبات (Welcoming Drinks) فـي

البهو أو في الصالون حوالي 30 أو 35 دقيقة قبل بـدء الطعام. وهذه المـدة هي بغرض التعارف وتجاذب أطراف الحديث.

فـي المطاعم والمنازل، إذا كان الفصل شـتاءً، يجب علـى المدعوين عند ولوج البهو أو الرواق خلع معاطفهم وقفازاتهم وقبعاتهم قبل الدخول إلى الصالون. (يمكن للنساء أن تسـتمر في ارتداء قبعاتهن وقفازاتهن).

خلافاً لما يعتقد البعض، فإن إحضارك باقة من الزهور إلى وليمة رسمية قد دعيت إليها أمر غير مستحب، إلّا إذا كانت الدعوة في المنزل، وتُقدم الباقـة في هذه الحالة لزوجة صاحب الدعوة.

يجب أن يكون المضيف واقفاً قبل ربع سـاعة تقريبـاً مـن موعـد المأدبة عند مدخـل البهو أو الصالون أو قاعة الشـرف لاستقبال المدعوين.

إذا كانـت الدعـوة مختلطة، فيجب أن تكون الزوجة بجانب زوجها أثناء الاستقبال.

تـوزّع بطاقـات الجلوس (Seating cards)، حسـب مخطط الجلوس (Seating plan) المعد مسـبقاً، علـى المدعويـن عند وصولهـم، مدرجاً فيها اسم كل مدعو ورقم طاولته.

فـي المآدب الرسـمية الكبـرى، بعد مضي بعـض الوقت على موعـد الدعوة (المثبت في بطاقـة الدعوة)، وبعد تنـاول المدعوين العصير والمرطبـات والمشـروبات، يطلب المنظمـون (المراسم، أو العلاقات العامة) دخول المدعوين إلى قاعة الطعام باستثناء المضيف وضيف الشـرف (وزوجتيهما إذا كانت الدعوة مختلطة).

بعـد أن يأخذ المدعـوون أماكنهـم فـي قاعـة الطعـام يدخـل المضيف وضيف الشـرف (وزوجتاهما).

سكاكين) والمنديل...إلخ، التي تخص كل شخص وتكون أمامه على الطاولة.

في المآدب التي تقام في المنازل وتكون مختلطة، تدعو ربة المنزل المدعوين فتدخل زوجة ضيف الشرف وتتبعها السيدات الأخريات ثم تتبعهن ربة المنزل. بعدها يدخل ضيف الشرف، ويتبعه بقية الرجال ثم الداعي. إذا كانت المأدبة قاصرة على الرجال، فإن ربة المنزل هي التي تتقدم الجميع إلى غرفة الطعام(29).

• إتيكيت وترتيبات جلوس الضيوف

في المآدب الرسمية، وكي يتعرف الضيف على مكانه المحدد على طاولة الطعام دون إرباك، يلجأ منظم المأدبة الى استخدام أكثر من طريقة مثل مخطط الطاولة (Table chart)، وبطاقة مصوّر الطاولة (Diagram Table cards)، وبطاقات الجلوس (Seating cards).

• مخطط الطاولة (Table chart):

يكون مخطط الطاولة على شكل لوحة (من الجلد وغيره) مستطيلة (حسب شكل الطاولة)، ولها إطار فيه فتحات جانبية يمكن ان تمرر إلى داخله قصاصات كرتونية أو ورقية مستطيلة مكتوب عليها أسماء الضيوف.

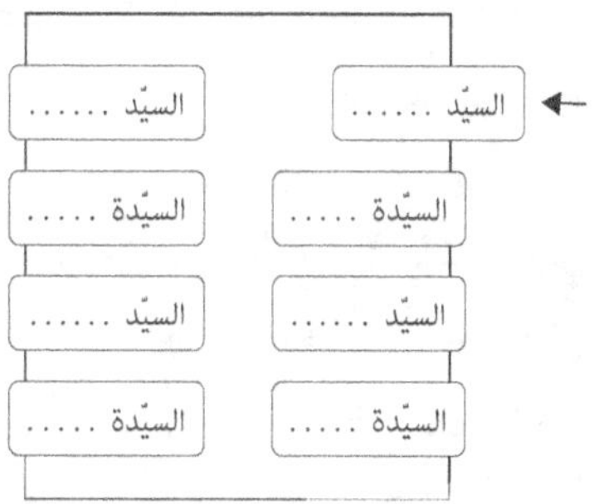

لتعرف المدعوين على أماكن جلوسهم، يتم استخدام هذا المخطط.

يوضع المخطط على طاولة في البهو أو في غرفة مجاورة أو قبالة غرفة الطعام، ليطلع عليه الضيوف قبل توجههم الى المائدة.

الغرض من المخطط هو إطلاع الضيوف عليه قبل توجههم إلى طاولة العشاء أو الغداء لمعرفة أماكنهم على الطاولة.

يُعطي المخطط للضيف فكرة عمن يجلس على جانبيه.

يخفف هذا المخطط العبء على صاحب أو صاحبة الدعوة، فهما غير مضطرين لاصطحاب كل ضيف إلى كرسيه على الطاولة أو الاستعانة بأي أحد ليقوم بذلك.

تتوفر هذه المخططات عادةً بنماذج متنوعة وقياسات متعددة.

في غداء أو عشاء رسمي، عندما يكون عدد الضيوف متوسطاً (بحدود 20 شخصاً)، وتسهيلاً

---

29. على ربة المنزل أن تعد خدمة المائدة إعداداً كاملاً، بحيث لا تبقى هناك أية حاجة إلى تدخلها أثناء تناول الطعام، بل أن تجري الخدمة بصورة آلية وصامتة. على ربة المنزل الامتناع عن مقاطعة أحاديث مدعويها لتلقي أوامرها للنادل، ففي ذلك خروج عن الكياسة. إذا ما اضطرت ربة المنزل إلى إعطاء بعض التعليمات للنادل، فعليها القيام بذلك بصوت منخفض وباقتضاب.

بطاقات مصوَّر الطاولة
(Table diagram cards):

إضافة لاسم الضيف، تشتمل بطاقة مصوَّر الطاولة على شكل الطاولة، وتوضع نقطة بلون مختلف (حمراء مثلاً) تحدد جهة ومكان جلوس الضيف.

يدوّن في أسفل البطاقة عبارة: "النقطة الحمراء تشير الى مكانكم على الطاولة".

تُعطى هذه البطاقة لكل ضيف عند وصوله إلى مكان المأدبة، بحيث يسهل عليه التعرف ذاتياً على مكان جلوسه ودون أية مساعدة.

هذه الطريقة مفيدة عند استخدام الطاولات المستطيلة أو تلك التي على شكل صندوق مفتوح أو حرف U، وفي حال كان عدد الضيوف متوسطاً أو كبيراً.

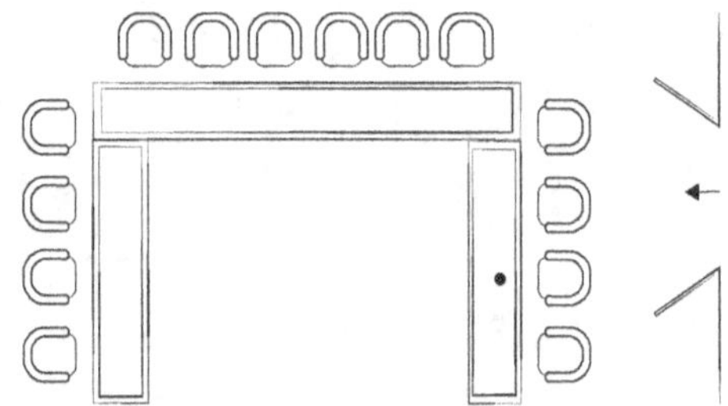

بالطبع يجد الضيف على الطاولة أيضاً بطاقة الجلوس (Place card) التي تتضمن اسمه.

البطاقات المكانية
(Seating cards):

هي بطاقات تعريفية صغيرة (بحجم البطاقة التعريفية Visit card تقريباً) يدون عليها اسم الضيف ورقم الطاولة التي سيجلس إليها.

تُرصف هذه البطاقات على منضدة تكون في البهو المؤدي إلى قاعة الطعام.

يقوم موظف مكلف بتوزيع هذه البطاقات للضيوف عند وصولهم إلى المكان.

عندما يُدعى الضيوف إلى قاعة أو صالة الطعام فإنهم يصلون، بناءً على بطاقات الجلوس التي بحوزتهم، ألى أماكنهم بدون إرباك أو فوضى، سيما وأن لكل ضيف بطاقة مكانية (Place card) موجودة مسبقاً على طاولته.

هذا الإجراء مهم في حال كان عدد الضيوف كبيراً.

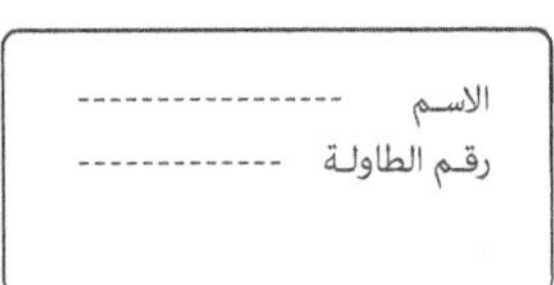

بطاقات الجلوس (Place cards):

هي بطاقات صغيرة مستطيلة ذات شكل هرمي توضع على المائدة أمام كل ضيف تحمل اسمه ولقبه.

رسمياً، تكون هذه البطاقات من الورق المقوى الأبيض أو البيج (وذات حرف ذهبي إن أمكن).

قد تحمل أحياناً علم أو شعار الدولة (في المآدب الرسمية على مستوى ملك أو رئيس دولة وما شابه أو رئيس وزراء أو رئيس برلمان أو وزير أو سفير).

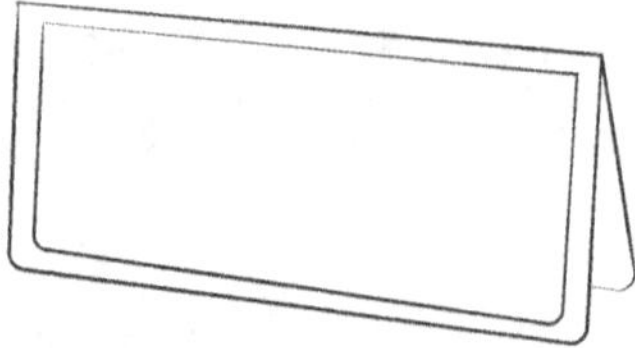

بناء على بطاقة الجلوس (Seating cards) التي توزع على كل ضيف لدى وصوله والتي فيها رقم الطاولة، فإن بطاقة المكان تعرف الضيف بالضبط على الكرسي الذي سيجلس عليه.

تفيد هذه البطاقات المكانية (Place cards) في أن كل ضيف يمكن له أن يتعرف على من بجانبيه بمجرد النظر إلى بطاقتيهما أمامهما ودون اضطراره للسؤال والتعارف.

• **بطاقات أرقام الطاولات (Table cards):**
عندمـا يكـون عدد طـاولات الطعام كبيـراً، لا بد
من ترقيمها.

تُثبـت بطاقـات رقميـة واضحـة للعيـان علـى
حوامل خاصة توضع في وسـط كل طاولة.

بنـاء علـى بطاقـة الجلـوس (Seating card)
التي تكون سـلفاً بحوزة الضيف (التي تُعطى له
عند وصولـه إلى مكان المأدبـة)، يتوجه الضيف
بنفسـه، دون مرشد، إلى طاولته المحددة.

• أشكال موائد الطعام

تزخر المطاعم وصالات المناسبات الرسمية وغير الرسمية بمختلف أشكال موائد الطعام التي نورد
فيما يلي بعض التفاصيل بشأنها:

1. المائدة المربعـة: وتكون لعـدد محدود من
الأشخاص، /4/ إلى /12/.

2. المائدة المستديرة: وتكون لعدد محدود من
الأشخاص أيضاً، بما لا يتجاوز /12/ تقريباً.

3. المائدة المسـتطيلة: وتكون لعـدد قليـل أو
متوسـط، بحيث لا يتجاوز /36/ شخصاً.

4. المائدة المصممـة على شـكل حـرف U أو
صندوق مفتوح: وتكون ملائمة عندما يتجاوز
عدد الأشخاص /30/ وصولاً إلى /60/ أو /70/
وربما أكثر.

5. فـي المـآدب التي تجـري في قاعات واسـعة،
وتضـم عـدداً كبيـراً مـن الأشـخاص، يمكـن
اسـتخدام مائدة رئيسية مسـتطيلة، عليها من
اتجاه واحد، 8 أو 10 أو 12 كرسـياً، تخصـص
للمضيف وضيف الشـرف وكبار الضيوف
(حسـب الأسبقيّة)، يقابلها عدد مـن الموائد
المستديرة لبقية الضيوف.

• **ترتيبات الجلوس:**
تعتبر مسـألة ترتيبات جلوس الضيوف مهمة
جداً وتتطلـب الكثيـر مـن الحـرص. ولجعل أية
مأدبـة أو مناسـبة ناجحة، لا بد مـن أخذ ما يلي
في الاعتبار:

**في المـآدب الرسـمية، تُراعى أسـبقيات
الأشخاص حكماً.**

على العكس من ذلك، يمكن أن تتم ترتيبات
الجلوس في المـآدب والمناسبات العادية وفق
اعتبـارات أخـرى مثـل اهتمامـات الضيـوف، أو
خلفياتهـم العلميـة، أو الثقافيـة، أو مجـالات
عملهم...إلخ.

كمـا ذكرنا سـابقاً في أكثـر من مكـان، ينبغي
إعطاء أسبقية خاصة قدر الإمكان لرجال الدين.

عـادة، مكان الصدارة الأول [30] هو إلى يمين
المضيف وأحياناً قبالته، ثم يتوزع الضيوف إلى
اليسـار واليمين تباعاً ووفقاً للأسبقية.

---

30. اتجاه مكان الصدارة يكون عادة قبالة أفضل منظر، أكان منظراً طبيعياً أو حتى لوحة فنية، وذلك حتى
في حال كانت المائدة مستديرة والتي قد يظن البعض أنها لا تشتمل على مكان صدارة. كما يجب الانتباه ألّا

وفق "قاعدة التناوب(31)" عندما تكون المأدبة الرسمية مختلطة، يتوزع الرجال والنساء، قدر المستطاع، على الكراسي بحيث يكون بجانب كل رجل سيدة.

وكقاعدة عامة، ينبغي عدم جلوس النساء بجانب بعضهن البعض، وكذلك الرجال، بل يجب المحافظة على نوع من التناغم/ التناوب بين كلا الجنسين، قدر الإمكان.

في المآدب الرسمية، لا يجوز أن يجلس الرجل بجانب زوجته. فمثل هذه المناسبات ليست لتذوق أصناف الأطعمة فقط، بل هي أيضاً مجال مناسب لتبادل الآراء والخبرات والتعرف على الآخرين.

عندما تكون المأدبة تكريماً لوفد ما وفيه بعض النساء بصفتهن الوظيفية أو الاعتبارية، يبقى ترتيب الجلوس وكأن الضيوف من جنس واحد، وبالتالي تجلس السيدة وفق أسبقيتها فحسب، حتى لو أتت إلى جوار سيدة أخرى.

في المآدب الكبيرة التي تجمع عدداً كبيراً من الضيوف، يقضي الإتيكيت ألا تكون سيدة هي آخر الجالسين عند نهاية المائدة. لذا يمكن في مثل هذه الحالة تجاوز قاعدة التناوب.

• توزّع الجلوس:

عندما يكون عدد الاشخاص/ الضيوف بين 2 و4 أشخاص، فليست هناك مشكلة في ترتيب الجلوس. يمكن أن يجلسوا إلى مائدة الطعام كيفما اتفق، "فحيثما يجلس نابليون تكون الصدارة(32)".

◁ إذا كان عدد الضيوف خمسة أشخاص، فيهم رجل واحد، والباقي سيدات يمكن اتباع ما يلي (أكانت المائدة مستديرة أو مستطيلة):

• يحتل الكرسي رقم (1) رجل وتتوزع النساء على بقية الكراسي، حسب أسبقيتهن.

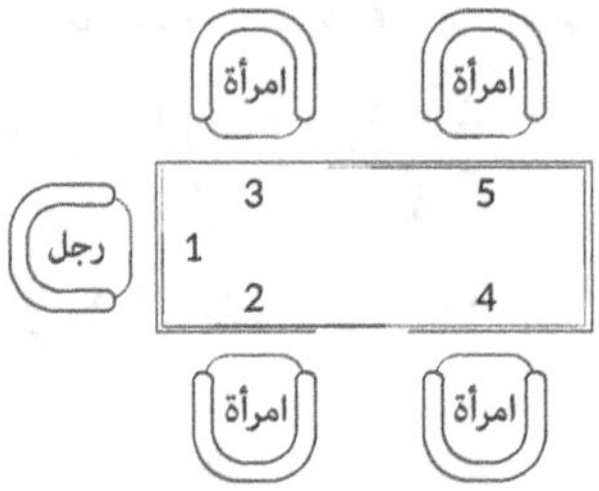

امرأة — امرأة
رجل
3 5
1
2 4
امرأة — امرأة

◁ إذا كان الضيوف أربعة رجال وسيدة واحدة:

• تحتل السيدة الكرسي رقم (1)، ويتوزع الرجال على بقية الكراسي، حسب أسبقيتهم.

يكون مكان ضيف الشرف وكبار الضيوف باتجاه باب الخدمة أو المطبخ.

31. في العشاء أو الغداء المختلط، تقضي قاعدة الجلوس بالتناوب "Alternating seating" ألّا يجلس رجلان أو امرأتان بجانب بعضهما البعض، وبالطبع لا زوجة بجانب زوجها.

32. يُحكى أن نابليون بونابرت (وكان ضابطاً كبيراً آنذاك) دُعي إلى مناسبة، فجاء متأخراً عن موعدها، فجلس على أول مقعد وجده، فقال له صاحب الدعوة والعرق يتصبب من جبينه: يا سيدي هذا ليس مكانك... مكانك في صدر القاعة، فردّ نابليون بكل ثقة: "أينما يجلس نابليون تكون الصدارة".

◁ أكانت المائدة مستديرة أو مستطيلة، إذا كان الضيوف رجلين وثلاث نساء:

· تأخذ السيدة الأولى في الأسبقية الكرسي رقم (1) ويحتل الرجلان الكرسيين رقم (2 و3). السيدتان المتبقيتان تشغلان الكرسيين رقم (4 و5).

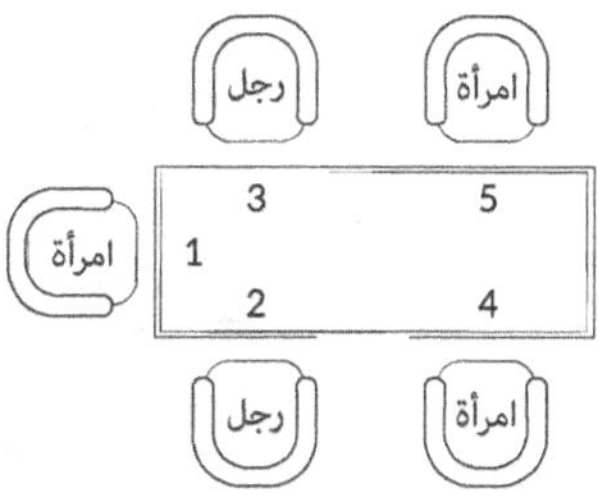

◁ أكانت المائدة مستديرة أو مستطيلة، إذا كان عدد الضيوف ثلاثة رجال وسيدتين:

· الرجل الأول في الأسبقية يحتل الكرسي الأول، وتأخذ السيدتان الكرسيين رقم (2و3)، والرجلان الآخران يأخذان الكرسيين رقم (4 و5).

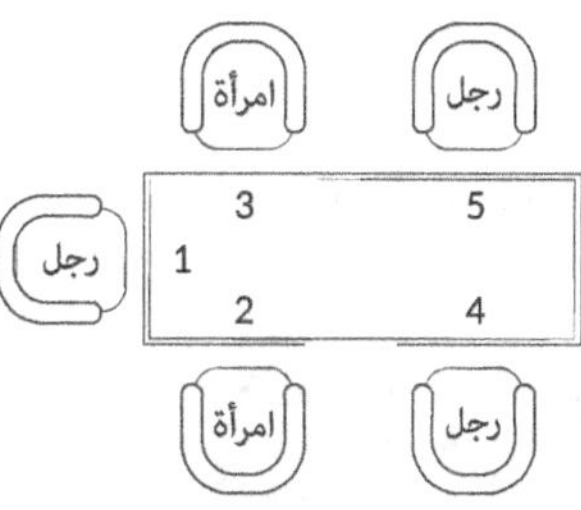

◁ مائدة مستديرة أو مستطيلة، وعدد الضيوف 6 (ثلاث سيدات وثلاثة رجال)، يتم الجلوس إليها وفق ما يلي:

· يجلس المضيف والمضيفة قبالة بعضهما البعض.

· ضيف الشرف يجلس إلى يمين المضيفة.

· زوجة ضيف الشرف تجلس إلى يمين المضيف.

· ثم يجلس بقية الضيوف.

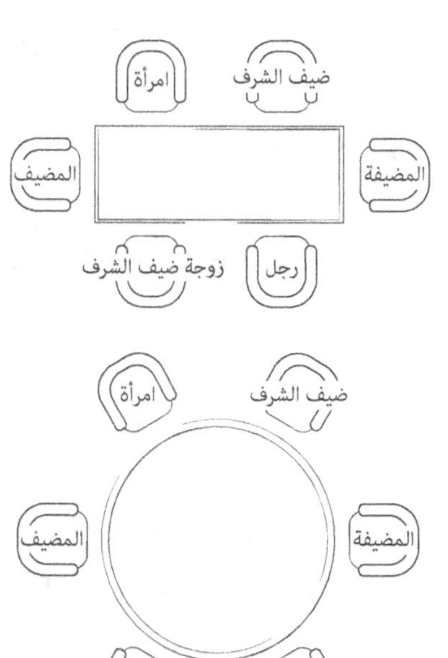

◁ مائدة مستديرة وعدد الضيوف 7:

· يجلس ضيف الشرف وزوجته على كرسيي الصدارة بجانب بعضهما البعض.

· يجلس المضيف على يمين زوجة ضيف الشرف.

· تجلس المضيفة على يسار ضيف الشرف.

· ثم يجلس باقي الضيوف على الكراسي الأخرى.

· خلافاً لقاعدة "الجلوس بالتناوب"، بوجود 4 رجال و3 نساء، يجلس رجلان بجانب بعضهما البعض.

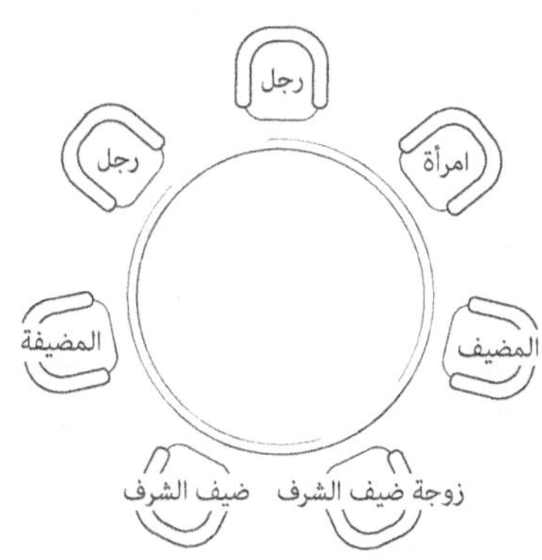

• بالمثل، وبترتيب الجلوس ذاته، لكن بوجود 4 نساء و3 رجال، تكون امرأتان بجانب بعضهما البعض، خلافاً لقاعدة "التناوب".

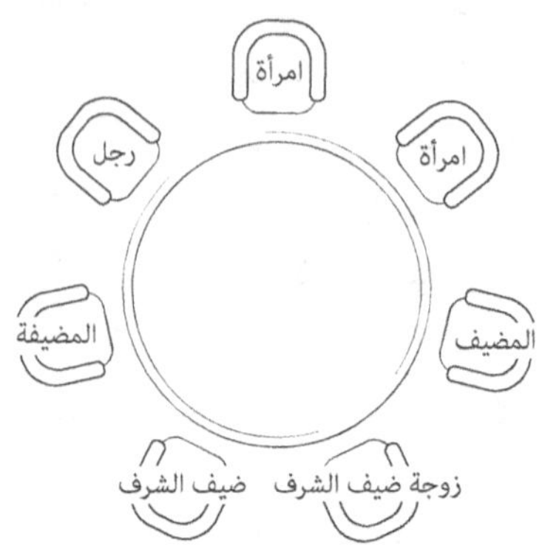

◁ مائدة مستطيلة وعدد الضيوف 7:

—الخيـار الأول، إذا كان الضيـوف 4 نسـاء و3 رجال:

• تجلس المضيفة وزوجة ضيف الشرف عند طرفي المائدة في مواجهة بعضهما البعض.

• يجلس ضيف الشرف إلى يمين المضيفة.

• يجلس المضيف إلى يمين زوجة ضيف الشرف.

• كرسي واحد في وسط الطاولة يبقى شاغراً.

• بهذه الحالة، حيث تجلس امرأة إلى يسار زوجة الضيف، ستجلس امرأتان بجانب بعضهما البعض. (هذه حالة تخالف قاعدة التناوب، لكن لا بد من ذلك).

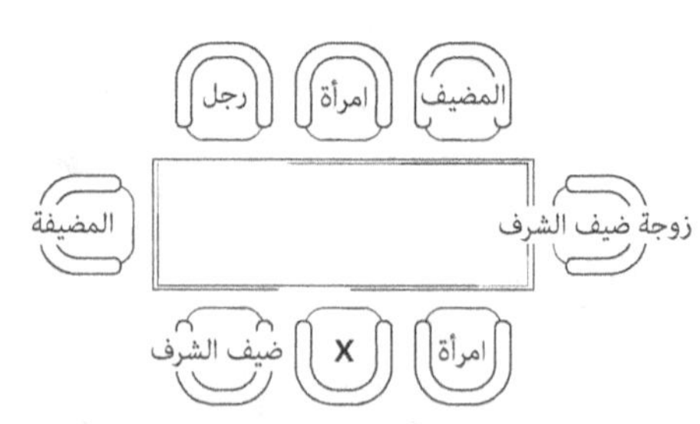

—الخيـار الثانـي، إذا كان الضيوف 3 نساء و4 رجال، يكون الجلوس كالتالي:

• تجلس المضيفة قبالة زوجة ضيف الشرف.

• يجلس ضيف الشرف على يمين المضيفة.

• يجلس المضيف عل يمين زوجة ضيف الشـرف.

• يبقى هناك كرسي شاغر في الوسط.

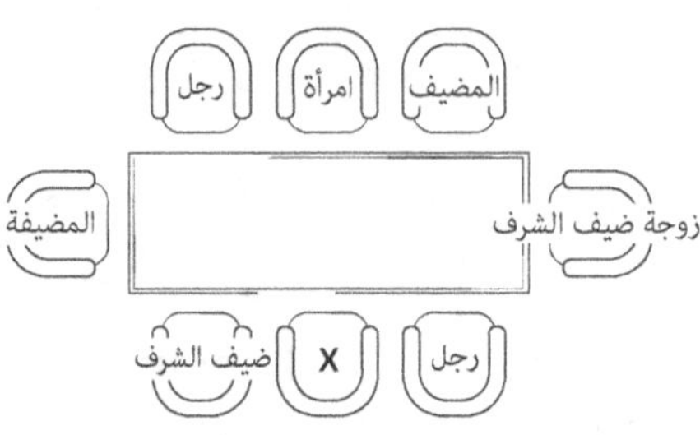

—خيار آخر، 4 رجال و3 نساء:

• تجلس المضيفة على الكرسي عند رأس المائدة.

• يجلس ضيف الشرف على يمين المضيفة.

• يقابل المضيف وزوجة ضيف الشرف بعضهما البعض في الطرف الآخر من المائدة.

• خلافاً لقاعدة "التناوب"، لا بد من جلوس رجلين بجانب بعضهما البعض.

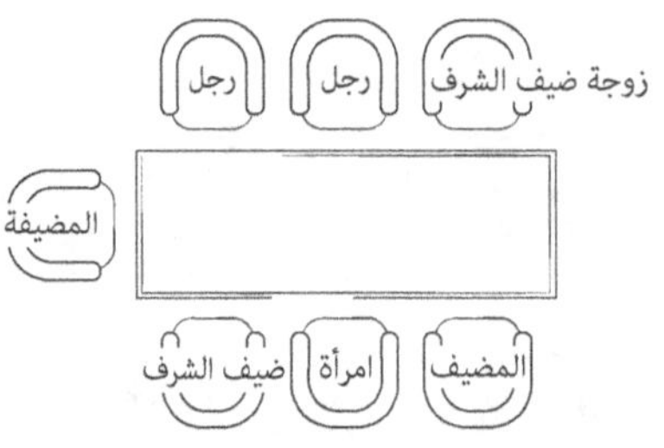

—خيار أخير، 3 رجال و4 نساء:

• يجلس المضيف على الكرسي عند رأس المائدة.

• تجلس زوجة ضيف الشرف إلى يمين المضيف، تقابلها امرأة.

• تجلس المضيفة وضيف الشرف قبالة بعضهما البعض عند الطرف الآخر للمائدة.

• هنا لا بد من جلوس رجلين بجانب بعضهما البعض.

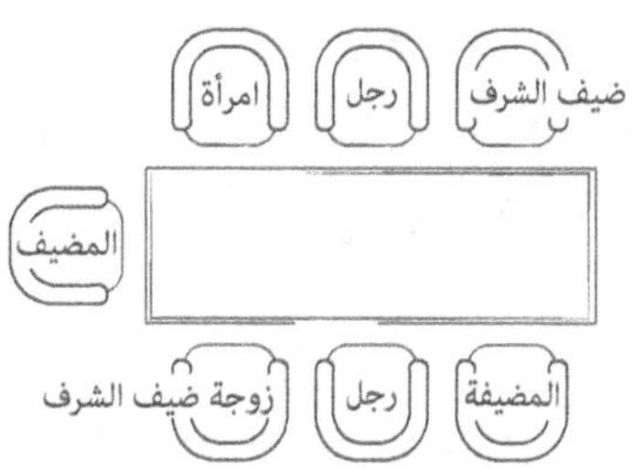

◁ **مائدة مستديرة أو مستطيلة وعدد الضيوف 8:**

• يجلس المضيف وضيف الشرف في مواجهة بعضهما البعض، (عند طرفي المائدة إذا كانت مستطيلة).

• تجلس زوجة ضيف الشرف إلى يمين المضيف.

• تجلس المضيفة إلى يمين ضيف الشرف.

• يجلس بقية الضيوف حسب أسبقيتهم.

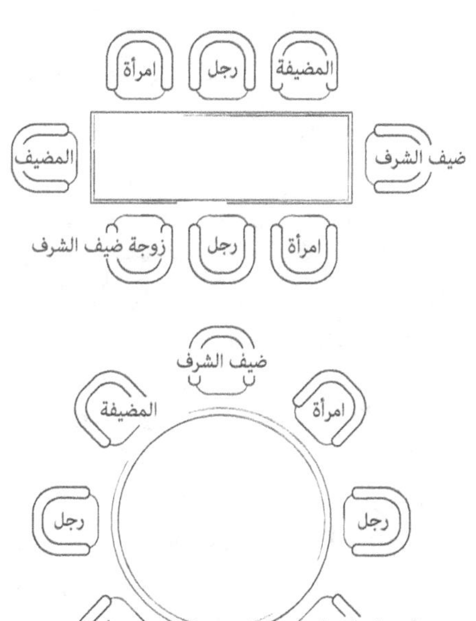

◁ **مائدة مستديرة وعدد الضيوف 9:**

• عند أحد قطّاعي المائدة(33) يجلس المضيف وإلى يمينه تجلس زوجة ضيف الشرف.

• عند القطّاع المقابل يجلس ضيف الشرف وإلى يمينه تجلس المضيفة.

• يجلس بقية الضيوف حسب أسبقيتهم.

• إذا كان الضيوف 5 رجال و4 نساء، لا بد من جلوس رجلين بجانب بعضهما البعض.

• إذا كان الضيوف 5 نساء و4 رجال، لا بد من جلوس سيدتين بجانب بعضهما البعض.

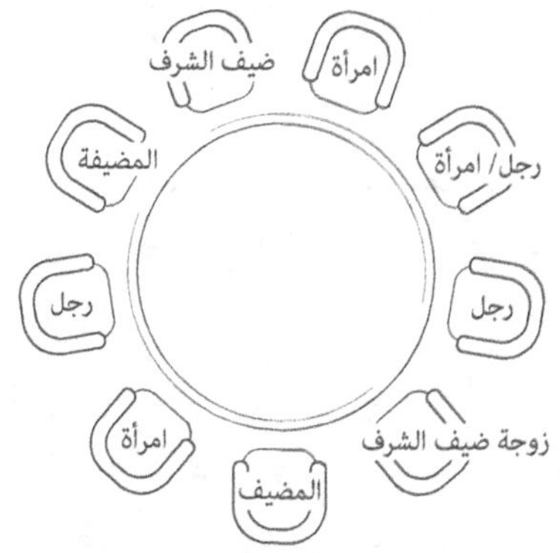

◁ **مائدة مستطيلة وعدد الضيوف 9:**

— الخيار الأول، 5 نساء + 4 رجال:

• تجلس المضيفة عند رأس المائدة.

• يجلس ضيف الشرف إلى يمينها.

• تجلس زوجة ضيف الشرف والمضيف بجانب بعضهما البعض في الوسط (إلى جانب المائدة الأيسر) بين رجل وسيدة آخرين.

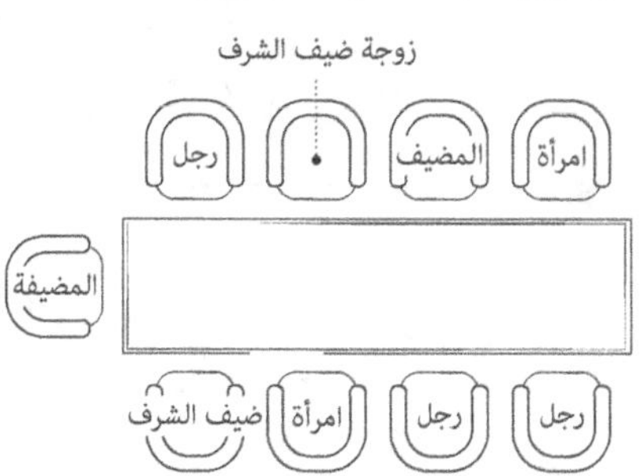

33. قطّاع الدائري: هو جزء من محيط الدائرة، محصور بين نصفي قطرها.

—الخيار الثاني، 5 رجال + 4 نساء:

• يجلس المضيف عند رأس المائدة.

• تجلس زوجة ضيف الشرف إلى يمين المضيف.

• تجلس المضيفة وضيف الشرف بجانب بعضهما البعض في الوسط (إلى جانب المائدة الأيسر) بين امرأة ورجل.

◁ مائدة مستديرة وعدد الضيوف 10:

• يجلس المضيف عند أحد قطّاعي المائدة.

• تجلس المضيفة عند القطّاع المقابل بمواجهة المضيف.

• تجلس زوجة ضيف الشرف إلى يمين المضيف.

• يجلس ضيف الشرف إلى يمين المضيفة.

• يجلس بقية الضيوف حسب أسبقيتهم.

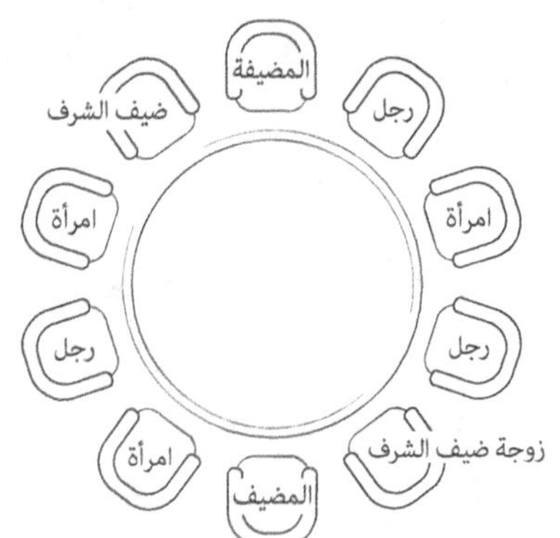

◁ مائدة مستطيلة وعدد الضيوف 10:

• يجلس المضيف وضيف الشرف عند وسط المائدة قبالة بعضهما البعض.

• تجلس زوجة ضيف الشرف إلى يمين المضيف.

• يجلس ضيف الشرف إلى يمين المضيفة.

• يجلس بقية الضيوف وفقاً لأسبقيتهم من خلال تطبيق "قاعدة التباعد(34)".

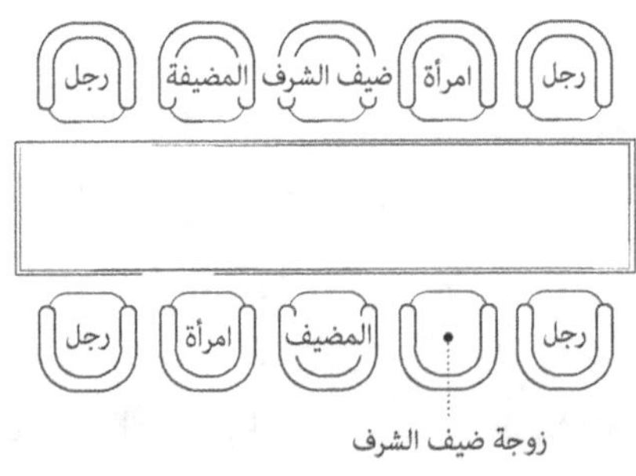

الشكل التالي يوضّح "قاعدة التباعد":

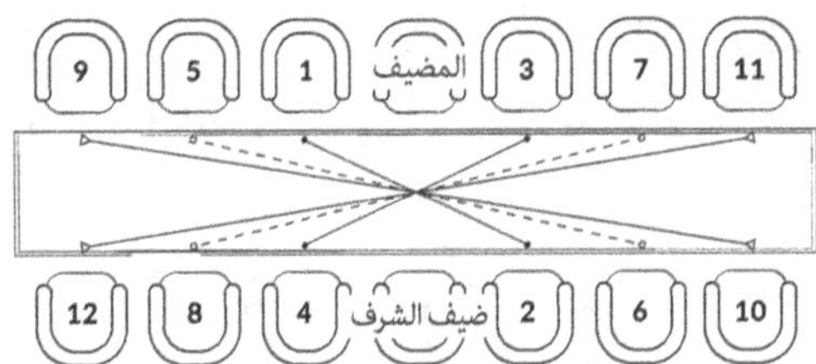

◁ طاولة مستديرة وعدد الضيوف 11:

—الخيار الأول: 6 رجال و5 نساء:

• تجلس المضيفة وضيف الشرف بجانب بعضهما البعض عند أحد قطّاعي المائدة.

• في مواجهتهما، يجلس المضيف وزوجة ضيف الشرف بجانب بعضهما البعض عند القطّاع المقابل.

• يجلس بقية الضيوف وفقاً لأسبقيتهم.

———— 34. تعتمد قاعدة التباعد (Spacing rule) على استخدام أسلوب التفريق ما بين الضيوف على شكل إشارة ضرب (X X X X)، تتكرر من الوسط باتجاه طرفي المائدة.

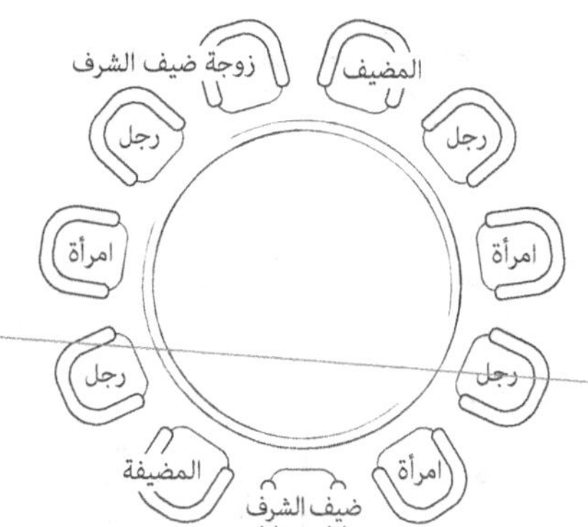

— الخيار الثاني، 6 نساء و5 رجال:

• يجلس المضيف وزوجة ضيف الشرف بجانب بعضهما البعض عند أحد قطّاعي المائدة.

• في مواجهتهما، تجلس المضيفة وضيف الشرف بجانب بعضهما البعض عند القطّاع المقابل.

• يجلس الضيوف الآخرون حسب أسبقيتهم.

• في حال الموائد المستديرة، مع هذا العدد من الضيوف (11)، وفي أي ترتيب جلوس نختاره، لا بد من أن تجلس سيدتان أو رجلان بجانب بعضهما البعض.

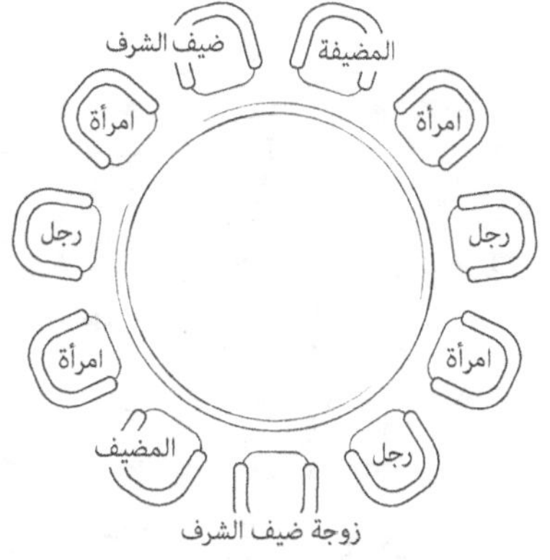

◁ طاولة مستطيلة وعدد الضيوف 11:

• يجلس المضيف وزوجة ضيف الشرف بجانب بعضهما البعض عند وسط المائدة.

• في مواجهتهما، تجلس المضيفة وضيف الشرف بجانب بعضهما البعض عند الجانب الآخر للمائدة.

• يجلس بقية الضيوف وفقاً لأسبقيتهم من خلال تطبيق "قاعدة التباعد".

• لا بد من بقاء مقعد واحد شاغراً.

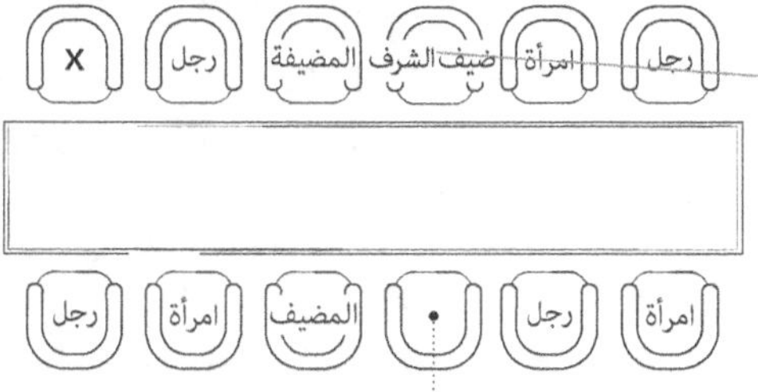

◁ مائدة مستديرة وعدد الضيوف 12:

• يجلس المضيف وضيف الشرف في مواجهة بعضهما البعض.

• تجلس زوجة ضيف الشرف إلى يمين المضيف.

• تجلس المضيفة إلى يمين ضيف الشرف.

• يجلس بقية الضيوف حسب أسبقيتهم.

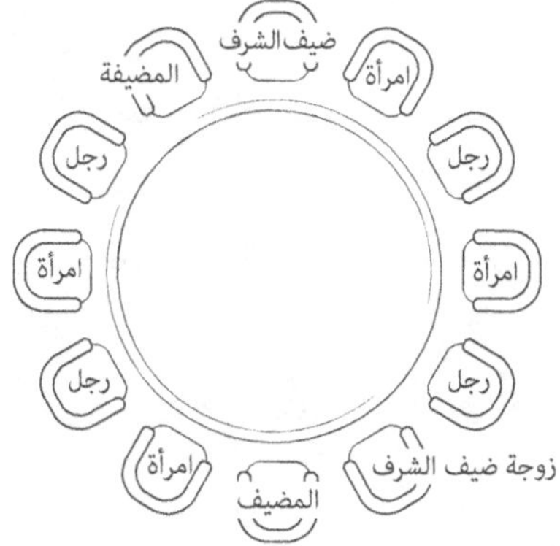

◁ مائدة مستطيلة إذا كان عدد الضيوف 12:

— الخيار الأول:

• يجلس المضيف وزوجة ضيف الشرف بجانب بعضهما البعض عند وسط المائدة.

• في مواجهتهما، تجلس المضيفة وضيف الشرف بجانب بعضهما البعض عند الجانب الآخر من المائدة.

• يجلس بقية الضيوف وفقاً لأسبقيتهم، من خلال تطبيق "قاعدة التباعد".

—الخيار الثاني:

• يجلس المضيف وضيف الشرف في مواجهة بعضهما البعض عند طرفي المائدة[35].

• تجلس زوجة ضيف الشرف إلى يمين المضيف.

• تجلس المضيفة إلى يمين ضيف الشرف.

• يجلس بقية الضيوف وفقاً لأسبقيتهم من خلال تطبيق "قاعدة التباعد".

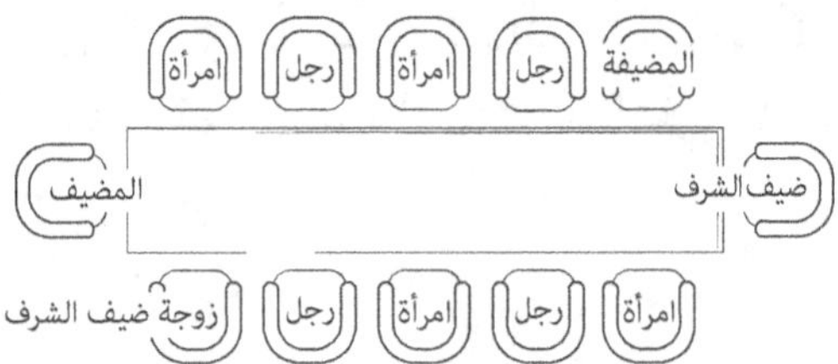

• المآدب المقتصرة على جنس واحد:

• عندما تكون الدعوة مقتصرة على جنس واحد، على سبيل المثال، يكون ترتيب جلوسهم، حسب أسبقيتهم، على الشكل التالي:

⊳ إلى مائدة مستديرة:

—خيار أول:

• يجلس ضيف الشرف (أكان رجلاً أو امرأة) عند أحد قطّاعي الطاولة قبالة المضيف (أو المضيفة) على القطّاع المقابل.

• يجلس بقية الضيوف حسب أسبقيتهم.

—خيار ثانٍ:

• يجلس كلا المضيف (أو المضيفة) وضيف الشرف (أو ضيفة الشرف) عند أحد قطّاعي المائدة بجانب بعضهما البعض.

• ويتوزع بقية الضيوف يميناً ويساراً وفقاً لأسبقيتهم.

⊳ إلى مائدة مستطيلة:

• في الوسط، على جانبي المائدة، يجلس المضيف (أو المضيفة) في مواجهة ضيف الشرف (أكان رجلاً أو امرأة).

• يجلس الضيف (أو الضيفة) الأول في الأسبقية (بعد ضيف/ ضيفة الشرف) إلى يمين المضيف/ المضيفة.

• يجلس الضيف (أو الضيفة) الثاني في الأسبقية إلى يمين ضيف الشرف.

• يجلس بقية الضيوف وفقاً لأسبقيتهم من خلال تطبيق "قاعدة التباعد".

• ملاحظة:

نذكّر مجدداً، إلى الموائد المستطيلة، مع عدد ضيوف يتراوح ما بين 14 و36، يجلس عموماً (كخيار أفضل) المضيف وإلى يمينه زوجة ضيف الشرف يقابلهما ضيف الشرف وإلى يمينه المضيفة عند الوسط إلى جانبي الطاولة، ثم يتم تطبيق قاعدة التباعد فيما يتعلق بجلوس بقية الضيوف.

الجدير بالذكر أنه بالإضافة إلى ترتيبات الجلوس المذكورة آنفاً وهي الأكثر شيوعاً واستخداماً، ووفقاً لعدد الضيوف، لا يزال هناك العديد من الترتيبات الأخرى، على سبيل المثال، مأدبة على مائدتين منفصلتين (خاصة

---

35. مع هذا العدد من الضيوف وأكثر، لا يُنصح بترتيب الجلوس هذا، فهو لا يسمح للمضيف وضيف الشرف بالتحدث والاستماع إلى بعضهما البعض نظراً للمسافة التي تفصلهما.

في المآدب المنزلية).

◁ **مأدبة على مائدتين منفصلتين:**

ـ خيار أول:

• يتم جلوس الضيوف وفق ما يلي:

• إلى مائدة أولى، يجلس المضيف قبالة ضيف الشرف.

• إلى مائدة ثانية، تجلس المضيفة قبالة زوجة ضيف الشرف.

• ويتوزع بقية الضيوف مناصفة إلى المائدتين.

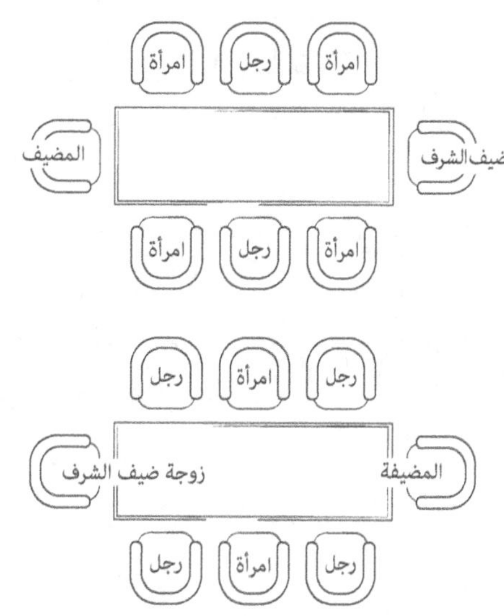

ـ خيار ثانٍ:

• إلى طاولة، يجلس ضيف الشرف إلى يمين المضيفة.

• إلى طاولة أخرى، تجلس زوجة ضيف الشرف إلى يمين المضيف.

• ويتوزع باقي الضيوف مناصفة إلى المائدتين.

◁ **المآدب المنفذة على مائدة على شكل صندوق مفتوح أو حذوة حصان/ حرف (U):**

• في المآدب التي تشتمل على عدد كبير من الضيوف، تبقى الموائد المنفذة على شكل حذوة حصان أو صندوق أسلوباً ناجعاً وخياراً عملياً.

ـ خيار أول:

• يجلس ضيف الشرف وإلى يمينه زوجته عند وسط المنحنى الخارجي للمائدة/ الحذوة، أو عند الضلع الخارجي للصندوق.

• يكون عدد الكراسي على هذا الضلع من الصندوق مزدوجاً[36].

• تجلس المضيفة إلى يسار ضيف الشرف.

• يجلس المضيف إلى يمين زوجة ضيف الشرف.

• يتوزع بقية الضيوف يميناً ويساراً حسب أسبقيتهم.

---

36. قاعدة مهمة: عموماً، عندما تتساوى مرتبة أوأسبقية المضيف والضيف، أو أن يكون الضيف أقل مرتبة وأراد المضيف تكريمه استثنائياً، فإنهما يجلسان في وسط الضلع ويكون عدد الضيوف الآخرين على اليمين واليسار مزدوجاً. أمّا إذا كان الضيف أقل مرتبة من المضيف فإن المضيف يجلس على الكرسي عند منتصف ضلع المائدة ويجلس الضيف على الكرسي رقم واحد على يمين المضيف، وبالتالي يكون عدد الضيوف على يمين ويسار المضيف مفرداً.

— خيار ثالث:

• يجلس المضيف في الوسط وعلى يمينه ضيف الشرف.

• تجلس زوجة المضيف إلى يمين ضيف الشرف.

• تجلس زوجة ضيف الشرف إلى يسار المضيف.

• ثم يتوالى توزع الرجال والنساء يميناً ويساراً حسب الأسبقية.

• يمكن اللجوء الى هذا الخيار عندما يكون المضيف أعلى مرتبة من جميع ضيوفه بمن فيهم ضيف الشرف.

• في هذه الحالة، يكون عدد الكراسي على الضلع الرئيسي للصندوق مفرداً.

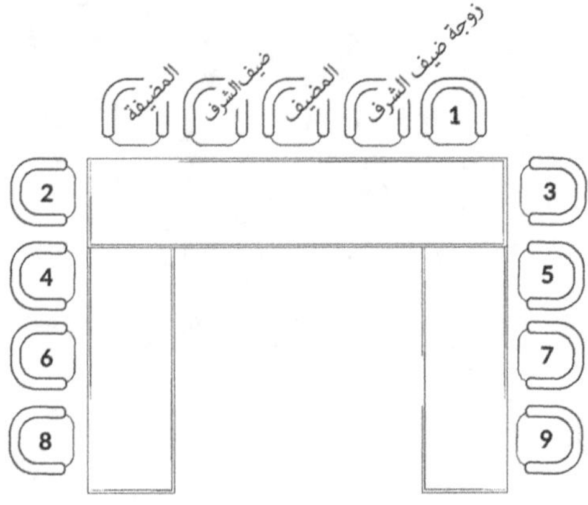

— الاستفادة من الضلعين الداخليين للصندوق لاستيعاب عدد أكبر من الضيوف:

• عندما لا يسمح المكان بإطالة جانبي الصندوق المفتوح، يمكن الاستفادة من الضلعين الداخليين لجانبي الصندوق بغية زيادة عدد الكراسي لاستيعاب عدد أكبر من الضيوف.

• في هذه الحالة، ينبغي إلغاء أربعة كراسٍ على الأقل من كراسي الضلعين الداخليين للصندوق

— خيار ثانٍ:

• يجلس المضيف وإلى يمينه ضيف الشرف عند وسط المنحنى الخارجي للمائدة/ الحذوة، أو عند الضلع الرئيسي الخارجي للصندوق.

• يكون عدد الكراسي على هذا الضلع (أو المنحنى) من الصندوق (أو الحدوة) مزدوجاً.

• تجلس زوجة ضيف الشرف إلى يسار المضيف.

• تجلس المضيفة إلى يمين ضيف الشرف.

• يتوزع بقية الضيوف يميناً ويساراً حسب أسبقيتهم.

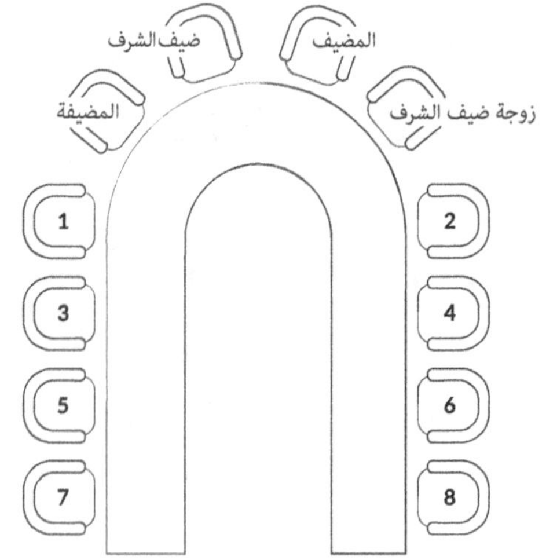

▷ **طاولـة رئيسـية مسـتطيلة يقابلهـا طاولات مستديرة:**

• في المآدب التي يحضرها عدد كبير من الضيوف، يمكن اللجوء إلى الترتيب التالي:

• تكون هناك طاولة رئيسية مستطيلة وعلى اتجاه واحد منها فقط توجد كراسٍ (عادة يمكن أن يصل عددها إلى 15 كحد أقصى).

• يجلس إلى الطاولة الرئيسية المضيف وضيف الشرف وعدد محدود من كبار الضيوف (وزوجاتهم في المآدب المختلطة)، حسب أسبقيتهم.

• يقابل هذه الطاولة الرئيسية عدد من الطاولات المستديرة التي يتوزع على كراسيها بقية الضيوف (حسب أسبقيتهم أيضاً).

• (كرسيّان من كل ضلع)، وذلك لقُرب تلك الكراسي من الضلع الرئيسي للصندوق، الأمر الذي يعني في حال وجودها أن من يجلس عليها سيكون ظهره باتجاه كبار الشخصيات (بمن فيهم الداعي وضيف الشرف).

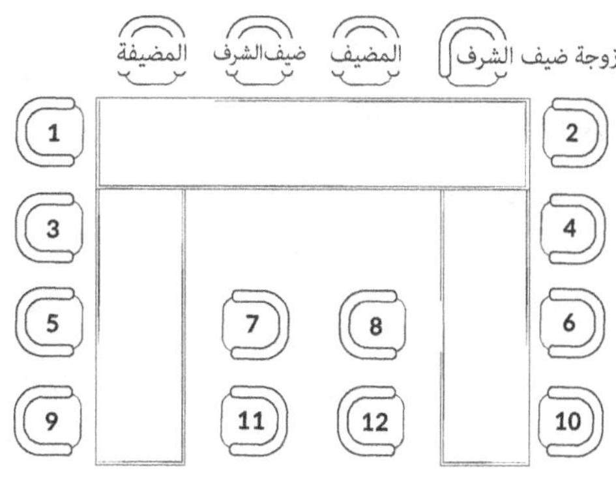

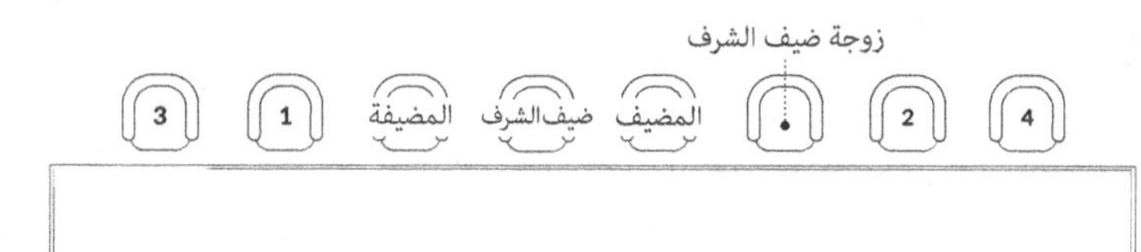

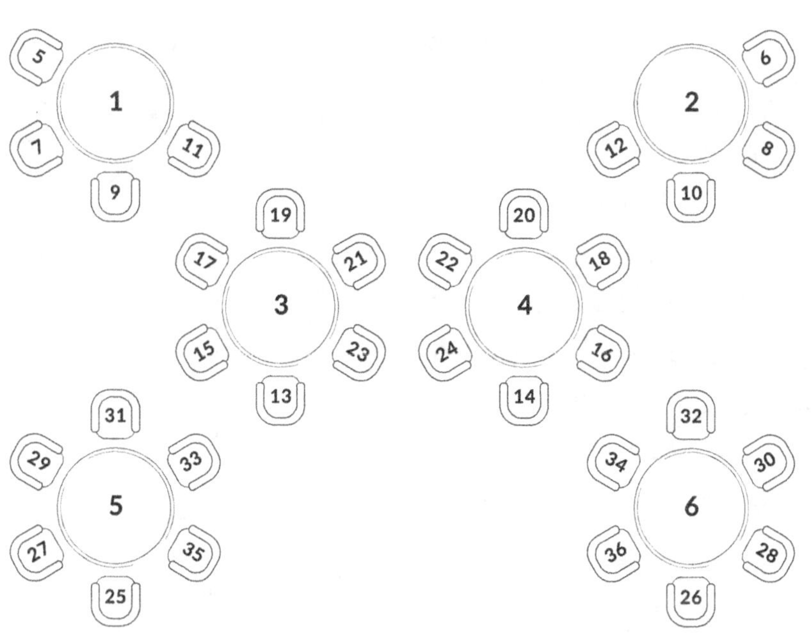

هنـاك عدد من الاعتبارات يجب مراعاتها:

1. لا توضع طاولات (مستديرة) مقابل الطاولة الرئيسية مباشرة، بل يُحافظ على مسافة ومساحة كافية بحيث يبقى مجال الرؤية متاحاً للأشخاص الجالسين إلى الطاولة الرئيسية.

2. كراسي الطاولتين المستديرتين الأقرب (يميناً ويساراً) إلى الطاولة الرئيسية تكون بلا كرسيين (على الأقل) لكل منهما. ففي حال كانت الكراسي مكتملة العدد فإن ظهور أربعة أشخاص (على الأقل) سيكون باتجاه الطاولة الرئيسة وكبار الشخصيات بمن فيهم ضيف الشرف، وهذا غير لائق.

3. في حـال كان المضيف وضيف الشـرف من ذات المرتبة ولهما بالتالي الأسـبقية نفسـها، يكون عـدد كراسـي الطاولـة الرئيسـية مزدوجاً (يكـون المضيف وضيف الشـرف في الوسـط ويتوزع إلى اليمين واليسـار عدد متساوٍ من الضيوف).

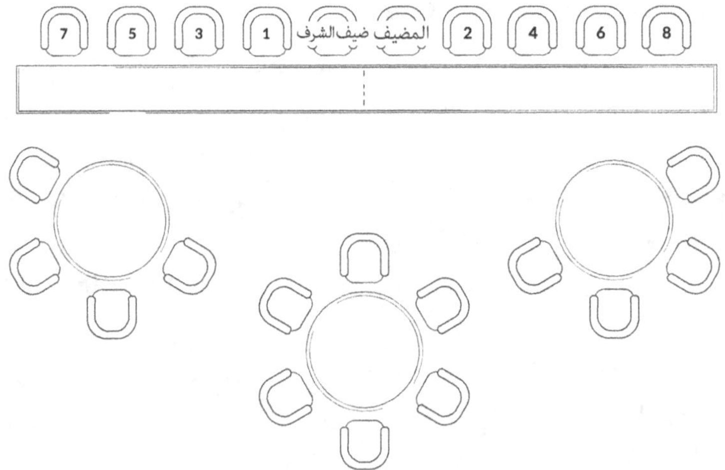

4. عندمـا يكـون الداعي هو الأعلى مرتبة، يكون عدد كراسـي الطاولة الرئيسـية فردياً (المضيف في الوسـط وإلى يمينه ويساره العدد نفسه من الضيوف).

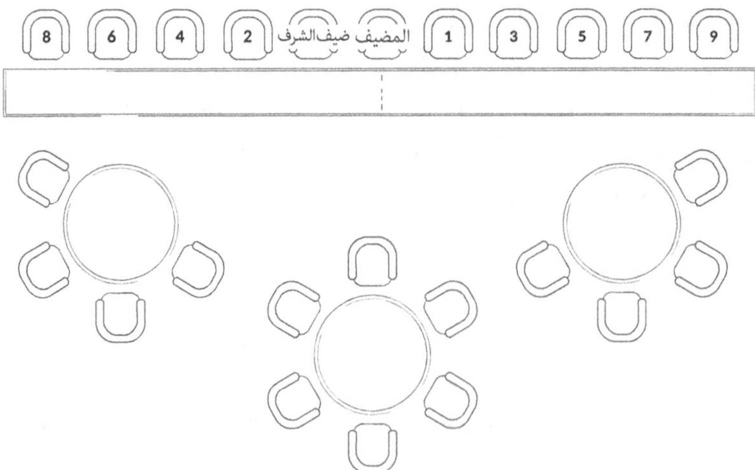

• طرق تفادي مشاكل الأسبقية:

كما سبق ونوهنا، نؤكد مجدداً أنه لا يمكن لأية فعالية أن تكون منظمة ومتناغمة، وتحظى برضى المشاركين فيها، ما لم تُلحظ فيها مسألة الأسبقية وتُراعى بكل دقة.

مع ذلك لا يخلو الأمر من بعض الصعوبة في تحقيق ذلك، من حين إلى آخر. وإذا حصل حرج ما في هذه المناسبة أو تلك، في حال وجود شخصيات لها مكانتها الرسمية والاجتماعية والاقتصادية والدينية... فلن تنعدم الحيلة في تفادي ذلك، عبر ما يُسمى بوسائل تفادي مشاكل الأسبقية؛ حيث يمكن للجهة الداعية، من خلال الشخص المسؤول عن التنظيم، أو الجهة المنظمة، العمل بحصافة ومهنية لجعل كل أمر في نصابه، وذلك باتباع إحدى الطرق التالية:

1. قاعدة التباعد (Spacing rule)

تُتَّبع قاعدة التباعد، كما أوضحنا سابقاً على هيئة إشارة ضرب متكررة X X X X، وتستخدم:

أ - للتقليل من جعل الأسبقية بين الأشخاص واضحة وجليّة وذلك من خلال عدم إجلاس شخصيات متطابقة أو متقاربة في الأسبقية بجوار بعضها البعض.

ب - كطريقة للحؤول دون استياء أي من الضيوف بسبب مكان جلوسه.

2. تعديل ترتيب موائد الطعام:

يمكن تفادي مشاكل الأسبقية من خلال اختيار أحد ترتيبات الموائد، بما ينسجم مع طبيعة المناسبة وعدد المدعوين، مثل:

أ - اعتماد مائدة رئيسية مستديرة وعليها المضيف وضيف الشرف (وزوجتاهما).

ب - توزيع المدعوين على موائد مستديرة أخرى يترأس كل منها شخصية بارزة.

3.عدم دعوة إحدى الشخصيات البارزة:

يمكن تفادي مشاكل الأسبقية وذلك بعدم قيام المضيف بتوجيه الدعوة لإحدى الشخصيات وذلك في بعض الحالات الخاصة، منها:

أ - إذا كان حضور هذه الشخصية سيحجب حق الصدارة عن شخصية أخرى يريد المضيف تكريمها.

ب - إذا كانت دعوة تلك الشخصية قد تثير حفيظة شخصية أخرى يحرص المضيف على إرضائها.

4. إقامة المناسبة في أكثر من يوم:

ويمكن تفادي مشاكل الأسبقية أيضاً من خلال إقامة المناسبة في أكثر من يوم وذلك في حال:

أ - كانت المناسبة ستقام في المنزل وكانت المائدة لا تتسع لعدد كبير من الأشخاص.

ب- الرغبة في عدم الجمع ما بين شخصيات متنافرة في مناسبة واحدة.

5. إقامة حفلة استقبال أو كوكتيل في موعدين متتابعين في اليوم ذاته:

كما ويمكن تفادي مشاكل الأسبقية من خلال إقامة فعاليتين في يوم واحد (نادراً ما يتم اتباع هذا الإجراء). في هذه الحالة، تقام الحفلة الأولى، مثلاً، من الساعة (17.00) حتى الساعة (19.00)، وتقام الحفلة الثانية من الساعة (19.30) حتى الساعة (21.30).

يحقق هذا الإجراء:

أ - توزيع الضيوف، إذا كان عددهم كبيراً، على حفلتين، ولا سيما إذا كانت الصالة لدى المضيف صغيرة نسبياً.

ب - اختيار الضيوف لكل حفلة مع مراعاة الانسجام بينهم من جميع النواحي السياسية، المهنية، الثقافية، الاجتماعية، اللغوية، العقائدية، وغيرها.

الأطفال وإتيكيت المائدة

"الاطفال مقلِّدون عظام، لذا قدم لهم أشياء عظيمة كي يقلدوها"(37)

نظراً لصعوبـة ضبـط سلـوك الأطفـال فـي بعـض الأحيـان، ولأننـا قـد نظلمهـم عندمـا نضعهـم فـي جـو الهدوء والرزانـة الذي يمكـن أن نطلبه منهـم والذي يتناقض غالبـاً مع فطرتهـم، لا يجوز مشاركة الأطفـال دون العاشرة في المآدب التي يُدعى إليهـا ضيـوف، أكانـت فـي المطاعـم أو المنـازل. ومـع ذلك عنـد وجود أطفـال فوق العاشـرة على مائدة الطعـام، يجب التأكـد قبل مشاركتهم من أنهـم يتقنون إتيكيت المائدة والتصرف، بحيث لا يكون سلوكهم غريبـاً أو مُستهجنـاً، وألّا يتسببوا في إزعاج المدعوين.

من واجب الوالدين تنشئة أبنائهم بشأن كافة أمـور الحيـاة، وإتيكيت المائـدة هو أحـد هذه الأمـور التي يجب عليهـم الاهتمام بهـا، والتأكد من أن الأبناء يكتسبونها رويداً رويداً. ومسؤولية تدريـب الأبنـاء تقع علـى عاتقهمـا، أكان هـذا التدريـب يتم من قِبلهما مباشرة أو من قِبل من يقوم بإدارة شؤون المنزل (في الأسر الميسورة). مـن بيـن أمـور عديـدة أخـرى، أهـم مـا يجب أن يتعلمـه الأطفـال قبـل مشاركتهم الطعـام علـى مائدة فيها ضيـوف، هو كيفية استخدام أدوات الطعـام بشكـل صحيـح(38). ويجب ألا يغيب

---

37. القائل غير معروف.

38. استخدام الشوكة: يجب أن يتعلم كيف يُمسك بالشوكة تقريباً كما يُمسك بالقلم أثناء الكتابة، وبحيث تكون أصابع اليد (اليسرى) قرب نهاية الشوكة، ويُطبِق بالإبهام والسبابة والوسطى على ساعدها عند نقطة الثُلثين تقريباً (شُعب الشوكة وباقي الساعد تُشكّل الثُلث المتبقي).

استخدام الملعقة: تُمسك الملعقة كما تُمسك الشوكة (إنما باليد اليمنى). ولكن عند تناول الحساء يتم ذلك من جانبها العريض، (كما ذكرنا سابقاً).

استخدام السكين: تُمسك السكين أيضاً كما تُمسك الشوكة (إنما باليد اليمنى) حيث تقبض الأصابع على نهاية الساعد ويتقدم إصبعا الابهام والوسطى ليقبضا على وسطه. أما السبابة فتتقدّم أكثر (أثناء التقطيع) لتضغط

عـن الذهـن أن التعليـم والتدريـب يتطلبان صبراً ومثابرة بالتدريج، فحتى أنامل الطفل الرقيقة لن تسـاعده على الاستجابة دون تدريـب - كل ذلك يجب أن يبدأ منذ الصِغَر، قبل أن يكتسب الطفل عـادات وممارسـات يصبح من الصعب تغييرها لاحقاً، فصعوبة تعلم شيءٍ جديد هي أقل بكثير من صعوبة تغيير عادة تتأصّل.

ـ أهم قواعد الإتيكيت التي يجب على الأطفال تعلمها بشأن إتيكيت المائدة:

- يجب أن يتعلـم الأطفـال كل إتيكيـت/ آداب المائدة بالطبع، لكـن مع التركيز في البداية على النقاط التالية:
- القدوم إلى مائدة الطعـام بيديـن ووجه نظيف.
- الانتباه إلى وضع منديل الطعام في الحِجْر، وذلك بعد قيام صاحب/ صاحبة الدعوة بذلك.
- عـدم البـدء بالطعـام إلى أن يتـم توزيعـه للضيوف كافة.
- الهدوء والجلوس باستقامة أثناء تناول الطعام.
- عـدم التشبث بالطاولـة أو وضـع المرفقيـن فوقها.
- الجلوس على مسـافة صحيحـة مـن الطاولة، وعدم مد الجسـم فوقها لتناول الأشياء.
- الأكل بهـدوء وعدم إراقة بعض الحسـاء أو إسقاط بعض مـا فـي الملعقـة على غطـاء الطاولة أو على الملابس.
- إمساك الكأس بيد واحدة، وليس بِكلتي اليدين.

- عدم شرب كل ما في كأس الماء دفعة واحدة.
- الأكل بقطع صغيرة، بحيـث يمكن مضغ الطعام والفم شبه مغلق.
- عـدم التحدث قبل ابتلاع كامل ما بالفم.
- عـدم المقاطعة عند تكلم أحد الضيوف، وكما قيل: "سيتعلم طفلك بنفسه كيف يتكلم، أما أنت فعليك تعليمه كيف يضبط لسانه(39).
- عدم التعليق سلباً على نوعية الطعام.
- عـدم لمس الفـم أو لعـق الأصابع أو لحـس الشفتين.
- عـدم لمس الأنـف أو المخط عنـد الجلوس إلى المائدة.
- عدم التجشؤ.
- الطلب بشـكل مؤدب تمرير شيء لا يستطاع الوصـول إليـه، باسـتخدام عبـارات مثل "من فضلك" و"لو سمحت".
- وضـع المنديـل علـى الكرسـي، وليـس علـى الطاولة عند الذهاب إلى الحمام.
- عدم دفع الكرسـي إلى الخلف بقوة في نهاية المـأدبة.

• ملاحظة:

جميـل أن يتعلـم الأطفال شـكر النـادل في المطعـم عندما يقدم إليه خدمة الطعام.

في المـآدب التي تتم في المنازل (في حال عدم وجود نُدل يقومون بالخدمة)، من اللطف بمكان أن يعرض الأطفال على سيدة المنزل مساعدتها في رفع الأطباق في نهاية المأدبة.

على الطرف العلوي (غير الحاد) للسكين.

39. بنجامين فرانكلين (1706-1790)، عالم ورجل دولة أمريكي. كان له باع طويل في الثورة الأمريكية وتوحيد ثلاث عشرة ولاية في دولة واحدة.

إتيكيت القهوة

"يجب أن تكون القهوة سوداء كالجحيم، قوية كالموت، وحلوة كالحب"[40]

كما هو معلوم، تعتبر القهوة المشروب الأكثر شيوعاً في العالم. وهي تحضّر بعدة طرق، منها القهوة العربية، التركية، الفرنسية (French press)، إسبريسو (Espresso)، كافيه لاتيه (Café latte)، كابتشينو (cappuccino) وغير ذلك. تقدم القهوة عادة ساخنة، لكن لم يعد مستغرباً تناول البعض لها باردةً. كما يمكن أن تُقدم من دون سكر أو محلاةً، بلا إضافات أخرى أو بإضافة الحليب والكريما، وغير ذلك.

في بعض الدول العربية كسوريا، ولبنان، والأردن، وفلسطين، والعراق، ومصر، يمكن إضافة مسحوق أو حب الهيل (أو الهال كما يسميه البعض). وفي بعضها الآخر كالكويت والسعودية والامارات العربية المتحدة وقطر والبحرين، تُحضّر القهوة من الهيل كمكوّن رئيسي يضاف إليه خلطات من بعض أنواع التوابل وخصوصاً الزعفران.

■ مجموعة (طقم) القهوة (Coffee set):

بشكل عام، تتألف مجموعة القهوة من الفناجين وصحونها إضافة إلى إناء السكر (السكرية، Sugar dispenser) وإناء الكريما (Cream dispenser).

— تتوفر فناجين القهوة بثلاثة أنواع[41]:

1. فناجين صغيرة لأصناف القهوة القوية مثل الإسبريسو (يتم احتساؤها غالباً بعد الطعام).

2. فناجين متوسطة.

3. فناجين كبيرة، لا تُستخدم في المناسبات

---

40. مثل برازيلي.

41. في الواقع هناك نوع رابع من فناجين القهوة لم يعد مستعملًا. هو فنجان الشارب (Mustache cup) الذي صممه صانع الخزف البريطاني هارفي آدامز عام 1860 وكان مخصصاً للشاي والقهوة على حدٍ سواء. هو عبارة عن فنجان عادي وله على سطحه العلوي ما يشبه الرف يغطي نصف فتحة الفنجان تقريباً، وله فتحة صغيرة تحاذي جدار الفنجان تسمح باحتساء القهوة أو الشاي دون ابتلال شاربي المُحتسي. يُذكر أنه منذ عام 1860 وحتى عام 1916 كان لزاماً على الجنود البريطانيين أن يكون لهم شوارب مشذبة ومؤنقة باستخدام الشمع. وللحفاظ على وضعها سليماً وجافاً دون تأثرها ببخار وحرارة الشاي أو القهوة، كان لا بد من استخدام فناجين الشوارب.

الرسـمية، بل في المنـازل وخلال تنـاول الطعام كمـا هو التقليد في الكثير مناطق العالم [42].

ملاحظـة: في النـوع الأول والثانـي يترافـق الفنجان دوماً مع صحنه.

• تقديم القهوة:

▪ في الحالات غير الرسمية:

- يعتبر البعض أن القهوة يجب أن تُقدّم بالتزامن مع تقديم الحلوى قبل نهاية المأدبة، على أساس أن القهوة تخفف من حدة الحلاوة وغنى الطعام.

- في مآدب المنازل، وبعد انتهاء المأدبة، ينتقل الضيوف عادة من غرفة الطعام إلى غرفة الاستقبال لتناول القهوة.

- إذا كان المنزل أو الشقة صغيرة، يمكن تقديم القهوة على مائدة الطعام بعد انتهاء المأدبة.

- يمكن أن يتوجه الضيوف إلى طاولة عليها مجموعة القهوة (coffee set/ صينية القهوة والسكرية وإناء الكريما) ليأخذوا بأنفسهم فناجينهم المملوءة. يقوم الضيف بإضافة السكر والكريما، ولكنه لا يحرك أي منهما في فنجانه إلّا باستخدام الملعقة الصغيرة التي تصاحب فنجانه، وبهدوء دون إصدار صوت عالٍ.

- أو يمكن لربة المنزل أن تضع صينية الفناجين المملوءة بالقهوة على منضدة بجانبها ثم تقوم بتقديمها بنفسها لكل ضيف على حدة، بعد أن تضيف السكر أو الكريما في حال رغب الضيف بذلك.

- وبوجود نادل أو ساقٍ، يمكنه تقديم القهوة على صينية (عليها فناجين مملوءة)، يتناول

الضيوف فناجينهم ويضيفون ما يرغبون من سكر وكريما.

▪ تقديم القهوة في الحالات الرسمية:
تُقدّم القهوة، رسمياً، فـور الانتهاء مـن تناول الحلوى ورفع أطباقها. ويمكن تقديمها بعدة طرق:

◁ الطريقة الأولى:
- يُحضِر النادل صينية وعليها فناجين مملوءة بالقهوة ويتقدم إلى كل ضيف ليأخذ فنجاناً.

- حسب رغبته يمكن للضيف أن يضيف بنفسه السكر أو الكريما من آنيتها التي تكون قد وضعت سلفاً على الطاولة.

- يستخدم الضيف ملعقة السكرية لإضافة السكر إلى فنجانه، لكنه يُحرك السكر بملعقة فنجان القهوة الخاص به.

◁ الطريقة الثانية:
- يُحضِر النادل صينية وعليها فناجين فارغة ويتقدم إلى كل ضيف على مائدة الطعام.

- يضع الضيف بنفسه الكمية التي يريد من السكر، في حال رغب بذلك.

- يرفع الضيف الفنجان (وصحنه بالطبع) ليقوم مساعد النادل (أو نادل آخر) بسكب القهوة.

- يمكن للضيف أن يضيف الكريما من أحد آنيتها الموزعة على الطاولة.

◁ الطريقة الثالثة:
- يدفع النادل عربة خاصة صغيرة وعليها صينية فناجين القهوة فارغة.

- قريباً من كل ضيف يقوم النادل بسكب القهوة.

- يتولى مساعده تقديم الفنجان للضيف.

- يمكن للضيف إضافة السكر والكريما من أحد آنيتها الموزعة على الطاولة.

<hr>

42. في البرازيل وغالبية دول أمريكا اللاتينية وفي أوروبا وغيرها، يتم تناول القهوة مع طعام الإفطار وليس الشاي.

إتيكيت النبيذ

مـن بين عشـرات أنـواع المشـروبات الكحولية، يحظى النبيـذ، دون غيـره، بمكانـة مميـزة وبطقـوس خاصة بتقديمه وتناوله. وعلى عكس مـا تشيعه بعض التصورات المسـبقة، فإن هذا المشـروب ليـس بالغموض الذي يُقال عنه على الرغم مـن بعض التعقيـدات الظاهرية. فعملياً ليـس مطلوبـاً أن نكون أصحـاب اختصاص لنفتح زجاجـة نبيـذ ونعـرف مـا يجب فعله وكيـف نتصـرف، بـل يكفينـا أن نعـرف بعض الأسـس وقواعد الإتيكيت التي سـنعرضها.

• محددات النبيذ:

مـن المعـروف أن هنـاك أربعـة عوامل تحدد ماهيّـة ومذاق أي نوع من النبيذ، وهي:

— صنف العنب.

— منطقة زراعة العنب(44).

— عمر النبيذ (التعتيق).

— المنتِج أو المصنِع.

• اختيار النبيذ:

كمضيـف، إن لـم يكن بالإمكان أن تحدد مسـبقاً مـا يناسب ذوق ضيوفك مـن جهة أو نوعيـة الأطعمـة التي سـتقدم لهـم ومـدى توافقهـا مع هـذا النوع أو ذاك مـن النبيـذ، يفتـرض أن تكون لديك مجموعـة مـن النبيذ الأحمر والأبيض.

---

43. مثل صيني.

44. تختلف أنواع النبيذ بين منطقة إنتاج عنبٍ وأخرى، بل وقد تختلف في ذات المنطقة ما بين سنة وأخرى تبعاً لجودة المواسم.

■ **تقييم النبيذ:**

عملية تقييم النبيذ تبدأ من لحظة سكبه في القدح. وتشمل أربع خطوات أساسية:

- النظر إلى النبيذ في الكأس.
- تحريك النبيذ ضمن الكأس.
- شم النبيذ بعد سكبه في الكأس.
- وأخيراً تذوق النبيذ.

◁ **النظر (looking):**

لتقييم النبيذ من خلال اللون والوضوح، يمكن رفع الكأس باتجاه خلفية بيضاء والنظر إلى محتواه.

• غالباً ما يتراوح الطيف اللوني للنبيذ الأحمر ما بين الأرجواني (Purple) إلى الأحمر الآجرّي (Brick red) وحتى البني (Brown).

• في حين أن النبيذ الأبيض يتراوح طيفه اللوني ما بين الأصفر الفاتح (Pale yellow) إلى الذهبي (Golden) وصولاً إلى البني الباهت (Pale brown).

• **ملاحظة:**

عموماً، بمرور الزمن يبهت لون النبيذ الأحمر.

عموماً، بمرور الزمن يصبح لون النبيذ الأبيض غامقاً.

إذا ما اضمحل/ بَهُت لون النبيذ أو تحول عكراً، فالأرجح أنه أصبح فاسداً.

◁ **التحريك (Swirling):**

• لا بد من تحريك الكأس بحركة دائرية بغية تحرير وإطلاق النبيذ لرائحته (amora).

◁ **الشم (Smelling):**

• بعد تحريك الكأس يمكن أخذ فكرة أولية عن نوعية النبيذ وجودته بتقريب الكأس من الأنف وشم رائحته/ شذاه. عموماً، تكون رائحة النبيذ الأقدم حادة أكثر من النبيذ الأحدث.

◁ **التذوّق (Tasting):**

• يتم تذوق النبيذ بشرب كمية بسيطة منه (ملء نصف الفم) وتحريكها ضمن الفم لبرهة، بغية تذوق النكهة، قبل ابتلاع تلك الكمية.

● الطُعَم الأساسية للنبيذ (Taste Components):

يشتمل النبيذ على الطُعَم الأساسية الثلاث، بدرجات متفاوتة: الحامض، الحلو، والمر. لكن تنقصه، في ذات الوقت، ثلاث طُعَم أساسية أخرى وهي: الدّسم، التوابل، والمالح. وبناءً على ذلك يمكن إدراج النبيذ في ثلاث مجموعات:

— النبيذ الأحمر ذو الطعم المر نسبياً.

— النبيذ الأبيض والوردي (rosé) والفوّار (sparkling).

— النبيذ الحلو.

● التوافق ما بين النبيذ والطعام (Wine and food pairing):

يتطلب التوافق ما بين النبيذ والطعام إيجاد نوع من التوازن بينهما بحيث يكون المذاق لذيذاً في النتيجة. ومع ذلك يبقى هناك جانب شخصي في الموضوع ويتعلق بكل فرد واستساغته لهذا الطعم أو ذاك.

لتحقيق التوافق أو الانسجام المرجو ما بين النبيذ والطعام، لا بد من أخذ العناصر المكونة لكل منهما بالاعتبار، مثل القوام والنكهة ودرجة

الحموضة والمرارة والحلاوة، إضافة الى نسبة الكحول في النبيذ وكم هو قابض (Astringent).

الشكل التالي يوضح بطريقة تقريبية بسيطة نسبة الحموضة (Acidity) والمرارة (Bitterness) والحلاوة (Sweetness) في الأنواع الثلاثة للنبيذ:

النبيذ الحلو   الأبيض/ الفوّار /الوردي   النبيذ الأحمر

يمكن لنكهة وطعم النبيذ أن تبرزا جلياً أو تضمحلا عند احتساء النبيذ مع صنف الطعام هذا أو ذاك. وبالتالي، فإن نوع الطعام هو المعيار وهو ما يجب أخذه في الاعتبار أولاً عندما يتم اختيار نوع النبيذ المناسب - لهذا يجب أولاً معرفة أصناف الطعام المقدمة، ثم يتم اختيار ما ينسجم معها من نبيذ.

بناء على ما تقدم، فإن مقولة: "النبيذ الأحمر مع اللحوم الحمراء، والنبيذ الأبيض مع اللحوم البيضاء" صحيحة إلى حدٍ ما، ولكن ليس دائماً، إذ يعتمد حسن اختيار النبيذ المناسب، من بين أمور أخرى متعددة، على طريقة تحضير طبق اللحم نفسه من جهة، وعلى نوعية المكونات الأخرى المكمّلة. فطبق الدجاج لا يشتمل فقط على لحم الفروج، بل على مكونات أخرى كالمرق والصلصة (Sauce) وأنواع التوابل وغير ذلك من مكونات تستوجب الانتباه إليها قبل اختيار نوع

النبيـذ الـذي يتوافق معهـا. وكذلك الحال بشـأن أنواع اللحوم الأخرى بما فيها السـمك. ففي حين أن طبقاً من السلمون، على سبيل المثال، محضراً مع الفطر المسلوق، يتوافق معه نبيذ أحمر، فإن السـلمون المحضـر مع مـرقٍ فيه زبـدة وليمون، يتوافق معه نبيذ أبيض.

مـن هنا، فالأسـلم هـو معرفة ما هـو المكون الأسـاس في الطعام الـذي نرغب في إبرازه، ومن ثـم اختيار نوع النبيذ الذي يتوافق معه.

• أسـس التوافق ما بين النبيذ والطعام:

• يجب أن يكون النبيذ أكثر حموضة من الطعام المقدّم.

• يجب أن يكون النبيذ أكثر حلاوة من الطعام.

• من الأنسب أن يتوافق النبيذ مع الصلصة أكثر مما يتناسب مع اللحم نفسه.

• يجب أن تكون نكهة النبيذ والطعام بذات القوة.

• يتوافق النبيذ الأحمر مع اللحوم الحمراء الواضحة/ قوية النكهة (Bold flavored meats).

• يتوازن النبيذ الأحمر المر (Bitter red wines) (البعض يسمونه النبيذ المز) مع الطعام الدسم.

• يخلق النبيذ الأحمر توافقاً تطابقياً (Congruent pairing).

• ينسجم النبيذ الأبيض مع اللحوم الخفيفة كالسمك والدجاج.

• أنواع النبيذ الأبيض، الفوار (Sparkling)، والوردي (روزيه/ Rosé)، تخلق توافقاً

مكمّلاً (Complementary pairing).

• تنسجم معظم الأجبان بشكل جيد مع النبيذ الأبيض. ومع ذلك، فإن بعضها (مثل غودا Gouda أو روكفور Roquefort) ينسجم بشكل أفضل مع النبيذ الأحمر.

ــ تفاصيل إضافية:

- أنواع النبيذ (الأحمر أو الأبيض) ذات القوام الخفيف (Light-bodied) والمنكَّهة (Savory)[45] يكون مذاقها جيداً جداً مع طعام فيه مكونات بنكهة ترابية (Earthy flavors) كالفطر والكمأة.

- أنواع النبيذ الناعم[46] (Delicate wines) تكون نكهتها منسجمة أفضل مع أصناف السمك الخفيفة وثمار البحر.

- أنواع النبيذ التي يمكن وصفها بالعذبة[47] (Silky) تكون لذيذة مع أصناف السمك الدسم أو الأسماك المحضرة مع الصلصة الغنية.

- الشمبانيا وغالبية أنواع النبيذ الفوار (Sparkling) فيها ما ينعش مع شيء من الحلاوة، ويمكن لها أن تتوافق مع الأطعمة المالحة.

- أنواع النبيذ الأحمر (المز) التي تكون مرة وقابضة (Bitter and astringent) نوعاً ما، تنسجم بشكل ممتاز مع شرائح اللحم البقري أو شرائح لحم الضأن المحضرة مع الأعشاب.

- أنواع النبيذ المنعشة والمفعمة بالحيوية (Cheering and energetic wines) تتوافق مع الأطعمة ذات النكهات القوية اللاذعة وكذلك ذات

---

45. . النبيذ المنكَّه هو النبيذ الذي لا يترك انطباعاً حلواً على الرغم من اشتماله على بعض مكونات الفواكه. في الواقع، قد لا يعكس مذاقه نكهة الفواكه على الإطلاق، باستثناء الحمضيات التي تجعله أكثر حموضة.

46. النبيذ الناعم (Delicate wine) هو الذي لا تكون نكهته قوية، ولا يحتوي على مكونات لاذعة وحادة (elements rough and harsh). غالباً ما يكون النبيذ الناعم من بين أنواع النبيذ الأبيض.

47. النبيذ العذب (silky) هو النبيذ الرقيق (smooth) الذي تظهر فيه غالباً بعض نكهات الفواكه.

الرائحة الحادة (وربما الواخزة)، ومع الأطعمة المشبعة بأنواع الصلصات والتوابل الحادة.

- أنواع النبيذ القوية (Bold wines) والتي تتميز بنسبة الكحول العالية فيها، تتوافق تماماً مع الأطعمة المضمّخة بالتوابل والصلصات القوية كما في العديد من أنواع المشاوي.

- الشمبانيا شبه الجافة (Semi-sec champagne) وهي من أنواع النبيذ المعتدلة الفوارة، تتوافق مع الحلويات بفواكه حيث تساعد على إظهار طعم الفاكهة أكثر، وتخفف من الطعم الحلو.

- أنواع نبيذ السيرا (Syrah wines) [48] تتوافق بشكل جيد مع الأطعمة المتبّلة، لا سيما اللحوم المتشربة للبهارات.

- أنواع النبيذ التي لها عبق الحمضيات والقرنفل (Citrus and clover scent) تنسجم مع الأطعمة المضاف إليها بعض أنواع الأعشاب.

- أنواع النبيذ الريفي الغني [49] (Rich and rustic wines)، على عكس النبيذ الناعم أو العذب، يكون طعمها قوياً، وتتوافق مع الأطعمة المفرومة أو المهروسة المكونة من اللحم البقري أو السمك، ومع أطعمة السمك الباردة الحلوة أو المالحة مع الكريمة والبيض المخفوق... إلخ، أو مع الخليط البارد من اللحوم أو الأسماك أو الخضار الذي يقدم على شكل شرائح.

- النبيذ الذي فيه حلاوة خفيفة يتوافق مع الأطعمة المتبّلة.

- أنواع النبيذ الوردية الفوارة (Rosé sparkling wines) تتوافق مع المقبلات ومع مجموعة واسعة من الأطعمة. فهذه الأنواع تشتمل على النكهة العميقة والحموضة والغنى في آن.

- على الرغم من أن بعض أنواع الجبن تتوافق مع النبيذ الأحمر، إلا أنها جميعاً تتوافق مع النبيذ الوردي الفوار.

● تسلسل تقديم النبيذ في المآدب:

عموماً، عندما يكون لدينا أكثر من نوع من النبيذ في مأدبة ما، يمكن تقديم الأنواع وفق التسلسل التالي:

● يُقدم النبيذ الفوار قبل النبيذ الساكن/ المستقر (Still wine) [50].

● يُقدم النبيذ الأبيض قبل النبيذ الأحمر.

● يُقدم النبيذ الخفيف (Light wine) [51] قبل النبيذ الثقيل [52].

● يُقدم النبيذ الجاف (Dry wine) قبل النبيذ الحلو.

● يُقدم النبيذ العادي قبل النبيذ الأفضل/ الأفخر.

● يُقدم النبيذ الأحدث قبل النبيذ الأقدم.

● ملاحظة:

عادةً، لا يُقدم النبيذ مع السلطة.

---

48. نبيذ السيرا (Syrah)، هو نبيذ أحمر يعرف أيضاً بنبيذ شيراز (Shiraz) المستخلص من أنواع العنب الأسود سميك القشرة.

49. النبيذ الريفي (Rustic wines) هو نبيذ حاد وطعمه قوي.

50. النبيذ الساكن/المستقر (Still wine) هو النبيذ الذي لا يحتوي على أية نسبة من ثاني أوكسيد الكربون، على عكس النبيذ الفوار.

51. عادةً ما يحتوي النبيذ الخفيف على نسبة منخفضة من الكحول أقل من 12.5 في المئة وقليل من العفص، وبالتالي فهو ينسجم جيداً مع مجموعة متنوعة من الأطعمة.

52. للنبيذ الثقيل مذاق حاد نسبياً مع نكهات معقدة ورائحة قوية. وبما أن مفعوله أقوى، من المفترض عادةً أن يتم إرتشافه رويداً رويداً.

تتمثل الخطوة الأولى لفتح زجاجة نبيذ بنزع الغلاف القصديري عن عنق الزجاجة أو بقصه عند فوهة الزجاجة. أسهل طريقة لذلك هي باستخدام المفتاح اللولبي الذي يستخدم لنزع السدادة الفلينية ويشتمل (في الكثير من أنواعه) على قطاعة للغلاف القصديري. بعد ذلك يتم إدخال لولب المفتاح في وسط السدادة الفلينية وإدارته نصف دورة لست مرات متتالية قبل البدء بنزع السدادة ببطء.

● سكب النبيذ:

خلافاً للمشروبات الأخرى، سكب وشرب النبيذ لهما طقوس وإتيكيت خاصان. وهذا بحد ذاته يضيف للنبيذ مكانة خاصة.

لتجنب سقوط بعض قطرات النبيذ خارج الكأس أثناء سكبه، يمكن اتباع الخطوات التالية:

• لا تُرَجُّ زجاجة النبيذ عند فتحها، بل تُفتح بهدوء، أكان النبيذ من النوع الساكن (Still) أو بفقاعات (Bubbled).

• عند تقديم الشمبانيا على المأدبة، يجب تجنب رجِّها قبل فتحها بحيث لا تطير سدادة الفلين كما يتم في بعض المناسبات والحفلات.

• عند سكب النبيذ، تُحمل الزجاجة قريباً من قاعدتها (منتصف نصفها الأسفل).

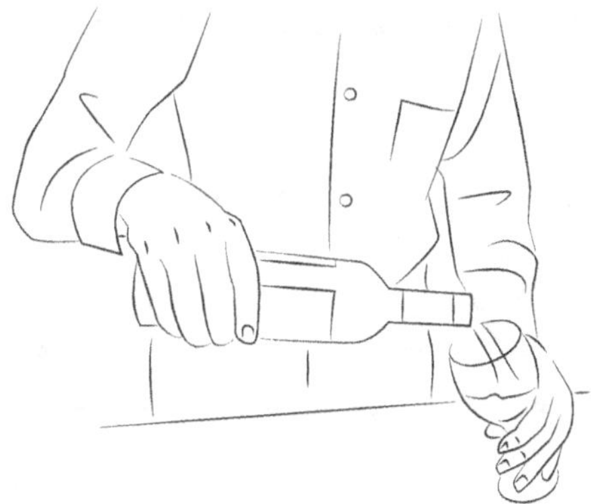

• ترفع الزجاجة باليد اليمنى وملصقاتها باتجاه الضيف بحيث يكون بمقدوره معرفة نوع النبيذ الذي يُقدّم له.

• بهدف العزل، يُلف منديل حول عنق الزجاجة أو يُبسط على ظاهر اليد اليسرى أو على راحتها بحيث يمتص أية نقطة نبيذ قد تسقط.

• بعد سكب النبيذ في القدح، تُدار الزجاجة نصف دورة فوق الكأس لإرجاع القطرات الأخيرة داخل الزجاجة ومنعها من السقوط. وفي حال بقي أي شيء منها، فالمنديل سيمتصها.

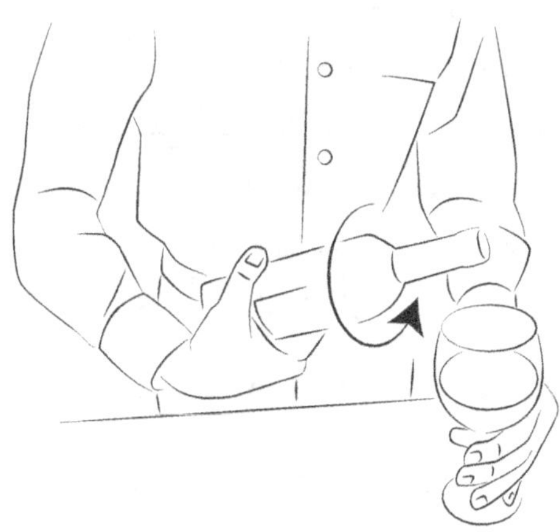

• لسكب النبيذ الفوار، تتم إمالة القدح قليلاً بحيث يُسكب النبيذ على جدار القدح وليس في قعره مباشرة، وذلك لحفظ الفقاعات أطول وقت ممكن.

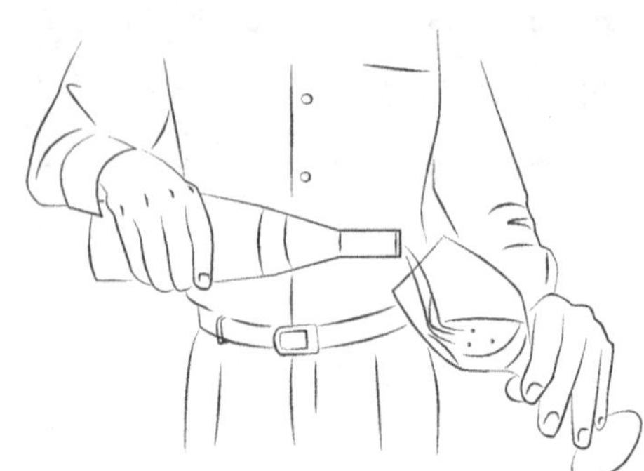

يُسكب النبيذ الساكن في قعر القدح مباشرةً للسماح لرائحة النبيذ بالانطلاق إلى الأعلى.

■ كمية النبيذ التي تُسكب في القدح:

عموماً، في حال كان سيُقدّم أكثر من نوع من النبيذ أثناء المأدبة، يُملأ القدح حتى منتصفه.

• بخصوص النبيذ الأبيض والنبيذ الوردي، يمكن ملء ثلثي القدح.

• بخصوص النبيذ الفوار يمكن ملء ثلاثة أرباع القدح.

• بخصوص النبيذ الأحمر، يُملأ القدح لأقل من منتصفه بقليل. وهناك من يقول بملء القدح حتى جزئه الأوسع.

■ أقداح النبيذ:

يفترض أن تتوفر في أقداح النبيذ أربع مواصفات مهمة:

يجب أن يكون زجاجها شفافاً بحيث يُرى ما بداخله بوضوح تام.

ينبغي أن تكون ساق الكأس طويلة بحيث لا يتأثر النبيذ بحرارة اليد عند الإمساك بالكأس.

ينبغي أن تكون حواف الكأس رقيقة بحيث يسهل ارتشاف النبيذ.

يجب أن يكون حجم الكأس كافياً لانطلاق رائحة النبيذ (شذاه) بحرية.

■ أشكال أقداح النبيذ:

• هناك فوارق ما بين أقداح النبيذ الأحمر وأقداح النبيذ الأبيض.

• يكون كأس النبيذ الأحمر كبيراً بما يكفي لتحريك النبيذ بداخله بغية إطلاق رائحته.

• ساق قدح النبيذ الأبيض أطول من ساق قدح النبيذ الأحمر.

• يكون جسم قدح النبيذ الأبيض أضيق من جسم قدح النبيذ الأحمر، بحيث يُحافظ على حيوية النبيذ لأطول وقت ممكن.

• قدح الشمبانيا، وغيره من أنواع النبيذ الفوار، له جسم نحيف بما يضمن المحافظة على الفقاعات وتوجيهها إلى أعلى الكأس.

• قدح نبيذ البورت (Port wine) [53]، يكون بحجم أصغر من القدح المستخدم للنبيذ الأحمر العادي، لكن بما يكفي أيضاً لتحريك النبيذ بداخله.

• قدح نبيذ الشيري (Sherry wine) [54]، يكون صغيراً وضيقاً.

• تخزين النبيذ:

على عكس ما هو شائع، غالبية أنواع النبيذ 95% لا تقبل التعتيق، ويجب استهلاكها في فترة قد تمتد إلى خمس سنوات أو أكثر قليلاً.

نسبة قليلة فقط من أنواع النبيذ (حوالي 5%) تقبل التعتيق [55].

• حفظ زجاجة نبيذ مغلقة:

• تخزن وتحفظ زجاجة النبيذ بوضع أفقي بحيث يبقى النبيذ داخل الزجاجة على تماس بسدادة الزجاجة المصنوعة من الفلين، وبالتالي تبقى سدادة الفلين مبللة بحيث يُمنع دخول الهواء والبكتيريا إلى داخل الزجاجة.

• حفظ الزجاجة عمودياً يؤدي إلى جفاف السدادة وتقلصها، وبالتالي دخول الهواء إلى الزجاجة وفساد النبيذ في داخلها.

• تحفظ الزجاجة بعيداً عن الضوء، ولا سيما أشعة الشمس، وإلّا فإن نبيذها سيفسد بمرور الوقت.

• الزجاجات الداكنة هي الأنسب لحفظ النبيذ. بعضها يحتوي في تركيبته على فلتر للأشعة فوق البنفسجية (UV)، وهي الأفضل.

• إذا تعذر حفظ الزجاجة بعيداً عن الضوء، يمكن لفها بالقماش، أو وضعها ضمن علبة.

• عموماً، درجة الحرارة المثلى لحفظ النبيذ هي 12 درجة مئوية، وفي كل الأحوال يجب ألّا تزيد عن 24 درجة حيث يبدأ النبيذ عندها بالتأكسد.

• حفظ النبيذ بدرجة حرارة أقل من 12 درجة مئوية لا يضير، لكن ذلك سيبطئ من تعتيقه.

---

53. نبيذ البورت (Port wine)، هو في الأصل نبيذ برتغالي. عادة ما يكون نبيذاً أحمر وحلواً، على الرغم من أنه يأتي أيضاً بأصناف جافة وشبه جافة وأبيض. هو نبيذ ثقيل يحتوي على نسبة عالية من الكحول (19% إلى 20%). عادة ما يتم تقديم نبيذ البورت بعد الوجبات مع الجبن والمكسرات أو الشوكولا. كما ويقدم كنبيذ مع الحلوى في البلدان الناطقة باللغة الإنجليزية. أمّا في أوروبا فغالباً ما يتم تقديمه كفاتح شهية (Apéritif) .

54. نبيذ الشيري (Sherry Wine) هو نبيذ كان يُنتج بداية في الأندلس جنوب إسبانيا قبل أن ينتشر في الكثير من دول العالم. له ثلاثة أنواع: الجاف (Dry Sherry Wines)، الحلو العادي/ البسيط (Naturally Sweet Wines)، والحلو (Sweet Sherry Wine). هو نبيذ قوي يُقدّم كفاتح شهية بحموضة منخفضة، ينطلق شذاة إلى الأنف بسرعة. عادة ما يكون محتواه من الكحول حوالي 15%.

55. يتميز النبيذ عن المشروبات الأخرى بأن جودته تتحسن مع تقادم عمره (تعتيقه). ومع ذلك فإن النبيذ قابل للتلف، والتفاعلات الكيميائية المعقدة التي تتم في سكرياته وأحماضه والمركبات الفينولية فيه يمكن أن تغيّر رائحتة ولونه وطعمه. تعتمد قابلية النبيذ للتعتيق على عدة عوامل بما فيها نوعية العنب، منطقة وطريقة زراعة الكروم، أسلوب الإنتاج وشروط التخزين.

الجدول التالي يبيّن نوع النبيذ ودرجة الحرارة المناسبة:

نوع النبيذ	درجة الحرارة (°C)
النبيذ الفوار	6 – 10
النبيذ الوردي	9 – 12
النبيذ الأبيض	9 – 14
نبيذ شيري الخفيف	9 – 14
النبيذ الأحمر	13 – 20
نبيذ البورت	13 – 20
نبيذ شيري الداكن	13 – 20

يبين الجدول أن أنواع النبيذ الأبيض والوردي والفوار تُحفظ في درجات حرارة أقل من تلك التي تحتاجها أنواع النبيذ الأحمر.

● **حفظ زجاجة فُتحت وتم استهلاك جزء من نبيذها:**

في الحالات كلها، يجب التقليل من تعرض الزجاجة للضوء والحرارة.

• إذا كان النبيذ المتبقي في الزجاجة قليلاً، فيمكن نقل الكمية فيها إلى زجاجة أصغر، وذلك لتقليل كمية الهواء ضمن الزجاجة ولتخفيف الأكسدة.

• في حال لم يكن البرّاد الخاص لحفظ النبيذ موجوداً، يمكن وضع الزجاجة في برّاد الطعام، لكن بما لا يزيد عن خمسة أيام (بعدها يبدأ النبيذ بالتأكسد وفقدان مزاياه).

● **فساد النبيذ:**

جرّاء خلل في التصنيع أو في ملء الزجاجات، أو التخزين، أو النقل، أو الحرارة، قد يفسد النبيذ ويصبح غير قابل للشرب.

• عموماً، ما نسبته بين 2% و7% من النبيذ يفسد للأسباب التي ذُكرت.

• في حال تأكسد النبيذ، يصبح طعمه ممجوجاً ورائحته كالخل.

• قد تشوب النبيذ رائحة العفن في حال تسربت إليه خميرة العنب أثناء تصنيعه.

• إذا تعرض النبيذ لحرارة عالية، فقد يبدو بنياً ورائحته كأنه مطبوخ.

● **إتيكيت طلب النبيذ:**

عند طلب النبيذ للضيوف، يضع المضيف في حسبانه أن المتوسط هو نصف زجاجة لكل شخص.

• إذا كان الضيوف ثلاثة أشخاص، يمكن للمضيف طلب زجاجتين، واحدة حمراء وأخرى بيضاء.

• إذا كان طلب النبيذ متروكاً للضيوف، فمن المفترض بهم أن يختاروا نبيذاً معتدل السعر.[56]

• درءاً لأي التباس، ولتوضيح ما هو النبيذ الذي قام باختياره للساقي، يُنصح الضيف بوضع إصبعه على سعر النبيذ بدلاً من قول اسمه.

---

56. تتفاوت أسعار النبيذ بشكل كبير، وقد يصل سعر الزجاجة لبعض أنواعه مئات الدولارات، بل وأكثر.

• إذا كان لدى الضيف شك في نوع النبيذ الذي يطلبه، فيمكنه أن يسأل الساقي عن رأيه.

• يُنصح الضيف باختيار النبيذ الذي يمكن له أن يتوافق جيداً مع معظم أنواع الأطعمة تقريباً.

• عند طلب النبيذ في الكأس (وليس في الزجاجة)، يجب أن يتوقع المرء أنه ربما يحصل على نبيذ من زجاجة مفتوحة سابقاً.

• قبل طلب النبيذ في الكأس، من المقبول أن تسأل الساقي عن الوقت الذي فُتحت فيه الزجاجة.

• في حال طلب الضيف نوعاً من النبيذ في الكأس، وأبلغه الساقي أن الزجاجة كانت قد فُتحت قبل أكثر من يوم، يمكن للضيف التغيير وطلب نوع آخر.

ـ قواعد إتيكيت:

في المآدب، بأنواعها كافة، صاحب الدعوة هو من يختار نوع النبيذ الذي يقدم إلى الضيوف، وفي بعض الحالات، يمكن أن يترك المضيف ذلك لضيف الشرف.

- عندما يبدأ الساقي بتقديم النبيذ، يسكب قليلاً منه للمضيف (أو لضيف الشرف في حال كان هو من اختار النوع) ليشم رائحته ويتذوقه، ويبدي رأيه في جودته.

- يسكب الساقي للسيدات أولاً ثم للرجال، بدءاً بضيف الشرف وانتهاءً بصاحب الدعوة.

- عندما يسكب الساقي النبيذ للمدعوين، فإنه يملأ أقداحهم بالتساوي، قدر المستطاع.

- أثناء المأدبة، من واجب الساقي سكب المزيد من النبيذ في الكؤوس التي تنقص، ومن غير المستحب أن يطلب أي من الضيوف ذلك.

- صاحب الدعوة هو من يحدد عدد الزجاجات الإضافية التي تقدّم وليس الساقي.

- في المنزل، (في حال عدم وجود ساقٍ) يسكب المضيف مقادير متساوية من النبيذ في أقداح الضيوف قبل أن يسكب لنفسه.

- كما يقوم المضيف بفتح زجاجة النبيذ بهدوء، دون تعمّد لفت انتباه الضيوف.

- عند احتساء النبيذ، تُمسك الكأس من ساقها وليس من جسمها، وذلك للمحافظة على حرارة النبيذ الأوليّة من ناحية، وكيلا تظهر بصمات اليد على الكأس من ناحية أخرى.

- تُمسك الساق بحيث يُطبق الإبهام عليها وتقابله السبابة والوسطى، في حين تستقر بقية الأصابع فوق قاعدة الساق.

- من المستحسن أخذ الوقت الكافي لشم النبيذ أولاً، بغية اختباره من ناحية، والاستمتاع بشذاه من ناحية أخرى.

- يُنصح برشف النبيذ من ذات الجهة التي شرب منها الشخص لأول مرة، كيلا تظهر آثار الشفتين على أطراف الكأس كافة، وتبدو كأنها متسخة، خاصة إذا كانت المرأة تضع أحمر الشفاه.

- في بداية الشرب، يُنصح بأخذ رشفة نبيذ بسيطة وإدارتها في الفم بحيث تختبر حليمات الذوق نكهته. فالمذاق الأول للنبيذ ينبئ بالكثير عنه. لهذا السبب، يستحسن عدم شرب جرعة كاملة في المرة الأولى.

- إذا قدم الضيف للمضيف زجاجة نبيذ أحضرها معه، ولم يقم المضيف بتقديم شيء منها على المأدبة، من المفترض أن يتقبل الضيف الأمر ببساطة، فربما لا ينسجم نوع النبيذ الذي جلبه مع أصناف الأطعمة المقدِّمة.

- لا تُعاد زجاجات النبيذ الفارغة إلى وعاء الثلج.
- عادة ما تُقدم السوربيه (Sorbet) (57) بعد الطبق الرئيسي الأول، ولا ينبغي اعتبارها من المثلجات أو الحلوى التي تقدم في نهاية المأدبة (فغالباً ما يكون هناك طبق ثان بصنف آخر من الطعام)، بل بمثابة غسل للفم بعد تناول الوجبة الرئيسية التي غالباً ما تكون دسمة.

■ تبادل الأنخاب(58):

بالإضافة إلى غرضه الأساسي المتمثل في إظهار الشكر والتقدير، فإن تبادل الأنخاب يوفر لمسة احتفالية ويضفي جواً من التميّز.

- بناءً على العرف العام في مختلف أنحاء العالم، عادة ما يتم تبادل الأنخاب كتعبير عن التمنيات بالثروة والسعادة والحب والصداقة، ولكن الأكثر شيوعاً هو التمنيات بالصحة.
- يتم تبادل الأنخاب عموماً في العديد من المناسبات والمآدب الرسمية، شبه الرسمية، العادية، وفي الأعياد، كما في أية ذكرى خاصة.
- ينبغي على المرء أن يتبادل الأنخاب مع الأشخاص الذين بجواره، وليس بالضرورة مع الجميع على المائدة. خلاف ذلك، يصبح هذا الإجراء مربكاً.
- صاحب الدعوة هو من يبدأ تبادل الأنخاب، وذلك بعد التأكد من ملء جميع أكواب الضيوف.
- عند تبادل الأنخاب، تُقرع الكؤوس بعضها ببعض بهدوء، عند منتصفها تجنباً لانسكاب النبيذ ومنعاً لكسر أي كأس.

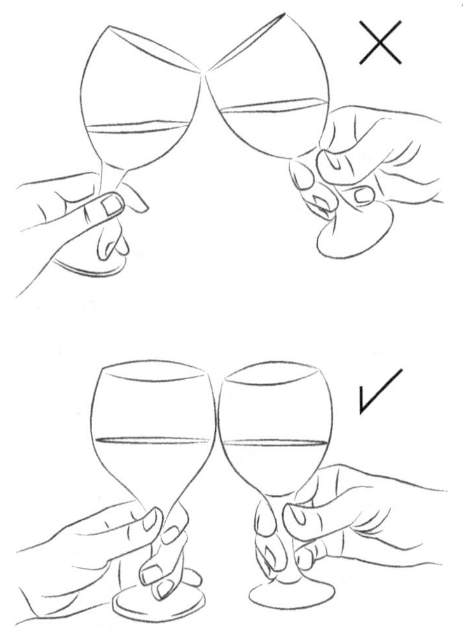

- تقليدياً، يعتبر التبادل الأول للأنخاب الذي يبدأه المضيف بمثابة ترحيب بالضيوف.

---

57. "السوربيه" (Sorbet)، تشبه الى حدٍ ما البوظة. وهي مكونة من بعض عصير الفاكهة، أو هريسها، أو ممزوجة بالنبيذ، أو بمشروبات كحولية أخرى، من دون احتوائها على أي من مكونات الألبان. يتم تناولها بعد الطبق الرئيسي كمنظف للفم والحنك بعد طعام دسم.

58. منذ بداية التاريخ المدوّن، كانت عادة تبادل الانخاب جزءاً من كل ثقافة تقريباً، على أساس أن ذلك يساعد على طرد الأرواح الشريرة. ثم تطور الأمر إلى قرع الأكواب بعضها البعض بحيث ينسكب بعض ما في كوب كل شخص بكوب الشخص الآخر. هذه الحركة كانت لإشاعة الطمأنينة وبأن أي من الأكواب لا يحتوي سماً (فكثيراً من جرائم القتل كانت تتم بالسم المدسوس بالنبيذ). بعد ذلك أصبح يتم تبادل الأنخاب للتعبير عن التمنيات بالصحة والخير والمحبة للآخرين، إضافة إلى الإعراب عن الشكر للمضيف.

- يُفترض بالمضيف أن يلفت انتباه الضيوف قبل تبادل الأنخاب، وذلك بوقوفه ورفع كأسه، وليس من خلال النقر على الكأس بإحدى أدوات الأكل كالسكين مثلاً (كما يتصرف البعض كخطأ شائع أصبح مقبولاً).

- بكل تهذيب مع الابتسام، يمكن للمضيف أن يبدأ مثلاً بعبارة: "هل لي أن أحظى باهتمامكم" أو "أرجو الانتباه"، وما شابه ذلك من عبارات كثيرة. وقد يحتاج إلى تكرار ذلك عدة مرات كي ينتبه الجميع.

- عندما يقف المضيف لتبادل الأنخاب، يظل الآخرون جالسين، ما لم يطلب منهم النهوض، بقوله مثلاً: "أرجو منكم النهوض والشرب من أجل/ أو بصحة...".

- عندما يقوم الضيف ليقدم نخباً، فإنه يقف مُدلياً ببعض عبارات الشكر وربما بعض التعليقات القصيرة والبسيطة.

- في المناسبات الرسمية، يجب ألا يزيد طول كلمة مُقدم النخب، أكان المضيف أو ضيف الشرف وغيرهما، على دقيقتين أو ثلاث دقائق.

- يمكن لكلمة مقدم النخب أن تكون مكتوبة، لكن على شكل ملاحظات يتم النظر اليها لتذكّر بعض النقاط، وليس لقراءتها.

- بشكل غير رسمي، قد يظل مقدم النخب جالساً إذا كان عدد الأشخاص على مأدبة الطعام صغيراً.

- إذا كان مقدّم النخب يقوم بذلك تكريماً لضيف الشرف أو لشخص آخر، يبقى المكرّم جالساً ويبتسم مردداً كلمة شكراً. غير ذلك يكون كمن يقدم نخباً لنفسه، أو كمن يصفق لنفسه[59].

- بعد انتهاء مقدّم النخب (المضيف) من كلمته، يقف المكرّم ليعبّر عن امتنانه ويمكن له أن يقوم بدوره بتقديم النخب من أجل مضيفه.

- عدا المضيف وضيف الشرف أو الشخص المكرّم، لا يبدأ الأشخاص الآخرون بتبادل الأنخاب عادة إلّا مع تناول الحلوى والفواكه، قبيل انتهاء المأدبة.

- تقليدياً، يُبدأ بالشمبانيا أولاً لتبادل الأنخاب، ولكن يجوز البدء أيضاً باستخدام مشروبات كحولية أخرى.

- إذا تم تبادل الأنخاب، فعلى الجميع المشاركة، إذ من غير اللائق رفض هذه المبادرات.

- يمكن لمن لا يحتسي المشروبات الكحولية أن يتبادل الأنخاب بشرب الماء أو العصير أو المرطبات. وهذا أفضل بكثير من عدم المشاركة على الإطلاق. ومع ذلك، يفضل البعض، ووفقاً لإحدى الخرافات[60]، أن يتم تقديم النخب بكوب فارغ بدلاً من الماء.

---

59. تختلف الآراء بشأن هذه النقطة، فالبعض لا يتفق مع القاعدة التي تقضي بعدم رفع المكرّم لكأسه والشرب مع الآخرين على اعتبار أن ذلك قد يفسر تجاهلاً أو عدم رضى تجاه مقدّم النخب – أنا شخصياً أميل إلى الرأي المخالف لهذه القاعدة وأؤيد رفع المكرّم لكأسه والشرب، تلافياً لأي سوء فهم محتمل. كما أن من شأن هذا النهج أن يضمن أن الكياسة أو التأدب لهما الأسبقية، أحياناً، ويُقدَّمان على بعض قواعد الإتيكيت.

60. وفقاً لإحدى الأساطير اليونانية، كان الموتى يشربون دائماً من نهر ليثي (Lethe) في أعماق العالم السفلي بغية نسيان حياتهم الجسدية الماضية. كنتيجة لهذه الأسطورة، كان اليونانيون دائماً يشربون نخب الموتى بكؤوس مليئة بالماء كدلالة رمزية على رحلة أولئك الموتى عبر النهر إلى العالم السفلي.

- عنـد تبـادل الأنخـاب، يتـم أخـذ رشـفات من الكأس وليس شرب كل ما فيه.

- عند تبادل الأنخاب، يجب على المـرء ترك بعـض النبيذ على الأقل في كأسـه في حال تم اقتراح نخب لاحق.

- إذا تـم تبـادل الأنخاب وكأس أحدهـم أصبح فارغـاً، فمـن الأفضـل لـه رفعـه بدلاً مـن عدم المشاركة على الإطلاق.

- عنـد تبـادل الأنخـاب، يجـب الحفـاظ علـى التواصل البصري مع الآخرين، مع تجنب قرع الكؤوس قدر الإمكان[61].

- فـي حفـلات الزفـاف، عـادة مـا يبـدأ الإشـبين (the best man) بتقديم النخب.

- باسـتثناء العروسـين، يجـب علـى الجميـع النهـوض لتبـادل الأنخاب، وليـس مطلوبـاً مـن العروسـين سـوى الابتسـام وشـكر الحضور.

- يقـوم العروسـان بتقديـم نخبيهمـا وقوفـاً، ويقـدم كل منهمـا امتنانـه للحاضريـن ببعض العبارات المقتضبة.

• ملاحظة:

الـتزاماً بالعادات والتقاليد في الدول الإسلامية (أو ذات الغالبية الإسلامية)، لا تُقدم عادة المشروبات الكحولية في المآدب الرسمية (أو حفلات الاستقبال) بغض النظر عن رأي المضيف أو الضيف أو الوفد الزائر باحتساء المشروبات الكحولية.

عادة، يحترم الضيف/ الوفد الزائر ثقافة وتقاليد البلد المضيف، ويتفهم عدم تقديم المشروبات الكحولية في مأدبة رسمية (أو حفل استقبال) تُقام على شرفه.

عادة، وبغض النظر عن الدول التي تعتمد فيها، لا تقدم سفارات أو البعثات الدائمة أو قنصليات الدول الإسلامية (أو ذات الغالبية الإسلامية) المشروبات الكحولية في المآدب الرسمية أو حفلات الاستقبال التي تقيمها في أية مناسبة.

عادة، يفترض بدبلوماسيي الدول الإسلامية (أو ذات الغالبية الإسلامية) عدم احتساء المشروبات الكحولية في المآدب والمناسبات الرسمية التي تقام في الدول المعتمدين فيها.

---

61. تبادل الأنخاب لا يعني بالضرورة قرع الكؤوس في كل حين. التواصل البصري كافٍ لتأدية الغرض.

إتيكيت التدخين

"الوجـه الحقيقي للتدخين هو المرض والموت،
وليـس التألق والرقي كما يصور مروجو صناعة التبغ"(62)

بغض النظـر عمـا كانـت عليه الحـال سـابقاً في معظـم الـدول، مـن إباحـة للتدخيـن فـي كل الأماكـن والأوقات، فقـد باتت مكافحة التدخين أحد الهمـوم الرئيسـة للحكومـات والجمعيـات والمؤسسـات والهيئـات المدنيـة والمنظمـات الدولية(63)، نتيجة لما تكشَّف من مضار جسيمة على الإنسان والبيئة للتبغ الذي لم يعـد مرحباً بـه. مع ذلك لا تـزال نسبة المدخنين عالية في معظم أرجاء العالم مع أن غالبية الدول أصدرت قوانيـن صارمة تتعلـق بالتدخين الـذي لـم يعد متاحـاً إلّا في الأماكـن المفتوحـة أو فـي الأماكن المخصصة له فقط. ولا ننسى في هذا السياق أن العادة جرت سـابقاً على وضع صندوق أو ما شابه

في غرف الاستقبـال يحتوي على علب سـجائر لاستخدام الضيوف حسب رغبتهم.. لكن، ولحسن الحظ، اضمحلت هذه العادة.

في الأحوال كافة، وبصرف النظر عـن الآراء إزاء التدخيـن، نذكّر ببعض القواعد ذات الصلة.

- قواعد إتيكيت:

◄ **السيجارة:**

- يجب على المدخـن اختيار المكان والوقت المناسبين للتدخين.

- ينبغي طلـب الإذن قبل التدخين، فالكثير من الناس لا يستطيعون تحمل الرائحة المنبعثة من اشـتعال التبغ أو قد يتأثرون صحياً.

---

62. ديفيد بيرن (1952-......): موسيقي وكاتب أغانٍ ومغنٍ وعازف غيتار اسكوتلندي.

63. سعياً منها للفت النظر نحو الآثار السلبية والضارة للتبغ والتدخين وآثاره السيئة على الصحة العامة وتذكير الشعوب بالمخاطر التي يسببها التدخين سواء على حياة الأفراد أو على النواحي الاقتصادية للأسر والمجتمعات معاً أو حتى على الثروات الحرجية والمحاصيل الزراعية التي تتعرض للحرائق بفعل لفافة تبغ يلقيها عابث، ولتفعيل إجراءات المكافحة والسيطرة على هذا الوباء الخطير، اعتبرت الأمم المتحدة (عام 1988) يوم 31 ابريل/ نيسان من كل عام يوماً عالمياً لمكافحة التدخين إضافة لدعوتها إلى حظر تام ونهائي على إعلانات السجائر.

- قد يزيد التدخين بحضور آخرين من مشاكلهم الصحية وفرص الإصابة بسرطان الرئة والتهابات الجهاز التنفسي والربو.

- في الأحوال كلها، ما من شك أن التدخين بعيداً عن الآخرين أصبح ضرباً من ضروب الذوق والتهذيب.

- عند مشاهدة لوحة أو ملصق منع التدخين في الأماكن العامة بما فيها محطات الوقود على سبيل المثال، يجب التقيد بالتعليمات.

- لا يجوز أبداً التدخين داخل المصعد، حتى لو لم يكن فيه سوى الشخص المدخن. إذ إنه مهما كانت التهوية جيدة فيه، فلن يتبدل هواؤه إلّا بعد فترة، كما ولا توجد ضمانة أن أحداً يستعمل المصعد بعده سوف لن ينزعج من الرائحة.

- مهما كانت نوعية اللفائف التي تدخنها (ثمينة أو رخيصة، وطنية أو أجنبية)، فيجب أن تقدّم لأصدقائك والآخرين منها، فإن التدخين في حضور أشخاص آخرين دون أن تعرض عليهم ليأخذوا منها يدل على أنانية وبخل.

- على المدخن استخدام فرشاة الأسنان بين حين وآخر ومعقمات الفم، لا سيما تلك التي يدخل النعنع في تركيبها، فلا شيء أسوأ من التحدث إلى شخصٍ تنبعث من فمه رائحة النيكوتين.

- على المدخن ألّا يسحب نفساً من السيجارة (وغيرها من وسائل التدخين) ويملأ فمه دخاناً وهو على وشك الحديث مع أي أحد. سيبدو الأمر غريباً عندما تخرج كلماته ممزوجة بالدخان المتصاعد في الهواء

ملتفاً كالأفاعي. هذا تصرف غير لائق.

- إذا طلب أحدهم من المدخن الامتناع عن التدخين، فعليه الاعتذار وإطفاء السيجارة أو الانسحاب إلى مكان آخر مفتوح. خلافاً لذلك، سيكون سلوك المدخن غريباً ومستهجناً.

- من اللباقة دائماً إشعال السجائر للآخرين، ولا سيما النساء. في الواقع، إنها لفتة بسيطة، لكنها تترك انطباعاً كبيراً.

- لا تضرب لفافتك على علبتك أو على ظهر يدك أو راحتها قبل إشعالها واترك ذلك لرواد الحانات.

- لا تخرج من العلبة لفافة لتبقيها بين شفتيك. لا تفعل ذلك إلّا إذا كنت ستشعلها.

- لا تبقِ لفافة بين شفتيك وأنت تتحدث إلى أحد، فبغض النظر عن كلماتك التي ستصبح غير مفهومة بعض الشيء، فإن ذلك يدل على عدم اللباقة.

- ليس مستحباً أن تدخّن وأنت تسير في الشارع، لكن إن حصل وفعلت ذلك وصادفت أحداً تعرفه، فبادر إلى نزع اللفافة من بين شفتيك قبل أن تحييه.

- في منزل أي من الأصدقاء، يجب ألا يدخن الضيوف على مائدة الطعام قبل طلب إذن المضيف، ولا يتم التدخين إلا بعد الانتهاء من تناول الطبق الرئيسي.

- في المآدب الرسمية، إذا كانت منافض السجائر موجودة على الطاولة وبالتالي يُسمح بالتدخين، فيجب ألا يتم التدخين أيضاً إلا بعد الانتهاء من تناول الطبق الرئيسي.

- لا يجوز إطلاقاً التدخين بوجود الأطفال، لما يسببه ذلك من أذى لهم [64].

- لا يجوز للمرأة الحامل أن تدخّن. فقد أثبتت جميع الأبحاث العلمية الضرر الجسيم الذي يلحقه تدخين الأم على الجنين.

- عند الانتهاء من تدخين السيجارة، يجب إطفاؤها وسط المنفضة والتأكد من ذلك، لا أن تترك بقاياها تحترق وتطلق الروائح الكريهة.

- يجب إلقاء رماد السيجارة في المنافض حصراً.

- لا يجوز إطلاقاً إطفاء اللفائف في وسط فنجان القهوة أو كوب الشاي وما شابه، ففي ذلك خروج عن اللباقة، ونوع من الاستخفاف بمن سيتولى جلي وتنظيف الأواني.

- إذا كنت تجلس في الهواء الطلق، وحركة الرياح قوية نوعاً ما، ورغبت بالتدخين، فيمكن وضع بعض الماء في المنفضة كي لا يتطاير رماد السيجارة.

- في المطعم، يضع النادل منفضةً (بشكل مقلوب) على المنفضة التي تحوي رماد السجائر وبقاياها، ثم يرفعها إلى الصينية التي معه، قبل أن يعيد المنفضة المقلوبة ويضعها بالشكل الصحيح على المنضدة، وذلك تلافياً لتطاير الرماد.

◄ السيجار:

- قبل تدخين السيجار، يجب قطع طرفه بالقطاعة وليس بالأسنان. فهذا هو الأسلوب الصحيح الوحيد، وفقاً لقواعد الإتيكيت الخاصة بالسيجار ولتوصيات أي نادي سيجار (Cigar Club).

- يجب نزع الملصقة التي توضح نوعية السيجار قبل إشعاله، وذلك لسببين:

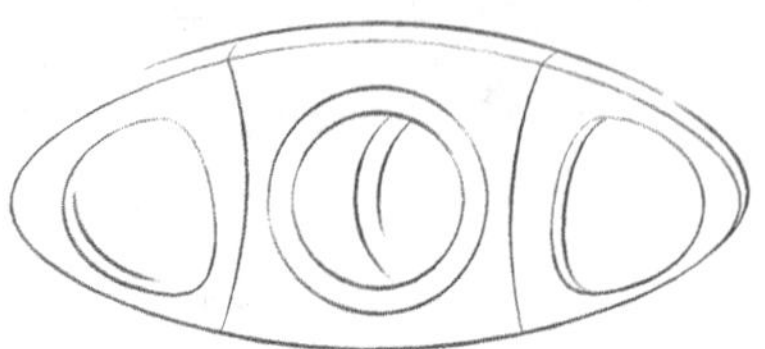

1. عدا الملصقة، يتألف كامل السيجار من مادة التبغ فقط، وعند تدخينه ووصول شعلته إلى الملصقة المصنوعة من الورق أو السيلوفان وما شابه، فإن رائحة كريهة تنطلق.

2. تشير الملصقة إلى نوع السيجار، ومعروف أن سعر السيجار مرتبط بنوعه، فمنه الفاخر باهظ الثمن، ومنه العادي، ومنه الرخيص. لذلك فإن نزع الملصقة يخفف من عامل المفاخرة والحرج.

- يجب على مدخني السيجار تجنب، قدر الإمكان، تدخينه وهم في وليمة رسمية، حتى لو كان التدخين مسموحاً به، فالرائحة التي يطلقها السيجار (كما ذكرنا آنفاً) قوية، وقد تزعج حتى مدخني السجائر.

- إذا كان تدخين السجائر العادية في الشارع غير مستحب عموماً، فإن تدخين السيجار غير لائق إذا كان الرجل برفقة سيدة.

- حتى لو كنت تجلس في ركن يُسمح بالتدخين فيه، فاعلم أن تدخين السيجار ينتج عنه دخان وروائح أقوى من عدة لفائف مشتعلة. لذلك تأكد من أن التهوية جيدة جداً قبل أن تدخّن السيجار.

---

64. قد يزيد التدخين من خطر وفاة الطفل الرضيع بسبب متلازمة الموت المفاجئ للرضع (SIDS)، أو قد يؤدي إلى إصابته بنوبات الربو. علاوة على ذلك، قد يتسبب التدخين قرب الأطفال في إصابتهم بالعديد من الأمراض، مثل التهاب الشعب الهوائية والالتهاب الرئوي والتهاب الأذن.

◃ **الغليون:**

- مـن الأنسـب أن يكتفـي المـرء باسـتعمال الغليون في الركـن الخـاص بالتدخيـن فـي المنـزل، فالغليون أليَق بثـوب المنـزل وبالخصوصية.

- لا يجـوز اسـتعمال الغليون فـي المـآدب الرسـمية، إذ إن الروائح التـي يطلقها الغليون أقـوى مـن اللفائف والسـيجار، خاصـة عندما يجري تنظيفه من بقايا التبغ المحترق.

- لا يجـوز اسـتعمال الغليـون فـي حفلات الاستقبال والكوكتيـل، وإلّا فسـتكون يـدا مدخّنهِ مشـغولتين إذا ما حمل كأسـاً في يد والغليـون فـي اليـد الأخـرى. عندها سـيكون منظر الشـخص غير لائق، من جهة، وسـتكون تحية ومصافحة أي شـخص آخر مستحيلة من جهة أخرى.

- إذا كان لا بـد لمدخّن الغليون من التدخيـن فـي مكتبه، فعليـه التأكد من تجـدد الهواء بشـكل جيـد، وأن يقـوم بتنظيـف الغليـون علـى انفراد، كـي لا يزعج الآخريـن بروائح التبغ المحترق.

◃ **النارجيلة:**

- ازداد فـي الآونة الأخيـرة تدخيـن النارجيلة في الكثيـر مـن بلـدان العالـم، ولا سـيما مـن قبـل الشبان والشـابات، علمـاً أنها كانـت عادة متداولة سـابقاً بين كبار السـن والمتقاعديـن عموماً.

- وفي حين كانت تعتبر النارجيلة غير مستحبة في بعض المناطق، ومن النـادر أن تجد من يقتنيها هناك، فقد أصبح استخدام النارجيلة الآن تيـاراً متصاعداً في كل مكان من سورية ولبنـان وتركيا وإيران والعـراق ودول الخليج العربـي والسـعودية ومصـر وصـولاً إلـى بـلاد المغـرب العربـي في شـمال أفريقيـا، وكذلك في البلدان التي نجد فيها مغتربين ومهاجرين من هذه الدول المذكورة (أمريكا اللاتينية مثلاً).

- تثبت الأبحـاث، ذات الصلـة، أن تدخيـن نارجيلة واحدة يعادل تدخين علبة سـجائر.

- لا يجوز إطلاقاً تدخيـن النارجيلة في المآدب الرسـمية (حتـى التـي يسـمح بالتدخيـن فيهـا)، فالمقـام لا يحتمـل دخانها ولا قرقعة المياه فيها.

- عندما يقدّم لك الشخص المختص بالنارجيلة في المطعـم أو الكافتيريـا، يُفتـرض أن يقدّمهـا ونهاية خرطومها الأمامية مطوية باتجاهـه هـو، وغير ذلك يعتبر خروجاً على اللباقة والأدب.

- لا يجـوز اسـتخدام النارجيلة فـي المنـازل إلّا علـى الشـرفات والردهـات المفتوحـة والمهوّاة جيداً.

إتيكيت التعامل مع البدين
ومع متبع الحمية الغذائية

"المعـدة بيت الداء، والحمية رأس كل دواء"[65]

رغـم أن البدانـة/ السُـمنة والنحافـة موجودتـان منـذ الأزل، فـإن انتشـار السُـمنة فـي عالـم اليوم "المعولم"، بات ظاهرة عامة ومشكلة خطيرة في الكثيـر مـن بلـدان العالم، زادتها سـوءاً قلّة الحركة والجلـوس مطولاً خلف المكاتب وقبالة التلفزيون والحاسـوب إضافـة إلـى عوامـل التلـوث البيئي والغذائي، ووقع الحياة السـريع، ناهيك عن عادة الوجبـات السـريعة "Fast Food"، والتي كثيراً ما يسميها أهم مبتدعيها (الأمريكان) "Junk Food" أي "الطعام الفاسد"، إن لم نقل "الطعام الزبالة".

"لقـد تفاقمـت مشـكلة السُـمنة بشـكل حـاد في العقود الثلاثة الماضية، وأصبحت تؤثر على كل جانـب من جوانـب حياة النـاس، من الصحة إلى العلاقات[66]". وتظهـر الإحصاءات أن حوالي 30% مـن سـكان الولايـات المتحـدة على سـبيل المثال لديهم سُمنة زائدة.

طالمـا أن الإتيكيت يقضي باحترام كل الناس والتعامـل معهم بلطف دون تمييز، كان لا بد لنا من التطرق إلى هذا الموضوع المهم والحساس، ولـو لِمامـاً، مـن زاوية آداب السـلوك ذات الصلة، سـيما وأننا نلمس مـدى التمييـز وتدخل البعض في شـؤون الآخرين عندما يتعلـق الأمر بالناحية الجسـدية والمظهر، وما يتبع ذلك أيضاً من أمور تتعلـق بالحميـة (الريجيـم) والأحاديـث التي لا نهاية لها بشأنها.

65. الحارث بن كَلَدة: لُقّب بطبيب العرب - غير معروف متى ولد، لكن وفاته كانت عام 13 للهجرة، 634 ميلادي.

66. جين فيليز ميتشل (تولد عام 1956)، صحفية أمريكية ومؤلفة تعمل في التلفزيون والإعلام الاجتماعي.

- يجب عـدم إظهـار الدهشـة إزاء بدانـة أو نحافة شخص ما.
- ليـس مـن حـق الآخريـن السـؤال عـن سـبب السُـمنة أو النحافة لدى شخص لديه أحدهما.
- ربما يكون سبب السُـمنة صحي، فمن يعاني مـن بعـض الأمـراض، أو يتنـاول بعـض أنـواع الأدويـة (التـي قـد تشـتمل علـى الكورتيزون مثلًا) وغير ذلك من أسباب، قـد يعاني من أعـراض جانبيـة مـن بينهـا السُـمنة أو النحافة، وغير ذلك.
- الحمية شـيء شخصي بحت وتخص متبعها.
- علـى موائـد الطعـام، ليـس لائقاً التطـرق الى مواضيع تتعلق بالسُـمنة وأنظمة الحمية.
- ليـس مـن الجائـز أن تكـون حميـة شـخص ما محور حديث المحيطين به وأصدقائه.
- يجب عدم تقديم النصح لشـخص يتّبع حمية، وإرشـاده بشـأن ما الذي يجب عليه فعله وما الذي يجب تجنّبه.
- عندما يُدعى متّبع الحمية إلى عشاء أو غداء: عليه معرفة أن دعـوات العشـاء أو الغـداء ليسـت مناسبات للأكل فقـط، بـل للتواصل.
- كمـا يمكنـه أن يتنـاول قليـلاً مـن الطعام في منزل الداعي مع تقديم الاعتذار، إن لزم الإمر، وإيضاح أنه يتبع نظام حمية.
- فـي معـرض اعتذاره عـن عـدم تنـاول بعض الأطعمـة، يمكن لمتّبع الحمية إعلام صاحب أو صاحبة الدعوة بمسـببات الحساسية لديه.
- عليـه الانتبـاه إلى أنه لا يصح إعـلام من دعاه بأنـه بسـبب الحميـة يفضّـل أو لا يفضّـل كذا وكذا من أنواع الطعام.
- عليـه ألّا ينتقـد أنـواع الطعام المقدمـة وألّا يُعلّق بأي شيء سلبي.
- فـي حيـن لا يمكن لمتبع الحميـة الطلب بما يرغـب مـن أنـواع الطعـام فـي منـزل الداعي، يمكـن للضيف أن يطلب من النادل ذلك إذا كانـت الدعوة في مطعـم بالقول مثلًا: "أنا في حمية، ماذا يمكن أن تقدم لي؟".
- يمكـن لصاحب الدعـوة أن يطلـب مـن المطعـم تجنـب الكراسـي بسـواعد في حال كان مـن بيـن مدعويه شخص أو أكثر لديه سُمنه زائدة.

الفصل الثاني عشر

إتيكيت اقتناء الحيوانات الأليفة

«كلما عرفت الرجال أكثر ازداد حبي للكلاب»(1)

تختلف المفاهيم والعادات المتعلقة بهذا الموضوع من منطقة إلى أخرى ومن ثقافة إلى ثقافة، علماً أنه كانت هناك تحفظات في هذا الجزء من العالم أو ذاك حيال تربية الحيوانات واقتنائها، قد بدأت تخف، وطرأت بعض التغيرات على نظرة بعض الناس تجاهها. بناءً على ذلك، لم تعد نظرة الازدراء والاستهجان قائمة بالحدة السابقة نفسها، عندما نرى شاباً أو شابة أو أحد كبار السن يقود كلباً في أحد الشوارع أو الحدائق. مع ذلك، يجب الإقرار بأن آراء المجتمعات ليست واحدة، وأن نسبة أكبر من الناس في بلدان كثيرة، لا ترتاح لاقتناء الكلاب وتربيتها، إلّا في إطار ما يتعلق بالصيد والحراسة ليس أكثر، وبحيث تبقى الكلاب في الحديقة أو المزرعة وليس داخل المنازل.

في الأحوال كلها، ليست لمسألة تقبل أو عدم تقبل اقتناء الحيوانات الأليفة علاقة برعاية تلك الحيوانات أو الرفق بالحيوان أو الانفتاح وغير ذلك من مفاهيم بشأن من يحبذ ومن يرفض ذلك. فالأمر ببساطة يتعلق بالعادات والتقاليد وتنوع الآراء.

هناك بعض الناس ممن يهتمون باقتناء وتربية أنواع غير مألوفة من الحيوانات، كالقرود والسناجب والسحالي والسلاحف، بل حتى الفئران وغيرها. وهنا تتضارب ردود فعل الآخرين، وقد تكون مرحبة أو مستنكرة وحتى معبرة عن التقزز والنفور.

في هذا السياق، ينبغي ألّا ننسى الجانب الاقتصادي والتسويقي، ففي الكثير من البلدان التي تنتشر فيها هواية اقتناء الكلاب(2)

---

1. شارل ديغول (1912-1970)، ضابط فرنسي ورجل دولة، قاد فرنسا ضد ألمانيا النازية أثناء الحرب العالمية الثانية وترأس الحكومة المؤقتة (1944-1946). في عام 1958 تراس مجلس الوزراء، وفي عام 1965 أصبح رئيساً للجمهورية حتى استقالته عام 1969.

2. على سبيل المثال، مدينة سانتياغو، عاصمة تشيلي، والتي عملت فيها بعض الوقت، تضم حوالي

وغيرها، نشأت صناعة متكاملة وقطاع أعمال ومحلات تجارية توفر مختلف متطلبات اقتناء وتربية الحيوانات الأليفة من غذاء، وملابس، وإكسسوارات، وغيرها.

ـ قواعد إتيكيت واعتبارات عامة:

- ليكن صدرك رحباً، ولا تعتبر أن من لا يشاطرك هوايتك واهتمامك بالحيوانات شخصاً غريباً، فمثل هذا الأمر لا يؤخذ معياراً في تقييم الأشخاص والمجتمعات.

- يجب النظر إلى مسألة اقتناء الحيوانات الأليفة في البيوت على أنها حرية شخصية، بغض النظر عن أن هذه الحرية ليست مطلقة. فهي حرية تعطيك حقاً، وترتب عليك واجبات تجاه الآخرين.

- فيما يتعلق بالقطط، فإن النظرة السائدة، غالباً، هي تقبّل وجودها في المنازل، خارجها وداخلها، علماً أن رعاية خاصة مطلوبة أيضاً تجاهها، فيما يتعلق بالنظافة والصحة والغذاء.

- تتطلب تربية واقتناء الحيوانات الأليفة، عناية خاصة بشأن النظافة والسلامة الصحية، وتقديم أنواع محددة من الطعام.

- على من يقتني كلباً أو قطة، أن يدرك أن لدى بعض الناس حساسية أو خوفاً فطرياً من هذه الحيوانات قد يصل إلى حد الرهاب. ويجب عليه، بالتالي، مراعاة مشاعر هؤلاء الناس، وعدم استهجان سلوكهم من ناحية، والإمساك بحيوانه ليحدّ من خوف الآخرين من ناحية أخرى.

- يجب إبقاء الكلاب تحت السيطرة في الأوقات كلها.

- بغض النظر عن سلوك وطبع الكلب، يجب استخدام الرباط أو الوثاق خارج البيت وعدم ترك الكلب يتنقل بحرية ولا سيما بوجود الأطفال.

- يجب تذكّر أن وجود كلاب أخرى يعيد الكلب إلى بعض الغرائز المتأصلة فيه وقد يخرج عن السيطرة.

- تقريباً يُحظر ترك الكلب بلا رباط في كل الأماكن. والقوانين واضحة بهذا الشأن.

- توجد في بعض الحدائق، عادة، منطقة محاطة بسياج مخصصة للكلاب التي يمكن تركها تلهو فيها بلا رباط.

- على مقتني الكلب ألّا يدعه يتبول عند الأملاك الخاصة بالآخرين من أشجار وورود وصناديق بريد وسيارات وغيرها.

- على مقتني الكلب اصطحاب أكياس بلاستيكية خاصة ليزيل غائط كلبه من أي مكان خارج البيت.

- على مقتني الكلب أن يدربه كي يستجيب للأوامر كالجلوس، والتزام مكانه المخصص، والتوقف عن النباح، وغير ذلك.

- عليه تدريب كلبه كي يتقبل قدوم وحضور الزائرين بهدوء، دون القفز عليهم ولعقهم.

- إذا زارك بعض أصدقائك أو الضيوف، ولا سيما على مائدة الطعام، بادر إلى الحجز على حيواناتك في مكان أو غرفة منعزلة، فقد تثيرها الضجة، فتنبح الكلاب بهياج، أو قد تخرمش القطط الثياب والجوارب.

ستة ملايين نسمة، يقتنون حوالي مليون ونصف المليون من الكلاب، عدا تلك الشاردة، ويعاملونها جميعاً بمنتهى اللطف والاهتمام، وهي مدللة إلى درجة تثير الحسد.

- وجـود الكلـب أو القطـة بجانـب المائـدة، مـع نظـرات اسـتجداء الطعام، قـد يزعج أو يحرج الضيوف حتى ولو ابتسـموا أو قدموا بعـض اللقيمات.
- إذا ذهبت إلى صديق لك، فلا تصطحب كلبك إلّا إذا اسـتأذنت صديقـك، وتأكدت أنـك لـن تتسـبب في مشكلة من نوع ما.
- قبـل زيارتـك لصديـق مصطحبـاً كلبـك، يجب التأكد من وجود بعض القطط لديه، فإمكانية تحويـل صالـون المضيـف إلى مسـرح للقتال هو الأرجح، فهذه الحيوانات الأليفة لن تنسى غريزتها بسـهولة، مهما كانت لطيفة.
- يمنع، عمومـاً، اصطحـاب الحيوانـات الأليفـة والطيور في وسائل النقل العامة، ولكن قد يُسمح باصطحاب الصغيرة منها في حال كانت ضمن الحقائـب أو الأقفـاص المحمولـة الخاصة بها.

- للحيوانـات الأليفـة حاجتها التي لا بـد منها، فتأكد عندمـا تصحبها أن الأماكن التـي سـتذهب إليها توفر إمكانيـة قضاء تلك الحاجات. في كل الأحوال اجلب معك بعض أكياس النايلون.
- لا مانـع مـن أن تجلب معـك الطعـام الخاص بحيوانك عندما تصحبه إلى مكان ما.
- لا تعـرض حيوانك أمام زوارك إذا كان مريضاً.
- لا تتحـدث كثيراً عـن حيوانـك ومزايـاه، فهذا الموضـوع ليس مهمـاً لكل الآخرين بالضرورة.
- ملاحظة:
- سـنّت بعض الـدول تشـريعات تمنـع مقتني الـكلاب والقطط، علـى وجه الخصـوص، من التخلـي عنهـا وتركها شـاردة فـي الشـوارع والطرقـات لأي سـبب كان. فاقتنـاء هـذه الحيوانات مسؤولية مستمرة.

المراجع
Reference

- Alkon, A., 2014. Good manners for nice people who sometimes say F*ck. Macmillan.
- Baldrige, L., 1990. Letitia Baldrige›s Complete Guide to the New Manners for the 90›s. Simon and Schuster.
- Barnes, J., 2001. Etiquette for Wine Lovers.
- Black, R., 2014. Dining Etiquette: Essential Guide for Table Manners, Business Meals, Sushi, Wine and Tea Etiquette. CreateSpace Independent Publishing Platform.
- Bolton, M., 1968. Complete book of etiquette.
- Bowman, J., 2009. Don›t Take the Last Donut: New Rules of Business Etiquette. Red Wheel/Weiser.
- Bridges, J., 2012. How to be a Gentleman: A Contemporary Guide to Common Courtesy. Thomas Nelson Inc.
- Bridges, J. and Curtis, B., 2012. 50 Things Every Young Gentleman Should Know: What to Do, When to Do It, & Why. Thomas Nelson Inc.
- Cecelia M. Munzenmaier, C.M., 2012. Write Better Emails. CreateSpace Independent Publishing Platform.
- Clayton, N., 2016. A Butler›s Guide to Table Manners. Batsford.
- Cook, G., 2010. Guide to Business Etiquette. Pearson.
- Cook Ross Inc. (Author), 2012. Disability Etiquette Guide. Cook Ross Inc.
- Dariaux, G.A., 2004. A Guide to Elegance: For Every Woman Who Wants to be Well and Properly Dressed on All Occasions. Harper Collins.
- Davison, I., 2008. Etiquette for Women: A Book of Modern Manners and Customs. Chancellor Press.

- Dresser, N., 2011. Multicultural manners: Essential rules of etiquette for the 21st century. John Wiley & Sons.

- Eberly, S., 2011. 365 manners kids should know: games, activities, and other fun ways to help children and teens learn etiquette. Harmony

- French, A.M.M., 2010. United States Protocol: the guide to official diplomatic etiquette. Rowman & Littlefield.

- Forgays, D. K., Hyman, I., & Schreiber, J. (2014). Texting everywhere for everything: Gender and age differences in cell phone etiquette and use. Computers in Human Behavior, 31, 314-321.

- Forni, P.M., 2008. The civility solution: What to do when people are rude. Macmillan.

- Harrington, R.J., 2007. Food and wine pairing: A sensory experience. John Wiley & Sons.

- Harshbergern, K.H., 2019. Etiquette Still Matters. Berryfield.

- Hartley, F., 2017. Ladies› Book of Etiquette, and Manual of Politeness. CreateSpace Independent Publishing Platform.

- Hayes, C.C. and Miller, C.A., 2010. Human-computer etiquette: Cultural expectations and the design implications they place on computers and technology. CRC Press.

- Herrington, E., 2008. Passport Brazil: Your Pocket Guide to Brazilian Business, Customs & Etiquette. World Trade Press.

- Hurt, A.E., 2016. Cross-cultural Etiquette. The Rosen Publishing Group, Inc.

- Ingram, L., 2005. The Everything Etiquette Book: A Modern-Day Guide to Good Manners. Simon and Schuster.

- Innis, P.B., McCaffree, M.J., Sand, R.M. and Höfer, M.D., 2002. Protocol: the complete handbook of diplomatic, official & social usage. Durban Publishing Company.

- James, M., 2017. Elegant Etiquette in the Nineteenth Century. Grub Street Publishers.

- Johnson, D. and Tyler, L., 2013. Modern manners: Tools to take you to the top. Clarkson Potter.

- Kallos, J., 2004. Because Etiquette Matters!: Your Comprehensive Reference Guide to Email Etiquette and Proper Technology Use. Xlibris Corporation.

- Lotter, V., 1966. Epidemiology of autistic conditions in young children. Social psychiatry, 1(3), pp.124-135.

- Martine, A., 2013. Martin's Hand Book of Etiquette, Guide to True Politeness. Dick & Fitzgerald.

- Matlins, S.M., Magida, A.J. and Feiler, B., 2010. How to be a perfect stranger. Skylight Paths Publishing.
- Meier, M., 2020. Modern Etiquette. Skyhorse.
- Miller, S., 2001. E-Mail Etiquette: E-Mail Etiquette: Do›s, Don›ts and Disaster Tales from People Magazine›s Internet Manners Expert. Grand Central Publishing.
- Myka Meier, 2020. Modern Etiquette Made Easy: A Five-Step Method to Mastering etiquette.
- O'Doherty, D., 2016. Manners, taste and etiquette: new practices of 'politesse'in business and management. In The Routledge Companion to Reinventing Management Education (pp. 539-553). Routledge.
- Pachter, B., 2013. The essentials of business etiquette: How to greet, eat, and tweet your way to success. McGraw-Hill Education.
- Pachter, B. and Coleman, E.S., 2006. New rules@ work: 79 etiquette tips, tools, and techniques to get ahead and stay ahead. Penguin.
- Patterson, K., 2002. Crucial conversations: Tools for talking when stakes are high. Tata McGraw-Hill Education.
- Post, E., 2017. Emily Post›s Etiquette in Society, in Business, in Politics, and at Home. Open Road Media.
- Powell, M., 2005. Behave Yourself!: The Essential Guide to International Etiquette. Globe Pequot Press.
- Pramezwary, A., Lee, E. and Oktalieyadi, V., 2021. ETIQUETTE AND PROTOCOL IN HOSPITALITY. Penerbit NEM.
- Ramesh, G., 2010. The ace of soft skills: attitude, communication and etiquette for success. Pearson Education India.
- Rucker, D., 2019. Workplace etiquette. Newman Springs Publishing.
- Scapp, R. and Seitz, B. eds., 2012. Etiquette: Reflections on Contemporary Comportment. SUNY Press.
- Shackelford, E.L., 2011. Disability Etiquette Matters. Xlibris.
- Sheardy, P., 2015. Airplane Etiquette: A Guide to Traveling with Manners. CreateSpace Independent Publishing Platform.
- Shepherd, M., 2007. The art of civilized conversation: A guide to expressing yourself with style and grace. Crown.

- Sioli, M., 2016. Rules of Civility and Decent Behaviour in Company and Convervation= Regole di civiltà e comportamento decoroso in compagnia e in conversazione.
- Spade, K., 2004. Manners. Simon and Schuster.
- Traxler, S.L., 2016. Office Etiquette: The Unspoken Rules in the Workplace. Traxler Marketing.
- Vanderbilt, A., 1954. Complete Book of Etiquette: A Guide to Gracious Living. Doubleday & Company, Inc.
- Visser, M., 2015. The rituals of dinner: The origins, evolution, eccentricities, and meaning of table manners. Open Road Media.
- Warkentin, T., 2010. Interspecies etiquette: An ethics of paying attention to animals. Indiana University Press.
- Winters, C. and Winters, E.A., 2010. The Official Book of Electronic Etiquette. Skyhorse Publishing Inc.

- أحمد، جمال الدين، 2000، فن الإتيكيت الناجح في إدارة الأعمال، مكتبة ابن سينا.
- الميدان، عايدة عبد الكريم، 2018، الإتيكيت فن الذوق واللباقة، شركة الإبداع الفكري.
- حسـن، كامل سرمك، 2003، إدارة المراسم، دار اليازودي.
- سـموحي فوق العادة، 1960، الدبلوماسية والبروتوكول، دمشق.
- شـمو، داود سـليمان، 2013، الإتيكيت وفن التعامل، مؤسسة الوراق للنشر والتوزيع.
- عبوشـي، صلاح، 1990، كتاب المراسم، شركة المطبوعات للتوزيع والنشر.
- فريد، منى، 2012، علم الإتيكيت الاجتماعي والدبلوماسـي، دار أسـامة للنشر والتوزيع.
- محمد العالم، صفوت، 2017، آداب المراسـم والبروتوكول وفنون الإتيكيت، دار المعارف.
- نوفل، رياض، العلاقات العامة والبروتوكول، 2008، مؤسسـة الوحدة للطباعة والنشـر والتوزيع.
- هـلال، محمـد عبد الغني حسـن، 2012، المرجع فـي إدارة البروتوكول وفنون الإتيكيت والمراسـم، مركز تطوير الأداء والتنمية للنشر والتوزيع.

المؤلف: د. رياض نوفل

أكاديمـي ودبلوماسـي وخبيـر فـي البروتوكـول والإتيكيـت، يمتلـك مسيـرة مهنيـة وأكاديميـة تمتـد لأكثر من خمسـة وثلاثين عامـاً، جمع خلالها بيـن العمـل الرسـمي رفيـع المسـتوى والتدريـس والبحث العلمي.

حصـل علـى دكتـوراه فـي العلاقات الدوليـة مـن جامعـة لاهـاي فـي هولنـدا، وعلـى إجـازة فـي اللغة الإنجليزيـة وآدابها من جامعة دمشق، كما نال عدداً من الدبلومـات المتخصصة في مجالات الدبلوماسية والعلاقـات العامـة وتنظيم المؤتمرات من مؤسسـات دوليـة مرموقة في الولايات المتحدة وأوروبا والهند.

شغل مناصب قيادية في العمـل الحكومـي والدبلوماسي، من أبرزها:
• مدير العلاقات العامة في البرلمان السوري
• المدير العام لإدارة المراسم (البروتوكول) في رئاسة مجلس الوزراء
• دبلوماسي في سفارة الجمهورية العربية السورية في تشيلي

كمـا شـارك في تنظيـم وإدارة عـدد مـن المؤتمرات الدوليـة الكبـرى، ومثّل بلاده فـي العديد مـن الفعاليـات البرلمانيـة والدبلوماسـية حـول العالـم.

إلى جانب عمله الرسـمي، مارس د. نوفـل التدريس في جامعة دمشق وعدد مـن الجامعـات والمعاهد الدبلوماسية ومراكـز التدريـب في عـدة دول، منهـا سـوريا، عُمـان، قطر، ليبيا، تشيلي، والبرازيـل، كما عمـل محاضراً زائـراً في جامعة برازيليا.

وقـد أتـاح لـه ذلـك الجمـع بيـن التجربـة العمليـة والخلفيـة الأكاديميـة، ممـا مكّنـه مـن تقديـم رؤية متكاملـة فـي مجالات العلاقـات العامـة والبروتوكول وآداب السلوك.

زار د. نوفل ما يقارب ستين دولة، ما أتاح له الاطلاع المباشر على ثقافات متعددة وأنماط سلوك متنوعة، وهـو ما انعكس بوضوح في هذا الكتاب الذي يهدف إلى تقديم الإتيكيت كعلم مبسط ومتاح للجميع، وليس حكراً على النخب أو الدبلوماسـيين.

من أبرز مؤلفاته:

– العلاقات العامة والبروتوكول (2008)

– فن الإتيكيت للجميع (بعدة لغات)

يرى د. رياض نوفل أن الإتيكيت ليس حكراً على النخب والدبلوماسيـين، بـل هو علم يجب أن يكون ميسّراً ومتداولاً بين جميع الناس في حياتهم اليومية. وقد سعى، من خلال مؤلفاته ومحاضراته، إلى تبسيط مفاهيم البروتوكول وآداب السلوك، وإخراجها من دائـرة التعقيـد، لتصبح ثقافة عامة تسهّل التواصل وتعزّز التفاهم بين الأفراد.

وبفضل خبرته الواسعة وزياراته إلى العديد من البلـدان، اسـتطاع أن يكون جسـراً بيـن الثقافات، نـاقلاً خبراتـه إلى الأجيـال الجديدة مـن الطلاب والدبلوماسيـين. فهو باحـث وممارس ومعلّم في آنٍ واحد، ظلّ يرى فـي الإتيكيت فنـاً إنسانياً، وفي الدبلوماسية وسيلة راقية للتواصل الحضاري بين الشعوب.

KHAYAT®
PUBLISHING HOUSE